KOHLHAMMER
Rechtswi...

# Strafrecht Besonderer Teil

Studienbuch
in systematisch induktiver Darstellung

## Band 1
## Besonderer Teil ohne Vermögensdelikte

von

Dr. Volker Krey
o. Professor an der Universität Trier
Richter am Oberlandesgericht Koblenz

5., durchgesehene, verbesserte
und ergänzte Auflage

Verlag W. Kohlhammer
Stuttgart Berlin Köln Mainz

CIP-Kurztitelaufnahme der Deutschen Bibliothek

**Krey, Volker**
Strafrecht besonderer Teil:
Studienbuch in systemat. induktiver Darst.
Stuttgart, Berlin, Köln, Mainz: Kohlhammer

Bd. 1. Besonderer Teil ohne Vermögensdelikte
5., durchges., verb. u. erg. Aufl. – 1983
    (Kohlhammer-Studienbücher: Rechtswiss.)
    ISBN 3-17-007872-0

Alle Rechte vorbehalten
© 1972 Verlag W. Kohlhammer GmbH
Stuttgart Berlin Köln Mainz
Verlagsort: Stuttgart
Gesamtherstellung: W. Kohlhammer
Druckerei GmbH + Co. Stuttgart
Printed in Germany

# Vorwort zur 5. Auflage

Die 5. Auflage ist durchgesehen und verbessert, zudem an zahlreichen Stellen ergänzt und erweitert, so u. a. im Bereich der Tötungsdelikte; zusätzlich werden jetzt auch die Straftaten gegen die Umwelt berücksichtigt.

Dabei habe ich Rechtsprechung und Schrifttum bis August 1982 berücksichtigt.

Meinen Mitarbeitern, Frau Ass. Weber-Linn, Herrn Ass. Arenz, Herrn Rechtspraktikanten Arndt, Frau cand. jur. Lindemann, Frau cand. jur. Schmitz und namentlich den Herren cand. jur. Freudenberg und Pohl, zudem meiner Sekretärin, Frau Böttger, möchte ich auch an dieser Stelle für ihre freundliche Unterstützung danken. Dank für ihre Mitarbeit schulde ich weiterhin Frau Schmitz und Herrn Rechtspraktikanten Pföhler.

Trier, im September 1982 Volker Krey

## Aus dem Vorwort zur 2. Auflage

Die 1. Auflage ist gut aufgenommen worden und war bereits im Sommer 1974 vergriffen. Dieser Erfolg hat den Verlag und mich ermutigt, meinen Besonderen Teil nicht länger als »Skript«, sondern konsequent als systematisch-induktives *Kurzlehrbuch* zu gestalten. Entsprechend diesem gesteigerten Anspruch des Buches habe ich einmal den Rahmen der behandelten Probleme weiter gespannt als bisher (u. a. durch Einbauen neuer Fälle), zum anderen die Darstellung zahlreicher Fragen erweitert und vertieft.

Das Buch richtet sich einmal an Anfänger, denen es eine gründliche Einführung bieten will, zum anderen aber auch an Fortgeschrittene und Referendare, denen es bei der Wiederholung und Vertiefung ihres Wissens gute Dienste leisten möchte...

Bielefeld, im Juli 1975 Volker Krey

## Aus dem Vorwort zur 1. Auflage

Dieses Buch ist eine systematisch-induktive, d. h. zwar *systematisch aufgebaute*, aber grundsätzlich *vom Fall ausgehende* Darstellung des Besonderen Teils. Eine solche Form der Lehrdarstellung, die Fälle nicht lediglich als Beispiele in die Erörterung einbaut, sondern den Lehrstoff entsprechend neueren didaktischen Forderungen im wesentlichen *im Wege der Fallerörterung* vermittelt, spricht die Studenten erfahrungsgemäß besonders an: Die Entfaltung der Rechtsfragen am Fall macht diese anschaulicher und erleichtert das Behalten des Stoffes. Entsprechend dem Charakter dieses Werkes als Kurzlehrbuch stehen nicht meine Auffassungen zu den angesprochenen Fragen, sondern die von *Rechtsprechung und herrschender Lehre* im Vordergrund der Erörterungen; doch habe ich regelmäßig eine eigene kritische Stellungnahme angeschlossen...

Die Aufteilung in zwei Bände wurde deswegen gewählt, um durch eine gesonderte Darstellung der Vermögensdelikte deren besondere Bedeutung in der Rechtswirklichkeit sowie für die Ausbildung zum Ausdruck zu bringen...

Bochum, im März 1972 Volker Krey

# Inhalt

# Verzeichnis der abgekürzt zitierten Literatur

*Arzt/Weber*, Strafrecht, Besonderer Teil, LH 1, 2. Aufl. 1981

*Baumann*, Strafrecht, Allgemeiner Teil, 8. Aufl. 1977

*Binding*, Lehrbuch des gemeinen deutschen Strafrechts, Besonderer Teil (2 Bde.), 2. Aufl. 1902–1905

*Blei*, Strafrecht II, 11. Aufl. 1978

*Bockelmann*, Strafrecht, Besonderer Teil/2, 1977

*Dreher-Tröndle*, Strafgesetzbuch, 40. Aufl. 1981

*Eser*, Strafrecht 1, 3. Aufl. 1980; Strafrecht 2, 3. Aufl. 1980; Strafrecht 3, 2. Aufl. 1981; Strafrecht 4, 3. Aufl. 1979

*Eser*, Empfiehlt es sich, die Straftatbestände des Mordes, des Totschlags und der Kindestötung (§§ 211 bis 213, 217 StGB) neu abzugrenzen? *Gutachten* D zum 53. Deutschen Juristentag, 1980 – zitiert: *Eser*, Gutachten –

*Frank*, Das Strafgesetzbuch für das Deutsche Reich, 18. Aufl., 1931

*Günther*, Strafrechtswidrigkeit und Strafunrechtsausschluß, Trierer Habilitationsschrift 1981

*Haft*, Strafrecht, Besonderer Teil, 1982

*Herzberg*, Täterschaft und Teilnahme, 1977

*Jescheck*, Lehrbuch des Strafrechts, Allgemeiner Teil, 3. Aufl. 1978

*Jescheck-Triffterer*, Ist die lebenslange Freiheitsstrafe verfassungswidrig?, 1978

*Kohlrausch-Lange*, Strafgesetzbuch, 43. Aufl. 1961

*Krey*, Studien zum Gesetzesvorbehalt im Strafrecht, 1977

*Lackner*, Strafgesetzbuch, 14. Aufl. 1981

*Leipziger Kommentar* (LK), Strafgesetzbuch, 9. Aufl. seit 1970; 10. Aufl. seit 1978
  – *Bezüglich der §§ 185–205, 218–219 d, 239 f, 257–258 a StGB, 330 a–c StGB a. F. ist der LK nach der 9. Aufl. zitiert, im übrigen nach der 10. Aufl. –*

*Maurach*, Deutsches Strafrecht, Besonderer Teil, 5. Aufl. 1969

*Maurach-Schroeder*, Strafrecht, Besonderer Teil, Teilband 1, 6. Aufl. 1977; Teilband 2, 6. Aufl. 1981

*Otto*, Grundkurs Strafrecht, Die einzelnen Delikte, 1977

*Palandt*, BGB, 41. Aufl. 1982

*Preisendanz*, Strafgesetzbuch, 30. Aufl. 1978

*Roxin-Schünemann-Haffke*, Strafrechtliche Klausurenlehre, 4. Aufl. 1982

*Samson*, Strafrecht I, 4. Aufl. 1980; Strafrecht II, 3. Aufl. 1980

*Schmidhäuser*, Strafrecht, Allgemeiner Teil, 2. Aufl. 1975; Strafrecht, Besonderer Teil, 1980

*Schönke-Schröder*, Strafgesetzbuch, 21. Aufl. 1982

*Stratenwerth*, Strafrecht, Allgemeiner Teil, 3. Aufl. 1981

*Systematischer Kommentar* (SK) zum Strafgesetzbuch, Bd. I und II

*Wagner*, Fälle zum Strafrecht, Besonderer Teil, 1976

*Welzel*, Das deutsche Strafrecht, 11. Aufl. 1969

*Wessels*, Strafrecht, Allgemeiner Teil, 11. Aufl. 1981. Besonderer Teil, 1. Bd., 5. Aufl. 1981; 2. Bd., 5. Aufl. 1982

# Abkürzungsverzeichnis

| | |
|---|---|
| a. A. | anderer Ansicht |
| aaO | am angegebenen Ort |
| a. E. | am Ende |
| a. F. | alte Fassung |
| AG | Amtsgericht |
| Anm. | Anmerkung |
| AT | Allgemeiner Teil |
| | |
| BayObLG | Bayerisches Oberstes Landesgericht |
| BGB | Bürgerliches Gesetzbuch |
| BGBl | Bundesgesetzblatt (Teil, Seite) |
| BGH | Bundesgerichtshof |
| BGH St | Entscheidungen des BGH in Strafsachen |
| BNotO | Bundesnotarordnung |
| BT | Besonderer Teil |
| BVerfG | Bundesverfassungsgericht |
| BVerfGE | Entscheidungen des Bundesverfassungsgerichts |
| | |
| DAR | Deutsches Autorecht |
| DR | Deutsches Recht |
| DRZ | Deutsche Rechts-Zeitschrift |
| DStrR | Deutsches Strafrecht |
| | |
| EGStGB | Einführungsgesetz zum Strafgesetzbuch vom 2. 3. 1974 – BGBl I 469 |
| E 1962 | Entwurf eines Strafgesetzbuches 1962 |
| | |
| FamRZ | Zeitschrift für das gesamte Familienrecht |
| FGG | Gesetz über Angelegenheiten der freiwilligen Gerichtsbarkeit |
| | |
| GA | Goltdammers Archiv für Strafrecht und Strafprozeß |
| GG | Grundgesetz |
| GS | Großer Senat |
| GVG | Gerichtsverfassungsgesetz |
| | |
| h. A. | herrschende Ansicht |
| h. L. | herrschende Lehre |
| h. M. | herrschende Meinung |
| | |
| i. d. F. | in der Fassung |
| i. S. v. | im Sinne von |
| | |
| JA | Juristische Arbeitsblätter |
| JMBlNW | Justizministerialblatt des Landes Nordrhein-Westfalen |
| JR | Juristische Rundschau |
| Jura | Juristische Ausbildung |
| JurA | Juristische Analysen |
| JuS | Juristische Schulung |
| JW | Juristische Wochenschrift |
| JZ | Juristenzeitung |

| | |
|---|---|
| KG | Kammergericht |
| LG | Landgericht |
| LK | Leipziger Kommentar zum StGB |
| LM | Entscheidungen des BGH im Nachschlagewerk von Lindenmaier, Möhring u. a. |
| MDR | Monatsschrift für Deutsches Recht |
| m. w. N. | mit weiteren Nachweisen |
| Nds RPfl | Niedersächsische Rechtspflege |
| n. F. | neue Fassung |
| NJW | Neue Juristische Wochenschrift |
| NStZ | Neue Zeitschrift für Strafrecht |
| OGH | Oberster Gerichtshof für die Britische Zone |
| OGH St | Entscheidungen des OGH in Strafsachen |
| OLG | Oberlandesgericht |
| RG | Reichsgericht |
| RG St | Entscheidungen des RG in Strafsachen |
| RMG | Entscheidungen des Reichsmilitärgerichts |
| RPflG | Rechtspflegergesetz |
| SK | Systematischer Kommentar zum StGB |
| StGB | Strafgesetzbuch |
| StPO | Strafprozeßordnung |
| StVG | Straßenverkehrsgesetz |
| StVO | Straßenverkehrsordnung |
| StVZO | Straßenverkehrs-Zulassungs-Ordnung |
| UZwG | Gesetz über den unmittelbaren Zwang bei Ausübung öffentlicher Gewalt durch Vollzugsbeamte des Bundes |
| VRS | Verkehrsrechts-Sammlung |
| VwGO | Verwaltungsgerichtsordnung |
| VwVfG | Verwaltungsverfahrensgesetz |
| VwVG | Verwaltungsvollstreckungsgesetz |
| ZMR | Zeitschrift für Miet- und Raumrecht |
| ZPO | Zivilprozeßordnung |
| ZStW | Zeitschrift für die gesamte Strafrechtswissenschaft |

ERSTER ABSCHNITT:

# Straftaten gegen den einzelnen

## § 1 Straftaten gegen das Leben (§§ 211–217; 222; 221 StGB)

Ein Teil der folgenden Fälle ist schon in meiner Aufsatzreihe »Grundfälle zu den Straftaten gegen das Leben«, JuS 1971, 86, 141, 192, 248, 306, behandelt worden und wurde für dieses Buch nach Überarbeitung übernommen.

## I. Der Mensch als Tatobjekt der Tötungsdelikte

Bei diesen Delikten ist *geschütztes Rechtsgut* das Leben, *Handlungsobjekt* ein anderer Mensch. Das Rechtsgut Leben ist nicht disponibel, wie sich aus § 216 StGB ergibt.

### 1. Beginn des menschlichen Lebens im Strafrecht

*Fall 1:* Die Hebamme Himmelreich wird herbeigerufen, um einer Schwangeren bei der Geburt ihres Kindes Hilfe zu leisten. Da die Geburt nach Abgang des Fruchtwassers und Eintritt der Wehen nach Meinung der Himmelreich nicht zügig genug fortschreitet, greift sie zu einer Geburtszange. Diese setzt sie aber derart ungeschickt an, daß sie den Schädel des Kindes verletzt; das Kind erliegt seinen Verletzungen kurz nach der Geburt.
Strafbarkeit der Himmelreich wegen fahrlässiger Tötung, § 222 StGB?

Der Fall wirft die Frage nach dem *Beginn* des menschlichen Lebens im Strafrecht auf. Hierfür ist – anders als im bürgerlichen Recht (§ 1 BGB) – nicht die Vollendung, sondern der »*Beginn des Geburtsaktes*« maßgeblich.

> h. M.: *RG* St 9, 131; *BGH* St 10, 5; *Lüttger,* JR 1971, 133 ff; ders. in *Heinitz-Festschrift* (1972), S. 359 ff; *Eser* in: *Schönke-Schröder,* Rdnr. 13 vor § 211.

Damit ist das »Einsetzen des Ausstoßungsversuchs des Mutterleibes«, der »Beginn der im weiteren Verlauf zur Ausstoßung führenden Wehen« gemeint, wobei bereits die »Eröffnungswehen« genügen.

> *Dreher-Tröndle,* Rdnr. 3 vor § 211; *Eser* aaO m.w.N.; *Lüttger,* Heinitz-Festschrift aaO, S. 359.
> Auf die »Preßwehen« stellt *Preisendanz,* § 218 Anm. II 3, ab.
> – Zum Lebensbeginn bei der abdominalen Schnittentbindung (Kaiserschnitt) vgl. *Lüttger* aaO, S. 365 f (maßgeblicher Zeitpunkt sei die operative Öffnung der Bauchdecke); a. A. *Jähnke,* LK Rdnr. 3 vor § 211 (er stellt auf die »Eröffnung des Uterus« ab). –

Die *Begründung* dafür ergibt sich aus § 217 StGB:
Da diese Vorschrift die Tötung des Kindes »in der Geburt« in gleicher Weise wie die »gleich nach der Geburt« als Tötungsdelikt mit Strafe bedroht, ist ihr zu entnehmen, daß das Gesetz der Leibesfrucht schon während der Geburt Menschqualität im strafrechtlichen Sinne zuerkennt. Dies ist auch sachgerecht. Die Leibesfrucht ist nämlich, solange sie noch nicht ein »Mensch« i. S. des Strafrechts

geworden ist, nur gegen *vorsätzliche Abtötung* geschützt (§ 218 StGB); sie ist aber gerade während der Geburt besonders gefährdet, so daß der Schutz des § 222 (fahrlässige Tötung) sowie der §§ 223 ff StGB (Körperverletzung) schon mit Beginn des Geburtsaktes einsetzen muß.

> *Blei,* S. 11; Maurach-Schroeder Bd. 1, S. 12 f.

Als die Hebamme das Kind mit der Zange verletzte, war es schon taugliches Objekt eines Tötungsdeliktes. Die Himmelreich hat daher eine fahrlässige Tötung (§ 222 StGB) begangen.

## Fall 2: – lebensunfähige Frühgeburt als Mensch? –

Fräulein Lieb, die im fünften Monat schwanger ist, möchte ihre Leibesfrucht abtreiben. Sie öffnet sich mit einer Stricknadel die Fruchtblase; bald darauf kommt es zum Ausstoß einer lebenden, aber lebensunfähigen Frühgeburt. Als die Lieb sieht, daß das Kind lebt, erstickt sie es mit einem Kissen.
Strafbarkeit der Lieb?

### a) § 217 StGB?

Die Lieb könnte sich wegen Kindestötung, § 217 StGB, strafbar gemacht haben. Dann müßte ihre Leibesfrucht, als sie diese »gleich nach der Geburt« tötete, bereits ein *Mensch i. S.* des Strafrechts gewesen sein. Auch einer *lebensunfähigen* Frühgeburt kann schon Menschqualität zukommen; das ist dann der Fall, wenn sie unabhängig vom Organismus der Mutter »in menschlicher Weise lebt, sei es auch nur für kurze Zeit«.

> *BGH* St 10, 291, 292; *Maurach-Schroeder* Bd. 1, S. 13; *Eser* in: *Schönke-Schröder,* Rdnr. 14 vor § 211.

Für die Annahme eines *»Menschen«* genügt also das Vorliegen menschlichen Lebens, während es auf die *Lebensfähigkeit* nicht ankommt; für eine Fehlgeburt gilt dies nicht anders als für einen sterbenden Greis oder einen Schwerverletzten, der nicht mehr lange leben wird.

> *Maurach-Schroeder* und *Eser* aaO; *Welzel* S. 280.

Da Tötung (grundsätzlich) auch die Abkürzung eines ohnehin todgeweihten Lebens ist

> – *Maurach-Schroeder, Eser* und *Welzel* aaO; *Küper,* JuS 1981, 785 ff;
> *vgl. auch unten, Fall 2a –,*

hat die Lieb eine Kindestötung (§ 217 StGB) begangen.

### b) § 218 StGB?

Problematisch erscheint, ob zudem der Tatbestand einer Abtreibung nach § 218 StGB erfüllt ist. Die »Abtötung einer Leibesfrucht« kann nach h. A. auch dadurch erfolgen, daß die Frühgeburt eines lebenden Kindes herbeigeführt wird, dieses aber bald nach der Geburt stirbt, weil es noch nicht voll ausgetragen ist.

> *BGH* St 10, 5; 291, 293.

2

Dem soll nach Ansicht des *BGH* der Fall gleichzusetzen sein, daß die lebende, aber lebensunfähige Frühgeburt vorsätzlich getötet wird: In einem Fall wie dem vorliegenden sei – in Idealkonkurrenz (§ 52 StGB) mit dem Tötungsdelikt – eine vollendete Abtreibung anzunehmen.

BGH St 10, 293; dahingestellt in *BGH* St 13, 24. Wie *BGH* St 10 aaO *Baumann, Arzt, Weber*, Strafrechtsfälle, 5. Aufl. 1981, S. 29ff; *Jähnke*, LK § 212 Rdnr. 42.

*Kritik:* M. E. ist hier neben § 217 StGB keine vollendete, sondern lediglich eine *versuchte* Abtreibung gegeben

(ebenso *Maurach-Schroeder* Bd. 1, S. 66; *Blei*, S. 32; *Lackner*, § 218 Anm. 2a; *Lay*, LK § 218 Rdnr. 26f; *Rudolphi* in SK, § 218 Rdnr. 6; *Eser* in: *Schönke-Schröder*, § 218 Rdnr. 9; *Eser*, Strafrecht 3, S. 56ff; *Wessels*, BT 1 S. 38),

die für die Mutter gemäß § 218 IV S. 2 StGB straflos bleibt.

*Begründung:* Fraglich ist schon, ob der *objektive* Tatbestand des § 218 I, III StGB vorliegt. Zwar war die Abtreibungshandlung condicio sine qua non, also kausal für den Tod des Kindes; bedenkenswert erscheint aber, ob nicht unter dem Gesichtspunkt des »Schutzbereichs der Norm«

– dazu *Rudolphi*, JuS 1969, 549ff; *Sax*, JZ 1976, 9ff, 80ff, 429ff –

§ 218 entfällt, wenn der Tod der Leibesfrucht nicht unmittelbar auf die Abtreibungshandlung zurückzuführen ist, sondern auf eine vorsätzliche Tötungshandlung i. S. der §§ 211f, 217 StGB. Zumindest scheidet ein vollendetes Vorgehen nach § 218 I, III hier aber – wie ich meine – unter dem Gesichtspunkt der »wesentlichen Abweichung vom vorgestellten Kausalverlauf«

– dazu *Cramer* in: *Schönke-Schröder*, § 15 Rdnr. 55; *Herzberg*, ZStW 1973, 867 –

nach § 16 I StGB aus.

So *Lackner* aaO; a. A. aber *Baumann, Arzt, Weber* aaO, S. 31.


## 2. Zur Euthanasie

*Fall 2 a: – Zum Problem der Sterbehilfe für unheilbar Erkrankte (Euthanasie) –*

Dr. med. Segensreich (S) gibt einem Moribunden, dessen Tage gezählt sind, zur Linderung unerträglicher Schmerzen ein schmerzstillendes Mittel; dabei nimmt er (S) eine *lebensverkürzende* Wirkung als Nebenfolge in Kauf; diese Wirkung tritt auch ein.
Strafbarkeit des S aus § 212 StGB?

(1) Für die *Kausalitätsprüfung* kommt es auf die »Verbindung zwischen dem wirklichen Geschehensablauf und dem konkreten Erfolg« an; daß der Erfolg (Tod des Opfers) *später* ohnehin eingetreten wäre, ist für die Kausalität der realen Tötungshandlung irrelevant.

Vgl. *Wessels*, AT S. 44f.

Eine kausale Tötungshandlung ist daher auch die (nicht ganz unerhebliche) *Abkürzung todgeweihten Lebens.*

(2) Zum Problem der *Euthanasie* als Sterbehilfe für den Todgeweihten

*(nicht* i. S. von Vernichtung »lebensunwerten Lebens«, vgl. R. *Lange,* LK 9. Aufl. § 212 Rdnr. 10; *Maurach-Schroeder* Bd. 1, S. 14, *Roxin* in: *Blaha* u. a. (Hrsg.), Schutz des Lebens – Recht auf Tod, 1978, S. 94 ff; *Kaufmann,* JZ 1982, 482 f)

kann hier nicht eingehend Stellung genommen werden; nur soviel sei gesagt:

(a) Gegenüber einem todgeweihten Patienten hat der behandelnde Arzt die Rechtspflicht, sich solange um die Erhaltung des Lebens zu bemühen, wie dies nicht zu einer *therapeutisch sinnlosen künstlichen* Verlängerung eines bereits verlöschenden qualvollen Lebens führt. Die Anwendung »außerordentlicher Stimulantia und artifizieller Methoden«

*(Simson,* Schwinge-Festschrift 1973, S. 97 f),

d. h. die *»künstliche Aufputschung«* des Moribunden zum Zwecke einer derartigen *sinnlosen* Lebensverlängerung ist rechtlich nicht geboten.

So die h. M. im *rechtswissenschaftlichen* Schrifttum: u. a. *Geilen,* FamRZ 1968, 125; *Jähnke,* LK Rdnr. 11, 17 vor § 211; *Simson* aaO; *Welzel,* S. 281; *Maurach-Schroeder* Bd. 1, S. 16; *Blei,* S. 16 f; *Wessels,* BT 1 S. 5 f; *Arzt / Weber,* Rdnr. 181–183; abweichend aber *Bockelmann,* Das Strafrecht des Arztes, 1968, S. 112 ff; ders. Wiener Med. Wochenschrift 1976, 147 ff.

Aus dem *medizinischen* Schrifttum vgl. etwa: *Forßmann* in: *Blaha* aaO, S. 47, 56 ff; *Fritsche,* Grenzbereich zwischen Leben und Tod, 1973, S. 51, 73, 74, 79 – mit klinischen Beispielen, u. a. S. 71 f, 75 f –; *Menzel* in: *Auer / Menzel / Eser,* Zwischen Heilauftrag und Sterbehilfe, 1977, S. 56, 72 f – mit klinischen Beispielen S. 60 f, 62 f, 64 f –; *Opderbecke* in: *Eser* (Hrsg.), Suizid und Euthanasie, 1976, S. 136 ff.

Gegen das Abstellen auf die therapeutische *»Sinnlosigkeit«* weiterer *»künstlicher«* Lebensverlängerung sind *Eser* in: *Auer / Menzel / Eser* aaO, S. 146 f; ders. in: *Schönke-Schröder,* Rdnr. 29 vor § 211; *Möllering,* Schutz des Lebens – Recht auf Sterben, 1977, S. 55 ff, 58. Beide halten stattdessen das Kriterium der *Menschenwürde* des Patienten für maßgeblich (aaO).

Von Juristen nun wird vielfach gelehrt, der Verzicht auf eine derartige therapeutisch sinnlose künstliche Verlängerung des irreversiblen Sterbevorganges sei nur mit *Einwilligung* des Patienten möglich, keinesfalls aber gegen seinen Willen.

So *Maurach-Schroeder* aaO; *Roxin* aaO, S. 89; vgl. auch *Möllering* aaO, S. 54; kritisch aber *Hanack* in: *Hiersche* (Hrsg.), Euthanasie, 1975, S. 141.

Dem ist *allenfalls* im Grundsatz zu folgen; denn zwei Bedenken bestehen gegen diese Auffassung:

1. So richtig es ist, daß der einsichtsfähige Patient sich ärztliche Heileingriffe wie Operationen, Anschluß an lebenserhaltende bzw. -verlängernde Geräte u. ä. verbitten kann – dazu unten –, so fragwürdig ist die These, der Patient könne den Arzt zu therapeutisch *sinnlosen* Maßnahmen künstlicher Verlängerung des Sterbevorganges zwingen.

2. Wer verlangt, das medizinisch indizierte Absehen von solchen Maßnahmen setze eine Einwilligung des Patienten voraus, übersieht, daß für eine solche Einwilligung grundsätzlich eine *gründliche Aufklärung des Patienten* erforderlich wäre

– wie will man sie dem sterbenden Patienten zumuten, und wie seinem Arzt?

Die medizinische Praxis, die jenen strengen Standpunkt der Juristen offenbar nicht teilt, würde daher wohl weitgehend auf »mutmaßliche Einwilligung« rekurrieren

– was beim *bewußtlosen* Moribunden ohnehin nötig wäre.

*Beispiel* für den rechtlich zulässigen Verzicht auf (weitere) lebensverlängernde Maßnahmen:

Rechtlich nicht geboten ist etwa die Durchführung lebensverlängernder Maßnahmen bei mit Sicherheit *irreversibler Bewußtlosigkeit* des Moribunden (*Geilen*, Euthanasie und Selbstbestimmung, 1975, S. 20; *Eser* in: Euthanasie, herausgegeben von V. *Eid*, 1975, S. 59).

– *Hinweis:* Vielfach wird die Problematik, wieweit beim Moribunden lebensverlängernde Maßnahmen zu ergreifen seien, nur unter dem Gesichtspunkt erörtert, wann die Behandlungs*pflicht* des Arztes ende, während die Frage nach seinem Behandlungs*recht* nicht problematisiert wird (anders aber namentlich *Geilen*, Euthanasie aaO). Demgegenüber sei daran erinnert, daß eine *ärztliche Heilbehandlung gegen den Willen des Patienten*
– auch wenn sie der Lebensrettung oder -verlängerung dient –
grundsätzlich verboten ist (h. M., vgl. nur *Geilen* aaO, S. 3, 8 ff m.w.N.; *Wessels*, BT 1 S. 6; näher dazu unten, Fall 19 m.w.N.). Daraus folgt, daß der todgeweihte Patient sich grundsätzlich lebensverlängernde Operationen, Transfusionen, Injektionen u. ä. Eingriffe *verbitten* kann mit der Folge, daß der Arzt sie nicht vornehmen darf
– insoweit gibt es also ein »Recht auf den eigenen Tod« (*Geilen* aaO, S. 13 und öfter) und nicht etwa ein Recht des Arztes zur Zwangsbehandlung.

Das *Unterlassen* solcher sinnlosen Lebensverlängerung nennt man »passive Euthanasie« (*Geilen* und *Simson* aaO).

Streitig ist, ob zu dieser erlaubten passiven Euthanasie auch der Fall des *Abbruchs einer solchen sinnlosen lebensverlängernden Behandlung durch technische Apparate* (z. B. durch *Abschalten* eines Respirators) zu zählen ist.
Dazu ist zu sagen: »In einem solchen Fall liegt nach dem sozialen Sinngehalt der Tat deren Schwerpunkt rechtlich ungeachtet der beim Abschalten der Maschine entfalteten Aktivität nicht in einem *lebensverkürzenden Tun*, sondern in dem *Unterlassen einer lebensverlängernden Behandlung*, das mangels Handlungspflicht straflos ist« (vgl. *Krey*, JuS 1971, 249 mit Anm. 20).
Wie hier *Engisch*, Gallas-Festschrift, 1973, S. 178; *Geilen*, FamRZ 1968, 122, 126 Anm. 35; *Küper*, JuS 1971, 476 f; *Roxin*, Engisch-Festschrift 1969, S. 399; *Hanack* aaO, S. 144 f; *Eser* in: *Auer / Menzel / Eser* aaO, S. 147. M. E. widersprüchlich *Möllering* aaO, S. 67 a. E., der *Behandlungsabbruch* und Nichtbehandlung »gleichstellt«, aber ohne auch ersteren als »Unterlassen« zu deuten.
Dagegen sehen *Bockelmann*, Strafrecht des Arztes aaO, S. 112, 125, und Wiener Med. Wochenschrift aaO, 149 f, *Jähnke*, LK Rdnr. 16 vor § 211, *Sax*, JZ 1975, 137 ff, und *Samson*, Welzel-Festschrift, 1974, 579, 601 im Abschalten lebensverlängernder Apparate stets *aktives Tun*.

(b) Anders als die »passive Euthanasie« ist die *aktive* Sterbehilfe grundsätzlich unerlaubt: Der Arzt darf nicht »in einem positiven Sinne Hand an den Patienten legen« (*Geilen* aaO), und zwar auch nicht aufgrund ausdrücklichen und ernstlichen Verlangens des Moribunden (denn das Rechtsgut Leben ist nicht disponibel, wie sich aus § 216 StGB ergibt). Aktive Euthanasie ist also grundsätzlich nach §§ 212 (bzw. 216) StGB mit Strafe bedroht.
Doch ist die aktive Euthanasie ausnahmsweise dann keine rechtswidrige Tötung, wenn sie sich darin erschöpft, daß der Arzt einem Moribunden durch Verabreichen *schmerzstillender* Mittel einen qualvollen Todeskampf erspart, obwohl er dadurch den Todeseintritt beschleunigt. Die aktive Euthanasie ist also in solchen Fällen »indirekter Sterbehilfe« erlaubt, *die Schmerzlinderung bezweckt und dabei eine Lebensverkürzung (als Nebenfolge) in Kauf nimmt«.*

*Simson* aaO, S. 96 f (m.w.N. pro und contra sowie Hinweis auf die berühmte gleichgerichtete moraltheologische Stellungnahme Papst *Pius* XII.), S. 108; *Lackner*, § 211

Anm. 2 d (m.w.N.); *Blei*, S. 16; *Roxin* in: *Blaha* aaO, S. 87; *Hanack* aaO, S. 130 ff; *Eser* in: *Auer / Menzel / Eser* aaO, S. 88 ff, 143; *Jähnke*, LK Rdnr. 15, 17 vor § 211; *Möllering* aaO, S. 10–33; *Welzel*, S. 281; a. A. aber *Bockelmann*, Strafrecht des Arztes aaO, S. 112 ff; *Maurach-Schroeder* Bd. 1, S. 15.

(Die Problematik »*indirekter Euthanasie*« durch Verabreichung schmerzstillender oder doch -lindernder Medikamente, wie etwa Morphium, mit möglicher todesbeschleunigender Nebenwirkung ist übrigens keineswegs ein »akademisches Scheinproblem«: bisher gibt es noch kein hinreichend wirksames Analgetikum, das frei von Nebenwirkungen wäre; dazu *Mayrhofer / Porges* in: *Eser*, Suizid und Euthanasie aaO, S. 121; *Möllering* aaO, S. 10 f.)

Im rechtswissenschaftlichen Schrifttum wird überwiegend verlangt, daß solche »indirekte Euthanasie« selbstredend nur mit Einwilligung des Patienten erfolgen dürfe – beim einwilligungsunfähigen Patienten mit dessen mutmaßlicher Einwilligung –; vgl. namentlich *Eser* in: *Auer / Menzel / Eser* aaO; *Möllering* aaO, S. 19, 33. Daran ist richtig, daß solche Euthanasie jedenfalls nicht *gegen* den Willen des Patienten erfolgen darf. Im übrigen aber dürfte angesichts der *Notwendigkeit genauer Aufklärung des Patienten für eine wirksame Einwilligung* (vgl. *Möllering*, S. 17 f; *Hanack* aaO, S. 135) den Ärzten in gewissem Umfang auch beim einwilligungsfähigen Patienten der Rückgriff auf *mutmaßliche* Einwilligung gestattet sein, und zwar dort, wo die notwendige Aufklärung für den Patienten eine unzumutbare Belastung bedeuten würde (ähnlich *Hanack* aaO).

Zur dogmatischen *Begründung* der hier vertretenen, inzwischen herrschenden These von der Zulässigkeit »indirekter Sterbehilfe« sei nur soviel gesagt: M. E. wird das Verhalten eines Arztes, der die qualvollen Schmerzen eines Moribunden lindert und dabei als Nebenfolge eine lebensverkürzende Wirkung in Kauf nimmt, nicht vom *Schutzbereich* der §§ 211 ff StGB erfaßt; denn es kann nicht *Sinn und Zweck* dieser Normen sein, den Arzt zu zwingen, *jede Schmerzlinderung beim Moribunden zu unterlassen*, soweit diese mit dem Risiko einer lebensverkürzenden Nebenwirkung verbunden ist (ebenso *Jähnke* aaO; ähnlich *Blei*, S. 17).

*Wessels* aaO ist der Ansicht, es fehle nach dem »sozialen Sinne des Geschehens« an einer *Tötungshandlung*«.

Andere Autoren meinen, in derartigen Fällen mangele es zwar nicht am *Tatbestand* der §§ 212 bzw. 216, doch sei die Tat *gerechtfertigt* (so *Hirsch*, Welzel-Festschrift, S. 795, der § 34 StGB für anwendbar hält; ebenso *Roxin* aaO; *Möllering* aaO stellt auf »unverbotenes Risiko« ab, zudem auf § 34 StGB; ähnlich *Eser* in: *Auer / Menzel / Eser* aaO, S. 89 f.).

Danach ist hier kein Tötungsdelikt erfüllt.

## 3. Zum Todeszeitpunkt

*Fall 3:* Bauarbeiter Schluck stürzt von einem Baugerüst und wird mit zerschmettertem Schädel in die Universitätsklinik eingeliefert. Dort läßt ihn Professor Segensreich an einen Respirator (Gerät zur künstlichen Beatmung) anschließen und entnimmt ihm, nachdem die Hirnströme versiegt und im Elektroencephalogramm (EEG) die Nullinie eingetreten ist, das Herz, das er einem anderen Patienten einpflanzt.

Hat Segensreich den Schluck durch die Herzentnahme *getötet?* Es fragt sich, wann das menschliche Leben *endet*.

Dazu eingehend – unter Verwertung des medizinischen Schrifttums – *Geilen*, FamRZ 1968, 121, 124 ff, JZ 1971, 41 f, Heinitz-Festschrift (1972), S. 373 ff; *Lüttger* JR 1971, 309 ff; vgl. weiter *Neuhaus*, Heinitz-Festschrift 1972, S. 397 ff.

Der Todeseintritt wurde früher mit dem »irreversiblen, endgültigen Stillstand von Kreislauf und Atmung« angenommen.

*Geilen,* Heinitz-Festschrift aaO, S. 375 f.

Zwar wußte man schon seit langem, daß der Tod »kein abruptes Ereignis, sondern ein fortschreitender Prozeß« ist, in dem »die Lebensfunktionen nacheinander erlöschen und Zelle auf Zelle, Organ auf Organ abstirbt«.

*Lüttger* aaO, S. 309 m.w.N.

Doch bot sich jener Zeitpunkt unter *pragmatischen* Gesichtspunkten an: Er bezeichnete den Beginn der *therapeutisch nicht mehr aufhaltbaren* »Absterbeautomatik« *(Geilen);* denn nach dem endgültigen Ausfall von Kreislauf und Atmung mußten infolge fehlender Sauerstoffversorgung die Zellen des Körpers sukzessive sterben.
Jene »klassische« Todesdefinition ist aber durch den medizinischen Fortschritt, der zur *apparativen Ersetzbarkeit* der Spontanfunktion von Kreislauf und Atmung führte (Respiratoren), ins Wanken geraten. Die jetzt h. M. stellt – im Anschluß an die neue Todesdefinition der medizinischen Wissenschaft – auf den *Hirntod* ab: Mit dem irreversiblen Erlöschen der Hirntätigkeit soll der Todeseintritt anzunehmen sein.

> Vgl. u. a. *Lüttger* und *Neuhaus* aaO; *Lackner,* § 211 Anm. 2 b; *Jähnke,* LK Rdnr. 7–9 vor § 211; *Eser* in: *Schönke-Schröder,* Rdnr. 18 vor § 211; *Fritsche,* Grenzbereich zwischen Leben und Tod, 1973, S. 10 ff; *Horn* in SK, § 212 Rdnr. 5; Bedenken bei *Geilen,* Heinitz-Festschrift 1972, S. 379 ff.
> Dabei ist nach herrschender und zutreffender Ansicht erforderlich der irreversible Ausfall des *Gesamthirns,* während das Absterben des *Großhirns* noch nicht genügt (vgl. nur *Menzel* in: *Auer / Menzel / Eser,* Zwischen Heilauftrag und Sterbehilfe, 1977, S. 73; *Geilen* aaO; *Jähnke* aaO, Rdnr. 8; a. A. *Horn,* Der Internist 1974, 559 f).

Der *Nachweis* des Gehirntodes soll dabei im wesentlichen mit dem Auftreten der *Nullinie im EEG* erbracht sein. Als sichere – aber bedenkliche – Möglichkeit der Hirntodfeststellung wird zudem der »angiographische Nachweis des intercraniellen Kreislaufstillstandes« (eine röntgenologische Methode) genannt.

> Vgl. *Geilen,* FamRZ und JZ aaO; ders. in: *Eser* (Hrsg.), Suizid und Euthanasie, 1976, S. 308 ff; *Fritsche* aaO, S. 25 ff, 30 ff; *Ostertag / Sterndorff,* NJW 1977, 1485 f; *Lüttger* aaO, S. 313 ff; *Neuhaus* aaO, S. 400 f; *Jähnke* aaO, Rdnr. 9.

Zur *Begründung* der Hirntodthese werden einmal anthropologische (1), zum anderen therapeutische (2) und schließlich utilitarische Erwägungen (3) geltend gemacht:
(1) Man sagt, »ohne das Gehirn mit seiner einzigartigen Bedeutung für die Manifestation des Geistes« fehle es an *menschlichem* Leben.
(2) Nach den (gegenwärtigen) Erkenntnissen der Medizin ist der Hirntod *irreversibel*; die Hirnfunktionen sind apparativ nicht ersetzbar; nach dem Hirntod ist der Prozeß des Absterbens des Gesamtorganismus auch durch Reanimationstechniken nur aufzuschieben, nicht aber zu verhindern.

*Lüttger* und *Neuhaus* aaO.

(3) Wenn der Hirntod irreversibel ist, das Herz und andere Organe aber bei Verwendung von Reanimationstechniken (für gewisse Zeit) wiederbelebt oder am Leben erhalten werden, stellt sich im Hinblick auf *Organtransplantationen* die Frage: Kann solch ein »lebendes

Organpräparat« nicht als Organspender sinnvoll verwendet werden? Dies zu bejahen gestattet die Hirntodthese.

*Geilen,* Heinitz-Festschrift aaO.

Auf eine kritische Auseinandersetzung mit dem neuen Todesbegriff muß hier verzichtet werden; insoweit sei auf die beachtlichen Bedenken bei *Geilen* (Heinitz-Festschrift) verwiesen.

Folgt man der h. M., so war Schluck, als Segensreich ihm das Herz entnahm, kein Mensch mehr, sondern lediglich ein »lebendes Organpräparat«; danach hat Segensreich den Schluck nicht getötet.

## II. Verhältnis zwischen Mord und Totschlag (§§ 211, 212; 28 I, II StGB)

*Fall 4:* Bauer Krähenwinkel erschießt den Polizisten Wach, um ungestört die Scheune seines Nachbarn, mit dem er verfeindet ist, anzünden zu können. Die Tatwaffe hatte Krähenwinkel von Grimm – den er eingeweiht hatte – erhalten, da dieser über Wach, der ihm vor Wochen eine gebührenpflichtige Verwarnung für falsches Parken erteilt hatte, verärgert war. Strafbarkeit von Krähenwinkel (K) und Grimm (G)?

### a) Strafbarkeit des K

K hat eine vorsätzliche Tötung begangen, *um eine andere Straftat* (Brandstiftung nach § 308 StGB) *zu ermöglichen.* Damit ist der Tatbestand des § 211 erfüllt.

### b) Strafbarkeit des G

Daß G sich zumindest einer Totschlagsbeihilfe (§§ 212, 27 StGB) schuldig gemacht hat, ist unproblematisch; es könnte jedoch *Mordbeihilfe* (§§ 211, 27) gegeben sein. Nach allgemeinen Akzessorietätsgrundsätzen (vgl. § 27 II StGB) wäre Mordbeihilfe anzunehmen; doch ist zu prüfen, ob die *Akzessorietätslockerung nach § 28 II StGB* eingreift:

### (1) h. L.

Für das Verhältnis §§ 211, 212 StGB

– eingehend zur Abgrenzung Mord/Totschlag auch als rechtspolitischem Problem *Arzt,* ZStW 1971, 1 ff; *Eser,* Gutachten; *Jähnke,* MDR 1980, 705 ff; *Otto,* ZStW 1971, 39 ff –

gilt nach *h. L.* folgendes: *§ 212 ist Grunddelikt, § 211 qualifizierter Tatbestand;* die Mordmerkmale sind also nicht strafbegründend, sondern *strafschärfend.*

> *Arzt / Weber,* Rdnr. 81–103; *Blei,* S. 19, 24; *Dreher-Tröndle,* § 211 Rdnr. 14; *Eser* in: Schönke-Schröder, Rdnr. 5 vor § 211; *Horn* in SK, § 211 Rdnr. 2; *Jähnke,* LK Rdnr. 39 ff vor § 211; *Lackner,* § 211 Anm. 5; *Maurach-Schroeder* Bd. 1, S. 24 f; *Preisendanz,* Anm. II vor § 211; *Schmidhäuser,* JR 1978, 265, 271; *Welzel,* S. 280.
> Demgegenüber sah Eb. *Schmidt* in § 211 den Grundtatbestand und in § 212 eine privilegierte Abwandlung (DRZ 1949, 241).

Daher greift hier § 28 II StGB ein, wenn es sich bei dem Mordmerkmal, das K verwirklicht hat, um ein *besonderes persönliches* Merkmal i. S. dieser Vorschrift handelt.

Ein strafschärfendes (§ 28 II) – bzw. strafbegründendes (§ 28 I) – Merkmal ist ein »besonderes persönliches Merkmal« i. S. des § 28 StGB, wenn es in erster Linie *täterbezogen* ist, d. h. vornehmlich in der Person des Täters liegt; den Gegensatz bilden die *tatbezogenen* Merkmale, die in erster Linie der Charakterisierung der Tat dienen.

> *Lackner*, § 28 Anm. 2a; *Cramer* in: *Schönke-Schröder*, § 28 Rdnr. 10ff (15, 17); *Samson* in SK, § 28 Rdnr. 15ff; *Wessels*, AT S. 127f; *Jähnke*, LK § 211 Rdnr. 64–66; *BGH* St 22, 375, 378; 23, 103, 105; 25, 287, 290; ablehnend aber u. a. *Roxin*, LK § 28 Rdnr. 24–34, und *Schünemann*, Jura 1980, 359ff.
> – Völlig anders *Herzberg*, ZStW 1976, 68 (78ff, 114ff), der unter den »persönlichen Merkmalen« i. S. des § 28 zwischen »wertbezogenen« (= *»besonderen«* i. S. dieser Norm) und »wertneutralen« (die keine »besonderen« i. S. des § 28 sein sollen) unterscheidet.

Danach sind »besondere persönliche Merkmale« die Mordmerkmale der *1. Gruppe* (»aus Mordlust, zur Befriedigung des Geschlechtstriebs, aus Habgier oder sonst aus niedrigen Beweggründen«).

> *BGH* St 22 und 25 aaO; *Maurach*, JuS 1969, 253f; *Maurach-Schroeder* Bd. 1, S. 40; *Arzt / Weber*, Rdnr. 123–146; *Welzel*, S. 285; *Wessels*, BT 1 S. 24; *Jähnke*, LK § 211 Rdnr. 64, 67; *Lackner*, § 211 Anm. 5; *Eser* in: *Schönke-Schröder*, § 211 Rdnr. 49; ders. Strafrecht 3, S. 23; *Roxin*, LK § 28 Rdnr. 46, 47. Abweichend etwa *Langer*, R. Lange-Festschrift 1976, S. 241, 262; differenzierend *Dreher-Tröndle*, § 211 Rdnr. 14; *Dreher*, JR 1970, 146.

Denn es entspricht »Sprachgebrauch und natürlichem Empfinden«, *niedrige Beweggründe* zu den *besonderen persönlichen* Merkmalen zu zählen (*BGH* aaO); und die anderen Mordmerkmale der 1. Gruppe sind lediglich *Beispiele* für einen niedrigen Beweggrund.

»Besondere persönliche« sind aber auch die Mordmerkmale der *3. Gruppe* (»um eine andere Straftat zu ermöglichen oder zu verdecken«).

> *BGH* St 23, 39, 40; 25, 287, 290; *Arzt / Weber, Eser, Jähnke, Lackner, Maurach, Maurach-Schroeder, Roxin, Welzel* und *Wessels* aaO; a. A. *Dreher-Tröndle* aaO; *Dreher* aaO (gegen ihn *Jakobs*, NJW 1970, 1089).
> – Zur *2. Gruppe* der Mordmerkmale vgl. unten, Fall 6, b. –

Diese Tatmodalität ist nämlich der Sache nach nichts anderes als ein Fall des Handelns *aus niedrigen Beweggründen:* »Niedrig deshalb, weil der Täter das Leben eines Mitmenschen als Mittel zur Verdeckung (bzw. Ermöglichung) eigenen strafbaren Tuns einsetzt.«

> *BGH* St 23 aaO; *Horn* in SK, § 211 Rdnr. 61, 63; *Jähnke*, LK § 211 Rdnr. 2; *Maurach* aaO.

Die von K verwirklichte Tatmodalität (»um eine andere Straftat zu ermöglichen«) ist also täterbezogen, folglich ein »strafschärfendes besonderes persönliches Merkmal« i. S. des § 28 II StGB. Damit hat bei der Frage, ob G wegen Mordbeihilfe oder nur wegen Beihilfe zum Totschlag strafbar ist, gemäß dieser Vorschrift außer acht zu bleiben, daß K sich des Mordes und nicht nur des Totschlags schuldig gemacht hat. G ist nach § 28 II StGB nur dann der *Mord*beihilfe schuldig, wenn *in seiner Person* ein »besonderes persönliches« Mordmerkmal vorliegt. Das ist hier der Fall: G hat »aus niedrigen Beweggründen« gehandelt. Ein »niedriger Beweggrund« ist nämlich gegeben, wenn das Tatmotiv des Täters »nach allgemeiner sittlicher Wertung auf niedrigster Stufe steht«, »verächtlich« ist

*(BGH St 3, 132, 133; Dreher-Tröndle, § 211 Rdnr. 5; Lackner, § 211 Anm. 3a, bb),*

was z. B. bei einem »sich über alle Maßstäbe hinwegsetzenden Vergeltungsdrang« grundsätzlich anzunehmen ist.

*BGH NJW 1958, 189.*

Nach der *h. L.* über das Verhältnis der §§ 211/212 StGB ist G also der Mordbeihilfe schuldig.

– *Ergänzender Hinweis* zur Bedeutung des § 28 II im Verhältnis §§ 211/212:
Manche Autoren halten die Mordmerkmale der 1. und 3. Gruppe für Schuldmerkmale, *für die § 29 StGB einschlägig sei* (so u. a. *Jescheck,* AT S. 384, 537; *Schmidhäuser,* AT 14/ 89 mit Anm. 29).
Anders die h. L., die – wie dargelegt – *auf § 28 II StGB rekurriert* (u. a. *Jähnke,* LK Rdnr. 46–49 vor § 211, Rdnr. 65 zu § 211; *Roxin,* LK § 28 Rdnr. 8 ff, 14 ff m.w.N.; *Samson* in SK, § 28 Rdnr. 9–14; *Schünemann,* Jura 1980, 363); dem ist aus den folgenden Gründen zuzustimmen:
*Erstens* sprechen die systematische Stellung des *§ 29 StGB* und seine ratio für die These, *diese Vorschrift erfasse lediglich die Schuldausschließungs-, Entschuldigungs- und Schuldminderungsgründe des Allgemeinen Teils des Strafrechts* (so u. a. *Samson* und *Schünemann* aaO).
*Zweitens* begründen alle Mordmerkmale, auch die der 1. und 3. Gruppe, nicht nur *erhöhte Schuld,* sondern gegenüber dem Totschlag *erhöhtes Unrecht;* auch beim Handeln »aus niedrigen Beweggründen« bzw. »um eine andere Straftat zu ermöglichen oder zu verdecken« geht es also um »tatbestandliches Unrecht« (Jähnke aaO). –

*(2) Rechtsprechung*

Anders als die h. L. sieht der *BGH* in ständiger Rechtsprechung in §§ 211 und 212 StGB zwei selbständige Tatbestände und in den Mordmerkmalen demnach »*strafbegründende*« Tatumstände

*(BGH St 22, 375; 24, 106, 107 f).*

Die Akzessorietätslockerung nach § 28 II StGB sei daher – so meint das Gericht – für das Verhältnis §§ 211/212 nicht einschlägig. Folglich hat G, da bei ihm Vorsatz bezüglich des Mordmerkmals bei K gegeben ist, gemäß allgemeinen Akzessorietätsgrundsätzen (§ 27 II StGB) Beihilfe zum *Mord* begangen.

*§ 28 I StGB?*

Nach Ansicht des BGH ist aber bei der Mordteilnahme die Regelung des § 28 I StGB (obligatorische Strafmilderung) einschlägig: Die Mordmerkmale der *1. und 3. Gruppe* seien »strafbegründende *besondere persönliche* Merkmale« i. S. dieser Vorschrift.

Vgl. *BGH* St 23, 39 (ablehnend *Arzt,* JZ 1973, 684 ff, 686, der meint, § 28 I StGB gelte nur für Sonderpflichtdelikte).

Die von K verwirklichte Mordmodalität wäre danach ein strafbegründendes besonderes persönliches Merkmal i. S. des § 28 I; dieses liegt bei G nicht vor. Folglich scheint die obligatorische Strafmilderung dieser Norm dem G zugute zu kommen.
Doch ist bei ihm ein niedriger Beweggrund gegeben. Wie dargelegt, ist die 3. Gruppe der Mordmerkmale nur ein Unterfall des Handelns aus niedrigen

Beweggründen. Daraus zieht der *BGH* die Konsequenz, § 28 I StGB sei unanwendbar, wenn beim Täter ein Mordmerkmal der 3., beim Gehilfen eines der 1. Gruppe (oder umgekehrt) vorliege.

*BGH* aaO (gegen eine solche »*Kreuzung von Mordmerkmalen*« *Arzt* aaO, S. 682 ff, 686 f; *Horn* in SK, § 211 Rdnr. 27).

(3) Eine *Stellungnahme* zum Problem des *Verhältnisses von §§ 211/212 StGB* ist hier *für die Fallösung* dann entbehrlich, wenn man mit dem *BGH* annimmt:
Die Prämisse, die Mordmerkmale seien *strafbegründend*, führe bei *besonderen persönlichen* Merkmalen (1. und 3. Gruppe) zur Anwendbarkeit des § 28 I StGB; und zudem sei die oben dargelegte »Kreuzung von Mordmerkmalen« sachgerecht

(gegen beides aber *Arzt* aaO).

Denn dann führen der Standpunkt der *Lehre* – die Mordmerkmale seien strafschärfend – *und* der abweichende des *BGH* hier zu demselben Ergebnis: Strafbarkeit des G aus §§ 211, 27 StGB.
Dagegen ist die Stellungnahme zu jenem Problem unvermeidbar, wenn die divergierenden Meinungen von h. L. und Rechtsprechung bei der Lösung eines Falles *unterschiedliche* Ergebnisse zeitigen. Dann sollte man der *Lehre* folgen:

Die Ansicht, Mord und Totschlag seien artverschiedene, selbständige Delikte, mag für das gemeine Recht zugetroffen haben.

*Welzel*, S. 280; *Wessels*, BT 1 S. 13.

Sie ist jedoch nach geltendem Recht verfehlt. Das ergibt sich schon aus der tatbestandlichen Fassung der §§ 211, 212 StGB: Danach ist Mord die vorsätzliche Tötung eines Menschen (= Totschlag), wenn eine der Tatmodalitäten des § 211 II StGB vorliegt, Totschlag die vorsätzliche Tötung eines Menschen, wenn kein Mordmerkmal eingreift. §§ 211, 212 StGB sind also durch die Fassung des § 212 StGB *tatbestandlich aufeinander bezogen*. Damit dürfte die Annahme ihrer Selbständigkeit unvereinbar sein.

*Welzel* aaO.

## III. Einzelne Mordmerkmale

*Fall 5: – niedriger Beweggrund; Heimtücke –*

Anton ist verzweifelt, weil seine Verlobte Berta ihn verlassen will; er glaubt, ohne sie nicht leben zu können. Er lädt Berta daher zu einer letzten Aussprache in sein einsam gelegenes Haus ein, um sie dort von ihrem Entschluß, die Verlobung zu lösen, abzubringen oder anderenfalls sie und sich selbst zu töten.
Berta fährt vertrauensvoll mit Anton zu dessen Haus. Trotz seiner Bitten beharrt sie aber auf ihrem Entschluß. Daraufhin erklärt ihr Anton, dann müsse sie jetzt sterben; er werde ihr in den Tod folgen. Berta wird trotz heftiger Gegenwehr von Anton erwürgt. Anschließend stellt er sich der Polizei.
Strafbarkeit des Anton aus § 211?

Als Mordmerkmale kommen Handeln aus *niedrigem Beweggrund* und *Heimtücke* in Betracht.

*a) niedriger Beweggrund*

Anton (A) hat Berta (B) getötet, weil sie ihn verlassen wollte; es fragt sich, ob er damit aus niedrigem Beweggrund gehandelt hat. Niedrig ist ein Beweggrund, der nach »allgemeiner sittlicher Wertung auf tiefster Stufe« steht, »verächtlich« ist (oben, Fall 4).

> Wenn ein Täter aus einer Mehrheit von Beweggründen heraus handelt und eines der Motive aus einem solchen *Motivbündel* niedrig ist, kommt es auf eine Gesamtwertung an: Ist unter den mehreren Beweggründen der niedrige das »leitende Motiv« (Hauptmotiv), so liegt Mord vor; vgl. näher *Krey*, JuS 1971, 193 m.w.N.; *Jähnke*, LK § 211 Rdnr. 25; *BGH* bei *Holtz*, MDR 1977, 809 f; *BGH* GA 1974, 370; *BGH* NJW 1981, 1382.

Dabei gilt für Fälle wie den vorliegenden folgendes: Wer einen anderen aus *verschmähter Liebe* tötet, handelt damit noch nicht ohne weiteres aus verächtlichem, also niedrigem Beweggrund; dies gilt in gleicher Weise für Tötung aus *Eifersucht.*

> *BGH* St 3, 180; *LG Aachen*, NJW 1962, 2313; *Eser* in: *Schönke-Schröder*, § 211 Rdnr. 19; *BGH* bei Holtz aaO.

Vielmehr sind die *Gesamtumstände* der Tat zu berücksichtigen. So handelt etwa regelmäßig aus niedrigem Beweggrund, wer aus bloßer »Wut und Enttäuschung über verweigerten außerehelichen Geschlechtsverkehr« ein Mädchen tötet

> (*BGH* St 2, 60; *Lackner*, § 211 Anm. 6; *Jähnke*, LK § 211 Rdnr. 30);

wer – ohne daß ihm das Mädchen einen »berechtigten oder verständigen Anlaß für seine Gefühle gegeben hatte« – dieses deswegen tötet, »weil, wenn schon er es nicht haben könne, es auch kein anderer haben solle«.

> *BGH* St 3 aaO; 22, 12, 13.

Denn in solchen Fällen liegt eine verachtenswerte, auf der tiefsten Stufe stehende egozentrische Mißachtung der Person des Opfers vor.

Der Beweggrund des A erscheint demgegenüber nicht als verächtlich: Das Opfer hatte ihm offensichtlich, wie die frühere Verlobung erweist, »berechtigten und verständigen Anlaß« für seine Gefühle gegeben. A war auch nicht etwa über die Abwendung der B von ihm nur beleidigt oder erzürnt; er war vielmehr *verzweifelt* und sah sein Leben durch seine unglückliche Liebe zerstört. Allerdings hat er die Tat nicht aus einer raschen Aufwallung seiner Empfindungen begangen, sondern vorher geplant. Doch wollte er nicht nur der B, sondern auch sich selbst den Tod geben. Seine Motivation läßt sich dabei bei einer *Gesamtwürdigung* nicht als nach »allgemeiner sittlicher Wertung auf tiefster Stufe stehend« bezeichnen.

A hat also nicht *aus niedrigem Beweggrund* gehandelt.

> – Ergänzender Hinweis zu diesem Mordmerkmal:
> Nach der Rechtsprechung des *BGH* können bei der Bewertung von Beweggründen als »niedrig« i. S. des § 211 II StGB »die besonderen Anschauungen und Wertvorstellungen, denen die Täter wegen ihrer Bindung an eine fremde Kultur verhaftet sind, nicht außer Betracht bleiben«; JZ 1980, 238 m.w.N. und Anm. *Köhler* (Türken-Fall); Vorbehalte hiergegen bei *Jähnke* aaO, Rdnr. 39. –

### b) Heimtücke

Doch ist das Merkmal »Heimtücke« erfüllt:

(1) Nach der *Rechtsprechung* ist dies Merkmal gegeben, wenn der Täter unter Ausnutzung der Arg- *und* Wehrlosigkeit des Opfers handelt.

*BGH* St 9, 385 (GS); 19, 321; zustimmend u. a. *Dreher-Tröndle*, § 211 Rdnr. 6; *Jähnke,* LK § 211 Rdnr. 40 ff, 50; *Maurach-Schroeder* Bd. 1, S. 38 f; *Preisendanz*, § 211 Anm. 2 e; offenbar auch *Woesner,* NJW 1978, 1025, 1026 a. E. f.

– Hieran hat der *BGH* trotz der kritischen Stellungnahme des *BVerfG* (Urt. v. 21. 6. 1977; dazu unten, Fall 7, b) bisher festgehalten; so Urt. v. 27. 9. 1977, NJW 1978, 709 f; *BGH* St 28, 210, 211; *BGH* St 30, 105 ff, 116 f (Beschluß des *GS* für Strafsachen v. 19. 5. 1981) – dazu unten, 7 c –.

Doch hat das Gericht unter dem Eindruck jenes Urteils des *BVerfG* später die Anforderungen für die Annahme eines »Ausnutzens der Arg- und Wehrlosigkeit« erheblich verschärft, indem es entschied (Urt. v. 21. 12. 1977, NJW 1978, 1061 f):

Arglos sei das Opfer nur, wenn es sich »*keiner* Feindseligkeit des Täters« versehe; das sei nicht der Fall, wenn »die offene Begegnung zwischen Täter und Opfer von vornherein deutlich im Zeichen feindseligen Verhaltens« stehe, *wobei unerheblich sei, ob das Opfer gerade mit einem tätlichen Angriff rechne.*

Von dieser bedenklichen Einschränkung des Heimtückebegriffs rückt das Gericht aber *inzwischen* wieder ab (kritisch etwa der erwähnte Beschluß des *GS*); so geht *BGH* NJW 1980, 792 f offenbar davon aus: die Arglosigkeit des Opfers entfalle nur, wenn es zur Zeit der Tat mit einem »*Angriff auf sein Leben oder seine körperliche Unversehrtheit*« rechne.

(Die Formulierung »Arg- *oder* Wehrlosigkeit« in BGH St 18, 87, 88 beruhte auf einem Versehen; vgl. *BGH* St 19 aaO, S. 322 a. E.)

Zum zusätzlichen Erfordernis einer »feindlichen Willensrichtung des Täters gegen das Opfer« vgl. unten, Fall 7.

Ein solches Ausnutzen liegt hier vor:

Zwar ist A der B in seinem Haus in *offen feindseliger Haltung* entgegengetreten, so daß die B in diesem Zeitpunkt nicht mehr arglos war. Dies ist aber unerheblich. Denn wenn auch Heimtücke grundsätzlich ausscheidet, falls der Täter dem Opfer in offen feindseliger Haltung entgegentritt

– *BGH* St 20, 301; *Eser* in: *Schönke-Schröder*, § 211 Rdnr. 24; *Krey,* JuS 1971, 307 –,

so ist von diesem Grundsatz doch für Fälle wie den vorliegenden eine Ausnahme zu machen. Wer nämlich einen anderen nach einem wohlüberlegten Plan mit Tötungsvorsatz *in einen Hinterhalt lockt* und dadurch eine bis zur Tatausführung fortwirkende günstige Gelegenheit zur Tötung schafft, handelt auch dann heimtückisch, wenn er dem Opfer zuletzt in offen feindseliger Haltung entgegentritt.

*BGH* St 22, *77;* 27, 322, 324; *Eser* aaO, Rdnr. 24, 24 a; *Jähnke,* LK § 211 Rdnr. 43; kritisch aber *Arzt/Weber,* Rdnr. 115.

Auch in einem solchen Fall wird ja die Arg- und Wehrlosigkeit des Opfers ausgenutzt: Das arglose Opfer wird in den Hinterhalt gelockt und ist dort infolge seiner – ursprünglichen – Arglosigkeit wehrlos. Ein solches Locken in den Hinterhalt mit Tötungsvorsatz ist hier gegeben; daß A die B nur töten wollte, falls sie an ihrem Entschluß festhielt, ändert daran nichts, da er für diesen Fall schon fest zur Tat entschlossen war.

(2) Im *Schrifttum* wird für das Merkmal der Heimtücke (über das Erfordernis des Ausnutzens der Arg- und Wehrlosigkeit hinaus) ein *verwerflicher Vertrauensbruch* gefordert.

*Blei,* S. 23; *Eser* in: *Schönke-Schröder,* § 211 Rdnr. 26; ders. Strafrecht 3, S. 26; *Hassemer,* JuS 1971, 626 ff, 630; *Horn* in SK, § 211 Rdnr. 32 f; *Jescheck* in: *Jescheck/Triffterer,* S. 130; *Lange* in: Schröder-Gedächtnisschrift 1978, S. 229 ff, 233; *Samson,* Strafrecht I, S. 212 f; *Schaffstein,* H. Mayer-Festschrift 1966, S. 419, 424 ff; *Schmidhäuser,* Gesin-

13

nungsmerkmale im Strafrecht, 1958, S. 138 ff; wohl auch *Bockelmann*, S. 14 f; *Otto*, S. 29 ff;
*ablehnend* u. a. *Arzt/Weber*, Rdnr. 117–119; *Geilen*, Schröder-Gedächtnisschrift 1978, S. 249 ff; *Jähnke*, LK § 211 Rdnr. 50; *Lackner*, Anm. 3 b; *Maurach-Schroeder* Bd. 1, S. 38 f; *Rengier*, MDR 1980, 4 f; *Wessels*, BT 1 S. 18; *Woesner* aaO.
– Zum Standpunkt des *BVerfG*, des *GS für Strafsachen des BGH* und zur *eigenen Ansicht* unten, Fall 7. –

Auch dies Erfordernis ist – wie ich meine – hier erfüllt.

(3) *Ergebnis:* A hat die B heimtückisch getötet; er ist aus § 211 StGB strafbar.

*Fall 6: – Heimtücke bei Tötung von Kleinkindern; die 2. Gruppe der Mordmerkmale als tatbezogene Merkmale –*

Frau Treu (T), die seit 15 Jahren verheiratet ist und von ihrem Ehemann drei Kinder hat, begeht während einer längeren Abwesenheit des Treu einen Fehltritt; infolgedessen bringt sie ein nichteheliches Kind zur Welt. Herr Treu verzeiht seiner Frau zunächst, erklärt ihr aber später, er wolle sich scheiden lassen. Die T sieht den Grund hierfür in dem nichtehelichen Kind. Da sie an ihrem Ehemann hängt und auch wegen der gemeinsamen Kinder ihre Ehe retten möchte, beschließt sie in ihrer Verzweiflung, das Kind zu töten. Sie besorgt sich Gift, das sie in den Brei des Kindes rühren will, damit es das bittere Gift nicht ausspeit; ihre Mutter, die gerade zu Besuch ist, um das Kind zu versorgen, will sie unter irgendeinem Vorwand fortschicken.

Kunigunde (K), die Schwester der T, der diese von ihrem Vorhaben erzählt, bestärkt die T in ihrem Entschluß. Die Tötung des Kindes erfolgt wie geplant.
Strafbarkeit der T und ihrer Schwester?

*a) Strafbarkeit der T*

Als Mordmerkmale kommen »niedriger Beweggrund« sowie »Heimtücke« in Betracht.

(1) Die T hat gehandelt, um für sich und ihre ehelichen Kinder ihr Ehe zu retten. Diese Motivation steht nicht »nach allgemeiner sittlicher Wertung auf tiefster Stufe«, ist nicht »verächtlich«, so daß *kein niedriger Beweggrund* vorliegt.

(2) Doch könnte *Heimtücke* anzunehmen sein.
Eine heimtückische Begehung durch Ausnutzen der Arg- und Wehrlosigkeit des Opfers scheidet bei der Tötung von Kleinkindern aus, soweit diese nach ihrer Entwicklung noch nicht in der Lage sind, *anderen Vertrauen entgegenzubringen*

– BGH St 8, 216, 218; *Eser*, Strafrecht 3, S. 24; differenzierend *Arzt/Weber*, Rdnr. 113, 114 –;

aber auch soweit ein Kleinkind schon arglos sein kann, kommt Heimtücke nicht in Frage, soweit die Wehrlosigkeit des Opfers *konstitutionell bedingt* und nicht in erster Linie Folge seiner Arglosigkeit ist.

*Blei*, S. 22; *Eser* aaO; *Maurach-Schroeder* Bd. 1, S. 39; *Samson*, Strafrecht I, S. 212; *BGH* NJW 1978, 709.

Hier hatte die Täterin allerdings tückisch den *natürlichen Abwehrinstinkt* des Kindes ausgeschaltet, indem sie das bittere Gift in den süßen Brei mischte. In einem solchen Fall hat der *BGH* heimtückische Tötung angenommen.

*BGH* St 8 aaO; ebenso *BGH* bei *Dallinger*, MDR 1973, 901; zustimmend *Blei* aaO; ders. JA 1974, StR 6; *Eser* in: Schönke-Schröder, § 211 Rdnr. 26; *Lackner*, Anm. 3 b, cc; *Preisendanz*, Anm. 2 e.

*Kritik:* Ob dem gefolgt werden kann, erscheint zweifelhaft (Bedenken auch bei *Horn* in SK, § 211 Rdnr. 30; kritisch auch *BVerfG,* Urt. v. 21. 6. 1977, E 45, 187, 266 f = NJW 1977, 1525, 1534, und *Schmidhäuser,* JR 1978, 270):

Zwar hätte sich das Opfer ohne das Verhalten der T durch instinktives Ausspeien des Giftes helfen können. Wie ausgeführt, ist aber Voraussetzung für die Annahme einer Ausnutzung der Arglosigkeit des Kindes, daß dieses entwicklungsmäßig schon in der Lage ist, dem Täter Vertrauen entgegenzubringen. Die T hat aber – wie mir scheint – nicht Vertrauen mißbraucht, sondern nur die *»Natur überlistet«.*
Indes liegt Heimtücke jedenfalls unter einem anderen Gesichtspunkt vor: Die T hat die Arglosigkeit *eines schutzbereiten Dritten* – ihrer Mutter – ausgenutzt; dadurch war das Opfer wehrlos. Für das Erfordernis »Ausnutzen der Arg- und Wehrlosigkeit« ist aber die Ausnutzung der Arglosigkeit einer solchen *»Schutzperson«* und der daraus resultierenden Wehrlosigkeit des Opfers ausreichend.

> *BGH* St 8 aaO, S. 219; *Blei* aaO; *Jähnke,* LK § 211 Rdnr. 44; *Otto,* S. 32; *Wessels,* BT 1 S. 20.

Auch wenn man mit der h. L. für Heimtücke einen *verwerflichen Vertrauensbruch* fordert (vgl. oben, Fall 5), ist dieses Mordmerkmal hier erfüllt: Bei der Tötung von Opfern, die nach ihrer Entwicklung (noch) nicht in der Lage sind, anderen Vertrauen entgegenzubringen, liegt ein verwerflicher *Vertrauensbruch* dann vor, wenn der Täter bei der Tat das ihm von einer *»Schutzperson«* entgegengebrachte Vertrauen mißbraucht, was hier der Fall ist.

### b) Strafbarkeit der K

*Anstiftung* scheidet hier als Teilnahmeform aus, da die T schon zu ihrer Tat fest entschlossen war (sog. omni modo facturus);

> vgl. *Baumann,* AT S. 585 m.w.N.

Doch ist psychische *Beihilfe* gegeben; dabei fragt sich, ob die K der *Mord-* oder lediglich der Totschlagsbeihilfe schuldig ist.

(1) Wie dargelegt, sind die Mordmodalitäten nach h. L. *strafschärfend* (oben, Fall 4). Damit stellt sich die Frage, ob Heimtücke ein *besonderes persönliches* (§ 28 II StGB) oder ein tatbezogenes *Mordmerkmal* ist.
Nach h. M. ist die Heimtücke ein tatbezogenes, *kein besonderes persönliches* Merkmal i. S. des 28 II (bzw. 28 I) StGB.

> *BGH* St 23, 103, 105; 25, 287, 289; *Arzt/Weber,* Rdnr. 108 ff; *Blei,* S. 24; *Dreher-Tröndle,* § 211 Rdnr. 14; *Horn* in SK, § 211 Rdnr. 32, 37; *Jähnke,* LK § 211 Rdnr. 64, 67; *Lackner,* § 211 Anm. 5; *Maurach,* JuS 1969, 256; *Maurach-Schroeder* Bd. 1, S. 40; *Welzel,* S. 285; *Wessels,* BT 1 S. 24;
> a. A. *Eser* in: Schönke-Schröder, § 211 Rdnr. 49; *Herzberg,* ZStW 1976, 107 f m.w.N.; *Langer,* R. Lange-Festschrift 1976, S. 262 Anm. 135; *Roxin,* LK § 28 Rdnr. 49; *Schünemann,* Jura 1980, 578 f.

Dem ist zu folgen; denn die Heimtücke ist jedenfalls nicht in erster Linie ein in der Person des Täters liegender Umstand, sondern kennzeichnet die *Ausführung der Tat*

– *BGH* aaO, S. 105; *BGH* NJW 1974, 1005; *BGH* St 30, 105 ff, 116 f (GS); *Blei* aaO –:

Die Mordmodalität der Heimtücke ist weniger durch die verwerfliche Gesinnung des Täters (bloße Schuldsteigerung) als durch die *Gefährlichkeit der Tat*

(Unrechtssteigerung) gekennzeichnet. Dies gilt auch dann, wenn man mit der h. L. für jene Mordmodalität einen verwerflichen *Vertrauensbruch* fordert

> – ebenso *Blei*, S. 23 f; *Horn* aaO, Rdnr. 32 i.V.m. 37; a. A. aber *Eser, Herzberg, Langer, Roxin* und *Schünemann* aaO –.
>
> Denn ungeachtet jenes Erfordernisses dominiert beim Mordmerkmal der Heimtücke der tatbezogene *Aspekt der besonderen Gefährlichkeit der Begehung* (zu diesem Aspekt vgl. *BGH* St 11, 139, 143 – GS –; *BGH* NJW 1978, 709, 710; *Woesner,* NJW 1978, 1025, 1027).

Tatbezogen sind im übrigen auch die anderen Mordmerkmale der 2. Gruppe (»grausam«; »mit gemeingefährlichen Mitteln«).

> *BGH* St 24, 106, 108; *Arzt/Weber,* Rdnr. 121; *Blei, Dreher-Tröndle* und *Eser* aaO; *Horn* in SK, § 211 Rdnr. 46; *Jähnke, Lackner, Maurach-Schroeder, Welzel* und *Wessels* aaO; a. A. – für das Merkmal »grausam« – *Herzberg, Roxin* und *Schünemann* aaO.

Dies ist für die Modalität »mit gemeingefährlichen Mitteln« unproblematisch, muß aber auch für das Merkmal *»grausam«* gelten. Grausam ist nämlich eine Tötung, die »schwere Leiden körperlicher und seelischer Art hervorruft ... und außerdem einer gefühllosen und unbarmherzigen Gesinnung entspringt« (*BGH* St 3, 180; 3, 264; *Jähnke* aaO, Rdnr. 55 ff; *Lackner,* § 211 Anm. 3 c; str.). Die grausame Begehungsweise ist damit zwar zugleich tat- als auch täterbezogen; doch *dominiert* schon nach der ratio legis (Schutz des Opfers vor besonderen Qualen) der tatbezogene Charakter dieser Mordmodalität.

§ 28 II StGB ist hier also unanwendbar, und die K, deren Vorsatz ja auch die Begehungsweise der Tat umfaßte, hat sich der *Mordbeihilfe* strafbar gemacht.

(2) Zu demselben Ergebnis kommt man, wenn man mit dem *BGH* die Akzessorietätslockerung in § 28 II im Verhältnis §§ 211/212 von vornherein verneint (vgl. oben, Fall 4). Nach dieser Rechtsprechung ist der Teilnehmer an einer vorsätzlichen Tötung stets der Mordteilnahme schuldig, wenn der *Täter* einen Mord begangen und der Teilnehmer bezüglich des von jenem erfüllten Mordmerkmals *vorsätzlich* gehandelt hat.

In einem solchen Fall ist nach Ansicht des *BGH* nur noch zu prüfen, ob zugunsten des Mordteilnehmers § 28 I StGB eingreift (vgl. oben, Fall 4), was jedoch nur bei den *besonderen persönlichen* Mordmerkmalen (1. und 3. Gruppe des § 211 II StGB) in Betracht kommt.

(3) *Ergebnis:* Die K ist strafbar nach §§ 211, 27 StGB.

*Fall 7: – Heimtücke bei Tötung Schlafender; »negative Typenkorrektur« / verfassungskonforme Auslegung des § 211 II StGB –*

Stadthauptsekretär Fix ist schwerer Unterschlagungen überführt. Da er glaubt, seine Frau und er könnten in dieser Schande nicht weiterleben, beschließt er, aus dem Leben zu scheiden und seine Frau mit in den Tod zu nehmen; Fix meint, damit werde er auch zum Besten seiner Frau handeln. Als er nach Hause kommt, findet er seine Frau schlafend vor. Diese hatte bis zur Heimkehr ihres Mannes wachbleiben wollen, war aber vor dem Fernsehschirm vom Schlaf übermannt worden. Fix erdrosselte seine schlafende Frau. Anschließend stellt er sich der Polizei, da er den Entschluß zur Selbsttötung nicht durchzuführen vermag.

**a) Strafbarkeit des Fix (F)?**

(1) Nach der Rechtsprechung soll bei der Tötung *Schlafender* grundsätzlich Heimtücke vorliegen

(*BGH* St 23, 119, 120 f);

anders demgegenüber bei der Tötung *Bewußtloser.*

> *BGH* aaO; *BGH* bei *Holtz,* MDR 1977, 282; zustimmend u. a. *Jähnke,* LK § 211 Rdnr. 44; *Rengier,* MDR 1980, 6.
> Gegen diese Differenzierung zwischen dem Schlafenden und dem Bewußtlosen aber *Dreher-Tröndle,* § 211 Rdnr. 6; *Dreher,* MDR 1970, 248, und – ihm folgend – *Blei,* JA 1970, StR S. 67; *Lackner,* § 211 Anm. 3 b, aa.

Zur Begründung hat der *BGH* (aaO) ausgeführt: Der Schlafende sei in aller Regel arglos. Wer sich nämlich dem Schlaf im Vertrauen darauf überlasse, ihm werde nichts geschehen, *nehme seine Arglosigkeit »mit in den Schlaf«*; diese begleite den Schlafenden, »auch wenn er sich ihrer nicht mehr bewußt sei«. Den Bewußtlosen hingegen überkomme sein Zustand, »ohne daß er es hindern könne«.

Hier war das Opfer wider seinen Willen *vom Schlaf übermannt* worden. In einem solchen Fall müßte der *BGH* konsequenterweise ein Ausnutzen der Arg- und Wehrlosigkeit ausschließen, da sich der Schlafende nicht arglos dem Schlaf überlassen und seine Arglosigkeit »mit in den Schlaf« genommen, sondern ihn – ähnlich dem Bewußtlosen – sein Zustand »überkommen« hatte. Der *BGH* läßt aber *dahinstehen,* ob in einem Fall wie dem vorliegenden ein Ausnutzen der Arg- und Wehrlosigkeit anzunehmen sei.

> aaO. Dazu *Dreher,* MDR aaO: Der *BGH* »scheint zu befürchten, daß der so übermannte keine Zeit mehr findet, seine Arglosigkeit mit in den Schlaf zu nehmen«.

*Stellungnahme:* Die Begründung des *BGH* für die Differenzierung zwischen dem Schlafenden und dem Bewußtlosen erscheint nicht überzeugend. Zunächst dürfte die Frage, ob sich der Schlafende *arglos dem Schlaf überlassen,* seine Arglosigkeit mit in den Schlaf genommen habe, zu erheblichen *Beweisschwierigkeiten* führen (wer anders als das Opfer könnte dies bezeugen?).

> *Dreher* aaO, S. 249.

Zudem weist *Dreher* (aaO) auf ungereimte Konsequenzen der Ansicht des *BGH* hin: Nach der Argumentation des Gerichts müßte man die Tötung eines Schlafenden, der sich arglos niedergelegt hatte, als Mord behandeln; dagegen würde Heimtücke ausscheiden, falls der Schlafende aus Angst vor einem Angriff des Täters einen Revolver unter sein Kopfkissen gelegt hatte.

Richtig dürfte es sein, die Tötung Schlafender und die Bewußtloser *gleich zu behandeln:*

Entweder verlangt man für die Arglosigkeit das *»positiv* gegebene Bewußtsein der Sicherheit«; das ist, wie *Dreher* nachgewiesen hat

> – aaO; zustimmend *Blei* aaO –,

offenbar Grundlage der Ansicht des *BGH.* Dies positive Bewußtsein fehlt aber dem Schlafenden ebenso wie dem Bewußtlosen; das Bild von der »mit in den Schlaf genommenen Arglosigkeit« vermag hieran nichts zu ändern.

Oder man läßt das »Fehlen der besonderen Bewußtseinslage des Argwohns, d. h. ein nur *Negatives«* genügen;

> dafür *Dreher* und *Blei* aaO.

Dann sind der Schlafende und der Bewußtlose arglos.

Wie ich meine, ist letzterer Alternative zu folgen. Denn der besondere Unwertgehalt der Tötung unter *Ausnutzen der Arg- und Wehrlosigkeit* des Opfers »liegt in der besonderen Gefährlichkeit seines (Täter) Vorgehens; er überrascht das Opfer in hilfloser Lage und hindert es dadurch, sich zu verteidigen, zu fliehen, Hilfe herbeizurufen, den Angreifer umzustimmen, in sonstiger Weise dem Anschlag auf sein Leben zu begegnen...«

BGH St 11, 139, 143 (GS); BGH NJW 1978, 709, 710; Woesner, NJW 1978, 1025, 1027.

Geradezu ein klassisches Beispiel eines solchen Überraschens in hilfloser Lage ist aber die Tötung Schlafender oder Bewußtloser.

Das Opfer war also arglos. Es war auch (anders als Kleinkinder) nicht etwa konstitutionsbedingt, sondern wegen des die besondere Bewußtseinslage des Argwohns ausschließenden Schlafs wehrlos.

Vgl. Dreher, MDR aaO.

F hat damit unter Ausnutzung der Arg- und Wehrlosigkeit des Opfers gehandelt.

(2) Gleichwohl ist das Mordmerkmal »Heimtücke« hier nicht erfüllt, da F glaubte, zum Besten seines Opfers zu handeln:

(a) Nach der Rechtsprechung erfordert der Begriff der Heimtücke neben der Ausnutzung der Arg- und Wehrlosigkeit zusätzlich eine »feindliche Willensrichtung des Täters gegen das Opfer«.

BGH St 9, 385, 390 (GS); 11, 139, 143 (GS); BGH NJW 1978, 709; BGH bei Holtz, MDR 1981, 267; BGH St 30, 105ff, 116 (GS); zustimmend Dreher-Tröndle, § 211 Rdnr. 6c (a. E.); Jähnke, LK § 211 Rdnr. 48, 50; Maurach-Schroeder Bd. 1, S. 38; Preisendanz, § 211 Anm. 2e.

Diese könne in besonders gelagerten Ausnahmefällen fehlen. Wenn der Täter z. B. – wie hier – engste Angehörige töte, weil er sie mit in den Tod nehmen wolle und in »krankhafter Verblendung« glaube, damit zu ihrem Besten zu handeln, habe er keine »feindliche Willensrichtung«.

BGH St 9 und 11 sowie MDR und NJW aaO.

(b) Ebenfalls zur Verneinung eines Mordes kommt man hier, wenn man mit der h. L. für das Merkmal Heimtücke einen »verwerflichen Vertrauensbruch« fordert.

(Vgl. oben, Fall 5 – b (2) –; unten, b, c.)
– Wessels (BT 1 S. 18ff) verlangt, daß die Arg- und Wehrlosigkeit des Opfers vom Täter »in tückisch-verschlagener Weise« ausgenutzt wird. –

Zwar ist im vorliegenden Fall neben dem »Ausnutzen der Arg- und Wehrlosigkeit« ein »Vertrauensbruch« gegeben; doch fehlt es am Merkmal der besonderen Verwerflichkeit des Vertrauensbruchs, da ein Handeln zum vermeintlich Besten des Opfers vorliegt.

Ergebnis: T hat keinen Mord, sondern nur einen Totschlag begangen.

## b) Zur Lehre von der negativen »Typenkorrektur« im Rahmen des § 211 II StGB; verfassungskonforme Auslegung des Mordtatbestandes

(1) Nach dieser Lehre ist Mörder nur, wer eine Tatmodalität des § 211 II StGB verwirklicht und zugleich besonders verwerflich handelt

(h. L., vgl. u. a. Bertram in: Jescheck/Triffterer, S. 175; Eser, Strafrecht 3, S. 22; ders. JR 1981, 177, 183; ders. in: Schönke-Schröder, § 211 Rdnr. 10; Geilen, JR 1980, 309, 314; Horn in SK, § 211 Rdnr. 6; Jescheck in: Jescheck/Triffterer, S. 131f; Lange in: Schröder-Gedächtnisschrift 1978, S. 217ff; Welzel, S. 284;
ablehnend BGH St 9, 385 (GS); 11, 139 (GS); BGH NJW 1978, 709; BGH St 30, 105ff,

114f (GS); *Arzt/Weber*, Rdnr. 85ff; *Jähnke*, Rdnr. 37f vor § 211; *Maurach-Schroeder* Bd. 1, S. 32f; *Otto*, S. 25; *Wessels*, BT 1 S. 23; *Woesner*, NJW 1978, 1025, 1026.

– Das *BVerfG* hält jene Lehre von der negativen Typenkorrektur für *eine* Möglichkeit der gebotenen »verfassungskonformen restriktiven Auslegung des § 211 StGB«; vgl. unten, (2). –

Mord sei nämlich die besonders verwerfliche vorsätzliche Tötung; die besondere Verwerflichkeit der Tat ergebe sich zwar in aller Regel schon aus dem Vorliegen eines Mordmerkmals; wo dies aber ausnahmsweise nicht der Fall sei, scheide Mord aus. Z.B. könne bei einer »heimtückisch«, »grausam« oder »mit gemeingefährlichen Mitteln« erfolgten Tötung die besondere Verwerflichkeit bei einer »entschuldbaren heftigen Gemütsbewegung« entfallen.

*Lange, Eser* und *Welzel* aaO.

Nach *Riess* soll § 211 StGB trotz Vorliegens eines oder mehrerer Mordmerkmale ausscheiden und nur Totschlag vorliegen, »wenn infolge des offensichtlichen Wegfalls der besonderen Verwerflichkeit der Tat *und* der Gefährlichkeit von Tat und Täter die Schuld deutlich geringer ist als im Durchschnitt der Mordfälle«.

NJW 1968, 630.

*Maurach* will den Anwendungsbereich des § 211 StGB dadurch einengen, daß er diese Vorschrift dort verneint, wo Mordmerkmale mit den »benannten Strafmilderungsgründen« des § 213 StGB zusammentreffen.

BT, S. 29f; *Maurach-Schroeder* Bd. 1, S. 32f; ähnlich *Geilen*, Dreher-Festschrift, 1977, S. 357, 383ff; ders. JR 1980, 314; *Rengier*, MDR 1980, 3.

Demgegenüber beschränkt die *h. M.* die Anwendbarkeit des § 213 StGB auf § 212 StGB (so u. a. *Jähnke*, LK § 213 Rdnr. 2 m.w.N.; *Lackner*, Anm. 5b vor § 211 sowie § 213 Anm. 1); *dies zu Recht:*

Nach dem *klaren Wortlaut des Gesetzes* (»der Totschläger«) und der *Systematik der Tötungsdelikte* hat die Regelung des § 213 StGB keine Bedeutung für den Mord; weder gilt diese *Strafzumessungsregel* im Rahmen des § 211, noch kommt ihr eine *Ausstrahlung auf den Mordtatbestand* in dem Sinne zu, daß die »Umstände des § 213« zu einer Verneinung von § 211 II führen. De lege lata ist eine *»Korrektur des § 211«* unter Rückgriff auf § 213 StGB ausgeschlossen (*Lackner* aaO) – sie wäre unzulässige *Rechtsfindung contra legem.*

Das *Anliegen* der Vertreter jener »negativen Typenkorrektur« bei § 211 II StGB ist es, im Interesse der *Billigkeit* (verstanden als individualisierende Gerechtigkeit) zu verhindern, daß die *absolute Strafdrohung* für Mord auch in solchen Fällen Geltung beansprucht, in denen sie wegen mildernder Umstände als unverhältnismäßig hart erscheint. Im Grunde genommen soll mit jener »Typenkorrektur« also ein *Ausgleich* dafür geschaffen werden, daß § 211 StGB keine Berücksichtigung mildernder Umstände vorsieht.

Vgl. etwa *Riess* aaO, S. 629 (a. E.)f; *Horn* in SK, § 211 Rdnr. 6.

Weiterhin will die Lehre von der »negativen Typenkorrektur« dem *Wesen des Mordes als der »besonders verwerflichen Tötung«*

(dazu u. a. *Eser*, Gutachten, D 157ff)

gerecht werden: Wegen dieser Natur des Mordes müsse sein Tatbestand trotz Vorliegens eines Mordmerkmals (§ 211 II StGB) entfallen, »wenn eine umfassende Gesamtwürdigung die Tötung ausnahmsweise als *nicht* besonders verwerflich erscheinen lasse«

(*Eser* in: *Schönke-Schröder* aaO).

19

Und schließlich berufen sich die Anhänger der h. L. heute im Anschluß an *BVerfG* E 45, 187 ff

– dazu unten, (2) –

auf den *verfassungsrechtlichen Grundsatz der Verhältnismäßigkeit.*

So etwa *Eser,* JR 1981, 183.

(2) *Kritik:* Dies Anliegen der Lehre von der »negativen Typenkorrektur« erscheint berechtigt. Und es findet seine Bestätigung in dem Urteil des *BVerfG* zur Verfassungsmäßigkeit der *lebenslangen Freiheitsstrafe bei § 211 StGB*

(Urt. v. 21. 6. 1977, E 45, 187 ff = NJW 1977, 1525 ff; dazu *Schmidhäuser,* JR 1978, 265 ff),

das statuiert:

»Die absolute Androhung einer so schweren Strafe« sei nur dann verfassungsrechtlich unbedenklich, »wenn dem Richter von Gesetzes wegen die Möglichkeit offenbleibe, bei der Subsumtion konkreter Fälle unter die abstrakte Norm zu einer Strafe zu kommen, die mit dem verfassungsrechtlichen *Grundsatz der Verhältnismäßigkeit* vereinbar« sei.

Daher sei eine »*verfassungskonforme restriktive Auslegung des Mordtatbestandes*« geboten, die gewährleiste, daß keine Fälle erfaßt würden, denen nicht das »*Merkmal der besonderen Verwerflichkeit der Tat*« anhafte.

E 45 aaO, S. 259 ff = NJW aaO, S. 1532 ff.

Als *eine* Möglichkeit solcher verfassungskonformen Auslegung des § 211 II nennt das *BVerfG* dabei die dargelegte »negative Typenkorrektur«; doch wird die Strafjustiz nicht darauf festgelegt. Vielmehr hebt das Gericht hervor, es gebe noch andere Möglichkeiten verfassungskonformer Interpretation des § 211 II:

So etwa bei der »*Heimtücke*« das Abstellen auf das Erfordernis eines »verwerflichen Vertrauensbruchs«; bei der »*Verdeckungsabsicht*« eine Auslegung dahin, die Mordtat müsse im voraus geplant sein. Indessen sei möglicherweise »*noch eine andere* dem Grundsatz der Verhältnismäßigkeit entsprechende« verfassungskonforme Auslegung des § 211 II StGB denkbar – hierzu fehlt jedoch jede weitere Erläuterung.

Gleichwohl bestehen gegen jene Lehre Bedenken. Der Sache nach ergänzt sie den Tatbestand des § 211 II StGB durch die ungeschriebene *Ausnahmevorschrift:*

»Mord ist ausgeschlossen, wenn die Tat (§ 211 II) nicht als besonders verwerflich erscheint.«

Eine derartige Einschränkung des Geltungsbereichs des § 211 StGB scheint mir den Rahmen zulässiger *Rechtsfortbildung durch Rechtsprechung und Lehre* zu überschreiten: Wie sich aus der Entstehungsgeschichte des § 211 StGB

(dazu u. a. *BGH* St 9, 385, 387 ff m.w.N.)

und aus der Gegenüberstellung der §§ 211/212, 213 StGB ergibt, hat das StGB in § 211 II StGB *abschließend* umschrieben, welche Fälle es »als besonders verwerflich und deshalb als Mord beurteilt«.

*BGH* aaO; *BGH* St 11, 139, 143 (GS); *Dreher-Tröndle,* § 211 Rdnr. 2; *Jähnke,* LK Rdnr. 37 f vor § 211; *Wessels,* BT 1 S. 23.

– Anders als *BGH* St 9 aaO und die hier vertretene Ansicht meint *Frommel,* JZ 1980, 559 ff, die Entstehungsgeschichte des § 211 StGB spreche keineswegs gegen die »negative Typenkorrektur« des Mordtatbestandes. –

Die *rechtspolitische Wertentscheidung des Gesetzes* geht also dahin: Bejaht der

Richter den Tatbestand des § 211 II StGB, so ist für eine *ergänzende Verwerflichkeitsprüfung* kein Raum. Danach scheint mir die Lehre von der »negativen Typenkorrektur« beim Mordtatbestand *Gesetzeskorrektur* (Rechtsfindung *contra legem*) zu sein.

So auch *Arzt/Weber*, Rdnr. 85.
Zur (grundsätzlichen) Unzulässigkeit solcher Rechtsfindung *Krey*, JZ 1978, 361 ff, 428 ff, 465 ff, m.w.N.

Wenn man also *unbillige* Ergebnisse, die sich bei einer starren Anwendung des § 211 II StGB wegen der absoluten Strafdrohung ergeben können

– untragbar ist etwa die Entscheidung *BGH* St 11 aaO –,

vermeiden möchte, sollte man *nach anderen Wegen* suchen; de lege lata bietet sich dabei eine *restriktive* Auslegung der *einzelnen* Mordmerkmale an:

(a) Zur *1. Gruppe* der Mordmerkmale: Hier ist eine »negative Typenkorrektur« durch das Kriterium der besonderen Verwerflichkeit von vornherein *unnötig.* Denn der *»niedrige Beweggrund«* und die vom Gesetz dafür genannten *Beispiele* (»Mordlust…«) erfordern bei sachgerechter restriktiver Interpretation das Unwerturteil, es handele sich um eine »auf niedrigster Stufe stehende, verächtliche« Motivation.

Ähnlich *Rengier*, NStZ 1982, 227.

(b) Zur *3. Gruppe* der Mordmerkmale (»um eine andere Straftat zu ermöglichen oder zu verdecken«): Wie dargelegt – oben, Fall 4 – handelt es sich bei dieser Mordmodalität der Sache nach um eine Tötung aus niedrigen Beweggründen; diese Einsicht dürfte die These rechtfertigen: Tötet der Täter, »um eine andere Straftat zu ermöglichen oder zu verdecken«, ist dieser Beweggrund aber wegen der besonderen Umstände des Einzelfalles ausnahmsweise nicht als *niedrig* zu werten, so entfällt Mord.

Zustimmend *Rengier* aaO, S. 228.
Vielfach wird erwogen, das Merkmal der Verdeckungsabsicht auf Fälle zu beschränken, in denen die Tötung im voraus geplant worden sei; vgl. *BVerfG* aaO; weiter *Schmidhäuser* aaO, S. 270; in diese Richtung scheint auch *BGH* St 27, 346 ff zu gehen (*Köhler*, JZ 1981, 548 f, verlangt *»überlegtes* Handeln«).
Abweichend aber– zu Recht, da kriminalpolitische Bedenken gegen jene Einschränkung bestehen, – *BGH* St 27, 281; 28, 77; *BGH* NJW 1978, 2105; *Blei*, S. 24; *Dreher-Tröndle*, § 211 Rdnr. 9 a; *Lackner*, Anm. 3 e (a.E.). Weitere Nachweise bei *Eser* in: *Schönke-Schröder*, § 211 Rdnr. 32 a.

(c) Zur *2. Gruppe* der Mordmerkmale:
Beim Merkmal *»Heimtücke«* darf man sich nicht mit dem Erfordernis »Ausnutzen der Arg- und Wehrlosigkeit« begnügen

(und zwar auch dann nicht, wenn man wie der *BGH* zusätzlich eine »feindliche Willensrichtung« des Täters verlangt).

Denn anderenfalls läge Totschlag (und nicht Mord) grundsätzlich nur noch bei Tötung konstitutionell Wehrloser oder bei *offen feindseliger Haltung* des Täters vor. Daß aber grundsätzlich *jede andere* vorsätzliche Tötung »schon die besondere Qualität des *Mordes* haben soll, ist im Hinblick auf die angedrohte absolute Strafe nicht zu akzeptieren«.

*Samson*, Strafrecht I, S. 213.

Im übrigen würden durch die Rechtsprechung des *BGH* diejenigen Täter, die nach Körperkraft oder Bewaffnung eine »offen feindselige Haltung« *wagen können*, gegenüber schwächeren und nicht entsprechend bewaffneten Tätern, die *heimlich vorgehen müssen*, privilegiert. Das aber erscheint sachwidrig. Daher meine ich, daß Heimtücke zusätzlich zum Ausnutzen der Arg- und Wehrlosigkeit einen besonders *verwerflichen Vertrauensbruch* erfordert.

(Ebenso die h. L., vgl. oben Fall 5 – b (2) –.
Unter den Anhängern der These, für »Heimtücke« sei ein *besonders verwerflicher Vertrauensbruch* nötig, ist strittig, ob *dies Kriterium* die Rechtsprechungsformel von der »Ausnutzung der Arg- und Wehrlosigkeit« nur *einschränkt* oder etwa *ersetzt*; wie hier *für ersteres* u. a. *Lange* in: Schröder-Gedächtnisschrift 1978, S. 233; für letzteres etwa *Eser* in: *Schönke-Schröder*, § 211 Rdnr. 26 (weitere Nachweise bei *Eser*, Gutachten, D 45 Anm. 137).
*BVerfG* E 45, 187, 267 hält die »einengende Auslegung« der Heimtücke durch jenes Kriterium für *eine* Möglichkeit verfassungskonformer Restriktion des Mordtatbestandes.
– Zum Standpunkt des *GS für Strafsachen des BGH* (Beschluß v. 19. 5. 1981, *BGH* St 30, 105 ff) vgl. unten, c; dort auch Vertiefung der eigenen Ansicht. –

Denn durch dies Erfordernis wird der Anwendungsbereich jenes Mordmerkmals angemessen eingeschränkt, und diese Einschränkung wird auch dem Wortsinn des Gesetzes (»Tücke«) gerecht.

– Eine weitere sachgerechte Restriktion dieses Mordmerkmals liegt darin, daß der Täter die Arg- und Wehrlosigkeit des Opfers *bewußt* ausgenutzt haben muß; hieran *kann* es beim Handeln in heftiger Gemütsbewegung, etwa im Falle des sog. »Mitnahmesuizids«, fehlen (so u. a. *BGH* bei *Holtz*, MDR 1979, 455; vgl. auch *BGH* NStZ 1981, 140). –

Bei der *grausamen* Tötung ist schon per definitionem eine negative Typenkorrektur ausgeschlossen: Wer tatsächlich *aus einer gefühllosen und unbarmherzigen Gesinnung* seinem Opfer schwere Leiden körperlicher oder seelischer Art zufügt, handelt stets besonders verwerflich.

– Zur Definition der »Grausamkeit« siehe oben, Fall 6, b (1). –
Jene grausame Gesinnung kann aber durch »hochgradige Erregung oder heftige Gemütsbewegung« ausgeschlossen sein; *Lackner,* § 211 Anm. 3 c.

Die Mordmodalität *»mit gemeingefährlichen Mitteln«* verlangt eine konkrete Gefahr für das *Leben* unbeteiligter Dritter

(*Arzt/Weber*, Rdnr. 122; *Rengier*, NStZ 1982, 227
– weitergehend die h. A., die auch eine Leibesgefahr genügen läßt, so u. a. *Eser* in: *Schönke-Schröder*, § 211 Rdnr. 29 m. w. N. –),

die darauf beruht, daß der Täter die Wirkung des Mittels im konkreten Fall nicht sicher begrenzen kann

(*Jähnke*, LK § 211 Rdnr. 59).

Eine solche Tat ist m. E. wegen ihrer besonderen Gefährlichkeit stets besonders verwerflich und ohne Rücksicht darauf als Mord zu bestrafen, ob der Täter etwa »in heftiger Gemütsbewegung« gehandelt hat.

## c) Die Rechtsfolgenlösung des Großen Senats für Strafsachen des BGH, Beschluß v. 19. 5. 1981

(1) Der 4. Strafsenat des *BGH* hat dem GS für Strafsachen mit Beschluß v. 26. 1. 1981

– NStZ 1981, 181 f; dazu *Eser*, JR 1981, 177 ff –

gemäß § 137 GVG die folgende Rechtsfrage zur Entscheidung vorgelegt:

»Ist im Hinblick auf die Entscheidung *BVerfG* E 45, 187 das Mordmerkmal der Heimtücke entgegen den Entscheidungen des Großen Sentas für Strafsachen in *BGH* St 9, 385 und 11, 139 zu verneinen, wenn der Täter zu der Tat dadurch veranlaßt worden ist, daß das Opfer ihn oder einen nahen Angehörigen schwer beleidigt, mißhandelt oder mit dem Tode bedroht hat, und die Tatausführung über die bewußte Ausnutzung der Arg- und Wehrlosigkeit des Opfers hinaus nicht besonders verwerflich (tückisch oder hinterhältig) ist?«

Auf diese Vorlage hat der GS des *BGH* mit Beschluß v. 19. 5. 1981 entschieden

– *BGH* St 30, 105 ff –:

»Auch wenn in Fällen heimtückischer Tötung außergewöhnliche Umstände vorliegen, auf Grund welcher die Verhängung lebenslanger Freiheitsstrafe als unverhältnismäßig erscheint, ist wegen Mordes zu verurteilen. Es ist jedoch der Strafrahmen des § 49 I Nr. 1 StGB anzuwenden.«

Dazu führt der GS im einzelnen aus:

(a) Das Mordmerkmal *»Heimtücke«* kennzeichne eine besonders gefährliche Begehungsweise. Heimtücke sei dabei zu verstehen als Ausnutzen der Arg- und Wehrlosigkeit des Opfers (in feindlicher Willensrichtung); schon allein in diesem Vorgehen liege das gesteigerte Mordunrecht.

*BGH* St 30, 105, 116 f.

(b) Die Lehre von der sog. *»negativen Typenkorrektur«*, nach der trotz einer in diesem Sinne heimtückischen Begehungsweise der Mordtatbestand entfalle, wenn die Tat aufgrund umfassender Gesamtwürdigung aller Tatumstände und der Täterpersönlichkeit als nicht besonders verwerflich erscheine, sei abzulehnen. Denn das Kriterium der besonderen Verwerflichkeit sei viel zu vage und würde »Berechenbarkeit und Gleichmäßigkeit der die *Tatbestandsfrage* betreffenden Rechtsanwendung in einem zentralen Bereich des Strafrechts in Frage stellen.«

*BGH* aaO, S. 114 f.

(c) Unzutreffend sei auch die Lehrmeinung, Heimtücke erfordere einen *besonders verwerflichen Vertrauensbruch*. Erstens beständen gegen diese Lehrmeinung die gleichen *Bestimmtheitsbedenken* wie gegen die erwähnte Typenkorrektur. Zweitens bedeute das Abstellen auf einen solchen Vertrauensbruch einerseits eine *»unangemessene Ausdehnung«* des Mordtatbestandes, da »zwischen Vertrauensbruch und gesteigertem Unwert der Tat nicht ohne weiteres eine Kongruenz bestehe«. Drittens werde der Mordtatbestand andererseits durch jene Lehrmeinung *in nicht billigenswerter Weise eingeschränkt*: es sei unerträglich, den Überfall auf einen Ahnungslosen allein deshalb nicht als heimtückisch anzusehen, weil Täter und Opfer bis dahin in keiner persönlichen Beziehung zueinander gestanden hätten.

aaO, S. 115 f.

(d) Eine *verfassungskonforme* Rechtsanwendung des § 211 StGB müsse freilich gemäß dem Urteil des *BVerfG* v. 21. 6. 1977 (E 45, 187, 259–267) gewährleisten, daß der Richter *in allen Fällen, in denen die lebenslange Freiheitsstrafe nach den Umständen unverhältnismäßig sei*, eine Möglichkeit habe, von jener Strafe abzusehen und zu einer mit dem verfassungsrechtlichen Verhältnismäßigkeitsgrundsatz vereinbaren Strafe zu gelangen. Dem könne man allerdings bezüglich der Heimtücke nicht durch eine Einschränkung des *Tatbestandes* i. S. der Lehre von der negativen Typenkorrektur bzw. mittels des Kriteriums des besonders verwerflichen Vertrauensbruchs gerecht werden, da anderenfalls die *Tatbestandsbestimmtheit* des § 211 StGB preisgegeben werde. *Dagegen könne man dem Verhältnismäßigkeitsgrundsatz auf der Rechtsfolgenseite entsprechen:*

Zwar schließe die *absolute Strafdrohung* des § 211 I StGB Strafzumessungserwägungen aus; doch sei sie wie folgt zu korrigieren:

»Die verfassungskonforme Rechtsanwendung gebietet ihre Ersetzung durch einen für solche Erwägungen offenen Strafrahmen, wenn die Tatmodalität der heimtückischen Begehungsweise mit Entlastungsmomenten zusammentrifft, die zwar nicht nach ausdrücklicher gesetzlicher Regelung zu einer milderen Strafdrohung führen, auf Grund welcher die Verhängung lebenslanger Freiheitsstrafe aber als mit dem verfassungsrechtlichen Grundsatz der Verhältnismäßigkeit unvereinbar erscheint.«

Freilich sei nicht jeder *Entlastungsfaktor i. S. des § 213 StGB* hierfür ausreichend. Vielmehr könnten nur *»außergewöhnliche Umstände«* es erlauben, bei Vorliegen des Mordtatbestandes in der Alternative »Heimtücke« entgegen § 211 I StGB von lebenslanger Freiheitsstrafe abzusehen.

Diese Rechtsfolgenlösung habe dabei in analoger Anwendung des *§ 49 I Nr. 1 StGB* zu erfolgen, *nicht* etwa in entsprechender Anwendung des durch §§ 212, 213 StGB abgesteckten Strafrahmens.

> *BGH* St 30 aaO, 118ff, 120.

(e) Die Korrektur des § 211 I StGB in analoger Anwendung *»des Strafrahmens des § 49 I Nr. 1 StGB«* sieht der GS als verfassungskonforme richterliche *Lückenfüllung* an.

> aaO, S. 121.

## (2) Kritik:

(a) Bei der Rechtsfolgenlösung des *BGH* handelt es sich um *Rechtsfindung contra legem.*

> Ebenso *Bruns,* JR 1981, 358, 360–362; *Günther,* NJW 1982, 353, 356f; a. A. etwa *Rengier,* NStZ 1982, 225, 226f, 230; *Kratzsch,* JA 1982, 401ff.

Das Gericht ergänzt nämlich der Sache nach § 211 StGB um einen neuen Abs. 3 des Inhalts:

> »Liegen im Falle heimtückischer Tötung außergewöhnliche Umstände vor, welche die Verhängung lebenslanger Freiheitsstrafe als unverhältnismäßig erscheinen lassen, so ist die Strafe nach § 49 I Nr. 1 zu mildern.«

Diese richterliche Änderung des § 211 StGB widerspricht dem klaren Wortlaut und Sinn des Gesetzes.

> Zur Abgrenzung richterlicher Rechtsfindung contra legem einerseits von der Gesetzesauslegung und der gesetzesergänzenden Lückenfüllung andererseits vgl. *Krey,* JZ 1978, 361ff, 428ff, 465ff m.w.N.

Die Gesetzeskorrektur durch den GS richtet sich dabei gegen eine *verfassungsmäßige Norm:* Daß § 211 bei einer verfassungskonformen Auslegung der Mordmerkmale mit dem GG vereinbar ist, hat das *BVerfG* wiederholt bestätigt.

> *BVerfG* E 45, 187ff; *BVerfG* JZ 1978, 795; JZ 1980, 475.
> – Auch der GS des *BGH* hält § 211 StGB keineswegs für ganz oder teilweise verfassungswidrig. –

Eine solche Rechtsfindung contra legem nun ist nach herrschender und zutreffender Auffassung grundsätzlich unzulässig.

> Dazu m.w.N. *Krey* aaO, namentlich S. 465ff.
> – Freilich hat das *BVerfG* in seinem bekannten Soraya-Beschluß die richterliche Gesetzesbindung nicht hinreichend ernst genommen (*BVerfG* E 34, 269, 279ff; kritisch dazu

*Krey* aaO, S.465 mit Anm. 4; Nachweis weiterer kritischer Stimmen bei *Krey* aaO, S. 362 Anm. 14); inzwischen aber hat das Gericht erfreulicherweise die Verfassungsschranken richterlicher Rechtsfortbildung stärker betont (*BVerfG* JZ 1979, 60ff mit Anm. *Starck*). –

Eine der denkbaren *Ausnahmen* von jenem Verbot richterlicher Gesetzeskorrektur

– dazu *Krey* aaO, S. 465ff –

liegt hier nicht vor.

(b) Die gesetzesberichtigende Rechtsfolgenlösung des *BGH* ist auch keineswegs durch den verfassungsrechtlichen Verhältnismäßigkeitsgrundsatz geboten. Vielmehr entspricht § 211 I StGB bei verfassungskonformer restriktiver Auslegung der Mordmerkmale diesem Verfassungsprinzip.

h. M.; vgl. für alle *BVerfG* E 45, 187, 259–267.

Ein solches verfassungskonformes Verständnis des Mordmerkmales Heimtücke bietet die vom *BVerfG* akzeptierte, von der h. L. vertretene und hier zugrunde gelegte These, Heimtücke erfordere einen besonders verwerflichen Vertrauensbruch

(Nachweise oben, Fall 5 – b (2) –; Fall 7 – b (2), (3) –):

(c) Zu Unrecht meint der GS, diese Interpretation der Heimtücke widerspreche dem Grundsatz der Tatbestandsbestimmtheit. Versteht man wie hier Heimtücke als *Ausnutzen der Arg- und Wehrlosigkeit unter solchen Umständen, die einen besonders verwerflichen Vertrauensbruch begründen,* so erscheint der Heimtückebegriff keineswegs als bedenklich unbestimmt, sondern ist allemal bestimmter als das Mordmerkmal der »niedrigen Beweggründe«.

Im übrigen will der *BGH* mit seiner Rechtsfolgenlösung *Tatbestands*bestimmtheit bewahren, aber um den Preis von Unbestimmtheit auf der *Rechtsfolgenseite*:

Je nach Bejahung oder Verneinung »außergewöhnlicher Umstände« ist nach seiner Konzeption entweder lebenslange Freiheitsstrafe oder Freiheitsstrafe nicht unter drei Jahren zu verhängen.

Auf diese Unbestimmtheit der Rechtsfolgenlösung des GS weisen u. a. *Bruns* (aaO, S. 359f) sowie *Günther* (aaO, S. 357) hin; vgl. auch *Eser*, NStZ 1981, 384; *Lackner*, NStZ 1981, 349.

Dem *BGH* ist vorzuwerfen, daß er das Bestimmtheitsgebot des Art. 103 II GG bezüglich des Heimtücke-*Tatbestandes* überstrapaziert, *dies Gebot aber auf der Rechtsfolgenseite außer acht läßt*; sein Verständnis des Bestimmtheitsgrundsatzes erscheint *insoweit* als überholt

(dazu *Bruns* aaO, S. 359).

(d) Unzutreffend ist weiterhin die These des *BGH*, der Gesichtspunkt des Vertrauensbruches sei auch insoweit verfehlt, als dadurch zum Teil eine *»unangemessene Ausdehnung«* des Mordtatbestandes eintreten könne. Verlangt man wie hier ein »Ausnutzen der Arg- und Wehrlosigkeit unter solchen Umständen, die einen besonders verwerflichen Vertrauensbruch begründen«, so werden nur »höchstverwerfliche« und mithin als Mord strafwürdige Tötungsfälle erfaßt.

(e) Schließlich kann dem *BGH* auch darin nicht gefolgt werden, das Kriterium des Vertrauensbruchs *schränke den Heimtückebegriff unangemessen ein*:
Erstens ist die Heimtücke das fragwürdigste Mordmerkmal

(dazu *Eser*, Gutachten D 44ff, 180ff),

was der *BGH* bei seiner Kritik der angeblich »unangemessenen Einschränkung« nicht hinreichend berücksichtigt.

Zweitens wird beim »Meuchelmord« regelmäßig das Mordmerkmal »aus niedrigen Beweggründen« eingreifen.

Und drittens erlaubt § 212 I, II StGB eine angemessene Bestrafung, wenn jemand unter Ausnutzung der Arg- und Wehrlosigkeit des Opfers, *aber ohne Vertrauensbruch,* tötet.

(f) Was der *BGH* bei seiner Rechtsfolgenlösung völlig übersieht, ist der Gesichtspunkt *unverhältnismäßiger Mordstigmatisierung:* Wenn wirklich außergewöhnliche Umstände die Tötung eines anderen unter Ausnutzung seiner Arg- und Wehrlosigkeit *in milderem Licht erscheinen lassen,* dürfte bereits der *Schuldspruch* (»der Täter ist des *Mordes* schuldig«) als unangemessen erscheinen.

Dazu *Günther* aaO, S. 355 f; siehe auch *Eser* aaO.

(g) *Resümee:* Der Beschluß des GS v. 19. 5. 1981 ist kein Beispiel gelungener richterlicher Rechtsfortbildung; seine Rechtsfolgenlösung erscheint nicht billigenswert.

So namentlich *Bruns,* JR 1981, 358 ff; *Günther,* NJW 1982, 353 ff; anders *Rengier,* NStZ 1982, 225 ff; *Kratzsch,* JA 1982, 401 ff; *BGH* NStZ 1982, 69.

Im übrigen wirft dieser Beschluß eine heikle und bisher nicht hinreichend geklärte Rechtsfrage auf, nämlich die Frage, ob und wie weit die Bindungswirkung gemäß §§ 138 III GVG, 358 I StPO die richterliche Gesetzesbindung aus Art. 20 III, Art. 97 I GG durchbricht

– zumal nach herrschender und zutreffender Ansicht die Aufgabe der Rechtsfortbildung (§ 137 GVG) dem Großen Senat keine weitergehenden Rechtsfortbildungsbefugnisse einräumt, als sie der dritten Gewalt auch sonst zustehen.

Zu letzterem vgl. m.w.N. *Kissel,* GVG, 1981, § 137 Rdnr. 7.

*Fall 8: – Zur 3. Gruppe der Mordmerkmale; Mord (»um eine andere Straftat zu verdecken«) durch Unterlassen? –*

Der Kraftfahrer Balduin hat infolge Fahrlässigkeit nachts auf einsamer Landstraße einen Fußgänger überfahren. Aus Furcht vor Bestrafung läßt er sein schwerverletztes Opfer liegen, obwohl er erkennt, daß es zu verbluten droht. Stunden später wird das Unfallopfer tot aufgefunden.

Strafbarkeit des Balduin (B), wenn das Opfer mit an Sicherheit grenzender Wahrscheinlichkeit gerettet worden wäre, falls B ärztliche Hilfe herbeigerufen hätte?

B könnte sich eines Mordes durch Unterlassen schuldig gemacht haben.

*a) Vorsätzliche Tötung durch Unterlassen?*

B hatte eine physisch-reale Möglichkeit der Erfolgsabwendung: durch Herbeirufen ärztlicher Hilfe wäre das Opfer mit an Sicherheit grenzender Wahrscheinlichkeit gerettet worden (hypothetische Kausalität). Seine Garantenstellung (§ 13 I StGB) ergab sich aus pflichtwidrigem gefährdendem Vorverhalten (sogen. »Ingerenz«). Er hat auch vorsätzlich gehandelt, da er den Tod als Folge des Unterlassens der gebotenen Hilfeleistung »billigend in Kauf nahm« (dolus eventualis). Danach hat sich B der vorsätzlichen Tötung durch Unterlassen schuldig gemacht.

*b)* Als *Mordmerkmal* kommt Tötung, »um eine andere Straftat (hier: § 230 StGB) zu verdecken«, in Betracht.

(1) Der *BGH* hat in einem Fall wie dem vorliegenden Mord *verneint*

> (*BGH* St 7, 287; zustimmend *Lackner*, § 211 Anm. 4; *Horn* in SK, § 211 Rdnr. 69; offenbar auch *BVerfG* E 45 aaO (vgl. oben, Fall 7, b), S. 265 = NJW 1977, 1533; *kritisch* aber u. a.: *Arzt/Weber*, Rdnr. 138; *Jähnke*, LK § 211 Rdnr. 24; *Maurach-Schroeder* Bd. 1, S. 34; offenbar auch *Bockelmann*, S. 12 f; *Otto*, S. 34; differenzierend *Eser* in: *Schönke-Schröder*, § 211 Rdnr. 35);

dies zu Recht:
Zwar ist der Umstand, daß der Täter nur mit bedingtem Vorsatz handelte, als solcher für die 3. Gruppe der Mordmerkmale unerheblich.

> *BGH* St 23, 176, 194 m.w.N.

Das Merkmal »um eine andere Straftat zu verdecken« erfordert aber, daß die Tötung gerade »*als Mittel* zur Verdeckung eingesetzt« und nicht »der Tod lediglich *als Folge* (der Flucht) vorausgesehen und gebilligt« wird.

> *BGH* St 7, 287; 23 aaO; *BGH* bei *Holtz*, MDR 1980, 629 (für die »*Ermöglichungsabsicht*«); *Dreher-Tröndle*, § 211 Rdnr. 9; *Eser* und *Lackner* aaO; hiergegen aber u. a. *Horn* und *Maurach-Schroeder* aaO.

Dies Erfordernis ist hier nicht erfüllt. Danach hat B nicht i. S. des § 211 II StGB »getötet, um eine andere Straftat zu verdecken«; er ist folglich nicht aus § 211, sondern aus § 212 (i. V. m. § 13) StGB strafbar.

> Vgl. aber auch *BGH* bei *Dallinger*, MDR 1966, 24:
> Dort hat der *BGH* Mord (»um eine andere Straftat zu verdecken«) bei unterlassener Hilfe nach Vergewaltigung angenommen: Der Notzuchtstäter hatte keine ärztliche Hilfe herbeigerufen, weil er die Entdeckung der Tat (§ 177 StGB) fürchtete; er hatte aber erkannt, daß ohne Herbeirufen von Hilfe das Opfer sterben könne.
> Diese Entscheidung steht im Widerspruch zu *BGH* St 7, 287 und ist abzulehnen; denn das »pflichtwidrige Unterlassen, Hilfe zu leisten und sich damit selbst der Strafverfolgung zu überantworten, erreicht nicht den Unrechtsgehalt, der den Begehungsformen des Mordes insgesamt eigen ist« (*BGH* aaO, S. 290 (a. E.) f). An dieser Wertung hat auch die Regelung des § 13 II StGB – fakultative Strafmilderung bei Begehen durch *Unterlassen* – nichts geändert: Denn hier geht es nicht um das *allgemeine* Problem, ob der Mordtatbestand überhaupt durch Unterlassen erfüllt werden kann (dazu unten – [2] –), sondern um die spezielle Frage: Liegt »Tötung *um* eine andere Straftat zu verdecken« vor, wenn der Täter den Tod lediglich als *Folge seiner Untätigkeit* in Kauf nimmt und diese Untätigkeit aus Furcht vor Strafverfolgung resultiert? Diese Frage ist bei der gebotenen restriktiven Auslegung der Mordmodalitäten zu verneinen (ähnlich *Horn* in SK, § 211 Rdnr. 69).

(2) Zum Problem, ob Mord überhaupt durch *Unterlassen* begangen werden kann:
Die ganz h.M. bejaht diese Frage.

> *BGH* bei *Dallinger* aaO; *BGH* NJW 1973, 1706, 1707; *Lackner*, § 211 Anm. 2; *Maurach-Schroeder* Bd. 1, S. 34; *Herzberg*, S. 83 Anm. 7 (kritisch: *Jescheck*, JZ 1961, 752, 753; *Schünemann*, Grund und Grenzen der unechten Unterlassungsdelikte, S. 371–373).

Meine früher gegen die h.A. geäußerten Bedenken

> (JuS 1971, 141 (a. E.) f m.w.N.)

gebe ich *wegen der jetzt möglichen Strafmilderung nach § 13 II StGB n. F.* auf.

*Ergänzende Hinweise* zur 3. Gruppe der Mordmerkmale:

Die *andere Straftat*, die ermöglicht oder verdeckt werden soll, kann auch von einem *Dritten* begangen werden bzw. sein; die zu verdeckende Tat braucht *objektiv* nicht begangen, die zu ermöglichende braucht objektiv nicht begehbar zu sein.

> *Eser* in: *Schönke-Schröder*, Rdnr. 33.

Die »andere Tat« kann mit der Tötung auch in Idealkonkurrenz (§ 52 StGB) stehen, z. B. beim sogenannten »Raubmord«.

> *Welzel*, S. 284.
> – Zur Verdeckungsabsicht vgl. ergänzend oben Fall 7, b (2) (b). –

## IV. Tötung durch Zulassen eines Selbstmordes

*Fall 9:* Die zwischen Willi Wacker und seiner Frau Frieda bestehende Ehe ist aus beiderseitigem Verschulden zerrüttet; zudem ist die wirtschaftliche Lage der Eheleute prekär. Beide haben wiederholt erwogen, aus dem Leben zu scheiden. Eines Tages teilt die Frieda (F) ihrem Ehemann mit, sie wolle sich jetzt aus dem Fenster stürzen; sie bittet ihn inständig, sie gewähren zu lassen. Willi (W), der auch keinen Ausweg mehr sieht, respektiert ihren Entschluß und sieht untätig zu, wie seine Ehefrau das Fensterbrett besteigt und sich in die Tiefe stürzt. F ist auf der Stelle tot.
Strafbarkeit des W?

### a) §§ 212, 216 StGB?

W hat den Tod seiner Ehefrau trotz Möglichkeit der Erfolgsabwendung nicht verhindert. Da er als Ehemann aufgrund § 1353 BGB (eheliche Lebensgemeinschaft) grundsätzlich eine *Garantenstellung* für das Leben seiner Frau hatte, könnte er durch *Unterlassen* ein Tötungsdelikt (§§ 212, 216 StGB) verwirklicht haben. Dann müßte die Garantenpflicht, das Leben eines anderen zu schützen, auch die Pflicht umfassen, diesen *am Selbstmord (Suizid) zu hindern;* ob (und unter welchen Voraussetzungen) das der Fall ist, ist streitig.

> Vgl. hierzu eingehend *Geilen*, JZ 1974, 145 ff; ders., NJW 1974, 570; *Herzberg*, Die Unterlassung im Strafrecht (1972), S. 265 ff; J. *Wagner*, Selbstmord und Selbstmordverhinderung, 1975; *Roxin* in: Dreher-Festschrift 1977, S. 331 ff m.w.N.
> Zum Sonderproblem: »Suizidpatient und Arztpflicht«, vgl. *BayObLG* NJW 1973, 565 f; *Bringewat*, NJW 1973, 540 ff; *Geilen*, JZ aaO; ders. JZ 1973, 320.

(1) *Standpunkt der Rechtsprechung:*
Wer als Garant trotz Möglichkeit der Erfolgsabwendung einen Selbstmord nicht verhindert, soll dann Täter eines Tötungsdeliktes sein, wenn der Selbstmörder schon *handlungsunfähig* geworden ist, d. h. das Geschehen nicht mehr *beherrscht* (a), und die Unterlassung nicht auf *Respekt vor dem Willen des Opfers* beruht (b).

> Vgl. *BGH* St 13, 162 (»Hammerteich-Fall«; dazu eingehend *Baumann/Arzt/Weber*, Strafrechtsfälle, 5. Aufl. 1981, S. 45 ff); *BGH* NJW 1960, 1821 f; *OLG Düsseldorf*, NJW 1973, 2215 f; *BayObLG* aaO.
> *Zu (a):* Auf diesen Gesichtspunkt stellen ab: *BGH* und *BayObLG* aaO.
> *Zu (b):* Vgl. hierzu *BGH* NJW aaO; *OLG Düsseldorf* aaO.

Diese Judikatur beruht offenbar auf der Meinung, bei Fehlen dieser Erfordernisse liege *mangels Tatherrschaft*

> (*BGH* NJW aaO; *BayObLG* aaO)

bzw. *Täterwillens*

> (*BGH* St 13 aaO, S. 166; *OLG Düsseldorf* aaO)

kein *täterschaftliches* Unterlassen vor, sondern allenfalls straflose *Beihilfe* durch Unterlassen *zum Selbstmord.*

Die dargelegte Judikatur beansprucht allerdings nur für solche Fälle des Suizids Geltung, in denen dem Selbstmord ein *»verantwortlicher* Wille« des Opfers zugrunde liegt. Fehlt es daran – z. B. bei *Kindern* und *Geisteskranken* –, so hat der Garant den Suizid *stets* zu verhindern und macht sich anderenfalls nach §§ 212 bzw. 211 StGB durch Unterlassen schuldig.

> Vgl. etwa *Eser* in: *Schönke-Schröder,* Rdnr. 40 vor § 211.
> Bedenklich daher *OLG Düsseldorf* aaO, das *ohne weiteres* den Suizid eines »körperlich und *seelisch* Kranken« (Hervorhebung vom Verf.) als »einsichtig-freiwillig« behandelt. Hiergegen berechtigte Kritik bei *Geilen,* NJW 1974, 572; *Bringewat,* JuS 1975, 158.

(2) *Standpunkt der h. L.:*
Im Schrifttum wird ganz überwiegend angenommen: Das Zulassen eines Selbstmordes durch Garanten ist *niemals* als Tötungsdelikt nach §§ 211, 212 oder 216 StGB strafbar, es sei denn, der Suizid beruht *nicht* auf einem *»freiverantwortlichen* Willen«* des Opfers.

> *Dreher-Tröndle,* Rdnr. 6 vor § 211; *Gallas,* JZ 1960, 649 ff, 686 ff; *Maurach-Schroeder* Bd. 1, S. 20; *Welzel,* S. 281; *Wessels,* BT 1 S. 10 f; *Bockelmann,* S. 4; *Otto,* S. 42; *Eser* in: *Schönke-Schröder,* Rdnr. 40, 41 vor § 211; *Samson,* Strafrecht I, S. 277–281; *Roxin,* Dreher-Festschrift 1977, S. 331 ff, 349; *Arzt/Weber,* Rdnr. 192 ff; *Jähnke,* LK Rdnr. 24 vor § 211; vgl. auch § 103 I *AE,* BT.
> Ablehnend u. a. *Blei,* S. 13 ff; *Geilen,* JZ 1974, 145 ff; *Bringewat,* JuS 1975, 155 ff; *Herzberg,* Täterschaft und Teilnahme, S. 82–93.

Dabei wird ein *»nichtverantwortlicher«* Suizid überwiegend in »analoger Anwendung der Exkulpationsregeln« (§§ 19, 20, 35 StGB) nur dann angenommen, wenn das Opfer unter Umständen gehandelt hat, die im Falle einer *Fremd*schädigung seine *Verantwortlichkeit* ausschließen würden. Danach ist *»nichtverantwortlich«* der Selbstmord des Geisteskranken, des Kindes und des unter Notstandsvoraussetzungen (§ 35 StGB) Handelnden.

> So etwa *Arzt/Weber,* Rdnr. 200; *Lackner,* Anm. 3 b vor § 211; *Maurach-Schroeder* Bd. 1, S. 19; eingehend *Roxin* aaO, S. 346 f.
> – Zur abweichenden Ansicht *Geilens, Herzbergs,* des *Verf.* u. a. siehe unten, (4). –
> Die Behandlung Jugendlicher ist strittig; konsequenterweise müßte gemäß der h. L. hier § 3 JGG (analog) maßgeblich sein.

(3) Folgt man der *h. L.,* so scheidet ein Tötungsdelikt hier aus. Zu demselben Ergebnis dürfte hier aber auch die *Rechtsprechung* kommen; denn die F war – solange W noch eingreifen konnte – *noch nicht handlungsunfähig geworden,* und die Unterlassung beruhte auf *»Respekt vor dem Willen des Opfers«.*

> – Hinweis: Wer hier Tötung durch Unterlassen *bejahen* wollte, müßte konsequenterweise statt § 212 eine *Tötung auf Verlangen,* § 216 StGB, annehmen (vgl. BGH St 13, 162, 166; *Baumann/Arzt/Weber* aaO, S. 48; *Herzberg* aaO, S. 87 ff; *Samson* aaO, S. 277); denn das ausdrückliche und ernstliche Verlangen der F ging dahin, sie nicht an ihrem Selbstmord zu hindern, das heißt sie »durch Unterlassen zu töten«.

(4) *Stellungnahme:*
(a) Die *h. L.* begegnet Bedenken: Berücksichtigt man die Ergebnisse der *modernen Selbstmordforschung* (dazu m. w. N.: *Geilen,* JZ 1974, 145 ff; *Wagner* aaO, S. 108 bis 122), so ergibt sich die Fragwürdigkeit des mit viel Pathos beschworenen Leitbilds des *»freiverantwortlichen Willens zum Suizid«*; denn nicht der echte

Bilanzselbstmord ist die Regel, sondern es dominieren der Suizid des Psychopathen, des Neurotikers, der Selbstmord aus »heulendem Elend«, »kurzschlüssig durchgeführte Konfliktsuizide«; *und sehr häufig hat der Selbstmordversuch den Charakter eines Hilferufes.*

Dazu *Geilen,* JZ 1974, 145ff, 148f m.w.N.

Diese Einsicht zeigt, *daß der Lebensmüde grundsätzlich* – vom Fall des Bilanzselbstmordes abgesehen – *der Hilfe bedarf* und gerade nicht des dubiosen »Respekts vor seinem verantwortlichen Selbsttötungswillen«: Warum eigentlich soll die Garantenpflicht, das Leben des Ehepartners zu erhalten, *entfallen,* wenn dieser *aus Verzweiflung* über die Untreue des anderen, über ein nichtbestandenes Examen oder ähnliches Unglück einen Konfliktsuizid versucht? Ist nicht der Ehepartner als Garant gerade auch zur Hilfe in solchen Situationen auf Posten gestellt?

Vgl. dazu *Herzberg,* Das Unterlassen im Strafrecht, aaO; *Geilen* aaO; *Blei* aaO.

Die von der h.L. propagierte *strafrechtliche Schutzlosigkeit des erwachsenen Lebensmüden* (es sei denn, er ist geisteskrank)

– vgl. auch unten, b –

ist daher mit *Geilen* und *Herzberg* (aaO) als unter *humanitären* und *sozialen* Gesichtspunkten fragwürdig und für eine effektive *Selbstmordprophylaxe* schädlich zu werten

(dieser Vorwurf trifft auch die 1. Aufl. dieses BT, die der h.L. folgte, S. 18);

und insbesondere mißachtet die h.L. den *Appellcharakter,* den der Selbstmordversuch häufig hat.

Der entscheidende Mangel der h.L. liegt dabei in ihrer dargelegten *analogen Anwendung der Exkulpationsregeln* (insbes. § 20 StGB) *für die Frage der »Verantwortlichkeit« des Suizidentschlusses;* denn jene Anwendung hat zur Folge, daß eine nach §§ 211, 212 (i.V.m. § 13) StGB strafbewehrte Garantenpflicht zur Selbstmordhinderung grundsätzlich nur beim *geisteskranken* (§ 20 StGB) Lebensmüden besteht, nicht aber beim Psychopathen, Neurotiker, verzweifelten Kurzschlußselbstmörder (da hier in aller Regel nicht das Gewicht einer »schweren seelischen Abartigkeit« oder – bei Affekten – »tiefgreifenden Bewußtseinsstörung« i.S. des § 20 StGB erreicht wird; vgl. *Lackner,* § 20 Anm. 2b; c, bb). Jene analoge Anwendung der Exkulpationsregeln führt einmal zu der bereits kritisierten grundsätzlichen *strafrechtlichen Schutzlosigkeit* der im Regelfall hilfebedürftigen Lebensmüden. Sie ist zudem *konstruktiv* verfehlt:

»Man folgert die Eigenverantwortlichkeit für die *Selbst*schädigung (des Opfers) daraus, daß (es) unter sonst gleichen Umständen für eine *Fremd*schädigung strafrechtlich haften würde. Ein unstatthafter Schluß schon deshalb, weil im Fall der Selbstschädigung die Appellwirkung des rechtlichen Verbots entfällt« (*Herzberg,* Täterschaft und Teilnahme, S. 36f).

(b) Die *Gegenposition zur h.L.* wäre die: Garanten haben *stets* die durch §§ 211, 212, 216 StGB strafbewehrte Pflicht, einen Selbstmord des Schutzbefohlenen zu verhindern

(so etwa *Bringewat,* JuS 1975, 159; ders. ZStW 1975, 637; ebenso *Schmidhäuser,* Welzel-Festschrift [1974], S. 821; *Herzberg* aaO, S. 90ff – für den »Beschützergaranten« –).

Ein solcher rigoroser Standpunkt erscheint mir aber als zu weitgehend: Den wirklich *»freiverantwortlichen«,* ernstlichen Selbsttötungswillen des Schutzbefoh lenen muß der Garant *respektieren* dürfen, ohne sich eines Tötungsdeliktes schuldig zu machen.

Damit stellt sich die Frage, *wann* ein verantwortlicher Suizidentschluß anzunehmen ist. Die Antwort darauf sollte man

– im Anschluß an *Geilen* (JZ 1974, 151 a. E.); ebenso *Herzberg* aaO, S. 36–41; *Eser* aaO, Rdnr. 36f vor § 211; *Horn* in SK, § 212 Rdnr. 15; *Jähnke*, LK Rdnr. 26 vor § 211; wohl auch *Wagner* aaO, S. 117; ablehnend *Roxin* in: Dreher-Festschrift aaO, S. 344ff –

nach den Maßstäben der *Einwilligungslehre* i. V. m. der Dogmatik zur »Ernstlichkeit des Verlangens« i. S. des *§ 216 StGB* bestimmen: »Freiverantwortlich« ist der Entschluß zum Suizid dann und nur dann, wenn er nach diesen Maßstäben Ausdruck eines *freien und ernstlichen Verlangens nach dem eigenen Tod ist.*

(*Daran fehlt es z. B.:* Beim Suizidversuch, der den Charakter eines *Hilferufes* trägt; beim Selbstmordversuch eines *Jugendlichen,* es sei denn, dieser besitzt ausnahmsweise die Einsichtsfähigkeit für solch ein ernstliches Verlangen; grundsätzlich auch beim kurzschlüssigen Konfliktsuizid aus Verzweiflung; weitere Beispiele bei *Wagner* aaO, S. 119ff. Irrig *Bringewat*, ZStW 1975, 625ff, der meint, der Selbstmord sei *stets* unfrei; gegen ihn treffend *Wagner*, S. 108–122; *Jähnke*, LK Rdnr. 27 vor § 211 mit Anm. 69; *Arzt/Weber*, Rdnr. 199; *Herzberg* aaO, S. 85 (mit Beispielen).

Wer also als Garant aus Respekt vor einem solchen freiverantwortlichen Suizid die Hände in den Schoß legt, ist nicht aus §§ 211, 212 und auch nicht aus § 216 StGB schuldig.

Das heißt § 216 StGB kann nicht durch Unterlassen begangen werden: In einer solchen Situation kann nur *aktive Tötung in Täterschaft* eine *Mitverantwortung für den Tod des Lebensmüden* i. S. dieser Norm begründen. So auch *Eser* aaO, § 216 Rdnr. 10; a. A. *Herzberg* aaO, S. 90; *Schmidhäuser* aaO.

Fehlt es dagegen nach jenem »Einwilligungsmaßstab« an einem verantwortlichen Suizidwillen, so hat der Garant die durch §§ 211, 212 (i. V. m. § 13) StGB strafbewehrte Pflicht, den Selbstmord des Schutzbefohlenen zu hindern.

(c) Diese Auffassung nimmt in erheblich weiterem Umfang als die h. L. eine *Mitverantwortung* des Garanten beim Suizid des Schutzbefohlenen an und muß daher mit dem *Haupteinwand* der h. L. gegen deren Gegner rechnen, nämlich dem, *der Straflosigkeit der aktiven Selbstmordteilnahme nicht gerecht zu werden*; mit diesem Einwand hat es folgende Bewandtnis: Man sagt, da die *aktive* Anstiftung und Beihilfe zum Suizid straflos seien *und dies auch für Garanten gelte*

(so *BGH* v. 13. 3. 1962 – 1 StR 27/62 –, bei *Dreher-Tröndle*, Rdnr. 6 vor § 211; *Arzt/ Weber*, Rdnr. 221; *Eser* aaO, Rdnr. 43 vor § 211; *Grünwald*, GA 1959, 114; *Roxin*, Täterschaft und Tatherrschaft, 3. Aufl. 1975, S. 476; ders. in: Dreher-Festschrift aaO, S. 348f; *Samson*, Strafrecht I, S. 280f; a. A. *Herzberg* aaO, S. 88f; *Blei*, S. 13ff; – zur Straflosigkeit der Suizidteilnahme vgl. Fall 9 a –),

wäre es ein absurdes Ergebnis, den *untätig* bleibenden Garanten wegen Tötung durch Unterlassen bestrafen zu wollen.

Vgl. u. a. *Samson* aaO; die 1. Aufl. dieses BT, S. 18.

Dieser Einwand schlägt indes ins Leere: Wer sich aktiv als »Anstifter« oder »Gehilfe« an einem fremden Suizid beteiligt, ist nicht bloßer Teilnehmer, sondern *tötet in mittelbarer Täterschaft*, wenn der »Selbstmord« – nach dem Maßstab der *Einwilligungslehre* (vgl. oben) – als *nicht* »freiverantwortlich« erscheint. Denn die *Täterschaft* des mittelbaren Täters bestimmt sich bei *Identität von Werkzeug und Opfer* nach dem Verantwortungsprinzip, wobei auf den *Einwilligungsmaß-stab* (und *nicht* auf die Exkulpationsregeln) abzustellen ist.

So überzeugend *Herzberg* aaO, S. 36–41; *Eser* aaO, Rdnr. 36, 37 vor § 211.

– Begründung: Wenn der Hintermann das Werkzeug zu einer *von diesem nicht* (i. S. einer Einwilligung) *gewollten* Selbstschädigung veranlaßt, hat jener, nicht aber das Werkzeug, *das Geschehen zu verantworten.* –

Zur Klarstellung: *Daß die Beteiligung am unfreien, nichtverantwortlichen Suizid Mord oder Totschlag in mittelbarer Täterschaft begründet,* ist h. A. (vgl. nur *Roxin* aaO); doch stellt die h. M. dabei für die Frage der Freiverantwortlichkeit des Suizids auf eine analoge Anwendung der Exkulpationsregeln (§§ 19, 20, 35 StGB, § 3 JGG) ab – vgl. oben, a (2) –,

während m. E. der oben – a, (4) (b) – dargelegte Einwilligungsmaßstab sachgerechter ist.

(d) Gegenüber der *hier vertretenen Ansicht* erscheint auch die *Judikatur* als zu eng.

(5) Konsequenzen jener Ansicht für den vorliegenden Fall? Ob ein *freiverant-wortlicher* Selbstmordentschluß nach dem dargelegten »*Einwilligungsmaßstab*« anzunehmen ist, läßt sich dem Sachverhalt nicht entnehmen. Bejaht man die Frage, so entfällt Tötung durch Unterlassen mangels Garantenpflicht.

*b)* § *323 c StGB* (unterlassene Hilfeleistung)

(1) Nach der *Rechtsprechung* stellt die durch einen Selbstmordversuch herbeige-führte Gefahrenlage einen *Unglücksfall* – d. h. ein plötzliches Ereignis, das erhebli-chen Schaden an Menschen oder Sachen zu verursachen droht – dar.

*BGH* St 6, 147 (GS); *BGH* St 13, 162, 169; *OLG Düsseldorf*, NJW 1973, 2215, 2216; ebenso *Jähnke*, LK Rdnr. 24 vor § 211; *Gallas*, JZ 1960, 691 f; *Otto*, S. 44 f; *Sax*, JZ 1976, 80 f; *Wessels*, BT 1 S. 11.

Dabei soll der »Unglücksfall« in dem Augenblick eintreten, da sich ein Lebens-müder in erkennbarer Selbsttötungsabsicht in unmittelbare Lebensgefahr begibt.

*BGH* St 13 aaO; abweichend *Gallas* aaO.

(2) Demgegenüber läßt die *h. L.* das Merkmal »Unglücksfall« entfallen, wenn der Betroffene das Unglück absichtlich herbeigeführt hat; nur der *nicht* auf einem freien, verantwortlichen Eintschluß beruhende Selbstmordversuch soll einen »Unglücksfall« i. S. des § 323 c StGB begründen.

*Maurach*, S. 470; *Samson* I, S. 281; *Dreher-Tröndle*, § *323 c* Rdnr. 3; *Wagner*, Selbstmord und Selbstmordverhinderung, 1975, S. 54; *Arzt/Weber*, Rdnr. 210; *Cramer* in: *Schönke-Schröder*, § 323 c Rdnr. 7; *Rudolphi* in SK, § 323 c Rdnr. 8; *Welzel*, S. 471; wohl auch *Kühne*, NJW 1975, 672.

(3) Da die *h. L.* die Frage der »*Verantwortlichkeit*« des Selbsttötungswillens in analoger Anwendung der Exkulpationsregeln (insbes. § 20 StGB) bestimmt, schei-det § 323 c StGB nach ihr hier mangels »Unglücksfalls« aus; dagegen wäre nach der *Judikatur* § 323 c hier erfüllt.

(4) *Stellungnahme:* Ich neige zu einem vermittelnden Standpunkt, der dahin geht: »Unglücksfall« i. S. des § 323 c ist jeder Suizidversuch, es sei denn, der Selbstmord-entschluß ist »*freiverantwortlich*«, was sich nach dem oben – a, (4) (b) – dargeleg-ten *Einwilligungsmaßstab* bestimmt.

Das Argument der Vertreter der h. L., es sei ungerecht, den *aktiven* Selbstmord-teilnehmer straffrei zu lassen, den nur *Untätigen* dagegen zu bestrafen

(*Maurach* aaO; *Heinitz*, JR 1954, 405; *Samson* aaO; hiergegen *Seeler*, NJW 1958, 1860f, und *LG Hamburg*, Urt. v. 22.7.1958, bei *Seeler* aaO),

trifft die hier vertretene Ansicht nicht. Denn jener »aktive Selbstmordteilnehmer« ist, wenn dem Suizid *kein verantwortlicher Wille* zugrunde liegt und er das weiß, nicht straflos, sondern der *Tötung in mittelbarer Täterschaft* schuldig;

vgl. oben, a, (4) (c).

(5) *Konsequenz* meiner Ansicht für den vorliegenden Fall: Ob der Suizid der F nach dem Maßstab der Einwilligungslehre als freiverantwortlich erscheint und damit als Unglücksfall ausscheidet, ist Tatfrage.

*Fall 9a: – Zur Selbstmordteilnahme –*

Der 60jährige Arzt Dr. med. Castor (C) wird wegen des Verdachts auf Lungenkrebs in eine Klinik eingeliefert. Als C nach dringenden Bitten die Diagnose – Lungenkrebs, nicht mehr operabel – erfährt, beschließt er, sich den langen qualvollen Tod an Lungenkrebs zu ersparen und durch Freitod aus dem Leben zu scheiden. Tage später bittet er seinen Freund, den Apotheker Pollux (P), der ihn häufiger besucht, ernst und bestimmt, ihm eine tödliche Dosis Morphium zu besorgen, weil er (C) freiwillig und in Würde sterben, nicht aber als wimmerndes »Häuflein Elend« einen grausamen Tod durch Krebs erleiden wolle. Da P erkennt, daß die Bitte des C auf reiflicher, verständiger Überlegung beruht, und C ihm klar gemacht hat, welche Qualen er sonst zu erwarten habe, kommt er der Bitte des C nach. C injiziert sich das Morphium und stirbt daran.

a) P hat durch die Beschaffung der tödlichen Dosis Morphium *nicht* den Tatbestand einer Tötung auf Verlangen (§ 216 StGB) erfüllt, sondern *Beihilfe zum Selbstmord* (Suizid) des C begangen.

Zur *Abgrenzung Selbstmordteilnahme/Täterschaft nach § 216 StGB* vgl. unten, Fall 10.

(1) Nach ganz h.M. ist die *Teilnahme am Suizid (bzw. Suizidversuch) eines anderen als solche* stets straflos, und zwar deswegen, weil Teilnahme eine *tatbestandsmäßige* und rechtswidrige Haupttat erfordert

(§§ 26, 27 i.V.m. 11 I Nr. 5 StGB),

woran es beim Suizid fehlt:
§§ 211 ff StGB erfassen nur die *Tötung eines anderen Menschen,* nicht die Selbsttötung.

Vgl. u.a. *BGH* St 19, 135, 137; 24, 342, 343 (a.E.) f; *Eser* in: *Schönke-Schröder,* Rdnr. 33 vor § 211; *Horn* in SK, § 212 Rdnr. 7, 8; *Schilling,* JZ 1979, 160; *Wagner,* Selbstmord und Selbstmordverhinderung, 1975, S. 25; *Simson,* Suizidtat, 1976, S. 55 ff; *Roxin* in: Dreher-Festschrift 1977, S. 335 ff.

Dieser bisher praktisch unangefochtenen Ansicht haben jüngst *Schmidhäuser* und *Bringewat* widersprochen:

(2) *Schmidhäuser* (Welzel-Festschrift 1974, 801 ff; ebenso *Klinkenberg,* JR 1978, 441, JR 1979, 183):

Die Selbsttötung sei eine *tatbestandsmäßige* und rechtswidrige Tötung i.S. des § 212 StGB; der Grund für die Straflosigkeit des Suizids bzw. des Suizidversuchs liege nicht in mangelnder Tatbestandsmäßigkeit bzw. Rechtswidrigkeit, sondern in der »gesetzlichen Anerkennung eines speziellen, die Rechtsschuld ausschließenden *Entschuldigungsgrundes,* nämlich des Erlebnisses der völligen Sinnlosigkeit des eigenen Lebens durch den Täter«.

*Schmidhäuser* aaO, S. 814f; hiergegen etwa *Roxin* aaO.

*Stellungnahme: Schmidhäusers* dogmatische Konstruktion widerspricht dem geltenden StGB: Der Gesetzgeber hat in § 223 StGB durch die Worte *»einen anderen«* ausdrücklich klargestellt, daß die *Selbstverletzung* nicht erfaßt wird. Eine solche Klarstellung ist bei §§ 211 ff StGB zwar nicht erfolgt; sie war aber auch gar nicht nötig, *da sich die Gesetzesauslegung, der Suizid sei keine rechtswidrige Tat i. S. dieser Normen, von selbst versteht:*

Daß § 211 nach Strafdrohung und Deliktstyp den Suizid nicht erfaßt, liegt auf der Hand; und daß §§ 216, 217 StGB nur die Tötung eines *anderen* meinen, ergibt sich aus ihrer Tatbestandsfassung. Warum soll dann für § 212 StGB etwas anderes gelten? Zudem bedeutet *Schmidhäusers* Konstruktion eine Auflehnung gegen den *klaren und im Gesetz hinreichend zum Ausdruck gekommenen Willen des Gesetzgebers*; das zeigen die folgenden Erwägungen: Daß das StGB den Suizid nicht als *tatbestandsmäßigen und rechtswidrigen Totschlag* ansieht, ergibt sich schon aus dem Fehlen einer Vorschrift über Strafbarkeit oder Straflosigkeit des *versuchten* Selbstmords; *Schmidhäusers* Annahme eines besonderen *Entschuldigungsgrundes »des Erlebnisses der völligen Sinnlosigkeit des eigenen Lebens«* ist eine *Unterstellung,* für die das StGB nichts hergibt. Zudem hätte das StGB eine *besondere Regelung für die Suizidteilnahme* getroffen, hätte es diese als solche pönalisieren wollen; denn der Strafrahmen der §§ 212, 26 erscheint für die Anstiftung zum freiverantwortlichen Suizid als unangemessen.

*Schmidhäusers* Anliegen – die Strafbarkeit der Suizidteilnahme – mag zwar kriminalpolitisch begrüßenswert sein, seine dogmatische Konstruktion zur Erreichung dieser Strafbarkeit nach dem *geltenden* StGB ist aber eine *unzulässige (da strafbegründende) Gesetzeskorrektur.*

(3) *Bringewat* lehnt zwar *Schmidhäusers* These, der Suizid sei eine rechtswidrige Tat i. S. der §§ 211 ff, zu Recht ab

(ZStW 1975, 623, 640 ff).

Er gelangt dann aber mit einer befremdlichen dogmatischen Konstruktion ebenfalls zu der These, die Selbstmordteilnahme sei strafbar

(S. 643–649; dagegen u. a. *Roxin* aaO, S. 342 f):

Er meint, der Suizid sei zwar nicht in einem Straftatbestand des *StGB* erfaßt, doch erhalte der *»Straftatbestand der (versuchten) Selbsttötung im Gewohnheitsrecht seine Realität«*

(S. 647 f);

*»gesetzesgleiches Gewohnheitsrecht«* sei die Straflosigkeit der *»Selbsttötung als eine Art Sonderdelikts«.* Aus § 28 II StGB folge nun die Strafbarkeit des Teilnehmers gemäß §§ 212, 26 bzw. 212, 27 StGB; denn »Gesetz« i. S. des § 28 II sei auch jenes Gewohnheitsrecht

(S. 649).

Stellungnahme: Diese Ausführungen sind ein exorbitantes Beispiel für eine das geltende Strafgesetz mißachtende Dogmatik, wobei bestürzend ist, daß sich die fraglichen *dogmatischen Konstruktionen contra legem* strafbegründend auswirken. Wenn man wie *Bringewat* der zutreffenden Ansicht folgt, § 212 erfasse den Suizid nicht, ist es strafrechtsdogmatisch unmöglich (und zudem durch Art. 103 II GG verboten), unter Berufung auf einen angeblichen *Gewohnheitsrechtssatz von der Straflosigkeit des Suizids* i.V.m. § 28 II StGB zur Anwendbarkeit der §§ 212, 26 bzw. 212, 27 für die Selbstmordteilnahme zu kommen: Die Kombination jenes *Gewohnheitsrechts*

– ein Phantasieprodukt von *Bringewat* –

mit § 28 II StGB ersetzt nun wirklich nicht die fehlende *mit Strafe bedrohte Haupttat,* die §§ 26, 27 erfordern.

b) Es bleibt also dabei: Selbstmordteilnahme ist keine Straftat.

Doch ist die »Teilnahme am Suizid« als *Tötung eines anderen in mittelbarer Täterschaft* strafbar, wenn der Suizid nicht als *freiverantwortlich* zu werten ist und der »Suizidteilnehmer« dies auch weiß.

> Ganz h. M., vgl. u. a. *Eser* in: *Schönke-Schröder,* Rdnr. 37 vor § 211; *Herzberg,* S. 35 ff; oben, Fall 9 – a, (4) (c) –.
> Weitergehend *Schilling,* JZ 1979, 159, 166 f, der entgegen der absolut herrschenden und zutreffenden Auffassung in Rechtsprechung und Lehre meint: *Jede Mitwirkung am Suizid eines anderen sei die »täterschaftliche Verursachung fremden Todes«;* die Entscheidung über die Strafbarkeit solcher Mitwirkung falle »in den Bereich der *Einwilligung«.* Auch diese Konstruktion widerspricht dem geltenden Recht; so u. a. *Hirsch,* JR 1979, 431; *Schmitt,* JZ 1979, 465.

c) Im vorliegenden Fall ist bei C von einem *freiverantwortlichen* Suizid auszugehen,

> und zwar sowohl nach der h. A., die auf eine analoge Anwendung der §§ 19, 20, 35 StGB abstellt (vgl. oben, Fall 9 – a, [4] –),
> als auch nach dem hier vertretenen »Einwilligungsmaßstab« (dazu oben, aaO).

Ergebnis: P hat eine *straflose Beihilfe zum Suizid* begangen.

## V. Tötung auf Verlangen (§ 216 StGB)

> Hinweis: Zur Tötung auf Verlangen durch *Unterlassen* vgl. oben, IV.

*Fall 10: – Abgrenzung Selbstmordteilnahme/Täterschaft nach § 216 StGB –*

Romeo und seine minderjährige Geliebte Julia, deren Liebesbeziehung von den Eltern mißbilligt wurde, beschlossen, gemeinschaftlich aus dem Leben zu scheiden. Beide fuhren auf einen Parkplatz. Dort schloß Romeo nach Absprache mit Julia einen Schlauch an das Auspuffrohr an und leitete ihn ins Wageninnere. Anschließend trat Romeo bei laufendem Motor solange das Gaspedal durch, bis er besinnungslos wurde. Julia, die neben ihm saß, starb, während Romeo gerettet wurde.
Hat Romeo sich nach § 216 StGB schuldig gemacht?

Der *BGH* hat diese Frage bejaht und zur Begründung ausgeführt
> *(BGH St 19, 135):*

*Straflose Teilnahme zur Selbsttötung* und *Täterschaft nach § 216 StGB* seien nach dem objektiven Kriterium der Tatherrschaft abzugrenzen; eine subjektive Abgrenzung (animus auctoris/animus socii) sei hier u. a. deswegen nicht möglich, weil § 216 bereits »tatbestandlich die Unterordnung (des Täters) unter den fremden Willen (des Opfers) voraussetze«. Tatherrschaft des Überlebenden liege vor, wenn sich das Opfer nach dem Gesamtplan »in die Hand des anderen gegeben habe, um duldend von ihm den Tod entgegenzunehmen«; das sei in einem Fall wie dem vorliegenden anzunehmen, da der Überlebende »das gesamte Geschehen bis zuletzt in der Hand haben und die auf den beiderseitigen Tod abzielende Ausführungshandlung bis zum Eintritt eigener Bewußtlosigkeit fortsetzen sollte«.

*Kritik:* Die Entscheidung ist *im Ergebnis* unzutreffend
> (so u. a. *Dreher,* MDR 1964, 337 f; *Lackner,* § 216 Anm. 2; *Roxin,* Täterschaft und Tatherrschaft, 3. Aufl., 1975, S. 565 ff; *Welzel,* S. 286; *Samson,* Strafrecht I, S. 271–275;

*Arzt/Weber*, Rdnr. 214 f; *Bockelmann*, S. 19; *Eser* in: *Schönke-Schröder*, § 216 Rdnr. 11; *Maurach-Schroeder* Bd. 1, S. 46; *Otto*, S. 44; *Wessels*, BT 1 S. 28.
Anders *Herzberg*, S. 75 ff; *Jähnke*, LK § 216 Rdnr. 12–15).

Zwar ist ihr darin zuzustimmen, daß die *Abgrenzung »Selbstmordteilnahme/ Täterschaft* nach § 216 StGB« nur nach dem Kriterium der *Tatherrschaft* erfolgen kann.

Ebenso *Roxin*, *Samson* und *Welzel* aaO; *Maurach-Schroeder*, *Jähnke* und *Eser* aaO; *BGH* bei *Dallinger*, MDR 1966, 382.

Abweichend *Dreher* aaO: Beim Versuch, *gemeinsam zu sterben*, komme es darauf an, »ob das Opfer sich auf die bloße Anstiftung beschränkt (dann § 216 StGB) oder ob es darüber hinaus aktiv mitwirkt (dann Straflosigkeit des Überlebenden)«. Gegen das Abstellen auf den Tatherrschaftsgedanken auch *Arzt/Weber* aaO; *Horn* in SK, § 216 Rdnr. 10, 11.

Die Argumente des *BGH* gegen eine Abgrenzung nach subjektiven Kriterien sind überzeugend. Doch hat das Gericht hier *zu Unrecht Tatherrschaft des Überlebenden angenommen: Denn maßgeblich kann allein die »Tatherrschaft über den todbringenden Moment«* sein.

Dazu eingehend *Roxin* aaO, *Samson* aaO, S. 274: § 216 StGB liege vor, »wenn das Opfer einem anderen den Vollzug des letzten, irreversiblen Geschehensaktes anvertraue«. Hatte das Opfer dagegen nach dem Tatbeitrag des anderen noch die freie Entscheidung über Leben und Tod, so entfällt Tötung auf Verlangen (*Samson* und *Wessels* aaO; ebenso *Eser* in: *Schönke-Schröder*, § 216 Rdnr. 11; *Blei*, JA 1974, 103).

An einer solchen Tatherrschaft des Romeo fehlt es: Julia hätte sich nämlich bis zum Eintritt der Bewußtlosigkeit dem zum Tode führenden Handlungsgeschehen noch entziehen können. Daher käme *alleinige* Tatherrschaft des Romeo
– und diese ist hier maßgeblich, da Julia anderenfalls *(Mit-)Täterin* ihres eigenen Todes, also nicht Opfer einer Tötung auf Verlangen, sondern eines Selbstmordes wäre

*(Roxin* aaO), –

allenfalls dann in Frage, wenn feststände: Romeo war noch bei Bewußtsein und handlungsfähig, als Julia die Besinnung verlor, und er wußte dies auch, drückte jedoch gleichwohl weiterhin auf das Gaspedal. Eine solche Feststellung fehlt aber in dem vom *BGH* entschiedenen Fall ebenso wie hier.

*Ergebnis:* Romeo ist nicht aus § 216 StGB schuldig.

Anders *Herzberg*, S. 75 ff: Er ist der Ansicht, Romeo und Julia seien *Mittäter* der Tötung der Julia. *Die mittäterschaftliche Mitwirkung am Freitod* aber sei Tötung auf Verlangen: Die gemeinschaftliche Todesbewirkung sei *für Julia* Selbstmord, *für Romeo* Tötung eines anderen Menschen i. S. des § 216 StGB.

Demgegenüber meine ich (im Anschluß an die h. L., so u. a. *Roxin* aaO), daß § 216 StGB nach Sinn und Zweck dieser Norm nur dann eingreift, wenn Täter und Opfer die *Tatherrschaft über den todbringenden Moment* allein dem *Täter* überlassen haben. *Herzbergs* Konstruktion einer *»Mittäterschaft von Täter und Opfer«* scheint mir § 216 StGB nicht gerecht zu werden; denn für die Anwendbarkeit oder Nichtanwendbarkeit dieser Norm gibt es nur die Alternative: Hat das Opfer sich *töten lassen* oder sich selbst *getötet*?
Wenn *Herzberg* die Figur der *»Mittäterschaft von Täter und Opfer«* zur *Begründung der Strafbarkeit* des Überlebenden beim einseitig fehlgeschlagenen Doppelselbstmord heranzieht, so mißachtet er damit zudem Wortlaut und Sinn des § 25 II StGB. Diese Norm ist nämlich strafbegründender Natur, da sie den Bereich des Strafbaren *über den Rahmen der Tatbestände des Besonderen Teils i.V.m. § 25 I StGB hinaus* ausweitet. § 25 II StGB

ist aber nach Wortlaut und Sinn nicht zur *Strafbegründung* in solchen Fällen gedacht, in denen *Täter und Opfer* gemeinschaftlich handeln!

*Ergänzende Hinweise zu § 216 StGB:*

(1) Die Tötung muß »*auf Verlangen*« des Opfers geschehen, d. h. »*auf seinen eigenen Wunsch*«, mag auch die Anregung dazu vom Täter ausgegangen sein; Verlangen ist danach mehr als bloße Einwilligung.

> *Dreher-Tröndle,* § 216 Rdnr. 2; *Lackner,* Anm. 2 a.

(2) Das Verlangen muß *ernstlich,* »d. h. von einem verantwortlichen Willen getragen sein«

> (*Eser* in: *Schönke-Schröder,* Rdnr. 8; siehe auch *BGH* JZ 1981, 283);

dafür sind die *Maßstäbe für die Wirksamkeit einer Einwilligung* entscheidend.

> *Eser* aaO; *Jähnke,* LK § 216 Rdnr. 7.

(3) Zur kriminalpolitischen Notwendigkeit des § 216 StGB: Die Abschaffung dieser Norm wäre verantwortungslos. Denn damit würde man *Schutzbehauptungen* Tür und Tor öffnen. Und zudem könnten pflegebedürftige Krüppel und Greise sowie insbesondere unheilbar Erkrankte in die verzweifelte Lage geraten, erkennen (oder jedenfalls befürchten) zu müssen, ihre Angehörigen warteten ungeduldig auf das erlösende *Verlangen!* Der wichtigste Aspekt schließlich dürfte sein: Eine *Freigabe der Tötung auf Verlangen*

> (wie sie etwa R. *Schmitt,* Maurach-Festschrift 1972, S. 117 f, fordert)

würde die zur Aufrechterhaltung der Achtung fremden Menschenlebens unverzichtbare *Tabuisierung des Lebens anderer* beeinträchtigen.

> So *Hirsch,* Welzel-Festschrift, 1974, S. 775 ff, der eine überzeugende *Rechtfertigung des § 216 StGB* bietet.

## VI. Kindestötung (§ 217 StGB)

*Fall 11:* Fräulein Amanda (A) hat unmittelbar nach ihrer Entbindung ihr Kind getötet, da sie sich in ihrem einträglichen Gewerbe als Prostituierte nicht durch den – wie sie sagte – »Wechselbalg« behindern lassen wollte. Bruno (B), der Vater des Kindes, hatte die A in ihrem Entschluß bestärkt, um sich seiner Unterhaltspflicht zu entziehen. Strafbarkeit von A und B?

*a) Strafbarkeit der A?*

Sie hat den Tatbestand des § 217 StGB, zugleich aber auch den des § 211 StGB (Habgier) erfüllt.

> »Habgier« ist als »Steigerung des Erwerbssinnes auf ein ungewöhnliches, ungesundes, sittlich anstößiges Maß« zu bezeichnen (*BGH* St 29, 317, 318), als »Streben nach Geld um jeden Preis – auch um den Preis eines Menschenlebens« (*OGH* St 1, 365 f; *BGH* St 10, 399).

Damit stellt sich die Frage, ob § 217 StGB nur eine Privilegierung gegenüber dem Totschlag oder auch gegenüber Mord darstellt.

*(1) Rechtsprechung*

Sieht man mit der Judikatur in § 217 StGB einen selbständigen Tatbestand (Sonderdelikt)

(*BGH* St 1, 235; zustimmend *Dreher-Tröndle*, § 217 Rdnr. 1; *Schröder* in: *Schönke-Schröder*, 17. Aufl. 1974, § 217 Rdnr. 2),

so scheidet bei Vorliegen dieses Tatbestandes eine Strafbarkeit nach § 211 StGB aus, auch wenn der Mordtatbestand an sich verwirklicht ist (*Schröder* aaO).

(2) *Herrschende Lehre*

Zum selben Ergebnis kommen die Vertreter der h.L., für die § 217 StGB eine *unselbständige Privilegierung* des Totschlags ist

(*Kohlrausch-Lange*, § 217 Anm. I; *Maurach-Schroeder* Bd. 1, S. 48 f; *Eser* in: *Schönke-Schröder*, § 217 Rdnr. 2; *Welzel*, S. 286; *Jähnke*, LK § 217 Rdnr. 2; *Preisendanz*, Anm. 1),

und zwar unter Berufung auf die »*Sperrwirkung des privilegierenden Tatbestandes*«.

*Ergebnis:* A ist aus § 217 I StGB strafbar.

b) *Strafbarkeit des B*

Als Teilnahmeform ist hier psychische Beihilfe anzunehmen

(vgl. oben, Fall 6, b),

wobei sich die Frage stellt, ob B wegen Beihilfe zu *§ 217*, zu *§ 212* oder zu *§ 211* StGB strafbar ist.

(1) Sieht man mit der *h. L.* in § 217 StGB eine unselbständige Privilegierung, so ist § 28 II StGB anzuwenden: Die Eigenschaft als Kindesmutter ist ein *strafmilderndes* persönliches Merkmal i. S. dieser Bestimmung; da dieses Merkmal nur bei der A vorliegt, scheidet Beihilfe zu § 217 hier aus. Vielmehr ist B, der *aus Habgier*

– einem im Verhältnis §§ 212/211 StGB strafschärfenden *besonderen persönlichen* Merkmal i. S. des § 28 II StGB, vgl. oben, Fall 4, b (1), (3) –

gehandelt hat, gemäß § 28 II der Beihilfe zum *Mord* schuldig.

*Wessels*, BT 1 S. 30; *Maurach-Schroeder* aaO.
*Zur Habgier des B* siehe *BGH* St 10, 399: »Aus Habgier handelt auch, wer tötet, um sich einer Unterhaltspflicht zu entziehen«; zustimmend u. a. *Blei*, S. 21; *Jähnke*, LK § 211 Rdnr. 8; a. A. *Dreher-Tröndle*, § 211 Rdnr. 5; *Eser* aaO, § 211 Rdnr. 17; *Horn* in SK, § 211 Rdnr. 14.

(2) Nach der *Rechtsprechung* greift § 28 II StGB wegen des von ihr angenommenen Sonderdeliktscharakters des § 217 StGB nicht ein.

*BGH* NJW 1953, 1440. (Abweichend aber *Eser* in: *Schönke-Schröder*, § 217 Rdnr. 13: § 28 II StGB sei nicht auf *unselbständige* Privilegierungen beschränkt.)

B wird aber, auch wenn man der Judikatur folgt, nicht wegen Beihilfe zu *§ 217* StGB bestraft (*BGH* aaO):

Grund für die Privilegierung nach dieser Vorschrift ist die besondere Situation der unehelichen Mutterschaft, die häufig mit ihr verbundene seelische Not der Täterin

(*Maurach-Schroeder* Bd. 1, S. 47; *Eser* in: *Schönke-Schröder*, § 217 Rdnr. 1),

so daß es geboten ist, unabhängig von ihrer Selbständigkeit oder Unselbständigkeit die Privilegierung ausschließlich der unehelichen Mutter zukommen zu lassen.

Ob der Teilnehmer nun einer Totschlags- oder einer Mordbeihilfe schuldig ist, hängt nach der Rechtsprechung davon ab, *ob die Haupttat, falls es den Tatbestand des § 217 nicht gäbe, als Totschlag oder als Mord mit Strafe bedroht wäre.*

*BGH* aaO.

Da die A den Tatbestand des § 211 erfüllt hat und bei B Vorsatz auch bezüglich des von ihr verwirklichten Mordmerkmals vorliegt, ist B danach der *Mordbeihilfe* schuldig.

> Auch die obligatorische Strafmilderung gemäß § 28 I StGB greift zugunsten des B nicht ein, da auch er »aus Habgier« gehandelt hat.

(3) *Ergebnis:* B ist nach §§ 211, 27 StGB strafbar.

> – Ergänzender Hinweis zu § 217 StGB:
> Hält die Täterin das in Wirklichkeit eheliche Kind *irrig für nichtehelich,* so gilt § 217 gleichwohl (§ 16 II StGB).
> Hält sie das nichteheliche Kind *irrig für ehelich,* so entfällt § 217 und greift § 212 bzw. § 211 StGB ein.
> (Vgl. *Lackner,* § 217 Anm. 4) –

## VII. Fahrlässige Tötung (§ 222 StGB)

*Fall 11 a: – Fahrlässige Mitverursachung des Todes eines Selbstmörders –*

Polizeiobermeister Willy Weiher (WW) und Frau Meisegeier (M), die befreundet waren, machten mit dem Auto der M eine Fahrt, bei der M sich nach dem gemeinsamen Besuch einer Gaststätte und dem Genuß von Alkohol durch einen Schuß aus der Dienstpistole des WW tötete.

WW wird wegen fahrlässiger Tötung angeklagt. Dabei sieht die Staatsanwaltschaft (StA) das für den Tod der M mitursächliche fahrlässige Verhalten des WW in folgendem: Er wußte, daß die M – wie schon oft – nach dem Genuß des Alkohols plötzlich bedrückt und schwermütig geworden war und daß sie in letzter Zeit bereits mehrere Selbstmordversuche unternommen hatte; gleichwohl hatte er – wie er es stets machte – seine geladene Pistole auf das Armaturenbrett gelegt, als er sich nach dem gemeinsamen Gasthausbesuch mit der M in das Auto setzte.

Daß sie die Pistole an sich genommen hatte, merkte WW erst, als der Todesschuß fiel. Die M hatte zu diesem Zeitpunkt einen Blutalkoholgehalt von 1,45 Promille.

Strafbarkeit des WW wegen fahrlässiger Tötung?

Der *BGH* hat diese Frage mit der These verneint, *wer fahrlässig den Tod eines Selbstmörders mitverursache, sei nicht strafbar* (Leitsatz); zur Begründung führt das Gericht aus:

»Wer mit Gehilfenvorsatz den Tod eines Selbstmörders mitverursacht, kann nicht bestraft werden, weil der Selbstmord keine Straftat ist. Dabei gehört zum Gehilfenvorsatz, daß der Gehilfe weiß oder zumindest damit rechnet und billigend in Kauf nimmt, er werde zum Tod des Selbstmörders kommen. Schon dies verbietet es aus Gründen der Gerechtigkeit, denjenigen zu bestrafen, der nur fahrlässig eine Ursache für den Tod eines Selbstmörders setzt. Er ist sich – bei bewußter Fahrlässigkeit – wie der Gehilfe der möglichen Todesfolge bewußt, nimmt sie aber in Gegensatz zu jenem nicht billigend in Kauf. Bei unbewußter Fahrlässigkeit fehlt das Bewußtsein der möglichen Todesfolge. Es geht nicht an, das mit einer solchen inneren Einstellung verübte Unrecht strafrechtlich strenger zu bewerten als die Tat desjenigen, der mit Gehilfenvorsatz dasselbe Unrecht bewirkt, nämlich den Tod eines Selbstmörders mitverursacht.«

> *BGH* St 24, 342; ebenso *OLG Celle,* NJW 1972, 504.

*Kritik:* Die Entscheidung erscheint bedenklich:

a) Die These, wer fahrlässig den Tod eines Selbstmörders mitverursache, sei nicht strafbar, kann allenfalls für den *freiverantwortlichen* Suizid gelten.

Dazu namentlich *Geilen*, JZ 1974, 145, *Herzberg*, S. 101 Anm. 8, beide m.w.N.; siehe auch *Spendel*, JuS 1974, 751 f.

Denn anderenfalls würde z. B. straffrei ausgehen, wer als verantwortlicher Arzt oder Pfleger in einem psychiatrischen Krankenhaus fahrlässig den nichtverantwortlichen Selbstmord eines Depressiven mitverursacht. Neben diesen kriminalpolitischen Einwand tritt noch ein *dogmatischer:* Der entscheidende Gesichtspunkt des *BGH*, die Haftung für Fahrlässigkeit könne nicht weiter reichen als die für Vorsatz und *deswegen* sei die nur fahrlässige Mitverursachung des Todes eines Selbstmörders straflos, *paßt nicht*, wenn dem Suizid kein verantwortlicher Wille zugrunde lag; denn was beim *freiverantwortlichen* Selbstmord *straflose* vorsätzliche *Beihilfe oder Anstiftung* wäre, begründet beim *nichtverantwortlichen* Suizid *strafbare mittelbare Täterschaft.*

Vgl. oben, Fall 9, – a (4) (c) –; Fall 9 a, – b –.

b) Die Entscheidung des *BGH* ist also – zumindest nach ihrem Leitsatz – zu weitgehend. Ihr Ausgangspunkt: *die strafrechtliche Verantwortung für Fahrlässigkeit dürfe nicht weiter gehen als für Vorsatz*, ist indes zutreffend

(dazu *Geilen* aaO, *Herzberg* aaO; *Arzt/Weber*, Rdnr. 212; *Horn* in SK, § 212 Rdnr. 21; *Wagner*, Selbstmord..., 1975, S. 31 ff [35 ff] m.w.N. pro und contra);

folglich läßt sich die Frage nach der Strafbarkeit der *fahrlässigen Mitverursachung* des Todes eines Selbstmörders dahingehend beantworten:

Solche Mitverursachung ist dann und nur dann als fahrlässige Tötung strafbar, wenn sie, *hätte sie der Täter vorsätzlich begangen*, als vorsätzliche Tötung strafbar wäre. Das bedeutet: WW wäre nicht nach § 222 StGB schuldig, wenn sein Handeln, hätte er die Pistole *vorsätzlich* zur Ermöglichung des Suizids der M bereitgelegt, als straflose *Selbstmordbeihilfe* zu werten wäre.

c) Ob das der Fall ist, hängt von der Frage ab, ob der Suizidentschluß der M *»unfrei«* war oder nicht.

Vgl. *Geilen* aaO, S. 148 Anm. 27; *Herzberg* aaO.

Der *BGH* ist hier ohne weiteres von einem *freien* Selbstmordentschluß der M ausgegangen. Das ist nur dann unproblematisch, wenn man mit der h. M. für die Frage der Verantwortlichkeit des Suizidwillens auf die Exkulpationsregeln – hier § 20 StGB (= 51 I a.F.) – abstellt und zugunsten des WW (in dubio pro reo) annimmt, M sei *nicht* zurechnungs*unfähig* gewesen.

Bestimmt man dagegen die Frage der Verantwortlichkeit des Selbstmordentschlusses nach dem oben dargelegten *Einwilligungsmaßstab*

(vgl. Fall 9, – a [4] –),

so bestehen gegen die Annahme eines »freiverantwortlichen« Suizidwillens der M erhebliche Bedenken: Die im Sachverhalt genannten Umstände (schwermütigdepressive Stimmung nach starkem Alkoholgenuß, wiederholte Suizidversuche in der letzten Zeit), dürften m. E. dafür sprechen, ein *freies* Verlangen nach dem eigenen Tod, das man bei Kenntnis *respektieren* dürfte, zu verneinen.

Danach wäre WW der fahrlässigen Tötung schuldig.

(Nach den dargelegten Umständen war es *pflichtwidrig*, die Pistole der suizidgefährdeten M zugänglich zu machen.)

Vgl. auch *Blei*, JA 1972, StR S. 155:

Hätte WW *vorsätzlich* gehandelt, hätte er also »die Selbstmordneigung, deren Steigerung durch Alkoholgenuß und die Realisierbarkeit eines spontanen Entschlusses durch das Bereitliegen einer schußbereiten Pistole bewußt einkalkuliert«, so hätte er kaum der Beurteilung entgehen können, nicht Gehilfe zum Selbstmord, sondern *Täter* einer vorsätzlichen Tötung zu sein.

Dem ist zuzustimmen und damit steht der Annahme des § 222 StGB nichts im Wege.

### Fall 12: – *Fahrlässige Tötung und »erlaubtes Risiko« bei Handeln auf eigene Gefahr* –

Bill (B) und Dick (D) sind seit Jahren als leidenschaftliche Motorradfahrer Mitglieder der Rockerbande »Hell's Angels«. Aus Langeweile überredet B den D zu einem Motorradrennen. Beide fahren in waghalsigem Tempo. In einer Kurve verliert D die Gewalt über seine Maschine und verunglückt tödlich.

B wird wegen fahrlässiger Tötung (§ 222) angeklagt; zu Recht?

*a) Tatbestand*

Das Verhalten des B – Verleitung des D zu der Wettfahrt und Beteiligung an dieser – war für den eingetretenen Erfolg *kausal*. Es fragt sich, ob B die zur Vermeidung dieses Erfolges *objektiv gebotene Sorgfalt* mißachtet hat.

Nach heute h. L., der Verf. folgt, ist bei der Fahrlässigkeitsprüfung zwischen der *objektiv* erforderlichen und der dem Täter *subjektiv* möglichen Sorgfalt zu differenzieren: Die Vernachlässigung der objektiv gebotenen (»obj. Fahrlässigkeit«) gehört dabei zum *Tatbestand* der Fahrlässigkeitsdelikte; im Bereich der *Schuld* ist zu erörtern, »ob der Täter nach dem Maß seines individuellen Könnens zur Erfüllung der objektiven Sorgfaltsanforderungen fähig war« (Frage der »subj. Fahrlässigkeit«).

> So u. a. *Burgstaller*, Das Fahrlässigkeitsdelikt, 1974, S. 26; *Cramer* in: *Schönke-Schröder*, § 15 Rdnr. 122, 188; *Jescheck*, S. 457 f m.w.N.; Armin *Kaufmann*, Welzel-Festschrift 1974, S. 393, 404 ff; *Schünemann*, JA 1975, 436–442, 512–516; ders. in: Schaffstein-Festschrift 1975, S. 159 ff; *Wessels*, AT S. 149 ff; *abweichend Jakobs*, Studien zum fahrlässigen Erfolgsdelikt, 1972, S. 48 ff, 64–69; *Samson* in SK, Anhang zu § 16, Rdnr. 13 ff; *Stratenwerth*, Rdnr. 1094 ff.

Daß D bei dem waghalsigen Rennen tödlich verunglücken konnte, war *objektiv vorhersehbar;* denn dieser Erfolg lag nicht außerhalb aller Lebenserfahrung. Gleichwohl könnte eine Verletzung der *objektiv gebotenen Sorgfalt* durch B wegen *»Handelns des Opfers auf eigene Gefahr«* entfallen – und zwar unter dem Gesichtspunkt des *erlaubten Risikos.*

Dieser Gesichtspunkt ist für zwei Fallgruppen einschlägig:

(1) Einmal bei Eingehung eines im täglichen Leben oder bei Berufstätigkeiten unvermeidlichen *sozialadäquaten* Risikos:

> Dazu u. a. *Jakobs* aaO, S. 51 f; *Samson*, Strafrecht I, S. 286; *Stratenwerth*, Rdnr. 1101–1107 i.V.m. 337 ff; *Welzel*, S. 132, 562; *Cramer* in: *Schönke-Schröder*, § 15 Rdnr. 127, 142–144; *Preuß*, Untersuchungen zum erlaubten Risiko im Strafrecht, 1974, S. 20 ff, 87 ff, 93 ff (zu ihm *Krey*, ZStW 1978, 189 ff).
>
> Strittig ist, ob in einem solchen Fall bereits der Tatbestand der Fahrlässigkeitstat entfällt (so zu Recht *Cramer, Samson, Stratenwerth, Welzel* und *Jakobs* aaO), oder ob ein Rechtfertigungsgrund anzunehmen ist.

Um solch ein solzialadäquates erlaubtes Risiko handelte es sich bei dem Verhalten des B nicht.

(2) Der Gesichtspunkt des erlaubten Risikos ist aber zudem in solchen Fällen zu beachten, *in denen das Opfer* – wie hier – *eine Gefahr wissentlich eingeht:*

(a) Eine *Einwilligung als Rechtfertigungsgrund* kommt allerdings bei den Tötungsdelikten und damit auch bei § 222 StGB nicht in Frage.

> *BGH* St 4, 88, 93; 7, 112, 114; *Dreher-Tröndle*, § 222 Rdnr. 5; *Eser* in: *Schönke-Schröder*, § 222 Rdnr. 3; *Jähnke*, LK § 222 Rdnr. 21; *Lackner*, Anm. II 5 a, dd vor § 32 m.w.N.

Doch kann »unter besonderen Voraussetzungen die *Pflichtwidrigkeit* eines Verhaltens zu verneinen sein, wenn das Opfer eine Gefahr in deren klarer Erkenntnis in Kauf genommen und der Täter seiner allgemeinen Sorgfaltspflicht genügt hat«.

> *BGH* St 4 aaO; *RG* St 57, 173; *Dreher-Tröndle* und *Eser* aaO; *Schweichel*, NJW 1966, 1469; vgl. weiter *Lenckner* in: *Schönke-Schröder*, Rdnr. 102 vor § 32.
> Man spricht hier auch von »*Handeln auf eigene Gefahr*«; dazu *Preuß* aaO, S. 133 ff, 144 ff; *Krey*, ZStW aaO, S. 192, 197 ff; beide m.w.N.

D. h. die »Einwilligung« des Opfers in die – tödlich ausgegangene – gefährdende Handlung des Täters kann die Pflichtwidrigkeit dieser Handlung entfallen lassen; der Gesichtspunkt des erlaubten Risikos dient dabei als regulatives Rechtsprinzip zur Konkretisierung der Sorgfaltsanforderungen. Voraussetzung für die Annahme eines erlaubten Risikos in derartigen Fällen ist dabei: 1. Das Opfer muß sein Einverständnis *freiverantwortlich* und *in vollem Bewußtsein der Gefahr* erklärt haben; 2. der Täter darf nicht bei seinem gefährdenden Verhalten »*in anderer Beziehung* Sorgfaltspflichten verletzt haben«

> (*Schröder* in: *Schönke-Schröder*, 17. Auflage 1974, § 59 Rdnr. 167; *BGH* aaO).
> An letzterem Erfordernis fehlt es z. B. dann, wenn jemand einen anderen trotz vereister Fahrbahn und dichtem Nebel auf seinem Motorrad mitnimmt, nachdem er den Beifahrer eindringlich auf die bestehende Lebensgefahr hingewiesen hat, und es dann *infolge unvernünftigen Fahrens* zu einem für den Beifahrer tödlichen Unfall kommt (vgl. auch *Schünemann*, JA 1975, 723).
> – *Zur Vertiefung:*
> (1) Von manchen wird für Fälle des »*Handelns auf eigene Gefahr*« mit der Begründung auf den »Rechtfertigungsgrund Einwilligung« rekurriert, *für diesen genüge bereits die Einwilligung in die Gefährdung und eine Einwilligung in den Erfolg sei nicht nötig* (u. a. *Schaffstein*, Welzel-Festschrift 1974, S. 563 ff); dem ist jedoch zu widersprechen (dazu m.w.N. *Preuß* aaO, S. 137 ff). Vielmehr kommt beim *tödlich ausgegangenen* Handeln auf eigene Gefahr der »Einwilligung in die Gefährdung« grundsätzlich nicht die Bedeutung eines *Erlaubnissatzes* zu, sondern eines Gesichtspunktes, der die Pflichtwidrigkeit des gefährlichen Verhaltens, d. h. dessen Fahrlässigkeit und damit den *Tatbestand* des § 230 bzw. § 222 StGB entfallen lassen kann.
> (2) Der Gesichtspunkt des Handelns auf eigene Gefahr kann auch bei *lebensgefährdendem* Risiko eingreifen und den Tatbestand des § 222 StGB mangels Verletzung der objektiv gebotenen Sorgfalt ausschließen; so u. a. *Preuß* aaO, S. 151 ff; dazu auch *Lenckner* aaO, Rdnr. 104. D. h. es gibt zwar keine wirksame Einwilligung in den eigenen Tod, wohl aber kann die Einwilligung in *lebensgefährliches Verhalten* die strafrechtliche Haftung entfallen lassen. –

Jene Voraussetzungen sind hier erfüllt, so daß unter dem Gesichtspunkt des erlaubten Risikos der Tatbestand des § 222 StGB entfallen könnte.

Indes wird die Ansicht vertreten, der Gesichtspunkt des Handelns auf eigene Gefahr könne nur dann zur Annahme eines erlaubten Risikos führen, wenn das Risiko einem *anerkennungswürdigen Zweck* gedient habe.

> *Lange*, LK 9. Aufl. § 222 Rdnr. 8 (im Anschluß an *Hartung*); ähnlich anscheinend *BGH* St 4, 88, 93 a. E.; auch *BGH* St 7, 113, 115 stellt auf »Anlaß und Zweck« des lebensgefährlichen Risikos ab; a. A. *Preuß* aaO, S. 152 ff; *Schünemann* aaO.

Nach *Schröder* (aaO) darf die Risikohandlung nicht sittenwidrig sein; ebenso *Lenckner* aaO.

(b) Ob eine solche sozialethische Einschränkung richtig ist, kann hier jedoch dahinstehen. Denn der Sache nach ist D nicht das Opfer einer von B beherrschten lebensgefährdenden Handlung geworden, sondern einer von ihm (D) selbst beherrschten Gefährdung, d. h. das Opfer einer *Selbstgefährdung; was man B anlasten kann, ist also lediglich »Teilnahme« an fremder wissentlicher Selbstgefährdung, und für diese läßt sich die Straflosigkeit ohne weiteres aus der Straflosigkeit der Selbstmordteilnahme ableiten:*
Fördert jemand lediglich als *Gehilfe* ein lebensgefährliches Unternehmen des Opfers, bei dem dieses umkommt, oder *stiftet* er zu dem fraglichen Unternehmen *an,* so ist diese *Teilnahme* an fremder vorsätzlicher Selbstgefährdung keine tatbestandsmäßige fahrlässige Tötung.

(So u. a. *Roxin,* Gallas-Festschrift, 1973, S. 246; *Rudolphi,* JuS 1969, 556f; ders. in SK, Rdnr. 79 vor § 1 m.w.N.; *Schünemann,* JA 1975, 720f; ders. NStZ 1982, 60ff; vgl. auch *Cramer* aaO, § 15 Rdnr. 155.
*Schröder* aaO nahm hier offenbar einen *Rechtfertigungsgrund* an.)

*Begründung:* Wenn *Teilnahme am Selbstmord* eines anderen straflos ist, kann *Teilnahme an der wissentlichen Selbstgefährdung* als solche, auch wenn die Lebensgefahr sich realisiert, nicht als fahrlässige Tötung strafbar sein.

*Schröder* aaO; *Roxin, Rudolphi* und *Schünemann* aaO; Fr. Chr. *Schroeder,* LK § 16 Rdnr. 181 f.

Das folgt aus der oben – Fall 11 a – dargelegten These, *die Haftung für Fahrlässigkeit dürfe nicht weiterreichen als die für Vorsatz:* Wer an der Selbstgefährdung eines anderen, bei der er und der Gefährdete den Todeseintritt *billigend in Kauf nehmen,* straflos teilnehmen darf, kann auch dann nicht wegen einer solchen »Teilnahmehandlung« bestraft werden, wenn er und der Gefährdete *auf das Ausbleiben eines tödlichen Ausgangs vertraut haben,* obwohl der Erfolg für beide vorhersehbar war.
Von einer solchen straflosen *Teilnahme* an der – letal ausgegangenen – Selbstgefährdung eines anderen kann man allerdings nur dann sprechen, wenn sich der Gefährdete *freiverantwortlich* in die Gefahr begeben und er die *Tatherrschaft* in dem Sinne hatte, daß die letzte, irreversible Entscheidung, die Gefahr auf sich zu nehmen und durchzustehen, bei ihm (Gefährdeter) lag.

Zu den entsprechenden Voraussetzungen für die Annahme bloßer *Teilnahme* am Suizid vgl. oben, Fälle 9, 10, 11 a.

Dabei bestimmt sich die Frage der *Verantwortlichkeit des Entschlusses,* sich in Lebensgefahr zu begeben, nach dem oben – Fälle 9, a (4); 11 a – dargelegten *Einwilligungsmaßstab.*

Im Ergebnis ebenso *BGH* St 4, 88; *Schröder* in: *Schönke-Schröder,* 17. Aufl. 1974, § 59 Rdnr. 167; *Jähnke,* LK § 222 Rdnr. 21 i. V. m. Rdnr. 26 vor § 211; a. A. offenbar *Schünemann,* NStZ 1982, 62f.

Auch bei der *gemeinsamen Selbstgefährdung,* bei der – wie hier – einer der Beteiligten umkommt, scheidet eine Strafbarkeit des Überlebenden nach § 222 StGB ohne weiteres unter dem Gesichtspunkt strafloser Selbstgefährdung*teilnahme* aus, wenn der zu Tode Gekommene sich *freiverantwortlich* und *mit Tatherrschaft selbst gefährdet* hat:

Jedenfalls dort, wo beim einseitig fehlgeschlagenen *Doppelselbstmord* der Überlebende straffrei ausginge

(vgl. oben, Fall 10),

kann er bei der *gemeinsamen Selbstgefährdung,* die für den anderen tödlich endete, nicht strafbar sein.

Vgl. auch *Schröder* aaO; *Fr. Chr. Schroeder* aaO.

Allerdings hat der *BGH* (St 7, 112) Strafbarkeit aus § 222 StGB in einem Fall angenommen, in dem wie hier einer der beiden Beteiligten eines riskanten Motorradrennens tödlich verunglückt war. Die Besonderheit jenes Falles lag aber darin, daß der Überlebende den anderen, obwohl dieser angetrunken war (1,5 Promille), zu der Wettfahrt überredet hatte und daß der Verunglückte, was der Täter wußte, schon vorher unvernünftig gefahren war. Ob diese besonderen Umstände die Entscheidung des *BGH* zu rechtfertigen vermögen

– und zwar unter dem naheliegenden Gesichtspunkt mangelnder *Verantwortlichkeit* der Selbstgefährdung des Opfers –,

kann hier dahinstehen, da solche Umstände hier fehlen.

b) *Ergebnis:* B ist nicht aus § 222 StGB schuldig. Sein Verhalten wird vom Schutzbereich dieser Norm nicht erfaßt.

## VIII. Aussetzung (§ 221 StGB)

Zum *Deliktscharakter:* Es handelt sich um ein *konkretes Gefährdungsdelikt.*

*Jähnke,* LK § 221 Rdnr. 3, 5; *Eser* in: *Schönke-Schröder,* Rdnr. 1.

Dabei werden nur *Lebens*gefährdungen erfaßt, während *Leibes*gefährdungen ausscheiden

(sehr streitig, vgl. unten. 3.).

*Fall 13:* Am 24. Dezember verließ Fräulein Fröhlich abends ihre Kinder – einen zehn Monate alten Säugling und ein fünfjähriges Mädchen –, um mit einem Freund ungestört feiern zu können. Bei ihrem Weggehen hatte sie den Säugling versorgt und das ältere Kind beauftragt, ihm am nächsten Morgen Milch zuzubereiten.
Fräulein Fröhlich (F), die zunächst am 25. gegen Mittag zurückkehren wollte, entschloß sich später aber, erst am 28. 12. heimzukehren. Dabei war sie sich über die lebensgefährdende Wirkung ihres Verhaltens für den Säugling im klaren, vertraute jedoch darauf, er würde schon nicht gerade verhungern, verdursten oder erfrieren; um das andere Kind machte sie sich keine Sorgen. Als die F am 28. 12. zurückkehrte, fand sie in der ungeheizten Wohnung den Säugling tot und das ältere Kind in mitgenommenem Zustand vor.
Strafbarkeit der F?

1. *§§ 211, 212 StGB* scheiden mangels Tötungsvorsatzes aus, da die F den Erfolg (Tod des Säuglings) nicht billigend in Kauf genommen, sondern auf sein Ausbleiben vertraut hat.

## 2. § 221 StGB gegenüber dem Säugling?

a) *»Aussetzen«* erfordert eine Veränderung des Aufenthaltsortes der hilflosen Person:

Das Opfer muß »aus seiner bisherigen, (relativ) gesicherten Lage in eine es gefährdende (oder erheblich mehr gefährdende) neue Lage« gebracht werden; *Dreher-Tröndle,* § 221 Rdnr. 5.

Daran fehlt es hier, so daß § 221 StGB in der Alternative des Aussetzens entfällt.

b) § 221 StGB könnte jedoch in der Alternative des *Verlassens in hilfloser Lage* erfüllt sein.

(1) Tatobjekt ist eine »wegen jugendlichen Alters, Gebrechtlichkeit oder Krankheit hilflose Person«.

*Hilflos* ist das Opfer, wenn es sich selbst nicht (ausreichend) schützen kann (*Eser* in: *Schönke-Schröder*, Rdnr. 3).
*»Krankheit«* kann auch der Zustand schwerer Angetrunkenheit sein (KG JR 1973, 72; *BGH* St 26, 35, 36).

Hier lag Hilflosigkeit wegen jugendlichen Alters vor.

Bei der Alternative des »Verlassens« ist nötig, daß die hilflose Person »unter der Obhut« des Täters steht oder er »für ihre Unterbringung, Fortschaffung oder Aufnahme zu sorgen hat«; hierfür sind die Grundsätze über die Entstehung einer *Garantenstellung* maßgeblich.

*Maurach-Schroeder* Bd. 1, S. 55; *Eser* aaO, Rdnr. 9; *BGH* aaO, S. 37.
Dazu *BGH* St 25, 218: »Ein Kraftfahrer, der sich in jeder Hinsicht pflichtgemäß und verkehrsgerecht verhält, hat gegenüber dem allein schuldigen Unfallopfer keine Garantenstellung«; denn die Garantenposition aus vorangegangenem Tun verlange (grundsätzlich) *Pflichtwidrigkeit* des Vorverhaltens (str.).
– Zur Garantenpflicht des Gastwirts (oder des privaten Gastgebers) gegenüber einem *infolge Trunkenheit unzurechnungsfähigen Gast* vgl. *BGH* St 26 aaO, wo eine solche Garantenpflicht angenommen wird. –

Daß der Säugling unter der Obhut der F stand, ergibt sich aus §§ 1626, 1631, 1705 BGB.
Es fragt sich, ob die F den Säugling i. S. des § 221 StGB in hilfloser Lage *verlassen* hat.

(a) Verlangt man für das Merkmal des *Verlassens* eine *räumliche Trennung* des Täters von der hilflosen Person

(*Dreher-Tröndle*, § 221 Rdnr. 6; *Geilen*, JZ 1973, 324; *Horn* in SK, § 221 Rdnr. 7ff; *Bockelmann*, S. 72f; *RG* St 38, 377),

so ist diese Frage zu verneinen; denn beim Verlassen der Wohnung hatte die F noch keinen *Gefährdungsvorsatz*, da sie anderentags *zurückkehren* wollte:

Für den subjektiven Tatbestand des § 221 StGB ist entsprechend dem Charakter dieser Norm als konkretem Gefährdungsdelikt erforderlich, daß der Täter zumindest mit der Möglichkeit rechnete und diese billigend in Kauf nahm, sein Verhalten – »Aussetzung« bzw. »Verlassen« – werde eine konkrete Gefahr für das *Leben* der hilflosen Person begründen.
(Die h. M. läßt auch eine *Leibesgefahr* genügen, vgl. unten, 3.)

Dieser Vorsatz war erst in dem Augenblick anzunehmen, als die F sich entschloß, nicht vor dem 28. 12. zurückzukehren.

(b) Demgegenüber läßt die *h. L.* für das Merkmal des Verlassens das bloße *»Imstichlassen«* ohne räumliche Entfernung genügen: Kümmere sich z. B. eine Krankenschwester nicht um einen Kranken, so begründe es für § 221 keinen Unterschied, ob sie das Zimmer verlasse oder – im Zimmer bleibend – keine Hilfe leiste.

*Maurach-Schroeder* Bd. 1, S. 55f; *Otto*, S. 52; *Blei*, S. 59; *Wessels*, BT 1 S. 31; *Eser* in: *Schönke-Schröder*, Rdnr. 7; so auch *RG* DR 1941, 193.

(c) Der *BGH* folgt der letzteren Ansicht zwar nicht. Er läßt es aber für das Merkmal »Verlassen« ausreichen, daß der Obhutspflichtige, der seinen Schützling zunächst versorgt verlassen hat, *nicht zurückkehrt*, »sobald die Wirkung der bisherigen Fürsorge für ihn (Schützling) aufhört« und dieser dadurch in eine hilflose Lage gerät.

> BGH St 21, 44 (mit ablehnender Anm. von *Dreher*, JZ 1966, 578 ff). Zustimmend *Eser* aaO, Rdnr. 7 a; *Jähnke*, LK § 221 Rdnr. 14; *Maurach-Schroeder* aaO; *Preisendanz*, Anm. 3 b; vgl. schon *Frank*, Anm. III 2.

(d) *Stellungnahme:* Ob der h. L. – (b) – zu folgen ist, erscheint fraglich; das bloße Nichtversorgen als solches wird m. E. vom *möglichen Wortsinn* des Begriffs »Verlassen« nicht gedeckt; *der mögliche Wortsinn des Gesetzes aber bezeichnet die Grenze zwischen »Auslegung« und der im Anwendungsbereich des Art. 103 II GG verbotenen »Gesetzesanalogie«*

> (h. M.; dazu eingehend meine Monographie »Studien zum Gesetzesvorbehalt im Strafrecht«, S. 127 ff, 199 ff, 246 ff m.w.N.).

Demgegenüber dürfte die Ansicht des *BGH* mit dem möglichen Wortsinn des Tatbestandsmerkmals »Verlassen« noch vereinbar sein; denn es entspricht dem allgemeinen Sprachgebrauch, die *Verletzung der Rückkehrpflicht durch F* als »Verlassen ihrer Kinder« zu kennzeichnen. Da die Meinung des *BGH* gegenüber der unter (a) angeführten zu kriminalpolitisch wünschenswerten Ergebnissen führt, ist ihr zu folgen.

Die F hat demnach den Säugling *verlassen,* und zwar in hilfloser Lage:

> Als sie sich entschloß, erst am 28. Dezember zurückzukehren, war der Säugling schutzlos Durst, Hunger und Kälte ausgesetzt, falls ihm nicht ein rettender Zufall zu Hilfe kam; die fünfjährige Schwester war ja offensichtlich nicht in der Lage, dem Säugling auch nur vorübergehend ausreichend zu helfen.

Entsprechend der Natur des § 221 StGB als *konkretem Lebensgefährdungsdelikt* (oben, vor Fall 13) muß die Tathandlung zu einer konkreten Lebensgefahr führen; auch diese Voraussetzung ist hier erfüllt.

(2) Auch *Vorsatz* ist gegeben, da die F zwar nicht mit Wissen und Wollen des *Todes* des Schützlings gehandelt, aber dessen *konkrete Gefährdung* »billigend in Kauf genommen« hat.

c) *Ergebnis:* F hat sich nach § 221 StGB schuldig gemacht. Zudem hat sie die Qualifikationen nach *§ 221 II* und *§ 221 III* (i. V. m. § 18) StGB erfüllt.

### 3. § 221 I, II StGB gegenüber der fünfjährigen Tochter?

Dem Sachverhalt ist nicht zu entnehmen, daß die fünfjährige Tochter sich in konkreter *Lebensgefahr* befand. Im übrigen würde es bezüglich einer solchen Gefahr auch am *Vorsatz* der F fehlen. § 221 ist aber seiner systematischen Stellung nach lediglich eine Straftat gegen das *Leben*, erfordert also eine konkrete Lebensgefährdung, während eine Gesundheitsgefährdung nicht ausreicht.

> Wie hier *Frank*, Anm. I; *Kohlrausch-Lange*, Anm. I; *Eser* in: *Schönke-Schröder*, § 221 Rdnr. 1; *Blei*, S. 59; *Haft*, S. 94; *Maurach-Schroeder* Bd. 1, S. 53; *Otto*, S. 51; *Schmidhäuser*, BT 2/20; *Wessels*, BT 1 S. 30.
> Abweichend die h. A., die auch eine *Leibes*gefahr genügen läßt (*BGH* St 21, 44, 48; *Dreher-Tröndle*, § 221 Rdnr. 1; *Horn* in SK, § 221 Rdnr. 3 – er fordert aber eine

»*schwere*« Leibesgefahr i. S. des § 224 StGB; so auch *Jähnke* aaO, Rdnr. 4 –; *Bockelmann*, S. 70; *Welzel*, S. 296).

Gegen die h. M. sprechen neben der *systematischen Stellung des § 221 StGB* – und der *Straflosigkeit nur versuchter Körperverletzung* – auch *kriminalpolitische Bedenken;* denn bei Einbeziehung der Leibesgefahr droht »eine beängstigende Ausdehnung strafrechtlicher Haftbarkeit« (*Maurach-Schroeder* aaO). Demgegenüber schlägt der Hinweis auf § 221 III 1. Alternative (*Dreher-Tröndle* aaO) nicht durch.

Folglich scheidet § 221 StGB gegenüber der fünfjährigen Tochter aus.

Doch greift § 223 b StGB – böswillige Vernachlässigung – ein.

*Fall 13 a:* – *Wertungswiderspruch zwischen § 217 und bloßer Aussetzung mit Todesfolge, § 221 III StGB* –

Kunigunde (K) hat ihr nichteheliches Kind gleich nach der Geburt ausgesetzt und damit den Tatbestand des § 221 I, II StGB erfüllt. Durch ihre Handlung hat sie *fahrlässig* den Tod des Kindes verursacht. Ist gegen sie auch bei Vorliegen eines *minder schweren Falles* Freiheitsstrafe *nicht unter drei Jahren* (§ 221 III) zu verhängen?

Hätte die K ihr Kind *vorsätzlich* getötet, so wäre bei Vorliegen eines minder schweren Falles die Mindeststrafe sechs Monate Freiheitsstrafe, die Höchststrafe fünf Jahre (§ 217 II). Da die K den Tod jedoch nur *fahrlässig* herbeigeführt hat, droht ihr nach dem Wortlaut des StGB eine Mindeststrafe von 3 und eine Höchststrafe von 15 Jahren (§§ 221 III, 38 StGB); *dies auch in einem minder schweren Fall!* Insofern besteht also ein unerträglicher *Wertungswiderspruch* zwischen §§ 217 II und 221 III StGB.

Ebenso *Canaris*, Systemdenken und Systembegriff, 1969, S. 116 ff; *Engisch*, Einführung in das juristische Denken, 7. Aufl. 1977, S. 163 f m. Anm. 204 b; *Krey*, JZ 1978, 465, 467 f.

Dieser ist m. E. im Wege *analoger Anwendung des § 217 II StGB in Fällen wie dem vorliegenden* zu korrigieren.

So auch *Canaris* aaO; *Engisch* aaO, Anm. 204 d; *Eser* in: *Schönke-Schröder*, § 221 Rdnr. 13; ebenso *Preisendanz*, § 221 Anm. 6; *Horn* in SK, § 221 Rdnr. 19; *Maurach-Schroeder* Bd. 1, S. 57.
Anders etwa *Dreher-Tröndle*, § 221 Rdnr. 11, und *Jähnke*, LK § 221 Rdnr. 28, die auf den Gnadenweg verweisen
– eine unbefriedigende Lösung; denn Rechtsprechung und Lehre haben die Aufgabe, nach Möglichkeit gesetzliche *Wertungswidersprüche* im *Wege der Auslegung* bzw. *Rechtsfortbildung über den Rahmen bloßer Auslegung hinaus* auszuräumen, was hier durch *Analogie zugunsten des Täters* geschehen kann (doch sei eingeräumt, daß es sich hier um »Analogie« *contra legem* handelt; dazu *Krey*, JZ aaO). –

## § 2 Straftaten gegen das werdende Leben (§§ 218–219 d StGB)

### I. Das geltende Strafrecht zum Schutz des werdenden Lebens (5. Gesetz zur Reform des Strafrechts vom 18. 6. 1974; Urteil des BVerfG vom 25. 2. 1975; 15. Strafrechtsänderungsgesetz vom 18. 5. 1976)

*Vorbemerkung:*

(1) Das *5. Gesetz zur Reform des Strafrechts vom 18. 6. 1974* – 5. StrRG –, BGBl I, 1297, hatte §§ 218 ff StGB grundlegend umgestaltet: Schwerpunkt jener Reform des Abtreibungsrechts war die sogenannte *»Fristenregelung«* des § 218a StGB i.d.F. des 5. StrRG, der bestimmte:

> »Der mit Einwilligung der Schwangeren von einem Arzt vorgenommene Schwangerschaftsabbruch ist nicht nach § 218 strafbar, wenn seit der Empfängnis nicht mehr als zwölf Wochen verstrichen sind.«

Der Arzt sollte den Eingriff allerdings erst dann durchführen dürfen, wenn die *Unterrichtung und Beratung der Schwangeren* gemäß § 218c I Nr. 1 und 2 StGB i.d.F. des 5. StrRG erfolgt waren, widrigenfalls er zwar nicht aus § 218, aber aus § 218c strafbar sein sollte.

(2) Das *BVerfG* (1. Senat) hat diesen § 218a StGB jedoch – mit Gesetzeskraft, § 31 II BVerfGG – *für teilnichtig erklärt.*

> Urteil vom 25. 2. 1975 (*BVerfG* E 39, 1; JZ 1975, 205).
> – Das Inkrafttreten der Fristenlösung hatte das Gericht bereits vorher durch einstweilige Anordnung (§ 32 BVerfGG) vom 21. 6. 1974, NJW 1974, 1322, verhindert –.

Die Entscheidungsformel dieses Urteils lautet:

> »I. Paragraph 218a des Strafgesetzbuches in der Fassung des fünften Gesetzes zur Reform des Strafrechts (5. StrRG) vom 18. Juni 1974 (Bundesgesetzblatt, S. 1297) ist mit Artikel 2 Absatz 2 Satz 1 in Verbindung mit Artikel 1 Absatz 1 des Grundgesetzes insoweit unvereinbar und nichtig, als er den Schwangerschaftsabbruch auch dann von der Strafbarkeit ausnimmt, wenn keine Gründe vorliegen, die – im Sinne der Entscheidungsgründe – vor der Wertordnung des Grundgesetzes Bestand haben...«

Die *Begründung* dieser Entscheidung sei hier – wenn auch in aller Kürze – skizziert.

(Sie setzt die Maßstäbe für die Beurteilung der Frage, ob die *Umgestaltung der § 218 ff StGB* i.d.F. des 5. StrRG *durch das 15. Strafrechtsänderungsgesetz* verfassungsmäßig ist;

zu dieser Frage u.. a. *Gössel,* JR 1976, 1 ff; *Lackner,* NJW 1976, 1233 ff, m.w.N.).

Das *BVerfG* geht davon aus, das sich im Mutterleib entwickelnde Leben stehe als *selbständiges Rechtsgut* unter dem Schutz der Verfassung (Art. 2 II S. 1, Art. 1 I GG); die Schutzpflicht des Staates gebiete, daß sich der Staat »schützend und fördernd vor dieses Leben stelle«. Diese Schutzpflicht bestehe grundsätzlich auch gegenüber der Mutter: Deren Recht auf freie Entfaltung ihrer Persönlichkeit und ihre daraus resultierende Selbstverantwortung, sich gegen die Austragung des Kindes zu entscheiden, müßten grundsätzlich hinter dem *Lebensrecht des nasciturus* zurückstehen. Jener Schutz des ungeborenen Lebens erfordere in gewissem Umfang auch einen *Schutz durch das Strafrecht:*

»Es ist mit der dem Gesetzgeber obliegenden Lebensschutzpflicht unvereinbar, daß Schwangerschaftsabbrüche auch dann rechtlich nicht mißbilligt und nicht unter Strafe gestellt werden, wenn sie aus Gründen erfolgen, die vor der Wertordnung des Grundgesetzes keinen Bestand haben« (BVerfG E 39, 1, 65).

Der strafrechtliche Lebensschutz der Leibesfrucht dürfe nicht – wie in § 218a StGB i.d.F. des 5. StrRG – für einen bestimmten Zeitraum in Frage gestellt werden.

(3) Wenn auch das *BVerfG* damit eine *Fristenlösung* nach Art jenes § 218a StGB

(vgl. auch § 105 des *Alternativ-Entwurfs* eines StGB, BT, Straftaten gegen die Person, 1. Halbband, vorgelegt von *Baumann* u. a., 1970)

verworfen hat, so hat es immerhin den Weg zu einer sachgerechten *Indikationslösung* eröffnet:

Das Gericht erkennt an, es könne im Einzelfall *schwere Konfliktsituationen* geben, in denen die *»Achtung vor dem ungeborenen Leben«* und das *»Recht der Frau, nicht über das zumutbare Maß hinaus zur Aufopferung eigener Lebenswerte im Interesse der Respektierung dieses Rechtsguts gezwungen zu werden«*, aufeinanderträfen. In solchen Fällen dürfe der Gesetzgeber auf eine Strafdrohung verzichten. Als derartige Konfliktsituationen werden vom Gericht anerkannt: Der Fall der *medizinischen* Indikation

(§ 218b Nr. 1 StGB i.d.F. des 5. StrRG – jetzt: § 218a I Nr. 2),

der *genetischen* (»embryopathischen«) Indikation

(§ 218b Nr. 2 StGB i.d.F. des 5. StrG – jetzt: § 218a II Nr. 1),

der *ethischen* (»kriminologischen«) Indikation

(dazu *BVerfG* aaO, Entscheidungsformel II 2, S. 3 – jetzt: § 218a II Nr. 2)

und der *sozialen* Indikation (»Notlagenindikation«)

*(BVerfG* aaO, S. 48ff, 50 – jetzt: § 218a II Nr. 3).

Weiter finden sich in den Entscheidungsgründen wichtige Ausführungen zur Frage der *Beratung und Unterrichtung der Schwangeren* über »öffentliche und private Hilfen für Schwangere, Mütter und Kinder« u. ä. mehr.

Dazu näher *BVerfG* aaO, S. 61ff.

Die *jetzt geltende gesetzliche Regelung* des »Abbruchs der Schwangerschaft« enthält das 15. Strafrechtsänderungsgesetz vom 18. 5. 1976:

## 1. Schwangerschaftsabbruch vor »Abschluß der Einnistung des befruchteten Eies in der Gebärmutter« (Nidation), § 219d StGB

*»Abbruch der Schwangerschaft«* i. S. der §§ 218 ff StGB bedeutet nichts anderes als *Abtötung der Leibesfrucht.*

Vgl. u. a. *Gössel,* JR 1976, 1; *Lackner,* NJW 1976, 1235; *BVerfG* E 39 aaO, S. 46. Von »Abtötung der Leibesfrucht« hatte § 218 StGB a. F. gesprochen; demgegenüber bedeutet die Umetikettierung als »Abbruch der Schwangerschaft« in § 218 n. F. eine fragwürdige »Kaschierung« des wirklichen Geschehens, nämlich der *Tötung des Embryo* (kritisch auch *Dreher-Tröndle,* § 218 Rdnr. 2; *Lackner* aaO).

Die alte Streitfrage, ab welchem Zeitpunkt das werdende Leben durch §§ 218 ff StGB geschützt werde

– vom Zeitpunkt der *Empfängnis* (= Verschmelzung von Ei und Samenzelle) an, oder erst mit Abschluß der *Nidation* (= Einnistung des befruchteten Eies in der Gebärmutter, genauer: Gebärmutterschleimhaut) –,

ist in § 219d StGB in letzterem Sinne geklärt. Daher ist die *Verhütung der Nidation*

–z. B. durch die »Pille danach«; intrauterine Pessare, Spiralen u. ä. –

kein tatbestandsmäßiger Abbruch der Schwangerschaft.

Zum Zeitpunkt der Nidation: Sie ist (in aller Regel) spätestens *am 13. Tag* nach der Empfängnis abgeschlossen.

> *Lackner* aaO, S. 1236 Anm. 46; *Laufhütte/Wilkitzki*, JZ 1976, 329 f.
> Vgl. auch § 218 StGB i.d.F. des 5. StrRG, der nur den *später als am 13. Tage nach der Empfängnis* begangenen Schwangerschaftsabbruch mit Strafe bedrohte.

## 2. Schwangerschaftsabbruch nach der Nidation

Der Tatbestand des § 218 I StGB erfaßt sowohl die sog. *»Fremdabtreibung«* durch einen Dritten als auch die *»Selbstabtreibung«* durch die Schwangere.

> *Laufhütte/Wilkitzki*, JZ 1976, 329; Eser in: *Schönke-Schröder*, § 218 Rdnr. 1–3; *Lackner*, § 218 Anm. 2.

### a) Strafbarkeit von Dritten (»Fremdabtreibung«)

*Fall 13 b:* – *§ 218 I, II StGB* –

Die Hebamme Himmelreich (H) nimmt gewerbsmäßig unerlaubte Abtreibungen vor. Eines Tages kommt ein 18jähriges Mädchen (M) zu ihr, das mit Tränen in den Augen und 500 DM in den Händen bittet, sie von ihrer Schwangerschaft zu befreien. Die H ist zwar angetrunken und weiß, daß ein Eingriff bei der Schwangeren daher für diese lebensgefährlich ist. Sie vertraut aber darauf, sie werde die M schon nicht »umbringen«. Und in der Tat führt die H den Schwangerschaftsabbruch ohne Komplikationen durch, obwohl ihr während des Eingriffs wegen ihrer (alkoholbedingt) zittrigen Hände um Leib und Leben der M angst und bange war.
Strafbarkeit der H?

1. Versuchter Mord oder Totschlag scheiden mangels Tatentschlusses aus; denn H *vertraut darauf*, sie werden die Schwangere nicht tödlich verletzen, so daß kein Tötungsvorsatz – auch nicht dolus eventualis – vorlag.

2. Schwangerschaftsabbruch in einem besonders schweren Fall (§ 218 I, II StGB)

a) H hat eine Schwangerschaft abgebrochen, da sie die Leibesfrucht der M abtötete.

> Zum Begriff des Abbruchs der Schwangerschaft vgl. oben, I 1.
> Das Vergehen nach § 218 I ist *vollendet*, wenn die Leibesfrucht abgestorben ist (*Eser* in: *Schönke-Schröder*, § 218 Rdnr. 30; *Lackner*, NJW 1976, 1235; *Wessels*, BT 1 S. 35).
> Die Abtötung der Leibesfrucht (= Schwangerschaftsabbruch) kann dabei erfolgen: durch Tötung des Embryo im Mutterleib; durch Herbeiführen der Frühgeburt eines noch nicht lebensfähigen Kindes, das mangels Ausreifung stirbt (vgl. oben, Fall 2); durch Tötung der Schwangeren (dazu unten, Fall 14).

b) Die H hat dabei einen Schwangerschaftsabbruch in einem *besonders schweren Fall* begangen, § 218 II StGB:

(1) Zwar ist keines der *Regelbeispiele* des § 218 II Nr. 1 und 2 StGB erfüllt, auch nicht das nach *Nr. 2.* Denn dies Regelbeispiel verlangt *Leichtfertigkeit,* das heißt einen erhöhten Grad von Fahrlässigkeit (ähnlich der groben Fahrlässigkeit i. S. des BGB). Die H hatte aber die *Gefahr* für Leib und Leben der M

– erforderlich ist eine *konkrete* Gefahr, die im vorliegenden Fall angesichts der Trunkenheit der H anzunehmen ist –,

*vorsätzlich* herbeigeführt.

Daß die H einerseits mit *Lebensgefährdungsvorsatz,* andererseits aber ohne *Tötungs*vorsatz handelte, ist kein Widerspruch; denn man kann sehr wohl – wie die H – eine Lebensgefahr in Kauf nehmen, aber dabei darauf vertrauen, die Gefahr werde sich nicht realisieren.

Wo das Gesetz von »Leichtfertigkeit« spricht

(vgl. etwa §§ 97 II, 138 III, 176 IV, 177 III, 178 III, 239 a II, 239 b II, 251 StGB)

wird der *Vorsatz* nicht erfaßt

(dazu eingehend Bd. 2, Erster Abschnitt, § 3, II 2 m.w.N.; so auch für § 218 II StGB *Laufhütte/Wilkitzki,* JZ 1976, 330 mit Anm. 23; *Lackner,* NJW 1976, 1236; *Rudolphi* in SK, § 218 Rdnr. 22).

(2) Doch ist gleichwohl ein besonders schwerer Fall gegeben:

(a) § 218 II StGB (i.d.F. des 15. StrafrechtsänderungsG) ist – anders als i.d.F. des 5. StrRG – kein qualifizierter Tatbestand, sondern lediglich eine Strafzumessungsregel für besonders schwere Fälle, wobei Nr. 1 und 2 dieser Vorschrift als *Regelbeispiele* fungieren.

*Laufhütte/Wilkitzki* und *Lackner* aaO.
Zur Bedeutung solcher Regelbeispiele vgl. Bd. 2, Erster Abschnitt, § 1, II, 1.

Liegt – wie hier – kein Regelbeispiel vor, so scheidet die Annahme eines besonders schweren Falles aus, es sei denn, »Unrecht und Schuld (sind) gegenüber dem Durchschnittsfall der Tat

(hier: § 218 I StGB)

so wesentlich erhöht«, daß die Annahme eines besonders schweren Falles geboten erscheint – wobei die Regelbeispiele als *Bewertungsmaßstab* dienen

(dazu Bd. 2 aaO).

(b) Hier ist unter zwei Gesichtspunkten ein unbenannter besonders schwerer Fall anzunehmen: Einmal wegen der vorsätzlichen Verursachung einer *Lebensgefahr für M;* denn wenn bei einer solchen Gefährdung *Leichtfertigkeit* »in der Regel« *einen besonders schweren Fall begründet* (§ 218 II Nr. 2 StGB), muß dies erst recht bei *Vorsatz* gelten.

*Laufhütte/Wilkitzki* und *Lackner* aaO; Bundestagsprotokolle VII, S. 2367; *Eser* in: Schönke-Schröder, Rdnr. 44, 45; *Rudolphi* aaO.

Zum anderen liegt ein besonders schwerer Fall wegen der *gewerbsmäßigen Begehung unerlaubter Abtreibungen* vor.

Vgl. *Laufhütte/Wilkitzki* und *Lackner* aaO; *Dreher-Tröndle,* § 218 Rdnr. 16 a; *Eser* aaO.

c) *Ergebnis:* Die H ist aus §§ 218 I, II StGB strafbar.

## b) Strafbarkeit der Schwangeren (»Selbstabtreibung«)

(1) Die Schwangere *erfüllt den Tatbestand des § 218 I StGB,* wenn sie

(a) selbst – etwa durch Einnahme medikamentöser Abtreibungsmittel – den Abbruch der Schwangerschaft herbeiführt

> *(unmittelbare Täterschaft, § 25 I StGB 1. Alternative),*

(b) durch ein gutgläubiges Werkzeug (z. B. einen Arzt, dem sie das Vorliegen einer rechtfertigenden Indikation nach § 218a vorspiegelt) die Abtötung der Leibesfrucht vornehmen läßt

> *(mittelbare Täterschaft, § 25 I 2. Alternative),*

oder (c) i. S. des § 25 II StGB gemeinschaftlich mit einem anderen die Tat begeht

> *(Mittäterschaft).*
> Zum vorstehenden vgl. *Dreher-Tröndle,* § 218 Rdnr. 8; *Eser* in: *Schönke-Schröder,* Rdnr. 15.

Dabei ist eine derartige Mittäterschaft (§§ 218 I, 25 II) grundsätzlich bereits dann gegeben, wenn die Schwangere *den Abbruch der Schwangerschaft durch einen anderen zuläßt;* denn die Ermöglichung dieser Tat begründet grundsätzlich Mitherrschaft (»funktionelle Tatherrschaft«) über das Geschehen.

> Vgl. *Dreher-Tröndle* aaO; *BGH* St 1, 139, 142; *Maurach-Schroeder* Bd. 1, S. 68 a. E. f; *Lackner,* § 218 Anm. 6 a; siehe auch *Rudolphi* in SK, § 218 Rdnr. 9.
> *Eser* (aaO, Rdnr. 16) scheint auf *Unterlassen* abzustellen – dagegen zu Recht *Arzt/ Weber,* Rdnr. 368, da dies Verständnis des »Zulassens« i.d.R. dem sozialen Sinn des Geschehens nicht gerecht wird und zudem für einen Rückgriff auf § 13 II StGB angesichts der Privilegierung der Schwangeren in § 218 III S. 1 keine Notwendigkeit besteht –.

## (2) Die Selbstabtreibung ist aber gegenüber der Fremdabtreibung in mehrfacher Hinsicht privilegiert:

(a) Für die Schwangere gilt der *mildere Strafrahmen* des § 218 III S. 1 StGB.

> Die Vorschrift ist ihrer Natur nach ein »persönlicher Strafmilderungsgrund« (*Dreher-Tröndle,* Rdnr. 8; *Eser* aaO, Rdnr. 3; *Preisendanz,* Anm. 6), für den § 28 II StGB einschlägig ist (*Lackner,* NJW 1976, 1236; vgl. unten, Fall 13 c).

(b) Sie ist unter den Voraussetzungen des § 218 III S. 2 StGB straflos, auch wenn keine Indikation (§ 218a StGB) vorlag, die Abtreibung also *rechtswidrig* war.

Diese Vorschrift mag der folgende Fall verdeutlichen:

*Fall 13 c: – § 218 III S. 2 StGB –*

Mariechen (M) sitzt weinend im Garten und überlegt, wie sie straflos abtreiben kann; sie ist im 3. Monat schwanger, und eine Indikationslage (§ 218a StGB) besteht nicht. Ein Blick in das StGB bringt sie auf eine Idee: Sie läßt sich nach Maßgabe des § 218b I Nr. 1 und 2 StGB beraten; anschließend läßt sie von einem Arzt – den ihr eine Freundin benannt hat – die Schwangerschaft abbrechen, und zwar Anfang des 4. Monats.
Strafbarkeit der Beteiligten?

a) M hat den Tatbestand des § 218 I StGB erfüllt

– in Mittäterschaft mit dem Arzt (vgl. oben, 2b [1]) –.

Eine Indikationslage (§ 218a StGB) lag nicht vor, der Schwangerschaftsabbruch war also widerrechtlich.

Doch greift der *persönliche Strafausschließungsgrund* des § 218 III S. 2 StGB ein.

Diese Vorschrift ist kein Rechtfertigungsgrund, auch kein Entschuldigungsgrund, sondern nur ein *persönlicher Strafausschließungsgrund (Laufhütte/Wilkitzki,* JZ 1976, 330; *Wessels,* BT 1 S. 35).

*b) Strafbarkeit der Freundin (F):*

Sie hat den Tatbestand der *Beihilfe zum Schwangerschaftsabbruch* erfüllt (§§ 218 I, 27 StGB); ihre Teilnahme war auch rechtswidrig und schuldhaft. Daher ist sie aus §§ 218 I, 27 StGB strafbar. Daß die M gemäß § 218 III S. 2 StGB straflos ist, kommt der F nach § 28 II StGB nicht zugute.

*Laufhütte/Wilkitzki* aaO.

Ebenfalls aus § 28 II StGB folgt, daß der mildere Strafrahmen des § 218 III S. 1 für die Strafbarkeit des *Teilnehmers* außer Betracht bleibt.

c) *Der Arzt* ist aus § 218 I StGB strafbar.

Auch seine Strafbarkeit wird durch § 218 III S. 2 StGB nicht berührt (§ 28 II); vgl. *Laufhütte/Wilkitzki* aaO; *Lackner,* NJW 1976, 1242 f.
– Zu § 218 III S. 2 vgl. ergänzend unten, Fall 13 e –.

(c) Als weitere *Privilegierung der Schwangeren* ist § 218 III S. 3 StGB zu nennen; diese Vorschrift ist in Zusammenhang mit § 218 a II Nr. 3 – sog. »Notlagenindikation« – zu sehen:

§ 218 a II Nr. 3 ist ein Rechtfertigungsgrund; dagegen läßt § 218 III S. 3 nicht nur die Rechtswidrigkeit der Tat, sondern auch die Schuld *unberührt* und räumt lediglich die Möglichkeit ein, von Strafe abzusehen. Daraus folgt, daß an das Vorliegen einer *Notlage i. S. des 218 a II Nr. 3* strengere Anforderungen zu stellen sind als an das Vorliegen einer »*besonderen Bedrängnis*« i. S. des § 218 III S. 3.

*Lackner,* NJW 1976, 1236; *Laufhütte/Wilkitzki,* JZ 1976, 330.

(d) § 218 II StGB, der für »besonders schwere Fälle« des Schwangerschaftsabbruchs einen strengeren Strafrahmen zur Verfügung stellt, gilt nicht für die *Schwangere;* dies folgt schon aus der Stellung des Abs. 2 vor Abs. 3 des § 218.

*Laufhütte/Wilkitzki* aaO.

(e) § 218 StGB bedroht zwar den *Versuch* mit Strafe (§ 218 IV S. 1). Für die Schwangere selbst ist der Versuch aber nicht strafbar.

§ 218 IV S. 2 (persönlicher Strafausschließungsgrund).

(f) Weitere Privilegierungen der Schwangeren ergeben sich aus §§ 218 b I S. 2, 219 I S. 2, 219 a II StGB.

### 3. Indikationsregelung (§ 218 a StGB)

### a) Medizinische Indikation (§ 218 a I StGB)

Diese Norm stellt einen *Rechtfertigungsgrund* dar; und dasselbe gilt für § 218 a II.

Vgl. nur *Lackner* aaO und *Laufhütte/Wilkitzki* (aaO, S. 331), beide mit näherer Begründung; *Dreher-Tröndle,* Rdnr. 9 vor § 218; *Eser* in: Schönke-Schröder, § 218 a Rdnr. 5, 6; *Haft,* S. 89; *Maurach-Schroeder* Bd. 1, S. 71; *Rudolphi* in SK, § 218 a Rdnr. 1; *Schmidhäuser,* BT 3/11, 12; *Wessels,* BT 1 S. 36 f; wohl auch *Arzt/Weber,* Rdnr. 375 ff.
Abweichend u. a. *Gössel,* JR 1976, 3 f; *Otto,* S. 63 f; *Sax,* JZ 1977, 326 ff; Arthur *Kaufmann,* JuS 1978, 366, 367.

*Begründung:* Daß die medizinische Indikation einen Rechtfertigungsgrund bildet, läßt sich schon angesichts ihrer dogmengeschichtlichen Entwicklung seit der Grundsatzentscheidung des *RG* (St 61, 242) – »übergesetzlicher rechtfertigender Notstand« – schwerlich widerlegen. Und nach der *eindeutigen gesetzlichen Wertentscheidung* in § 218a II StGB, die man fragwürdig finden mag, die aber wohl verfassungskonform ist (vgl. *BVerfG* aaO, oben I, Vorbem. vor 1, (3)), sind die übrigen Indikationen gleichzubehandeln. *§ 218a StGB hat nämlich die Funktion, den Bereich erlaubten Verhaltens von dem verbotenen Tuns abzugrenzen.* Sowohl bei Abs. 1 wie auch bei Abs. 2 Nr. 1 bis 3 dieser Vorschrift geht es nicht nur um den Ausschluß *strafrechtlicher* Verantwortlichkeit; vielmehr hat der Gesetzgeber hier *mit Wirkung für alle Rechtsgebiete* eine *Abgrenzung zwischen Recht und Unrecht* vorgenommen:
»Eine solche Lösung war erforderlich, um dem Arzt zu garantieren, daß er rechtmäßig vorgeht, um Straffreiheit der Teilnehmer und Ausschluß der Nothilfe und die zivilrechtlich (§ 134 BGB) und versicherungsrechtlich (§ 200 f Reichsversicherungsordnung) notwendige Grundlage zu schaffen« (*Dreher-Tröndle* aaO).
Dem wird nicht gerecht, wer § 218a als bloßen *Entschuldigungs- bzw. Strafausschließungsgrund* (*Gössel* und *Otto* aaO), als Normierung »*negativer Strafwürdigkeitsvoraussetzungen*« (*Sax* aaO) oder als Anerkennung eines »*rechtsfreien Raumes*« (*Kaufmann* aaO; hiergegen etwa *Hirsch*, Bockelmann-Festschrift 1979, S. 96 ff) deutet.
*Günther*, Strafrechtswidrigkeit (§ 20), versteht die Indikationsregelung des § 218a StGB als »*echten Strafunrechtsausschließungsgrund*«, der nur die *Strafrechtswidrigkeit* entfallen läßt, ohne die Tat mit Wirkung für alle Rechtsgebiete zu erlauben. Aus den dargelegten Gründen – u. a. auch im Hinblick auf den gebotenen *Ausschluß von Nothilfe gegen den indizierten Schwangerschaftsabbruch* – ist ihm aber zu widersprechen: § 218a StGB schließt nicht nur »*strafwürdiges* Unrecht« aus, sondern erlaubt die Tat schlechthin.

Voraussetzung einer Rechtfertigung nach § 218a I ist

(1) die *Einwilligung der Schwangeren*

    – dazu näher *Laufhütte/Wilkitzki* aaO, S. 331 f –;

(2) die in § 218a I Nr. 2 näher umschriebene Notstandslage

    – hier sei erwähnt, daß als *Lebensgefahr* auch Selbstmordgefahr genügt (h. M.) –;

(3) die Vornahme durch einen Arzt.

Ist ausnahmsweise ein Arzt nicht mehr rechtzeitig erreichbar, so kommt für den Schwangerschaftsabbruch, sofern er nur *im übrigen* von § 218a I gedeckt ist, eine Rechtfertigung nach § 34 StGB in Frage (*Lackner* aaO, S. 1237).
– Gemäß Art. 3 des 5. StrRG vom 18. 6. 1974 i.d.F. des Art. 3 des 15. Strafrechtsänderungsgesetzes vom 18. 5. 1976 darf der Schwangerschaftsabbruch »nur in einem Krankenhaus oder in einer hierfür zugelassenen Einrichtung vorgenommen werden«. Ein Verstoß hiergegen ist aber lediglich eine *Ordnungswidrigkeit*. In Notfällen kann ein solcher Verstoß durch § 16 OWiG erlaubt sein. –

§ 218a I StGB erfaßt nur den Abbruch der Schwangerschaft, das heißt die *Abtötung des Leibesfrucht*, greift daher nicht mehr ein, wenn der Geburtsakt begonnen hat; denn mit Beginn des Geburtsaktes wird die Leibesfrucht ein *Mensch i. S. der §§ 211 ff StGB*

    – dazu oben, Fall 1 –.
Vgl. *Eser* in: Schönke-Schröder, Rdnr. 33 f vor § 218.

Daraus folgt, daß die *Perforation*

– eine »geburtshilfliche Operation zur Verkleinerung des kindlichen Kopfes, um die Extraktion zu erleichtern« (*Pschyrembel,* Klinisches Wörterbuch, 254. Aufl. 1982) –,

wenn sie während der Geburt am *lebenden* Kind vorgenommen wird *(das heißt einen Menschen tötet!),* um Leben (bzw. Gesundheit) der Schwangeren zu retten

– vgl. dazu *Eser* aaO; *Jähnke,* LK § 212 Rdnr. 10 –,

nicht durch § 218a StGB gerechtfertigt werden kann.
In solchen Fällen kommt auch § 34 StGB nicht in Betracht.

(*Dreher-Tröndle,* § 34 Rdnr. 21; *Horn* in SK, § 212 Rdnr. 24; *Rudolphi* in SK., Rdnr. 15 vor § 218;
a. A. *Haft,* S. 75; *Jähnke* aaO; *Lenckner* in: *Schönke-Schröder,* § 34 Rdnr. 23; wohl auch *Eser* in: *Schönke-Schröder,* Rdnr. 34 vor § 218; vgl. weiter *Arzt/Weber,* Rdnr. 405);

*denn das geschützte Interesse* (Leben der Mutter) *überwiegt das beeinträchtigte Interesse* (Leben des Kindes, das ja mit Beginn der Geburt schon ein Mensch i. S. des Strafrechts ist) *nicht wesentlich.* § 34 StGB erlaubt nicht, einen Menschen zu opfern, um einen anderen zu retten

(dazu m.w.N. *Krey,* JuS 1971, 248f.)

Doch kann der Erlaubnissatz der *Pflichtenkollision* eingreifen.

*Lackner,* § 34 Anm. 4; *Maurach-Schroeder* Bd. 1, S. 65a. E.
– Nicht überzeugend erscheint der Verzicht auf eine *Rechtfertigungslösung* unter Rückgriff auf »übergesetzliche *Entschuldigung*« (so aber *Dreher-Tröndle, Horn* und *Rudolphi* aaO). Ist die Perforation das einzige Mittel, das *Leben* der Mutter zu retten (bzw. sie vor *schweren Gesundheitsschäden* zu bewahren), so begeht der Arzt, der sie vornimmt, kein *Unrecht:*
wer bloße Entschuldigung annimmt, müßte Nothilfe gegen die Perforation erlauben! –
Hinweis: Der heutige Stand der Medizin garantiert glücklicherweise, daß eine derartige Perforation beim *lebenden* Kind so gut wie immer durch rechtzeitigen Kaiserschnitt zu vermeiden ist.

## b) Genetische Indikation (§ 218a II Nr. 1 StGB)

Sie wird auch als »eugenische« oder »embryopathische« bezeichnet.
Zur verfassungsrechtlichen Zulässigkeit vgl. *BVerfG* E 39, 1, 48ff.

Die genetische Indikation – ebenso die ethische (§ 218a II Nr. 2) und die Notlagenindikation (§ 218a II Nr. 3) – wird vom Gesetz lediglich als *Unterfall der medizinischen Indikation* behandelt.

§ 218a: »Die Voraussetzungen des Abs. 1 Nr. 2 gelten auch als erfüllt...«
Hiergegen zu Recht kritisch u. a. *Lackner* aaO, S. 1236f.

## c) Ethische (kriminologische) Indikation (§ 218a II Nr. 2 StGB)

Zur verfassungsrechtlichen Zulässigkeit vgl. *BVerfG* aaO, S. 3, 48ff.

## d) Notlagenindikation (§ 218a II Nr. 3 StGB)

Sie wird auch »soziale« Indikation genannt.
Zu dem *durch die Verfassung gesteckten Rahmen* für die Regelung dieser Indikation vgl. *BVerfG* aaO, S. 48ff, 50.

Die Notlagenindikation ist – ebenso wie die genetische und ethische – *in gleicher Weise wie die medizinische Indikation* ein Rechtfertigungsgrund.

Dazu bereits oben, 3, a. Siehe ergänzend *Eser* aaO, § 218a Rdnr. 42 m.w.N.

Denn alle Indikationen beruhen auf einer *vom Gesetzgeber vorgenommenen Interessenabwägung* zwischen dem Lebensrecht des ungeborenen Kindes und der Rechtssphäre der Schwangeren.

*Lackner* aaO.

Für die Frage, wann eine Notlage das *Gewicht des § 218a II Nr. 3a StGB* erreicht, wird man bei verfassungskonformer Auslegung dieser Norm die vom *BVerfG*

(aaO, S. 50)

geforderte *»Kongruenz dieser Indikation mit den anderen Indikationsfällen«*

– was den Gesichtspunkt der Unzumutbarkeit für die Schwangere angeht –

beachten müssen.

Auch *Laufhütte/Wilkitzki* (aaO, S. 332) verlangen eine Notlage, »die in ihrem Gewicht für die Schwangere« den anderen Indikationen »gleichkommt«; ebenso *Lackner*, NJW 1976, 1239; *Rudolphi* aaO, § 218a Rdnr. 43; *BayObLG* MDR 1978, 951.

Greift § 218a II Nr. 3 nicht ein, bleibt § 218 III S. 3 zu beachten.

Zu letzterer Vorschrift vgl. oben, 2b (2) (c).

### 4. § 218b StGB

Der nach § 218a StGB erlaubte Schwangerschaftsabbruch darf erst nach *Beratung der Schwangeren gemäß § 218b I* vorgenommen werden

(vgl. aber die Ausnahmevorschrift des § 218b III).

Anderenfalls ist der Arzt zwar nicht aus § 218 I, aber aus § 218b StGB strafbar.

Eingehend zu § 218b *Lackner*, NJW 1976, 1239–1241; *Laufhütte/Wilkitzki*, JZ 1976, 333–335; *Gössel*, JR 1976, 3f.

Geschütztes Rechtsgut ist letztlich das werdende Leben (h. A.; so m.w.N. *Eser* aaO, § 218b Rdnr. 1); denn bei verfassungskonformer Auslegung des § 218b I hat die Beratung insbesondere auch die Aufgabe, das Lebensrecht des Ungeborenen geltend zu machen und die Schwangere zur Fortsetzung der Schwangerschaft zu ermutigen.

Dies gilt nicht nur für § 218b I Nr. 1, sondern – wenn auch wohl in schwächerem Maße – für Nr. 2 (so auch *Lackner* aaO, S. 1241).
Nach *Gössel* aaO geht es bei § 218b *nicht* um den Schutz des werdenden Lebens; ein Verstoß gegen diese Norm bedeute lediglich Verwaltungsunrecht, sie passe daher besser ins OWiG.

### 5. § 219 StGB

Diese Norm trägt dafür Sorge, daß das Vorliegen einer Indikation (§ 218a StGB) von mindestens *zwei Ärzten* verantwortet wird; denn der *abbrechende* Arzt und der *feststellende* dürfen nicht identisch sein.

Dagegen können der gemäß § 218b I Nr. 2 *beratende* Arzt und der *abbrechende* personengleich sein (argumentum e contrario aus Abs. 2 Nr. 2 dieser Vorschrift), ebenso der *beratende* und der i. S. des § 219 *feststellende* Arzt.

*Fehlt es an einer Feststellung nach § 219*, so wird dadurch eine Rechtfertigung des Schwangerschaftsabbruchs gemäß § 218a nicht berührt; doch ist der nach dieser Vorschrift *indizierte* (und damit *nicht* »in § 218 mit Strafe bedrohte«) Abbruch der Schwangerschaft dann für den abbrechenden Arzt nach § 219 strafbar.

## II. Geltung des § 218 StGB bei Auslandstaten (§ 5 Nr. 9 StGB)

*Fall 13 d:* die deutsche Studentin Amanda (A) läßt in London in einer Klinik ihre Schwangerschaft abbrechen, ohne daß eine Indikationslage gemäß § 218a StGB besteht.
Strafbarkeit der A und des Arztes nach deutschem Recht?

*Fall 13 e: – Abwandlung von Fall 13 d –*
Die A hat sich vorher in Deutschland gemäß § 218b I StGB beraten lassen.

### Zu Fall 13 d:

*Strafbarkeit des Arztes:* Für seine Tat ist das deutsche Strafrecht (genauer: das der Bundesrepublik Deutschland) nicht anwendbar (§§ 3ff StGB); denn der abbrechende Arzt war nicht *Deutscher* i. S. des § 5 Nr. 9 StGB. § 218 beanspruchte folglich ihm gegenüber keine Geltung.

*Strafbarkeit der A:* § 5 StGB bestimmt:

> »Das deutsche Strafrecht gilt, unabhängig vom Recht des Tatorts, für folgende Taten, die im Ausland begangen werden: ...
> 9. Abbruch der Schwangerschaft (§ 218), wenn der Täter zur Zeit der Tat Deutscher ist und seine Lebensgrundlage im räumlichen Geltungsbereich dieses Gesetzes hat.«

Mangels entgegenstehender Angaben ist bei lebensnaher Sachverhaltsauslegung davon auszugehen, daß die A ihre Lebensgrundlage im Bundesgebiet hatte. Damit galt gemäß § 5 Nr. 9 StGB für ihre Tat (§ 218 I StGB) deutsches Strafrecht; die A hat sich also nach § 218 I, III S. 1 StGB strafbar gemacht.

– Für ihre Verfolgbarkeit ist § 153c I Nr. 1 StPO zu beachten. –

### Zu Fall 13 e:

A hat den Tatbestand des § 218 StGB erfüllt, und zwar rechtswidrig und schuldhaft; doch greift der persönliche Strafausschließungsgrund des § 218 III S. 2 ein. Daß der abbrechende Arzt nicht in *Deutschland tätig und nach deutschem Recht approbiert* war, ist unerheblich

(vgl. *Laufhütte/Wilkitzki*, JZ 1976, 330);

denn §§ 218, 218a StGB erfassen mit dem Begriff »Arzt« auch ausländische Ärzte

(*Laufhütte/Wilkitzki* aaO; *Lackner*, NJW 1976, 1237; *Dreher-Tröndle*, § 218 Rdnr. 8b, c; *Eser* in: *Schönke-Schröder*, § 218 Rdnr. 50; a. A. *Rudolphi* in SK, Rdnr. 20 vor § 218). Dagegen dürfte Arzt i. S. der §§ 218b, 219 nach Sinn und Zweck dieser Normen nur der in der Bundesrepublik approbierte und tätige sein (so *Lackner* aaO; *Laufhütte/Wilkitzki* aaO, S. 334).

### Ergänzender Hinweis zu Fall 13 e:

Dieser Fall – zusammen mit Fall 13 c – macht deutlich, daß der Gesetzgeber jeder Schwangeren innerhalb der ersten 22 Wochen die *Möglichkeit straffreier Abtreibung trotz Fehlens jeder Indikation* eingeräumt hat – durch § 218 III S. 2 StGB.

Das Problem der Schwangeren, im Inland einen Arzt zu finden, ist zwar durch diese Norm nicht entschärft, da der Arzt gemäß § 28 II StGB strafbar ist. Doch läßt sich dieses Problem durch den *Weg ins Ausland* lösen, da § 218 gemäß § 5 Nr. 9 StGB für den im Ausland handelnden ausländischen Arzt nicht gilt.

Im Ergebnis hat § 218 III S. 2 StGB also den strafrechtlichen Schutz des werdenden Lebens *gegenüber Angriffen durch die Schwangere* ausgehöhlt.

> Verfassungsrechtliche Bedenken daher u. a. bei *Dreher-Tröndle* aaO; *Gössel*, JR 1976, 5 f; *Lackner* aaO, 1243; dagegen allerdings *Laufhütte/Wilkitzki* aaO, S. 330.
> *Rudolphi* aaO will jene verfassungsrechtlichen Bedenken durch »verfassungskonforme Auslegung« ausräumen:
> er meint, § 218 III S. 2 greife bei Schwangerschaftsabbruch *im Ausland* nicht ein (a. A. die h. M., vgl. oben); diese Restriktion des Anwendungsbereichs des § 218 III S. 2 erscheint bedenklich (zu den Schranken *verfassungskonformer Auslegung* vgl. *Krey*, Studien, S. 139 mit Anm. 68, 193; 127 ff, 173 ff; ders. JZ 1978, 363, 364, 366 f, 467).

## III. Teilnahme am Suizidversuch der Schwangeren als Teilnahme am Versuch des Schwangerschaftsabbruchs?

*Fall 14:* Fräulein Tugendsam (T) erfährt von ihrem Hausarzt, daß sie schwanger sei. Nach reiflicher Überlegung beschließt sie, mittels einer Überdosis Schlaftabletten aus dem Leben zu scheiden. Fräulein Sittenstreng (S), ihre Freundin, verschafft ihr die Schlaftabletten, nachdem sie von dem Vorhaben der T erfahren hat. Die T nimmt eine lebensgefährliche Überdosis Schlaftabletten; sie wird aber wider Erwarten gerettet.
Staatsanwalt Dr. Klug meint, die T habe sich des versuchten Schwangerschaftsabbruchs schuldig gemacht, und die S sei wegen Beihilfe zu diesem Versuch strafbar.
Strafbarkeit von T und S?

### a) Hat die T den Tatbestand eines versuchten Schwangerschaftsabbruchs erfüllt?

Nach h. M. verwirklicht der *Selbstmordversuch der Schwangeren* den *Tatbestand* des versuchten Schwangerschaftsabbruches, wenn ihr bewußt ist, mit ihr werde auch die Leibesfrucht zugrunde gehen (dies Bewußtsein dürfte in aller Regel anzunehmen sein).

> So zu § 218 StGB *a. F. BGH* St 11, 15, 17; ebenso zu § 218 *n. F.* u. a. *Eser* in: Schönke-Schröder, § 218 Rdnr. 10, 11; *Preisendanz*, Anm. II 2;
> *Rudolphi* in SK, Rdnr. 7; *Blei*, S. 32; *Maurach-Schroeder* Bd. 1, S. 66; zweifelnd *Dreher-Tröndle*, § 218 Rdnr. 5, *Lackner*, § 218 Anm. 2 b, und wohl auch *Arzt/Weber*, Rdnr. 407;
> a. A. *Bockelmann*, S. 5; *Jescheck*, JZ 1958, 749 f; *Otto*, S. 65.

Dies wird damit begründet, § 218 setze nicht voraus, daß die Schwangere den Tod der Frucht überlebe; daher begehe einen Schwangerschaftsabbruch, wer die Schwangere töte

> (so u. a. *BGH*, *Maurach-Schroeder* und *Eser* aaO; a. A. *Otto* und *Jescheck* aaO);

und die Schwangere, die sich töte, erfülle danach den Tatbestand des § 218 StGB; versuche sie, sich zu töten, so begehe sie einen versuchten Schwangerschaftsabbruch. *Dem ist zu folgen:*
Warum die Tötung einer Schwangeren in Kenntnis ihres Zustandes nicht nach § 218 StGB strafbar sein soll, vermag ich nicht einsehen; dann erscheint es aber als folgerichtig, auch im Selbstmord (Selbstmordversuch) einen tatbestandsmäßigen Abbruch (Abbruchsversuch) der Schwangerschaft zu sehen.
*Zu unbilligen Ergebnissen führt diese Auffassung nicht:* Zugunsten der *Schwange-*

*ren*, die ihren Suizidversuch überlebt hat, greift der *persönliche Strafausschlie-ßungsgrund* des § 218 IV S. 2 StGB ein: Sie wird *nicht* wegen *versuchten* Abbruchs der Schwangerschaft bestraft.

> Sollte allerdings der Embryo infolge des Suizidversuchs absterben – was jedoch in aller Regel nicht passiert –, so hat sich die überlebende Schwangere nach § 218 I, III S. 1 strafbar gemacht. Dies Ergebnis erscheint angesichts der vollendeten Abtötung der Leibesfrucht als eines *selbständigen Rechtsgutsträgers (BVerfG) nicht* als grob unbillig – zumal regelmäßig § 218 III S. 3 StGB eingreifen dürfte.

Dagegen kommt dem *Teilnehmer* am Suizidversuch der Schwangeren und damit *am Versuch des Schwangerschaftsabbruchs* die Vorschrift des § 218 IV S. 2 StGB nicht zugute; denn bei dieser handelt es sich nach Wortlaut und Sinn lediglich um einen persönlichen Strafausschließungsgrund, der dem Teilnehmer nach § 28 II StGB nicht hilft. Diese *Strafbarkeit des Teilnehmers* erscheint auch nicht als grob unbillig, und sie dürfte zudem *kriminalpolitisch* sachgerecht sein, dient sie doch dem Schutz des werdenden Lebens.

*Ergebnis:* Die T hat einen Versuch nach § 218 I (III S. 1, IV S. 1) StGB begangen; sie geht aber nach § 218 IV S. 2 StGB straffrei aus.

### b) Strafbarkeit der S

S hat den Tatbestand einer *Beihilfe zum Versuch des Schwangerschaftsabbruchs* erfüllt; § 218 IV S. 2 kommt ihr gemäß *§ 28 II* StGB nicht zugute.

Ihre Strafe bemißt sich dabei *wegen dieser Norm* nicht nach §§ 218 III S. 1 i.V.m. 23, 27 StGB, sondern nach §§ 218 *I* i.V.m. 23, 27 StGB.

## § 3 Straftaten gegen die körperliche Unversehrtheit (§§ 223–233 StGB)

## I. Körperverletzung durch Schädigung der Leibesfrucht mit Dauerfolgen?

*Fall 15:* Die schwangere Erna, die unter leichten Schlafstörungen leidet, nimmt ein Beruhigungsmittel. Sie hat in der Presse gelesen, das Medikament könne den Embryo schädigen, vertraut aber darauf, es werde schon alles gutgehen. Tatsächlich verursacht das Mittel jedoch bei der Leibesfrucht der Erna eine Mißbildung: Dem Kind, das sie zur Welt bringt, fehlt ein Arm.

Staatsanwalt Klug bejaht das »besondere öffentliche Interesse an der Strafverfolgung« (§ 232 I StGB) und klagt die Erna (E) wegen fahrlässiger Körperverletzung (§ 230 StGB) an. Zu Recht?

a) *Vorsätzliche* Körperverletzung scheidet hier aus, da E den Erfolg nicht »billigend in Kauf genommen«, sondern auf sein Ausbleiben vertraut hat.

b) *§ 230 StGB*
*Tatobjekt* der §§ 223 ff StGB ist – ebenso wie bei §§ 211 ff StGB – ein anderer *Mensch,* wobei das menschliche Leben für jene Normen wie für diese mit dem Beginn der Geburt vorliegt.

> *Lüttger,* JR 1971, 133, 134.
> Näher zum Beginn des menschlichen Lebens im Strafrecht oben, § 1 I 1 (Fälle 1 und 2).

Unmittelbar hat die E nicht das Kind, sondern die *Leibesfrucht* an der Gesundheit beschädigt: Zwar ist das Kind verkrüppelt; aber *seine Mißbildung hat es nicht als Mensch, sondern schon im Mutterleib als Embryo erlitten.*

Es fragt sich, ob solche Verletzungen der Leibesfrucht, die zur Folge haben, daß das Kind aufgrund der *pränatalen* Einwirkung mit einem Körperschaden zur Welt kommt, den Tatbestand einer vorsätzlichen oder fahrlässigen Körperverletzung erfüllen können.

(1) Die h. M. verneint diese Frage

> (*Blei,* S. 42; *Bockelmann,* S. 51; *Bruns* in: Heinitz-Festschrift 1972, S. 317, 322; *Dreher-Tröndle,* § 218 Rdnr. 7; *Geilen,* FamRZ 1968, 127; *Hillenkamp,* JuS 1977, 167; *Hirsch,* LK Rdnr. 7 vor § 223; *Horn* in SK, § 223 Rdnr. 2; *Lackner,* § 223 Anm. 1; *Lüttger,* JR aaO, S. 139 f; *Maurach-Schroeder* Bd. 1, S. 82; *Schmidhäuser,* BT 1/2; *Schwalm,* MDR 1968, 277; *Welzel,* S. 288 a. E.; wohl auch *Eser* in: *Schönke-Schröder,* § 223 Rdnr. 1, 1 a; ebenso für § 230 StGB Armin *Kaufmann,* JZ 1971, 569):

*Tatobjekt* der §§ 223 ff StGB sei der Mensch; *diesen müsse die Verletzungshandlung treffen.*

> *Hirsch, Lüttger* und *Kaufmann* aaO.

In Fällen wie dem vorliegenden verletze aber die pränatale Einwirkung ein Objekt (Leibesfrucht), dem die Menschqualität noch fehle. Daß die Verletzung sich über die Geburt hinaus auswirke, also das Kind später noch unter den Dauerfolgen zu leiden habe, sei nicht ausreichend. §§ 223 ff seien, was solche Dauerfolgen angehe, *Zustandsdelikte*

> (*Stree* in: *Schönke-Schröder,* Rdnr. 82 vor § 52),

bei denen der angerichtete Schaden andauern könne, ohne daß darin eine Weiterverwirklichung des Tatbestandes liege.

*Lüttger* aaO, S. 140.

Zudem sei die Straflosigkeit solcher *Leibesfruchtverletzungen mit Dauerwirkung* auch wegen der »Sperrwirkung« des § 218 StGB geboten: Das Gesetz wolle »im Leibesfruchtstadium nur die vorsätzliche Abtreibung und sonst nichts bestraft sehen: weder die fahrlässige Abtötung der Leibesfrucht, noch deren (gleichgültig mit welcher Schuldform verübte) Verletzung«.

*Lüttger* aaO.

(2) Demgegenüber hat im *Contergan-Prozeß* das *LG Aachen* in seinem Einstellungsbeschluß die Meinung vertreten, die Verursachung von Mißbildungen beim Menschen durch Einwirkung auf die Leibesfrucht sei eine Körperverletzung und könne nach §§ 230 (bzw. 223 ff) StGB strafbar sein.

Beschluß vom 18. 12. 1970, JZ 1971, 507 ff; so auch *Maurach*, BT S. 76.
Ebenso *Arzt/Weber*, Rdnr. 411.

(3) *Stellungnahme:* Wie ich meine, sind die Argumente für die h. A. überzeugend:

(a) Bei einer pränatalen Verletzung mit Dauerfolgen (Contergan-Kinder) waren die Opfer *als Menschen,* also vom Beginn der Geburt an, *zu keinem Zeitpunkt unverletzt* – sie sind bereits verletzt auf die Welt gekommen. Eine *Verletzungshandlung* ist allein gegen den Foetus begangen worden.

– Verletzungen des Foetus als solche sind im übrigen auch keine Körperverletzung der Schwangeren: *Hirsch* aaO; *LG Aachen* aaO, 508 f, m.w.N. (str.). –

Bei Zustandsdelikten ist aber für die Frage ihrer Tatbestandsmäßigkeit allein der Zeitpunkt der Verletzung des Objekts, das heißt der Einwirkung auf dieses, maßgeblich, während das *Andauern* des angerichteten Schadens den Tatbestand nicht (mehr) erfüllt.

(b) Wenn das StGB den Embryo nur gegen *vorsätzliche Abtötungs*handlungen schützt, stellt es eine Gesetzesumgehung dar, *fahrlässige* Abtötungshandlungen oder vorsätzliche bzw. fahrlässige *Verletzungs*handlungen gegen den Embryo unter Berufung auf postnatale Auswirkungen – die *als solche* ja den Tatbestand des § 222 bzw. der §§ 223 ff, 230 StGB nicht erfüllen – nach diesen Vorschriften zu bestrafen, zumal die *postnatale Auswirkung* pränataler Verletzungen der Leibesfrucht die Regel ist

(*Lüttger* aaO, S. 137 Fußn. 35).

c) *Ergebnis:* Die E bleibt straflos.

*Ergänzender Hinweis:* Zur zivilrechtlichen Haftung für Verletzungen des Embryo mit postnatalen Dauerfolgen vgl. *BGH Z* 8, 243; *BGH NJW* 1972, 1126; *Heldrich,* JZ 1965, 593 ff.

## II. Begriff der Körperverletzung
(körperliche Mißhandlung; Gesundheitsbeschädigung)

*Fall 16: – Körperliche Mißhandlung durch nächtliche Störanrufe –*

Primaner Paule wird auf Betreiben seines Klassenlehrers nicht zum Abitur zugelassen. Um sich an seinem Lehrer (L) zu rächen, ruft Paule (P) diesen eine Woche lang Nacht für Nacht zwischen 23 und 1 Uhr an und legt, wenn sein Lehrer sich meldet, unter höhnischem Gelächter auf. Bei L treten nach einigen Tagen aufgrund des immer neuen Schreckens Schweißausbrüche, starkes Herzklopfen und Schlafstörungen, die Stunden anhalten, auf; hiermit hatte P gerechnet.

Strafbarkeit des P aus § 223 StGB, wenn L Strafantrag stellt?

P könnte den L *körperlich mißhandelt* haben. Die körperliche Mißhandlung erfordert ein »übles, unangemessenes Behandeln, das entweder das *körperliche Wohlbefinden* oder die *körperliche Unversehrtheit* nicht unerheblich beeinträchtigt«.

> *Dreher-Tröndle,* § 223 Rdnr. 3; *Hirsch,* LK § 223 Rdnr. 6.
> Eine Beeinträchtigung der *körperlichen Unversehrtheit* (und damit der obj. Tatbestand des § 223 StGB) ist z. B. beim unangemessenen Abschneiden des Haupthaares oder eines Bartes gegeben; *Dreher-Tröndle,* Rdnr. 5, und *Hirsch* aaO, Rdnr. 7, m.w.N.
> *Schmerzerregung* ist kein notwendiges Erfordernis der Körperverletzung; *BGH* St 25, 277, 278; *Lackner,* Anm. 2.

Ein übles, unangemessenes Behandeln liegt hier vor. Doch fragt sich, ob nicht lediglich ein *seelisches* Mißhandeln gegeben ist. Die Beeinträchtigung des *seelischen* Wohlbefindens durch Erregung von Ekel, Schrecken u. ä. reicht *als solche* für § 223 nicht aus, erfüllt aber dann den Tatbestand der körperlichen Mißhandlung, wenn sie zugleich zu einer nicht unerheblichen Beeinträchtigung des *physischen* Wohlbefindens führt.

> *Blei,* S. 42; *Eser* in: Schönke-Schröder, Rdnr. 3 a; *Welzel,* S. 288; *RG* St 32, 113; *BGH,* NJW 1977, 339; *Arzt/Weber,* Rdnr. 266.

*Beispiele:* Erheblicher Schock wegen der Gefährdung bei einem Verkehrsunfall (*OLG Hamm,* GA 1973, 347); Erregung von Ekel, z. B. durch Anspeien (*Eser* aaO; *RG* GA Bd. 58, 184; str.), und zwar dann, wenn der Ekel sich *physisch* auswirkt, etwa durch – sei es auch ganz vorübergehende – Übelkeit; Verursachung starker Magenschmerzen durch Erregung von Angst (*BGH* bei *Dallinger,* MDR 1975, 21 f).

Eine solche Beeinträchtigung des *körperlichen* Wohlbefindens ist hier wegen der *nicht unerheblichen psychosomatischen Nebenwirkungen* des Erschreckens und Ärgers

– Schweißausbrüche und Herzklopfen, verbunden mit *stundenlangen Schlafstörungen,* wobei jedenfalls letztere ohne weiteres die Annahme einer körperlichen Mißhandlung rechtfertigen –,

anzunehmen.

> Vgl. *LG Hamburg,* MDR 1954, 630. Zur Problematik: Telefonterror und § 223 StGB, vgl. auch *Herzog,* GA 1975, 264: körperliche Mißhandlung und Gesundheitsbeschädigung seien anzunehmen, wenn das Nervensystem des Opfers »nicht unerheblich gereizt werde«.
> Zu eng *Hirsch,* LK aaO, Rdnr. 8, und *OLG Hamm,* MDR 1958, 939, die anscheinend eine *schwere* körperliche Folge (»schwere Alteration, Kollaps, Schrecklähmung« u. ä.) verlangen.
> M. E. müssen *im Interesse eines effektiven Schutzes des körperlichen Wohlbefindens vor Beeinträchtigung durch übles, unangemessenes Behandeln* schon *leichtere,* nicht nur ganz vorübergehende *vegetative Fehlregulationen* (»nervöse Herz- und Magenbeschwerden«) ausreichen (so auch *Herzog* aaO); insbesondere aber müssen *nicht unerhebliche Schlafstörungen* genügen (ebenso *Bockelmann,* S. 55; vgl. auch unten, »ergänzende Hinweise«).

Der obj. Tatbestand der körperlichen Mißhandlung ist also erfüllt.

Da P auch *vorsätzlich* gehandelt hat, ist er eines Vergehens nach § 223 I StGB schuldig.

> *Strafantrag (§ 232 StGB) ist gestellt.*

*Ergänzende Hinweise:*

(1) *Als nächtliche Ruhestörung, die bei genügender Erheblichkeit den Tatbestand des § 223 – bzw. des § 230 – StGB erfüllen kann,* kommen neben Störanrufen u. a. in Betracht:

Lautstarkes Starten schwerer Diesellastwagen in Wohngegenden
> (*LG Kreuznach,* BB 1957, 93; *Dreher-Tröndle,* § 223 Rdnr. 6);

ständiges nächtliches Hundegebell, das der Halter nicht verhindert
> (*AG Hannover,* ZMR 1965, 223);

*langandauernder, heftiger Fabriklärm*
> (*OLG Koblenz,* ZMR 1965, 223; *Hirsch,* LK Rdnr. 14; *Lackner,* Anm. 3).

(2) *Umweltschutz und §§ 223 ff StGB:*
Zur Körperverletzung (§ 223 StGB) durch *schädliche Emissionen* siehe u. a. *BGH* bei *Dallinger,* MDR 1975, 723.

Zum strafrechtlichen Schutz vor *gesundheitsschädlichen Umwelteinwirkungen* vgl. jetzt §§ 324–330 d StGB *(»Straftaten gegen die Umwelt«).*

– Dazu unten, § 12. –

*Fall 17: – Gesundheitsbeschädigung –*

Student Friedhelm Fix ist stark morphiumsüchtig. Sein Kommilitone Reich, ein »Dealer«, der den Zustand des Fix kennt, verkauft diesem »Stoff«, so daß Fix wieder für einige Wochen versorgt ist.
Staatsanwalt Klug erhebt Anklage gegen Reich (R) wegen einer Straftat nach § 29 I Nr. 1 Betäubungsmittelgesetz (BTMG), v. 28. 7. 1981, BGBl. I, 681, *und zudem wegen vorsätzlicher Körperverletzung (§§ 223 i.V.m. 232 StGB);* zu Recht?

a) Eine Straftat nach § 29 I Nr. 1 BTMG liegt vor.

b) *§ 223 StGB (in mittelbarer Täterschaft)*

(1) R könnte den Fix (F) an der Gesundheit beschädigt haben. Unter Gesundheitsbeschädigung ist jede *»Herbeiführung oder Steigerung einer Krankheit«* ohne Rücksicht auf die Dauer des pathologischen Zustandes zu verstehen.

> *Eser* in: *Schönke-Schröder,* § 223 Rdnr. 5.
> *Krankheiten* sind dabei neben körperlichen auch seelische (psychische); *Lackner,* Anm. 3; *Eser* aaO, Rdnr. 6. Dabei kommt es bei psychischen Leiden *nicht* darauf an, ob sie sich körperlich auswirken (a. A. *Hirsch,* LK Rdnr. 14 m.w.N.; wie hier *Arzt/Weber,* Rdnr. 270; *Blei,* S. 43; *Eser* aaO; *Welzel,* S. 288); vielmehr genügt für die Annahme einer Gesundheitsbeschädigung auch die Herbeiführung oder Steigerung seelischer Krankheiten ohne körperliche Veränderung, z. B. einer *exogenen (reaktiven) Depression.* Die Gegenmeinung wird dem herrschenden *medizinischen Krankheitsbegriff* nicht gerecht und ist kriminalpolitisch bedenklich.

63

Gesundheitsbeschädigung ist auch die Herbeiführung erheblicher Trunkenheit

> (*BGH* bei *Dallinger*, MDR 1972, 386; *Hirsch*, LK § 223 Rdnr. 13; *Lackner*, § 223 Anm. 3; abweichend *Horn* in SK, § 223 Rdnr. 20 – er nimmt »körperliche Mißhandlung« an –)

oder *sonstiger Rauschzustände*, z. B. durch medizinisch nicht indizierte Verabreichung von *Opiaten*

> (*BGH* NJW 1970, 519; *RG* St 77, 17; *Hirsch* aaO; *Dreher-Tröndle*, § 223 Rdnr. 6; abweichend *Horn* aaO).

Danach ist die Verabreichung einer solchen Menge Rauschgift, die zu einem erheblichen *Rauschzustand* führt, eine Gesundheitsbeschädigung. Zudem stellt auch das Herbeiführen oder Steigern einer *Drogenabhängigkeit* (etwa Morphiumsucht) eine Gesundheitsbeschädigung dar; denn eine derartige Sucht ist eine Krankheit.

Hier hat das Verhalten des R mutmaßlich eine weitere *Steigerung der Morphiumsucht* des F verursacht, jedenfalls aber war sein Tun für die *Rauschzustände* des F kausal; d. h. das Verhalten des R war ursächlich für eine Gesundheitsbeschädigung des F. Da R auch *vorsätzlich* gehandelt hat, ist er eines Vergehens nach § 223 StGB schuldig

– *es sei denn, seine Tat ist nicht als täterschaftlich begangene Körperverletzung, sondern nur als Beihilfe zur Selbstverletzung des F zu werten;* denn ebenso wie Selbstmordbeihilfe ist auch die Beihilfe zu fremder Selbstverletzung straflos.

> *Hirsch*, LK Rdnr. 3; *Eser* aaO, Rdnr. 9; *Maurach-Schroeder* Bd. 1, S. 82.

Doch wie die *aktive Unterstützung des Suizides eines andern* dann keine straflose Selbstmordteilnahme ist, sondern *Tötung in mittelbarer Täterschaft* – Fall der Identität von Werkzeug (Tatmittler) und Opfer –, wenn der »Teilnehmer« die *Tatherrschaft* über das Geschehen besitzt

> (vgl. oben, Fall 9, a [4] [c]; Fall 10),

so liegt statt bloßer *Selbstverletzungsteilnahme* dann *Körperverletzung in mittelbarer Täterschaft* vor, wenn das Opfer der Selbstverletzung Werkzeug des »Teilnehmers« war, d. h. dieser die Verletzung *beherrschte*.

> *Herzberg*, S. 35 ff; *Jescheck*, S. 542.
> – Instruktiv dazu *RG* St 26, 242: Ein *Metzger* zwingt seinen Lehrling mit vorgehaltenem Messer, ein ungereinigtes Stück Darm zu essen. –

Eine solche Tatherrschaft ist anzunehmen, wenn der Selbstverletzung kein *freiverantwortlicher* Wille des Opfers zugrunde lag (ebenso *Eser* aaO, Rdnr. 10).

Hält man für die Frage der Verantwortlichkeit des Selbstverletzungswillens eine *analoge Anwendung des Exkulpationsregeln* (§§ 19, 20, 35 StGB) für geboten

> (h. M., vgl. Nachweise bei *Herzberg* aaO),

so kommt es im vorliegenden Fall auf die Frage an, ob die Morphiumsucht des F so stark war, daß sie zu einer Zurechnungsunfähigkeit i. S. des § 20 StGB führte.

Richtig erscheint es demgegenüber, für jene Frage der Verantwortlichkeit auf den oben dargelegten *Einwilligungsmaßstab*

> – Fall 9, a (4) (a) *(b)*; Fall 11 a (a. E.) –

abzustellen.

Nach diesem ist hier ohne weiteres eine *unfreie* Selbstverletzung des F und Tatherrschaft des seinen Zustand kennenden R anzunehmen:

Medizinische und kriminologische Erkenntnisse über die Morphiumsucht haben ergeben, daß der *Süchtige,* der die qualvollen Entzugsfolgen fürchtet, »zwanghaft« nach »Stoff« und der »erlösenden« Injektion strebt. Unabhängig davon, ob dieser Zustand die Zurechnungsfähigkeit *ausschließt,* steht er doch der Annahme entgegen, der Süchtige, der seine Gesundheit durch Injektionen des Opiats beschädigt, handele aufgrund eines nach dem Maßstab der Einwilligungslehre freien Selbstschädigungswillens, d. h. sei *mit der Gesundheitsbeschädigung »einverstanden«.* Denn eine Einwilligung muß sich als *»Akt wirklicher Selbstbestimmung«* darstellen.

 *Stratenwerth,* AT Rdnr. 379.

Daran mangelt es nicht nur, wenn dem Opfer wegen Schwachsinns oder jugendlichem Alter die »natürliche Einsichts- und Urteilsfähigkeit« fehlt, sondern auch im Falle von Täuschung und bei *Zwangslagen von erheblichem Gewicht,* wobei aber der Grad des § 35 StGB nicht erreicht zu werden braucht.

Eine derartige Zwangslage wird allgemein im Falle der Nötigung (§ 240 I StGB) bejaht; sie ist aber nicht auf solche Fälle beschränkt, sondern stets bei Bestehen *einer erheblichen Notlage* körperlicher oder seelischer Natur beim Einwilligenden, *die seine freie Selbstbestimmung »wesentlich beeinträchtigt«,* gegeben.

Solch eine Zwangslage ist, wie mir scheint, wegen seines pathologischen Suchtzustandes bei F anzunehmen; schwerlich läßt sich seine Einwilligung als »Akt wirklicher Selbstbestimmung« werten.

Auch *kriminalpolitisch* erscheint es geboten, den »Dealer«, der einem Süchtigen in Kenntnis von dessen Zustand das Opiat verkauft, als Tatherrn der durch dieses erzeugten Gesundheitsbeschädigung zu behandeln und damit über § 223 den Weg auch zu §§ 223 a und insbesondere *224, 226* StGB zu öffnen.

– Hinweis: Die Judikatur vertritt den Standpunkt:

»Wer durch Abgabe von Heroin den Tod eines Heroinabhängigen verursacht, macht sich der fahrlässigen Tötung schuldig, wenn ihm bekannt ist oder er damit rechnen muß, daß der Heroinabhängige das Rauschgift injiziert und wenn er von der Gefährlichkeit des überlassenen Stoffes gewußt hat oder hätte wissen können«

(*BGH* NStZ 1981, 350, mit ablehnender Besprechung von *Schünemann,* NStZ 1982, 60ff; *OLG Celle,* MDR 1980, 74, mit kritischer Besprechung von *Geilen,* Jura-Kartei § 226/1).

Da diese Rechtssprechung nur zutrifft, wenn die tödlich ausgegangene *Selbstgefährdung* des Opfers *nicht freiverantwortlich* war (dazu oben, Fall 12; *Geilen* und *Schünemann* aaO), die Gerichte aber diese *Unfreiheit* nicht auf eine analoge Anwendung der Exkulpationsregeln (§§ 20 StGB, 3 JGG) stützen, teilen sie der Sache nach offenbar den hier vertretenen Standpunkt: der Süchtige handele nicht freiverantwortlich. Insoweit verdienen die erwähnten Urteile Zustimmung. Zu rügen ist aber, daß beide nur § 222 StGB für anwendbar halten *und dabei übersehen, daß § 226 StGB eingreift* (wie hier *Geilen* aaO).

–

*Ergebnis:* R hat in mittelbarer Täterschaft

 (§ 25 I StGB: »durch einen anderen«)

den Tatbestand des § 223 StGB erfüllt.

 Vgl. auch *RG* St 77, 17.

 – Ob §§ 223 a oder 224 StGB eingreifen, ist Tatfrage. –

(2) Da kein Rechtfertigungsgrund vorliegt – Einwilligung entfällt aus den dargelegten Gründen –, ist die Tat auch widerrechtlich.

(3) R hat auch schuldhaft (= vorwerfbar) gehandelt.

(4) Der mangelnde Strafantrag wird hier durch die Bejahung des besonderen öffentlichen Interesses (§ 232 I StGB) durch Staatsanwalt Klug ersetzt.

c) *Ergebnis:* R ist aus § 223 StGB und § 29 I Nr. 1 BTMG schuldig; beide Taten stehen in Idealkonkurrenz (§ 52 StGB).

> *Eser* in: *Schönke-Schröder*, § 223 Rdnr. 71.

---

**Fall 18:** Auf einem Betriebsausflug wird der 14jährige Lehrling Willibald (W) von einem älteren Angestellten (A) gedrängt, sich einem Test seiner Trinkfestigkeit zu stellen; er, A, wolle mal sehen, ob W schon ein »richtiger Kerl« sei. W macht schließlich mit, um nicht als »Schlappschwanz« dazustehen. W trinkt sich einen Vollrausch an. Die empörten Eltern des W stellen gegen A Strafantrag wegen Körperverletzung.

A könnte sich der *Körperverletzung in mittelbarer Täterschaft* schuldig gemacht haben. Er hat den Vollrausch des W, d. h. eine *Gesundheitsbeschädigung* (vgl. oben, Fall 17), vorsätzlich verursacht. Sein Verhalten ist auch nicht lediglich als straflose Anstiftung zur Selbstverletzung zu werten; denn A und nicht W hatte die *Tatherrschaft* über das Geschehen, da bei W kein »freiverantwortlicher« Selbstverletzungswille vorlag:

> Für die Frage der Verantwortlichkeit dieses Willens ist auf den dargelegten Einwilligungsmaßstab abzustellen

(vgl. oben, Fall 17).

Voraussetzung für eine wirksame Einwilligung in Körperverletzungen ist die *Einwilligungsfähigkeit*, die hier bei W fehlt. Zwar kommt es dafür nicht auf die Geschäftsfähigkeit nach BGB an

> (*BGH* St 4, 88, 90 [a. E.] f; 12, 379, 382; *Baumann*, S. 333 f);

vielmehr genügt die »natürliche Urteils- und Einsichtsfähigkeit«

> *Jescheck*, S. 306 f.

Diese aber fehlt hier: Ein Vollrausch ist – jedenfalls bei einem 14jährigen – alles andere als eine Bagatelle. Daß er das nötige Urteilsvermögen und die nötige Einsicht habe, um das Für und Wider bei dem Entschluß, *sich sinnlos zu betrinken,* hinreichend verständig abzuwägen, wird man bei einem Jugendlichen, der das Alter der absoluten Strafunmündigkeit (§ 19 StGB) gerade erst überschritten hat, nicht guten Gewissens sagen können.

*Ergebnis:* A hat sich nach § 223 StGB strafbar gemacht.

---

**Fall 19:** – *Körperverletzung bei ärztlichem Heileingriff; lebensrettende Operation ohne Einwilligung des Patienten* –

Die 50jährige Frau Ernst wird nach einem Autounfall mit zerquetschtem Bein in die Klinik eingeliefert. Dr. Seltsam erklärt ihr, man müsse operieren; es sei möglich, daß man, um ihr Leben zu retten, das Bein kurz unterhalb der Hüfte amputieren müsse. Dagegen wehrt sich Frau Ernst (E) mit Entschiedenheit. Sie verbietet dem Arzt ruhig und bestimmt, ihr das Bein abzunehmen; sie lebe allein, habe niemanden zu versorgen und wolle lieber sterben, als verkrüppelt weiterleben. Dr. Seltsam gelingt es nicht, die E hiervon abzubringen.

Während der Operation stellt sich heraus, daß das Leben der E tatsächlich nur durch eine Oberschenkelamputation zu retten ist. Diese wird von dem Arzt durchgeführt, da er sich nicht an den entgegenstehenden Willen der Patientin gebunden fühlt.
Strafbarkeit des Dr. Seltsam (S)?

a) Rechtsprechung zum ärztlichen Heileingriff:

Nach ständiger Rechtsprechung des *RG* und des *BGH* stellt der *ärztliche Heileingriff,* gleichgültig, ob er medizinisch indiziert, lege artis – d. h. gemäß den anerkannten Regeln der ärztlichen Heilkunst – durchgeführt und erfolgreich ist, eine Körperverletzung (körperliche Mißhandlung) dar, erfüllt also den objektiven Tatbestand des § 223 StGB.

> *RG* St 25, 375; *BGH* St 11, 111; zustimmend *Baumann,* NJW 1958, 2092; ders. AT S. 184f; *Schwalm,* Bockelmann-Festschrift 1979, 539f; *Arzt/Weber,* Rdnr. 320f; *Jescheck,* S. 305; differenzierend *Krauß,* Bockelmann-Festschrift aaO, S. 557, 573ff; zu *Horn* vgl. unten, c.
> Ebenso die ständige Rechtsprechung in Zivilsachen; so u. a. *BGH* NJW 1956, 1106.

Der Eingriff hatte hier zur Folge, daß die E »*ein wichtiges Glied des Körpers*« verlor (§ 224 StGB); da diese Folge auch *beabsichtigt* war, hat S den Tatbestand des § 225 StGB erfüllt.

*Rechtswidrigkeit der Tat:*

Grundsätzlich ist ein nach §§ 223 ff StGB tatbestandsmäßiger Heileingriff nur dann gerechtfertigt, wenn der Patient *eingewilligt* hat

> (*RG* und *BGH* aaO);

dabei ist für die Wirksamkeit der Einwilligung grundsätzlich eine gehörige *Aufklärung* des Patienten über den Befund, die Art des Eingriffs und dessen typische Folgen nötig.

> Zur ärztlichen Aufklärungspflicht vgl. *BGH,* NJW 1956, 1106; *BGH,* NJW 1977, 337; weitere Nachweise bei *Dreher-Tröndle,* § 223 Rdnr. 9; eingehend *Geilen,* Einwilligung und ärztliche Aufklärungspflicht (1963).

Ausnahmsweise kann auch die *mutmaßliche Einwilligung* als Erlaubnissatz eingreifen, nämlich dann, wenn eine Einwilligung wegen Gefahr im Verzuge nicht rechtzeitig eingeholt werden kann.

> *Eser* in: *Schönke-Schröder,* § 223 Rdnr. 38.

*Einwilligungserfordernis bei lebensrettenden Operationen?*

Jenes Erfordernis der Einwilligung gilt auch dann, wenn das Leben des Patienten ohne den Eingriff bedroht oder verloren ist. Verweigert der Patient wie hier trotz eindringlichen Hinweises auf die Lebensgefahr die Einwilligung in eine Operation ernstlich und bestimmt, so hat sich der Arzt hiermit abzufinden.

> *BGH* St 11, 111, 113 (a. E.) f: »Das in Art. 2 II S. 1 GG gewährleistete Recht auf körperliche Unversehrtheit fordert Berücksichtigung auch bei einem Menschen, der es ablehnt, seine körperliche Unversehrtheit dann preiszugeben, wenn er dadurch von einem lebensgefährlichen Leiden befreit wird... Denn selbst ein lebensgefährlich Kranker kann triftige und sowohl menschlich wie sittlich achtenswerte Gründe haben, eine Operation abzulehnen, selbst wenn er ... nur durch sie von seinem Leiden befreit werden könnte.«

Auch die *lebensrettende* Operation darf also nicht ohne Einwilligung des Kranken durchgeführt werden; hat er die Einwilligung in voller Kenntnis seiner Lage ernstlich und endgültig verweigert, so hat die Operation zu unterbleiben

*BGH* aaO; so auch u. a. *LG München,* NJW 1968, 2303; *Kohlhaas,* NJW 1973, 548, JR 1974, 389; ebenso *Arndt/v. Olshausen,* JuS 1975, 144; *Geilen,* Euthanasie und Selbstbestimmung, 1975, S. 3, 8–13; *Wagner,* Selbstmord und Selbstmordverhinderung, 1975, S. 55 ff; *Roxin,* Welzel-Festschrift (1974), 468 f; *Ebert,* JuS 1976, 322 f; *Eser* aaO, Rdnr. 52; *Möllering,* Schutz des Lebens – Recht auf Sterben, 1977, S. 51 ff.
(*Baumann* – NJW 1958, 2094 – folgt dem nur für den Fall, daß die Nichteinwilligung den guten Sitten entspricht.)
– Auch *§ 34 StGB (rechtfertigender Notstand)* erlaubt solche *Operationen gegen den Willen des Betroffenen* nicht; denn anderenfalls würde man dem *Selbstbestimmungsrecht* des Patienten über den eigenen Körper (Art. 2 II GG) und seiner *Menschenwürde* (Art. 1 GG) nicht gerecht. –

Insoweit sind zugleich mit den Rechten des Arztes auch seine *Pflichten* gegenüber lebensgefährlich Erkrankten oder Verletzten – mag es sich dabei um *Garantenpflichten* oder um Pflichten aus § 323 c StGB handeln – eingeschränkt.

Zur *Vertiefung:* Garantenpflichten i. S. des § 13 StGB und Hilfeleistungspflichten gemäß § 323 c StGB gewähren keine Eingriffsrechte, sind keine *Erlaubnissätze.* Soweit Rettungshandlungen *Rechtsgüter anderer oder der Allgemeinheit verletzen,* sind sie nicht aus § 13 bzw. § 323 c StGB gerechtfertigt; vielmehr müssen *solche* Rettungshandlungen durch Erlaubnissätze wie Notwehr, Notstand (§§ 228, 904 BGB; § 34 StGB; § 16 OWiG), mutmaßliche Einwilligung u. ä. gedeckt werden, um rechtmäßig zu sein. *Garantenpflichten* bzw. *Hilfeleistungspflichten nach § 323 c StGB* können also nur dort angenommen werden, wo es um *erlaubte* Rettungshandlungen geht.
– Daß die Rechtsprechung aus § 323 c StGB die Verpflichtung herleitet, *den Suizid eines anderen zu verhindern,* bedeutet keinen Widerspruch. Denn zum einen läßt sich der todkranke *Operationsverweigerer* mit dem aktiven Selbstmörder »nicht in einen Topf werfen« (vielfach wird von dem Verbot des *eigenmächtigen,* gegen den Willen des Patienten erfolgenden Heileingriffs für »Suizidpatienten« eine Ausnahme gemacht; vgl. *Hirsch,* LK § 226 a Rdnr. 37 m.w.N.).
Und zum anderen ist jener Rechtsprechung nur insoweit zuzustimmen, als es um einen *nicht freiverantwortlichen Suizid* geht (dazu oben, Fall 9 – b –); im vorliegenden Fall aber lag eine *freiverantwortliche* Operationsverweigerung vor, und nur eine solche kommt ja als Rechtfertigungssperre für ärztliche Heileingriffe in Betracht. –

Danach hätte S sich weder des Totschlags durch Unterlassen noch der unterlassenen Hilfeleistung schuldig gemacht, hätte er von der Amputation abgesehen.

Mangels Einwilligung hat S also *widerrechtlich* gehandelt.

Sein Verbotsirrtum war vermeidbar, *entschuldigt* ihn also *nicht,* sondern begründet nur die Möglichkeit der Strafmilderung (§ 17 StGB).

*b) Die h. L. zum ärztlichen Heileingriff:*

Nach *h. L.* erfüllt der *ärztliche Heileingriff* den Tatbestand der §§ 223 ff StGB nicht, wenn er ärztlich indiziert ist und lege artis durchgeführt wird; dies gilt auch dann, wenn der Eingriff mißlingt.

*Blei,* S. 54–56; *Bockelmann,* S. 58 f; ders. Strafrecht des Arztes, 1968, S. 66 ff; *Hirsch,* LK Rdnr. 3–6 vor § 223; *Lackner,* § 223 Anm. 5 a; *Maurach-Schroeder* Bd. 1, S. 84 f; *Schmidhäuser,* BT 1/5; *Welzel,* S. 289.
Danach soll auch die *Entfernung von Gliedmaßen,* wenn sie medizinisch indiziert ist und lege artis durchgeführt wird, den Tatbestand der §§ 223 ff nicht erfüllen können.

Dagegen verwirklichen nach *Eser* aaO, Rdnr. 32 ff (33, 37, 38), solche Amputationen, wenn sie gegen den Willen des Patienten erfolgen, stets den Tatbestand der §§ 223, 224, 225 StGB; denn für alle Heileingriffe *mit erheblichem Substanzverlust* sei für den Tatbestandsausschluß die Einwilligung – notfalls mutmaßliche – des Patienten nötig.

Zur Begründung wird ausgeführt, man könne den um Heilung bemühten Arzt nicht mit dem Messerstecher auf eine Stufe stellen (*Maurach-Schroeder* aaO). Man dürfe beim Heileingriff nicht auf die »einzelnen Teilakte (Schnitt, Einstich, Entfernen eines kranken Organs usw.) abheben, sondern auf den *Gesamtakt* mit dem sich am Ende ergebenden Resultat« (*Hirsch* aaO).

Sei dieses Resultat positiv, das heißt stehe der Patient hinterher gesundheitlich besser da als vorher, so könne von einer *Gesundheitsbeschädigung* keine Rede sein; auch eine *körperliche Mißhandlung* komme nicht in Frage.

*Hirsch* aaO.

Bei einem *gelungenen* Heileingriff scheide daher der objektive Tatbestand des § 223 StGB aus, beim *mißlungenen* fehle der Körperverletzungsvorsatz, das heißt der subjektive Tatbestand.

*Hirsch, Bockelmann, Maurach-Schroeder* und *Welzel* aaO;
– z.T. wird die Ansicht vertreten, *auch* beim zwar mißlungenen, aber medizinisch indizierten und lege artis durchgeführten Heileingriff fehle es bereits am *objektiven* Tatbestand; so *Blei* aaO. –

Folgt man der h. L., so entfallen §§ 223 ff StGB.

– Auch Nötigung greift nicht ein (*Baumann/Arzt/Weber*, Strafrechtsfälle, 5. Aufl. 1981, S. 66; *Schröder* in: *Schönke-Schröder*, 17. Aufl. 1974, § 223 Rdnr. 19): Zwar wäre der Tatbestand des § 240 I StGB erfüllt, wenn S die E *gegen ihren Willen narkotisiert* hätte, um die Amputation durchzuführen; denn dann hätte er sie mit Gewalt (Betäuben) zu einem Dulden (Duldung der Amputation) genötigt. Hier war der Patient jedoch mit seinem Einverständnis narkotisiert worden. Der eigenmächtige Eingriff *als solcher* ist aber ebensowenig wie es eine Tötungshandlung wäre als Nötigung zu werten (*Eser* in: *Schönke-Schröder*, § 240 Rdnr. 33). –

Nach h. L. bleibt S also straflos.


*c) Stellungnahme:*

Die h. L. begegnet durchschlagenden *kriminalpolitischen* Bedenken: Fällt die eigenmächtige Heilbehandlung nicht unter den Tatbestand der §§ 223 ff StGB – und dies selbst bei Amputationen –, so führt das zu einer *der verfassungsrechtlichen Wertentscheidung in Art. 2 II 1 GG widersprechenden weitgehenden Schutzlosigkeit des grundsätzlich freien Selbstbestimmungsrechts des Menschen über seinen Körper.* Denn §§ 240 und 239 StGB können diesen Schutz nicht ausreichend gewährleisten

(das wird auch von *Hirsch* aaO, Rdnr. 6 vor § 223, eingeräumt):

*Da der eigenmächtige Eingriff* (z. B. Entfernung einer Niere) *als solcher keine Nötigung ist,* greift § 240 I StGB nur ein, falls der Patient *zur Duldung dieses Eingriffs* genötigt wird, etwa durch Betäuben (oder Festhalten) gegen seinen Willen.

Daher sollte man *bis zum Inkrafttreten einer Strafvorschrift über die eigenmächtige Heilbehandlung*

(vgl. §§ 162 E 1962; 123 *AE* BT; siehe auch § 110 österreichisches StGB)

– wie ich trotz einiger Bedenken meine – an der dargelegten Rechtsprechung festhalten, um das Selbstbestimmungsrecht und die Menschenwürde des Patienten hinreichend zu schützen.

> Ebenso u. a. *Jescheck* aaO.
> – Auch *Horn* in SK, § 223 Rdnr. 31 ff, folgt der Sache nach, wenn auch »mit großen Bedenken«, der Rechtsprechung, um das Recht des Patienten auf »Selbstbestimmung über den eigenen Körper« ausreichend zu wahren, *»wenn nicht anders, dann eben durch § 223 StGB«.*

Der hier vertretene Standpunkt bedeutet keineswegs eine diskriminierende Gleichstellung des Chirurgen mit dem »*Messerstecher*«: Es gibt auch andere »ehrenwerte Berufe, zu deren Aufgaben es gehört, straftatbestandsmäßige, aber gerechtfertigte Handlungen vorzunehmen (z. B. Richter und Polizeibeamte)«.

> *Hirsch,* LK Rdnr. 5 vor § 223.

Im übrigen ist zu bedenken, daß das Skalpell des Chirurgen und die zahnärztliche Zange, zu Heilzwecken eingesetzt, keine gefährlichen Werkzeuge i. S. des § 223 a StGB darstellen

> (*BGH* NJW 1978, 1206),

während der »Messerstecher« diesen Tatbestand erfüllt.

Weiterhin verstößt jener Standpunkt auch nicht gegen das strafrechtliche *Analogieverbot* (Art. 103 II GG). Denn er widerspricht keineswegs dem *möglichen Wortsinn* des Gesetzes und ist zudem mit der *ratio legis* vereinbar:

Daß man die Amputation eines Beines, das Aufschneiden einer Geschwulst, das Auspumpen des Magens u. ä. als »körperliche Mißhandlung« (sowie – bei der Amputation – möglicherweise auch als »Gesundheitsbeschädigung«) subsumiert, bedeutet noch keine Vergewaltigung des Gesetzestextes. Der Einwand, für den Tatbestand des § 223 StGB komme es nicht auf den *Einzelakt* an, sondern auf das *Endergebnis des Eingriffs*

> (so die h. L., vgl. für alle *Hirsch,* LK Rdnr. 3–6 vor § 223),

greift hiergegen nicht durch; das Abstellen auf eine solche *Saldierung* ist eine vom Gesetzestext nicht geforderte petitio principii.

> Gegen die saldierende Betrachtungsweise der h. L. treffend *Arzt/Weber* aaO.

Schließlich läßt sich unser Standpunkt auch mit der ratio legis vereinbaren, *wenn man als geschütztes Rechtsgut nicht allein das physische Wohl des Menschen ansieht, sondern verfassungskonform (Art. 1 i.V.m. Art. 2 GG) den Aspekt des Selbstbestimmungsrechts des Patienten in gewissem Umfang als durch § 223 StGB mitgeschützt bewertet.*

> So auch *Arzt/Weber* aaO; *Baumann,* S. 185; *Horn* aaO; siehe auch *Krauß* aaO, 569 ff, 573; a. A. aber die h. L. (u. a. *Hirsch* aaO).

d) *Ergebnis:* S ist nach § 225 StGB strafbar (zu seinen Gunsten greifen aber §§ 225 II und 17 S. 2 StGB ein).

*Ergänzender Hinweis:* Den Tatbestand der Körperverletzung erfüllt auch die *Zwangsernährung* von Untersuchungs- und Strafhäftlingen
– und zwar auch dann, wenn sie zur Abwendung von Leibes- oder selbst Lebensgefahr indiziert sein sollte. Zur Frage, wieweit *gleichwohl* eine solche Zwangsernährung *erlaubt*

oder sogar rechtlich geboten ist, vgl. § 101 Strafvollzugsgesetz vom 16. 3. 1976, BGBl I, 581 (dazu etwa *Geppert*, Jura 1982, 177 m.w.N.).

## III. Verhältnis von Tötungs- und Körperverletzungsvorsatz (Einheitstheorie/Gegensatztheorie)

*Fall 20:* Archibald (A), der seinen Onkel (O) beerben möchte, beschließt, diesen zu vergiften. Er schüttet dem O eine starke Dosis Gift in den Tee, von der er annimmt, sie werde tödlich wirken. Als A sieht, wie O sich vor Schmerzen windet und schließlich bewußtlos zusammenbricht, erfaßt ihn Reue. Er ruft einen Arzt herbei, dem es gelingt, das Leben des O zu retten; O verfällt jedoch durch die Einwirkung des Giftes in Siechtum.

– Fall 20 habe ich bereits in meiner Aufsatzreihe »Grundfälle zu den Straftaten gegen das Leben«, JuS 1971, 143, behandelt –

a) A hat einen *Mordversuch,* §§ 211, 22 f StGB, begangen.

– Mordmerkmale: Habgier; Heimtücke –

Es könnte jedoch der persönliche Strafaufhebungsgrund des *Rücktritts* nach § 24 StGB eingreifen. Bei der Anwendung des § 24 StGB ist zwischen dem Rücktritt vom *unbeendigten* Versuch

(Aufgabe der weiteren Ausführung der Tat)

und dem Rücktritt vom *beendigten* Versuch

(Verhinderung der Vollendung)

zu unterscheiden.

Dazu *Baumann*, AT S. 532 ff; *Dreher-Tröndle,* § 24 Rdnr. 4 ff.

*Beendigt* ist dabei der Versuch, »wenn der Täter nach seiner Vorstellung alle zur Verwirklichung des Tatbestandes erforderlichen Handlungen vorgenommen hat«

(*Lackner,* § 24 Anm. 2);

das war hier der Fall, so daß nur ein *Rücktritt vom beendeten Versuch* (§ 24 I S. 1, 2. Alternative StGB) in Betracht kommt.

A hat den Erfolg – Tod des O – dadurch abgewendet, daß er ärztliche Hilfe herbeirief; damit hat er i. S. des § 24 StGB *die Vollendung der Tat verhindert:* Diese Norm verlangt nämlich keine eigenhändige Tätigkeit, sondern läßt genügen, daß der Täter »Dritte hinzuzieht, die für ihn oder mit ihm« den Erfolg abwenden.

*Dreher-Tröndle,* § 24 Rdnr. 7.

Der Rücktritt war auch *freiwillig.*

§ 46 Nr. 2 StGB *a. F.* hatte nach seinem Wortlaut statt auf die Freiwilligkeit des Rücktritts auf die *Frage des Entdecktseins* abgestellt. Der Gesichtspunkt der Entdeckung der Tat ist zwar durch den der *Freiwilligkeit* ersetzt worden, ist aber für diese insoweit bedeutsam, als der Täter *insbesondere dann* unfreiwillig handelt, wenn er seine Tat entdeckt glaubt und aus Furcht vor Maßnahmen des Entdeckers zurücktritt (vgl. *Dreher-Tröndle,* § 24 Rdnr. 8 ff; *Lackner,* § 24 Anm. 4 c); an einer solchen Motivation fehlt es hier jedoch. Vielmehr beruhte der Rücktritt auf autonomen Motiven – Reue, Mitleid –, die seine Freiwilligkeit begründen.

b) *§§ 229 II (224) StGB*

Straflos bleibt nach § 24 StGB nur der *Mordversuch als solcher*, nicht dagegen eine durch dieselbe Handlung begangene *vollendete* Straftat.

> *Lackner*, § 24 Anm. 6 (sog. »qualifizierter Versuch«).

(1) § 229 I StGB

(a) Der objektive Tatbestand des § 229 I StGB ist erfüllt. Das beigebrachte Gift hat die Gesundheit des O zerstört, war also dazu »geeignet«.

(b) Subjektiver Tatbestand: A wußte auch um diese Eignung des Giftes und handelte damit *vorsätzlich*.

Fraglich ist jedoch, ob A die Vergiftungshandlung vornahm, »*um die Gesundheit des O zu beschädigen*«; denn A wollte ja den O *töten*.

Nach der sogenannten »*Gegensatztheorie*« schließt der *Tötungs*vorsatz den *Körperverletzungs*vorsatz aus.

> *RG*St 61, 375; *Schaefer*, LK (8. Aufl.), § 212 Anm. VII.

Danach würde die hier gegebene *Tötungsabsicht eine Gesundheitsbeschädigungsabsicht* (§ 229 I StGB) entfallen lassen.

> Zu diesem *Ergebnis* kommen neben den Vertretern der Gegensatztheorie auch *Roxin-Schünemann-Haffke*, S. 197 f; *Schröder* in: *Schönke-Schröder*, 17. Aufl. 1974, § 212 Rdnr. 16 (zu ihnen näher unten).

Demgegenüber soll nach der ganz herrschenden »*Einheitstheorie*« der Tötungsvorsatz den Körperverletzungsvorsatz notwendig mitenthalten.

> *BGH* St 16, 122; *Doehring*, JuS 1969, 88; *Hirsch*, LK Rdnr. 14 ff vor § 223, m.w.N. und eingehender Begründung; *Blei*, S. 17; *Jakobs*, Die Konkurrenz von Tötungsdelikten mit Körperverletzungsdelikten (1967), S. 119 ff; *Horn* in SK, § 212 Rdnr. 30 ff; *Wessels*, BT 1 S. 47 f; kritisch aber *Arzt/Weber*, Rdnr. 230.

*Der Einheitstheorie ist zu folgen:*

Physiologisch gesehen ist bei der Tötung die Körperverletzung *notwendiges Durchgangsstadium* vor Todeseintritt – dies zumindest für eine »logische Sekunde«.

> *BGH, Blei* und *Hirsch* aaO; *Schröder* aaO, § 212 Rdnr. 14.

Daß eine solche Körperverletzung nicht tatbestandsmäßig sei, weil die §§ 223 ff StGB die »Gesundheitsbeschädigung oder körperliche Mißhandlung unter Aufrechterhaltung des Lebens« beträfen

> (so *Welzel*, Festschrift für *v. Weber*, 1963, S. 243 f; anders aber Lehrbuch, S. 282),

ist dem Gesetz nicht zu entnehmen. Wenn aber die Körperverletzung notwendiges Durchgangsstadium der Tötung ist, enthält der Tötungsvorsatz begrifflich den Körperverletzungsvorsatz mit. Nur die *Einheitstheorie* kommt im übrigen zu kriminalpolitisch richtigen Ergebnissen

> (*Maurach-Schroeder* Bd. 1, S. 95):

Nach der Gegensatztheorie könnte A nämlich allenfalls wegen fahrlässiger Körperverletzung, § 230, bestraft werden; daß dies seiner Tat in keiner Weise gerecht würde, liegt auf der Hand. *Der Tötungsvorsatz schließt daher den Körperverletzungsvorsatz nicht aus.*

Der subjektive Tatbestand des § 229 I StGB verlangt allerdings eine Gesundheits-beschädigung*absicht*.

> Dabei ist »Absicht im technischen Sinne« (= dolus directus 1. Grades) erforderlich: Es muß dem Täter auf den Erfolg ankommen, wobei aber gleichgültig ist, ob dieser Erfolg *Endziel* oder bloß *notwendiges Zwischenziel* auf dem Weg zum Endziel des Täters ist (wie hier *Doehring* aaO; *Hirsch*, LK § 229 Rdnr. 18 f; *Lackner*, § 229 Anm. 3 i.V.m. § 15 Anm. II 3 a, aa. Allgemein zur »Absicht im technischen Sinne« *Wessels*, AT S. 54 f). Abweichend *Schröder* in: Schönke-Schröder, 17. Aufl. 1974, § 229 Rdnr. 9; *Roxin-Schünemann-Haffke* aaO: Die Gesundheitsbeschädigung müsse der »Endzweck« des Täters sein.

Es fragt sich, ob diese *Gesundheitsbeschädigungsabsicht* von der *Tötungsabsicht* des A eingeschlossen oder ausgeschlossen wird. Da die Gesundheitsbeschädigung *notwendiges Durchgangsstadium* vor Todeseintritt ist (vgl. oben), ist sie für den Täter, der den Tod des Opfers (Endziel) beabsichtigt, notwendiges Zwischenziel. Wie dargelegt erfaßt der Begriff der Absicht im technischen Sinne neben dem Endziel des Täters auch die notwendigen Durchgangsstadien (Zwischenziele) auf dem Weg zum Endziel. Danach ist es für die in § 229 I geforderte Absicht ausreichend, wenn der Wille des Täters auf die Gesundheitsbeschädigung als ein *notwendiges Durchgangsstadium* zur Erreichung des letztlich angestrebten Ziels, nämlich der Tötung des Opfers, gerichtet ist. *Folglich schließt die Tötungsabsicht zugleich die Gesundheitsbeschädigungsabsicht ein.*

> *Doehring, Hirsch* und *Lackner* aaO; *Otto*, S. 82; *Eser* in: Schönke-Schröder, § 212 Rdnr. 19; *Stree* in: Schönke-Schröder, § 229 Rdnr. 9; a. A. *Schröder* und *Roxin-Schünemann-Haffke* aaO.

(2) § 229 II i.V.m. § 18 StGB

Da die Tat des A eine schwere Körperverletzung (§ 224 StGB: »Siechtum«) verursacht hat und ihm insoweit Fahrlässigkeit zur Last fällt (§ 18 StGB), ist er eines Verbrechens nach § 229 II StGB schuldig.

c) §§ 223 f und 224 StGB (»Siechtum«) werden durch § 229 II StGB verdrängt *(Gesetzeskonkurrenz)*.

> *Hirsch*, LK § 229 Rdnr. 28; *Stree* in: Schönke-Schröder, § 229 Rdnr. 15; str.

d) *Ergebnis:* A ist aus § 229 II StGB strafbar.


## IV. Konkurrenz zwischen Tötungs- und Körperverletzungsdelikten

*Fall 20 a: – Abwandlung von Fall 20 –*

A hat deswegen die ärztliche Hilfe herbeigerufen, weil er seine Tat entdeckt glaubte und Angst vor einer Strafanzeige durch den Entdecker hatte.
Strafbarkeit des A?

> – Fall 20 a habe ich bereits in meiner Aufsatzreihe »Grundfälle zu den Straftaten gegen das Leben«, JuS 1971, 192 f, behandelt. –

Hier scheidet ein strafaufhebender Rücktritt mangels *Freiwilligkeit* aus

> (vgl. oben, Fall 20);

A ist daher wegen Mordversuchs strafbar, und es stellt sich die Frage nach der *Konkurrenz* zwischen dem Mordversuch und dem Verbrechen nach § 229 II StGB.

a) Zur Konkurrenz zwischen *vollendeten* Straftaten nach §§ 211, 212 StGB und Körperverletzungsdelikten:

Nach der *Rechtsprechung* sollen §§ 211, 212 StGB als die intensiveren Verletzungsformen den weniger intensiven nach §§ 223 ff StGB vorgehen; letztere seien *subsidiär*. Das gelte nicht nur für die einfache Körperverletzung (§ 223 StGB), sondern auch für die *qualifizierten* Fälle nach §§ 223 a ff StGB.

> So für § 223 a: *BGH*St 16, 122; 21, 265; für § 224: *BGH* St 22, 248 (dahingestellt für § 225 StGB); *BGH* bei *Holtz*, MDR 1981, 99.

Auch im *Schrifttum* wird von einigen Autoren angenommen, zwischen Mord und Totschlag einerseits und §§ 223 ff StGB andererseits bestehe *Gesetzeskonkurrenz*, und zwar selbst dann, wenn die vollendete Tötung den Tatbestand der §§ 224 f, 229 II StGB erfülle.

> So insbesondere *Hirsch*, LK Rdnr. 17 vor § 223; *Horn* in SK, § 212 Rdnr. 31; *Maurach-Schroeder* Bd. 1, S. 85; siehe auch *Dreher-Tröndle*, § 229 Rdnr. 10.
> Zur Frage, inwieweit überhaupt neben vollendeten Tötungsdelikten *der Tatbestand der §§ 224f, 229 II erfüllt sein kann*, vgl. *Hirsch*, LK Rdnr. 16f vor § 223.

Andere Autoren vertreten demgegenüber die Ansicht, §§ 211, 212 verdrängten allein §§ 223, 223 a StGB, nicht aber sonstige qualifizierte Körperverletzungen; führe z. B. eine Tötungshandlung erst nach längerem Siechtum (§ 224 StGB) zum Tode, so sei der Täter aus § 212 StGB *und – in Idealkonkurrenz dazu – aus § 224 StGB strafbar*.

> *Jakobs*, NJW 1969, 438; *Welzel*, S. 282; vgl. auch *Eser* in: Schönke-Schröder, § 212 Rdnr. 20.

b) Konkurrenz zwischen *versuchtem* Mord oder Totschlag und §§ 223 ff StGB:

(1) Nach der *Judikatur* sollen §§ 223 ff StGB auch gegenüber *versuchten* Verbrechen nach §§ 211, 212 StGB *subsidiär* sein.

> *BGH*St 22 aaO (für § 224; dahingestellt für § 225 StGB); *BGH* bei *Holtz* aaO.

(2) In der *Lehre* werden im wesentlichen drei Auffassungen vertreten:
*Hirsch* nimmt an, sämtliche Körperverletzungsdelikte – auch §§ 224, 225, 229 I, II StGB – ständen zum Mord- bzw. Totschlagsversuch in *Gesetzeskonkurrenz*.

> LK Rdnr. 18 vor § 223; so auch *Horn* in SK, § 212 Rdnr. 32.

Andere Autoren sind dagegen der Auffassung, zwischen *versuchten Tötungsdelikten* und Straftaten nach §§ 223 ff StGB sei *stets Idealkonkurrenz* (§ 52 StGB) gegeben; dies gelte auch für die einfache Körperverletzung nach § 223 StGB.

> *Welzel* aaO; *Eser* aaO, Rdnr. 23; ebenso anscheinend *Dreher-Tröndle*, § 211 Rdnr. 16.

Wieder andere differenzieren: Zwischen §§ 223, 223 a StGB und versuchtem Mord bzw. Totschlag sei zwar Gesetzeskonkurrenz anzunehmen; demgegenüber bestehe zwischen §§ 224, 225, 229 II und versuchten Verbrechen nach §§ 211, 212 StGB Idealkonkurrenz.

> So u. a. *Jakobs* aaO; *R. Schmitt*, JZ 1962, 392.

c) *Stellungnahme:*

(1) Für das Konkurrenzproblem zwischen *vollendeten Tötungsdelikten* nach §§ 211, 212 StGB und §§ 223 ff StGB gilt folgendes: § 212 ist *lex specialis* gegenüber § 223 StGB.

Wie dargelegt ist die *Gesundheitsbeschädigung* notwendiges Durchgangsstadium der Tötung.
Eine Tötungshandlung ist zudem immer auch als *körperliche Mißhandlung* zu werten, das heißt als »übles unangemessenes Behandeln, das entweder das körperliche Wohlbefinden oder die körperliche Unversehrtheit nicht nur unerheblich beeinträchtigt« – sei es auch, wie bei einer sofort tödlich wirkenden Verletzung, nur für »*eine logische Sekunde*«.

Wenn aber Totschlag und Mord als lex specialis die einfache Körperverletzung verdrängen, stehen sie auch zu den *qualifizierten Körperverletzungsdelikten* in Gesetzeskonkurrenz.

> Vgl. *BGH*St 15, 345, 346.
> Parallele: § 249 StGB als lex specialis gegenüber § 242 StGB verdrängt nicht nur diese Norm, sondern auch den *qualifizierten Diebstahl nach § 244 StGB*.

Da zwischen §§ 211, 212 und §§ 223, 223a, 224 StGB Gesetzeskonkurrenz anzunehmen ist, kann auch im Verhältnis jener Tötungsdelikte zu § 229 I, II StGB nichts anderes gelten. Denn § 229 I StGB ist der Sache nach ein Fall der *(versuchten) gefährlichen Körperverletzung*

> (*Stree* in: *Schönke-Schröder*, § 229 Rdnr. 1; *Hirsch*, LK § 229 Rdnr. 2; ähnlich D. *Meyer*, JuS 1977, 518, 519),

der wegen seiner besonderen Gefährlichkeit in einem speziellen Tatbestand erfaßt wird; § 229 II ist eine – § 224 (bzw. § 226) *entsprechende* – Qualifizierung jener Tat. § 229 I, II wird daher durch §§ 211, 212 StGB konsumiert.

(2) Dagegen ist zwischen nur *versuchtem Mord* bzw. Totschlag und *§§ 224, 225, 229 II StGB* – nicht aber §§ 223, 223a, 229 I – m. E. *Idealkonkurrenz* gegeben: Zwar wird der Unwertgehalt der §§ 223, 223a, 229 I StGB durch §§ 211, 22f bzw. 212, 22f StGB *konsumiert; bei §§ 224, 225, 229 II StGB* ist eine solche Konsumtion aber *wegen der schweren Folgen* abzulehnen. Der Unwertgehalt eines Mord- oder Totschlagsversuchs, der zugleich den Tatbestand des § 224, § 225 oder § 229 II StGB erfüllt, überwiegt den eines Tötungsversuchs *ohne derartige Folgen* so sehr, daß dies Ausdruck im Tenor finden muß.

*Ergebnis:* A ist strafbar nach §§ 211, 22f in Idelkonkurrenz (§ 52) mit § 229 II StGB.

*Fall 20 b: – Zusammentreffen privilegierter Tötungsdelikte (§§ 216, 217 StGB) mit qualifizierten Körperverletzungsdelikten –*

Segensreich (S) flößt Herzeleid (H) Gift ein, um ihn zu töten; er handelt dabei auf Verlangen des H.

Strafbarkeit des S, wenn

(1) H stirbt;
(2) H überlebt, aber durch das Gift in Siechtum (§ 224 StGB) verfällt?

*Zu Fall 20 b (1):* S hat sich nach § 216 StGB strafbar gemacht; zudem ist er aus § 229 I StGB schuldig

> (vgl. oben, Fall 20).

Konkurrenz: Wie §§ 211, 212 konsumieren auch §§ 216 und 217 das Verbrechen nach § 229 I StGB.

> Ebenso *Hirsch*, LK Rdnr. 16f vor § 223; *Horn* in SK, § 216 Rdnr. 16, § 217 Rdnr. 13; *Eser* in: *Schönke-Schröder*, § 212 Rdnr. 25.

Denn anderenfalls würde anstelle des milderen Strafrahmens des § 216 (bzw. des § 217 I, II) der strengere des § 229 I StGB treten.

> Allerdings ist zu beachten, daß auch im Falle von Gesetzeskonkurrenz die *Mindeststrafe des verdrängten Gesetzes* (hier: § 229 I StGB) grundsätzlich *nicht unterschritten* werden darf
>
> > (*BGH* St 1, 156; *BGH* bei *Holtz* aaO; *Dreher-Tröndle*, Rdnr. 23 vor § 52; str.);
>
> dieser Grundsatz gilt aber nicht im Verhältnis §§ 216, 217 zu § 229 I; denn anderenfalls würde die *Privilegierungswirkung* der §§ 216, 217 II mißachtet.
>
> > Ebenso wohl *Hirsch* aaO; *Horn* und *Eser* aaO.

*Zu Fall 20 b (2):*

S hat den Tatbestand einer versuchten Tötung auf Verlangen erfüllt, zudem den des § 229 II StGB.

*Konkurrenz:* Anders als beim *versuchten Mord oder Totschlag,* bei dem Idealkonkurrenz mit §§ 224, 229 II StGB möglich ist

> (dazu Fall 20 a),

ist beim *Versuch des § 216* (bzw. § 217) m. E. Gesetzeskonkurrenz zu diesen qualifizierten Körperverletzungsdelikten anzunehmen; denn anderenfalls würde der mildere Strafrahmen des § 216 (i.V.m. § 23 II) StGB entgegen dem *Privilegierungscharakter* jener Norm durch den strengeren der §§ 224, 229 II StGB verdrängt.

> *Hirsch* aaO (m.w.N.): Die in § 216 StGB ausgesprochene Wertentscheidung entfalte eine »Sperrwirkung« gegenüber §§ 224 und 229 StGB. So auch *Horn* in SK, § 216 Rdnr. 17; *Eser* aaO; *Maurach-Schroeder* Bd. 1, S. 46.

*Ergebnis:* S ist nur aus §§ 216, 22f StGB strafbar.

> *Ergänzender Hinweis* zu Fall 20 b (2):
> Wäre S strafbefreiend *vom Versuch des § 216 StGB zurückgetreten,* so wäre er nach *Schröder* (in: *Schönke-Schröder,* 17. Aufl. 1974, § 212 Rdnr. 14 d) aus § 229 II StGB strafbar, wobei aber der Strafrahmen des § 216 (i.V.m. § 23 II) StGB wegen der »Sperrwirkung« dieser privilegierenden Norm analog anzuwenden wäre.
> Dagegen sollen nach *Hirsch* (aaO, m.w.N.) wegen jener Sperrwirkung nur §§ 223, 223 a StGB anwendbar sein; so auch *Eser* aaO; *Horn* aaO, Rdnr. 18; *Lackner*, § 216 Anm. 4.
> *M. E. ist Hirsch zu folgen:* Eine Bestrafung aus §§ 216, 22f StGB entfällt gemäß § 24 StGB. Der Verurteilung aus § 229 II StGB steht entgegen, daß (wie ausgeführt) bei einem Schuldspruch wegen *versuchter Tötung auf Verlangen* § 229 II im Wege der Gesetzeskonkurrenz ausgeschieden wäre; *dann kann der Rücktritt vom Versuch nicht zur Anwendbarkeit des § 229 II StGB (Verbrechen!) führen* (*Hirsch* aaO), da anderenfalls ohne Rücktritt wegen Vergehens (§§ 216, 22f), bei Rücktritt dagegen wegen Verbrechens (§ 229 II) verurteilt würde, § 24 StGB also dem Täter zum Nachteil gereichte.

## V. Gefährliche Körperverletzung (§ 223 a StGB)

### 1. Körperverletzung »mittels gefährlichen Werkzeugs«

*Fall 21: – Unbewegliche Gegenstände als gefährliches Werkzeug? –*

Gottlieb, der zum Sadismus neigt, setzt seine Freundin Dorothea trotz deren verzweifelter Gegenwehr auf einen glühenden Herd. Dorothea (D) erleidet Verbrennungen 2. Grades. Strafbarkeit des Gottlieb?

§ 223 StGB ist sowohl in der Alternative der *körperlichen Mißhandlung* wie auch der *Gesundheitsschädigung* erfüllt. Es fragt sich, ob der qualifizierte Tatbestand des *§ 223 a StGB* eingreift. Der Herd könnte ein *»gefährliches Werkzeug«* i. S. dieser Norm sein.

> »Gefährliches Werkzeug« ist nach h. M. der Oberbegriff, für den die Begriffe »Waffe« und »Messer« nur *Beispiele* bilden; auch die Anwendung einer *Waffe* im technischen Sinne erfüllt daher nur dann den Tatbestand des § 223 a StGB, wenn diese »als gefährliches Werkzeug« benutzt wurde, das heißt in *konkret* gefährlicher Weise (*Stree* in: *Schönke-Schröder*, § 223 a Rdnr. 4).

Ein gefährliches Werkzeug ist jeder Gegenstand, der »unter Berücksichtigung seiner Beschaffenheit und der Art seiner Benutzung konkret geeignet ist, erhebliche körperliche Verletzungen beim Angegriffenen hervorzurufen«.

> *Hirsch*, LK § 223 a Rdnr. 7.
> Als gefährliche Werkzeuge kommen neben *mechanisch* wirkenden Sachen
> (z. B. Stuhlbein; Bierkrug; Kraftfahrzeug, mit dem ein Fußgänger angefahren wird, –
> *BGH* VRS 14, 286; *Hirsch* aaO, Rdnr. 10 –; Pflastersteine)
> auch *chemisch* wirkende Stoffe in Frage (z. B. Salzsäure – *BGH*St 1, 1 –; Gas).
> Auch *Tiere* (etwa der gehetzte Hund) sollen gefährliche Werkzeuge sein können (*BGH*St 14, 152).
> *Bloße Körperteile* (Faust, nackter Fuß), scheiden aus; dagegen kann der »beschuhte Fuß« genügen; vgl. *Foth*, JZ 1973, 69 m.w.N.

Dabei ist für die Anwendung des § 223 a StGB unerheblich, ob das Werkzeug gegen das Opfer geführt oder umgekehrt das Opfer gegen das Werkzeug – z. B. ein gezücktes scharfes Schlachtermesser – gestoßen wird.

> *Hirsch*, LK § 223 a Rdnr. 13; *Maurach-Schroeder* Bd. 1, S. 100 f; *Blei*, S. 44; *Wessels, BT 1* S. 41; *Schmitt*, JZ 1969, 304; *Stree* aaO, Rdnr. 8; *RG*St 24, 372.

Doch ist nach der *Rechtsprechung* erforderlich, daß der Gegenstand durch menschliche Einwirkung *gegen den Körper eines anderen geführt werden könne*, also *beweglich* sei. Gegenstände, bei denen es an dieser Voraussetzung fehle – also *unbewegliche Sachen* wie Haus- und Felswände, Öfen u. ä. – könnten keine gefährlichen Werkzeuge i. S. des § 223 a StGB sein.

> *RG*St 24, 372; *BGH*St 22, 235; zustimmend *Dreher-Tröndle*, Rdnr. 2; *Lackner*, Anm. 2; *Wessels* aaO; *Bockelmann*, S. 61; *Eser*, Strafrecht 3, S. 84 A 53.

Danach würde § 223 a (»mittels gefährlichen Werkzeugs«) hier ebenso entfallen wie beim Stoßen des Opfers gegen eine Mauer.

> *RG* und *BGH* aaO; *Dreher-Tröndle* und *Lackner* aaO.

Die h. L. lehnt diese Judikatur ab; nach ihr wäre § 223 a StGB hier erfüllt.

*Hirsch, Maurach-Schroeder, Blei, Schmitt* und *Stree* aaO; *Stree,* Jura 1980, 285; *Haft,* S. 103; *Welzel,* S. 292; *Otto,* S. 73; ähnlich jetzt *Horn* in SK, § 223 a Rdnr. 13 f.

*Stellungnahme:* Die Richtigkeit der Rechtsprechung ergibt sich aus dem »*Analogieverbot*« des Art. 103 II GG: Dieses Verbot zwingt dazu, bei strafbegründenden bzw. -schärfenden Entscheidungen zwischen erlaubter *Gesetzesauslegung* (= Konkretisierung des gesetzlichen Regelungsrahmens) und unerlaubter »Analogie« (genauer: *Rechtsfortbildung über den Rahmen der Auslegung hinaus)* zu differenzieren. Dabei ist der »*mögliche Wortsinn*« des Gesetzes Auslegungsschranke, wobei der *allgemeine Sprachgebrauch* maßgeblich ist

(so u. a. *BGH* aaO; a. A. *Schmitt* aaO).
Zum Vorstehenden vgl. eingehend meine Untersuchung »Studien zum Gesetzesvorbehalt im Strafrecht«, S. 127 ff, 199 ff, 246 ff m.w.N.

Dieser allgemeine Sprachgebrauch nun schließt es aus, Haus- und Felswände oder Öfen unter den Begriff »Werkzeug« zu subsumieren.

Zudem bestehen gegen die Rechtsprechung auch keine *erheblichen* kriminalpolitischen Bedenken; denn für leichtere Fälle genügt der Strafrahmen des § 223, und bei lebensgefährdender Behandlung greift die 3. Alternative des § 223 a ein (so auch *Wessels* aaO).

*Ergebnis:* G ist nur aus § 223 StGB schuldig (für die Annahme einer »lebensgefährdenden Behandlung« gibt der Sachverhalt nichts her);
hinsichtlich seiner Verfolgung ist § 232 StGB zu beachten.


## 2. »Hinterlistiger Überfall«

*»Hinterlistig«* ist ein Überfall, d. h. ein unvorhergesehener Angriff, wenn der Täter dabei »planmäßig unter Verdeckung seiner wahren Absicht« mit List vorgeht, um dadurch dem Angegriffenen die Abwehr zu erschweren; der *plötzliche Überfall* als solcher reicht nicht aus.

*Dreher-Tröndle,* § 223 a Rdnr. 3; *Hirsch,* LK Rdnr. 15.


## 3. »Gemeinschaftliche Begehung«

Sie erfordert nach h. A. *Mittäterschaft* (§ 25 II StGB).

*Hirsch,* LK Rdnr. 17 (m.w.N.); *Dreher-Tröndle,* Rdnr. 4; *Horn* aaO, Rdnr. 21; a. A. *Stree* in: *Schönke-Schröder,* Rdnr. 11.


## 4. Lebensgefährdende Behandlung

Bei diesem Merkmal soll nach h. M. *die objektive Eignung der Behandlung zur Lebensgefährdung* genügen; eine *konkrete* Lebensgefahr brauche nicht tatsächlich eingetreten zu sein.

*BGH*St 2, 160, 163; *Dreher-Tröndle,* Rdnr. 5; *Eser,* Strafrecht 3, S. 84; *Horn* aaO, Rdnr. 26; a. A. *Hirsch,* LK § 223 a Rdnr. 21; *Stree* aaO, Rdnr. 12.

## VI. Schwere Körperverletzung (§ 224 StGB)

### 1. Verlust eines wichtigen Gliedes des Körpers, des Sehvermögens, des Gehörs, der Sprache oder der Zeugungsfähigkeit

*Fall 22:* Der Raufbold Himmelpforte (H) verprügelt den Berufspianisten Schönberg (S); als Folge der Schlägerei erleidet S einen so komplizierten Bruch des Mittelfingers an der linken Hand, daß dieser steif bleibt.
Strafbarkeit des H aus §§ *224* i.V.m. *18* StGB?

S könnte i. S. des § 224 ein »wichtiges Glied des Körpers« verloren haben.

a) *Wichtiges Körperglied*

(1) Zum Begriff *Glied des Körpers:* Nach einer verbreiteten Ansicht ist dieser Begriff nicht auf die Körperglieder *im medizinischen Sinne* beschränkt; das heißt er umfaßt *nicht nur* Arme, Beine, Finger, Zehen, sondern ganz allgemein jeden »in sich abgeschlossenen Körperteil mit Eigenaufgaben im Gesamtorganismus«

> (z. B. Niere, Nase, Ohrmuschel; vgl. *OLG Neustadt,* NJW 1961, 2076f; *Ebert,* JA 1979, 278; weitere Nachweise bei *Dreher-Tröndle,* § 224 Rdnr. 4;
> *ablehnend* wohl zu Recht u. a. *Hirsch,* LK § 224 Rdnr. 8; ders. JZ 1979, 109; *Horn* in SK, Rdnr. 5 – beide stellen auf die »*Verbindung durch Gelenke*« ab –; *BGH* St 28, 100, 102: die Niere ist kein wichtiges Glied i. S. des § 224 StGB).

(2) Der *Mittelfinger* ist ein Körperglied; doch fragt sich, ob er i. S. des § 224 StGB *wichtig* ist.
Für die Wichtigkeit des Körpergliedes sind die *individuellen Verhältnisse des Betroffenen,* insbesondere sein Beruf, nach h. A. irrelevant; maßgeblich sei allein die allgemeine Bedeutung des Gliedes für den Gesamtorganismus.

> *RGSt* 64, 201; *Dreher-Tröndle* aaO; *Frank,* Anm. II 1; *Welzel,* S. 194; a. A. *Hirsch,* Rdnr. 9; *Lackner,* Anm. 2; *Maurach-Schroeder* Bd. 1, S. 102f; *Eser,* Strafrecht 3, S. 99; *Blei,* S. 47; *Stree* in: *Schönke-Schröder,* Rdnr. 2; vermittelnd *Horn* aaO, Rdnr. 6f.

Dabei sind von den *Fingern* in der Rechtsprechung der Daumen und der (rechte) Zeigefinger als »wichtige Glieder« anerkannt, dagegen *nicht* der *Mittelfinger* (der linken Hand) und der (rechte) Ringfinger.

> Nachweise bei *Dreher-Tröndle* aaO; *Hirsch* aaO, Rdnr. 10.
> *Kritik:* Es fällt schwer, hierzu keine Glosse zu schreiben: Die Differenzierung zwischen Mittel- und Zeigefinger, insbesondere aber die zwischen der rechten und der linken Hand, erscheint reichlich hergesucht; wenn man schon Finger in den Begriff des wichtigen Körpergliedes einbezieht, sollte man neben Daumen und Zeigefinger auch den Mittelfinger – und zwar an beiden Händen – genügen lassen.

Nach der Judikatur ist § 224 StGB also nicht erfüllt.

b) Begriff des *Verlustes* des Körpergliedes

Im übrigen würde nach der Judikatur hier (auch) das Merkmal »*Verlust*« entfallen, da hierfür die Gebrauchsunfähigkeit noch nicht genüge, sondern eine *Lostrennung vom Körper* erforderlich sei.

> *RGSt* 3, 34; zustimmend *Dreher-Tröndle,* Rdnr. 3; *Frank* aaO; zweifelhaft; a. A. die h. L.: *Hirsch* aaO, Rdnr. 12 m.w.N., *Horn* aaO, Rdnr. 8, *Stree* aaO. (Verlust eines Gliedes sei auch bei dauernder Steifheit eines Fingers anzunehmen.)

*Ergänzende Hinweise zum »Verlust eines wichtigen Gliedes des Körpers, des Sehvermögens, des Gehörs, der Sprache oder der Zeugungsfähigkeit«:*

(1) Das Merkmal *»Verlust«* wird durch *Ersatz mittels Prothesen* nicht berührt. Ob die Möglichkeit *operativer Beseitigung* jenes Merkmal entfallen läßt, ist streitig, aber wegen der Notwendigkeit eines *Dauerschadens* wohl dann zu bejahen, wenn die Beseitigung durch Operation sicher und ohne unzumutbares Risiko erfolgen kann

(vgl. *v. Els,* NJW 1974, 1074 m.w.N.).

(2) *»Zeugungsfähigkeit«* soll nach h. A. die Fähigkeit zur Fortpflanzung beim Mann *und bei der Frau* umfassen.

*Hirsch,* LK Rdnr. 17 m.w.N.

Zur freiwilligen *Kastration* vgl. das Kastrationsgesetz vom 15. 8. 1969, BGBl I, 1143 (bei *Dreher-Tröndle,* Anhang 23).

Zur freiwilligen *Sterilisation* siehe Nachweise bei *Eser* in: *Schönke-Schröder,* § 223 Rdnr. 53–64; *BGH* St 20, 81; *BGH* NJW 1976, 1790 (Zivilsenat); *BGH* NStZ 1981, 351.

## 2. »Dauernde Entstellung in erheblicher Weise«

*Fall 22a: – Abwandlung von Fall 22 –*

H hat dem S bei der Schlägerei sechs Zähne ausgeschlagen. Liegt eine dauernde Entstellung in erheblicher Weise vor?

### a) Erhebliche Entstellung

Ob der Verlust von sechs Schneidezähnen eine erhebliche Entstellung i. S. des § 224 StGB bedeutet

(bejahend *BGH*St 17, 161; *BGH* GA 1968, 120; dahingestellt in *BGH*St 24, 315, 317),

ist hier unerheblich, wenn es am Merkmal der *dauernden* Entstellung fehlt. Dazu hat der *BGH* jetzt entschieden:

»Sind verlorene Schneidezähne durch eine Prothese ersetzt worden, so ist die Frage, ob der Verletzte ›in erheblicher Weise dauernd entstellt ist‹, nach seinem äußeren Erscheinungsbild beim Tragen der Prothese zu entscheiden« (*BGH*St 24 aaO – gegen *BGH*St 17 und GA aaO –, mit zustimmender Anm. *Hanack,* JR 1972, 472 und *Ulsenheimer,* JZ 1973, 64).

Wie aber, wenn S sich noch keine Zahnprothese hat anfertigen lassen, *dies vielleicht auch gar nicht vorhat?* In einem solchen Fall muß für den Wegfall des Merkmals der *dauernden* Entstellung genügen, *daß die Beseitigung der Entstellung medizinisch-technisch ohne weiteres möglich und zudem zumutbar ist*

(*Dreher-Tröndle,* § 224 Rdnr. 8; *Horn* in SK, Rdnr. 14; *Lackner,* Anm. 4; *Stree* in: *Schönke-Schröder,* Rdnr. 5; enger *Maurach-Schroeder* Bd. 1, S. 103; *Ulsenheimer* aaO; differenzierend *Hirsch,* LK Rdnr. 21);

denn anderenfalls hätte der Verletzte es in der Hand, willkürlich über die Anwendbarkeit oder Nichtanwendbarkeit des § 224 StGB zu entscheiden. Jene Voraussetzung ist hier gegeben; daher ist § 224 StGB nicht erfüllt; S ist nur nach § 223 StGB strafbar.

Die gleichen Grundsätze wie für die Beseitigung einer Entstellung durch Zahnprothesen müssen für kosmetische Operationen gelten (*Dreher-Tröndle* und *Stree* aaO).

### 3. Verfallen in Siechtum, Lähmung oder Geisteskrankheit

a) Das Merkmal »*Verfallen*« erfordert einen *chronischen* Krankheitszustand, der entweder unheilbar ist oder dessen Heilung sich zeitlich nicht absehen läßt.

*Dreher-Tröndle*, Rdnr. 9; *Hirsch*, LK Rdnr. 22.

b) »*Siechtum*« kann auch der völlige Verlust der Arbeitsfähigkeit sein (*RG*St 72, 345 f).

»*Lähmung*«: Das Merkmal hat die Rechtsprechung etwa bei völliger *Bewegungsunfähigkeit des rechten Armes* und bei *Versteifung des Hüftgelenkes* angenommen.

*Dreher-Tröndle*, Rdnr. 11; *Hirsch*, LK Rdnr. 24.

### 4. §§ 224, 18 StGB / § 225 StGB

Der Täter muß den *Erfolg* »wenigstens fahrlässig« herbeigeführt haben (§ 18 StGB). Hat er ihn *vorsätzlich* verursacht, so ist zu unterscheiden: Bei *dolus eventualis* greift § 224 StGB ein; *bei direktem Vorsatz ist § 225 StGB erfüllt*

(denn Absicht i.S.d. § 225 bedeutet dolus directus; *BGH*St 21, 194; *Stree* in: *Schönke-Schröder*, § 225 Rdnr. 2).

### 5. Konkurrenzen

§ 224 verdrängt §§ 223, 223a StGB (Gesetzeskonkurrenz).

*Dreher-Tröndle*, § 223a Rdnr. 8; str.

Auch § 223b wird von § 224 konsumiert; *BGH* GA 1975, 85; *Dreher-Tröndle*, § 223b Rdnr. 15; a. A. etwa *Hirsch*, LK § 223b Rdnr. 23.

## VII. Körperverletzung mit Todesfolge (§ 226 StGB)

Vorbem.: § 226 StGB ist ein sogenanntes *echtes* erfolgsqualifiziertes Delikt, bei dem nur die *fahrlässige* Erfolgsverursachung erfaßt wird, nicht aber die vorsätzliche; das bedeutet: Hat der Täter den Tod des Opfers *vorsätzlich* verursacht, entfällt der Tatbestand des § 226 StGB.

*Cramer* in: *Schönke-Schröder*, § 18 Rdnr. 2; *Hirsch*, LK § 226 Rdnr. 1 m.w.N.; *Horn* in SK, § 226 Rdnr. 2; *Maurach-Schroeder* Bd. 1, S. 106. (Daher wäre es verfehlt, bei Vorliegen des § 212 bzw. § 211 noch den Tatbestand des § 226 StGB zu bejahen und diese Norm erst im Wege der *Gesetzeskonkurrenz* hinter dem vorsätzlichen Tötungsdelikt zurücktreten zu lassen; vielmehr schließt der Tötungsvorsatz bereits den Tatbestand des § 226 StGB aus).

– *Zur Vertiefung:* Bei den *erfolgsqualifizierten Delikten* (§ 18 StGB) sind drei Gruppen zu unterscheiden:
1. Solche, bei denen § 18 StGB uneingeschränkt gilt, d. h. bei denen die *fahrlässige* und die *vorsätzliche* Erfolgsherbeiführung erfaßt werden (z. B. §§ 239 III, 307 I Nr. 1 StGB).
2. Solche, bei denen das Gesetz eine »*leichtfertige*« Erfolgsverursachung verlangt (z. B. bei §§ 251, 177 III, 239a II, 239b II StGB). Da Leichtfertigkeit als *erhöhter Grad von Fahrlässigkeit* zu verstehen ist, wird hier entgegen § 18 StGB zum einen jede *leichtere* Fahrlässigkeit und zum anderen der *Vorsatz* ausgeschlossen (letzteres ist strittig, aber h. M.; vgl. m.w.N. meinen BT 2. Bd., § 3, II 2).

3. Solche, bei denen sich aus der *ratio legis* ergibt, daß entgegen § 18 StGB ihr Tatbestand *nur die fahrlässige,* nicht aber die vorsätzliche Erfolgsherbeiführung erfaßt. Dies gilt für § 226 StGB (h. M.); nach *Hirsch* (LK, § 229 Rdnr. 24) zudem für § 229 II in der Alternative »Tod des Opfers«. –

Demnach ist § 226 StGB eine Kombination aus *vorsätzlicher* Körperverletzung (§ 223 StGB) und *fahrlässiger* Tötung (§ 222 StGB). Fällt dem Täter mangels Vorhersehbarkeit des Erfolges keine Fahrlässigkeit zur Last, so scheidet § 226 StGB gemäß *§ 18 StGB* aus.

*Fall 23:* Anton, Mitglied der Gangsterbande »Gemeinsinn«, stößt zusammen mit seinem Freund Bruno auf Claus, Mitglied des Konkurrenzunternehmens »Harmonia«. Anton (A) greift zur Pistole und entsichert sie. Bruno (B), der dies gesehen hat, rät dem A jedoch von einer Bluttat ab und meint, es genüge, dem Claus (C) mit dem Revolver eins »überzubraten«. Dies tut A auch. Beim Zuschlagen löst sich jedoch ein Schuß, der den C in den Kopf trifft und ihn auf der Stelle tötet. Strafbarkeit von A und B?

### a) Strafbarkeit des A?

Problem: Ist A nur aus § 223 a

(der Revolver ist auch als Hiebwaffe jedenfalls bei Schlägen gegen den Kopf ein »gefährliches Werkzeug«)

in Tateinheit (§ 52 StGB) mit § 222 StGB strafbar *oder greift § 226 StGB ein?* Der *BGH* hat in einem Fall wie dem vorliegenden § 226 StGB angenommen:

*BGH* St 14, 110 (gegen *RG* St 44, 137); *BGH* bei *Dallinger,* MDR 1975, 196; *im Ergebnis* zustimmend *Dreher-Tröndle,* § 226 Rdnr. 1; *Horn* in SK, § 226 Rdnr. 11; *Wessels,* BT 1 S. 45; wohl auch *Stree* in: *Schönke-Schröder,* § 226 Rdnr. 5, 6; *Wolter,* JuS 1981, 168 ff.

Daß hier die Ursache für den Tod nicht die *vorsätzliche Körperverletzung* (d. h. die durch den Aufschlag des Revolvers auf dem Kopf erfolgte »körperliche Mißhandlung«) *als solche* ist, soll keine Rolle spielen. Für die Anwendung des § 226 StGB komme es nämlich allein darauf an, ob die Körperverletzungs*handlung* zum Tod des Opfers geführt habe.

*BGH* aaO; dahingestellt in *BGH* NJW 1971, 152 (dazu Fall 23 b).
– *Zur Vertiefung:* Auch andere meinen, es sei unerheblich, ob sich die Todesfolge aus dem vorsätzlich herbeigeführten Körperverletzungserfolg oder »aus der ihn bewirkenden oder begleitenden Körperverletzungs*handlung*« ergebe; sie verlangen aber *einschränkend,* im Tod müsse sich eine der vorsätzlichen Körperverletzung innewohnende »tatbestandsspezifische Gefahr« realisiert haben, wobei gleichgültig sei, ob diese aus der »spezifischen Gefährlichkeit des Körperverletzungs*erfolges* oder der ihn bewirkenden oder begleitenden Körperverletzungs*handlung*« resultiere (*Eser,* Strafrecht 3, S. 107 A 8, 9; so auch u. a. *Otto,* S. 77; *Stree, Wessels* und *Wolter* aaO; vgl. auch *BGH* bei *Dallinger,* MDR 1976, 16; enger *Horn* aaO).
Nach *Schröder* soll darauf abzustellen sein, ob der konkrete Körperverletzungserfolg, der den Tod verursacht hat
– hier: die Kopfverletzung durch die versehentlich abgefeuerte Kugel –,
dem Täter als vollendete *vorsätzliche* Körperverletzung unter dem Gesichtspunkt der *»unwesentlichen Abweichung vom Kausalverlauf«* zugerechnet werden kann (dann § 226) oder nicht (dann kein § 226); vgl. *Schröder* in: *Schönke-Schröder,* 17. Aufl. 1974,

§ 226 Rdnr. 4; zustimmend *Blei*, S. 50; *Maurach-Schroeder* Bd. 1, S. 105. Im vorliegenden Fall wäre allein die Annahme einer »*wesentlichen* Abweichung vom Kausalverlauf« sachgerecht (so *Geilen* in: Welzel-Festschrift 1974, S. 682; *Hirsch*, LK § 226 Rdnr. 3; *Schröder* aaO; a. A. *Wolter* aaO, S. 178 f). –

Das sei hier der Fall, und zwar auch dann, wenn sich der Schuß nicht durch den Aufschlag des Revolvers, sondern schon während des Schlages durch versehentliche Betätigung des Abzugsbügels gelöst habe.

*BGH* St 14 aaO; *Wessels* aaO.

*Kritik:* Die Entscheidung ist mit der h. L. abzulehnen.

So *Deubner*, NJW 1960, 1068; *Hirsch*, LK § 226 Rdnr. 3; *Lackner*, Anm. 1; *Maurach*, BT S. 97; *Preisendanz*, Anm. 2; *Schmidhäuser*, BT 2/28; *Ulsenheimer*, GA 1966, 272; *Welzel*, S. 295.
Kritisch auch *Geilen*, Welzel-Festschrift, 1974, S. 677, 681.

(1) Sie mißachtet nämlich zum einen den *Wortsinn* des § 226 StGB. Diese Norm spricht ja nicht von Körperverletzungs*handlung*, sondern von der (vorsätzlichen) *Körperverletzung* selbst, und für diese ist nun einmal der tatbestandsmäßige *Erfolg*

(körperliche Mißhandlung, Gesundheitsbeschädigung)

konstitutiv. Daher ist nach dem Normtext des § 226 StGB für die Annahme eines *vollendeten Verbrechens* der Körperverletzung mit Todesfolge erforderlich, daß der Tod Folge der vorsätzlichen Körperverletzung als solcher ist.

*Deubner, Hirsch, Lackner* und *Welzel* aaO.

Daran fehlt es hier, da Todesursache die *unvorsätzliche* Schußverletzung war.

(2) Im übrigen vernachlässigt die Ansicht des *BGH* auch *Sinn und Zweck* des § 226 StGB: Die Qualifizierung der Körperverletzung mit Todesfolge zu einem *Verbrechen* (§§ 226, 12 StGB) beruht auf der unmittelbaren Verknüpfung des *vorsätzlich herbeigeführten Erfolges i. S. des § 223 StGB* mit der Todesfolge

(vgl. *Hirsch* aaO):

Dem Täter wird vorgeworfen, daß er *vorsätzlich* dem Opfer eine solche *Verletzung* zugefügt hat, die für ihn *vorhersehbar*

(bei § 226 StGB ist die Vorhersehbarkeit des schweren Erfolges nach *BGH* St 24, 213 »das alleinige Merkmal der Fahrlässigkeit« i. S. des § 18 StGB)

tödlich wirken konnte und auch tatsächlich so wirkte.
§ 226 StGB erfaßt also allein solche Todesfolgen, in denen sich eine der vorsätzlichen Körperverletzung innewohnende »*tatbestandsspezifische Gefahr*« verwirklicht hat

– insoweit ist *Eser, Stree* und *Wessels* aaO) zuzustimmen –;

nur muß diese Gefahr gerade aus der spezifischen Gefährlichkeit des vorsätzlich herbeigeführten Körperverletzungs*erfolges* resultieren. Ob diese Restriktion *kriminalpolitisch* wünschenswert erscheint oder nicht – sie ist jedenfalls durch die *Tatbestandsfassung* des § 226 StGB geboten.

So zu Recht *Hirsch* aaO.

*b) Strafbarkeit des B?*

(1) B hat sich der *Anstiftung zu § 223 a StGB* schuldig gemacht;

> – daß A ohne diese Anstiftung durch B ein vorsätzliches Tötungsdelikt begangen hätte, vermag hieran m. E. nichts zu ändern (a. A. freilich die h. L., nach der A hinsichtlich der Körperverletzung, einem »minus« gegenüber der ursprünglich geplanten Tötung, als omni modo facturus anzusehen ist, so daß Anstiftung entfällt und allenfalls psychische Beihilfe in Betracht kommt; vgl. u. a. *Cramer* in: *Schönke-Schröder*, § 26 Rdnr. 6; *Roxin*, LK § 26 Rdnr. 5; dahingestellt in *BGH* St 19, 339, 341);
> und für die Annahme von § 34 StGB dürfte der Sachverhalt nicht genügend Anhaltspunkte bieten –.

Zudem liegt *fahrlässige Tötung* vor. Hiermit hat es sein Bewenden, wenn man bei A § 226 StGB verneint.

(2) Nimmt man dagegen mit der Rechtsprechung bei A § 226 StGB an, so ist B wegen *Anstiftung zur Körperverletzung mit Todesfolge* strafbar. Die Annahme einer solchen »Teilnahme am erfolgsqualifizierten Delikt«

> (dazu u. a. *BGH* St 19, 339; *Lackner*, § 11 Anm. 11, b, § 18 Anm. 3; *Cramer* in: *Schönke-Schröder*, § 18 Rdnr. 7)

ist im Hinblick auf § 18 (»Täter oder *Teilnehmer*«) und § 11 II StGB konstruktiv unbedenklich und zudem im Ergebnis sachgerecht.

> Abweichend freilich – gegen die ganz h. M. – *Gössel* in: R. Lange-Festschrift 1976, S. 225 ff, 239.


*Ergänzungsfall 23 a: – § 226 StGB, wenn nur eine versuchte Körperverletzung vorliegt? –*


Abwandlung von Fall 23: A hat mit dem Revolver den Kopf des C *verfehlt;* aber während des Ausholens mit der Waffe hat sich schon der tödliche Schuß gelöst.
Strafbarkeit des A?

a) An einer vollendeten Körperverletzung nach § 223 fehlt es hier. Damit scheidet § 226 auch nach der Rechtsprechung aus. Denn mit dem Abstellen auf die Verletzungs*handlung* wollte der *BGH* nicht etwa das Erfordernis eines *vollendeten* Deliktes nach § 223 beiseiteschieben

> (vgl. die Klarstellung in *BGH* NJW 1971, 152: auch nach jener Ansicht müsse es zu einer Verletzung gekommen sein, »und zwar nicht nur zu einer solchen, wie sie als Durchgangsstadium in jeder Tötung eingeschlossen« sei);

vielmehr wollte das Gericht nur den Anwendungsbereich des § 226 StGB *bei Vorliegen einer vorsätzlichen Körperverletzung* dadurch erweitern, daß der *Erfolg* des § 223 StGB nicht die Todesursache zu sein braucht.

b) *Versuch* des § 226 StGB?

Ein *»Versuch des erfolgsqualifizierten Delikts«*

> (vgl. dazu insbesondere Ulsenheimer, GA 1966, 257 ff; Dreher-Tröndle, § 18 Rdnr. 5 m.w.N.)

in der Erscheinungsform, daß – wie hier – bereits der *Versuch des Grunddelikts* den Erfolg herbeiführt, ist nach herrschender und zutreffender Ansicht bei § 226 StGB nicht strafbar.

> Vgl. etwa *Hirsch*, LK § 226 Rdnr. 6, § 224 Rdnr. 5; *Jescheck*, S. 424; *Rudolphi* in SK, § 18 Rdnr. 7; *Schröder* in: *Schönke-Schröder*, 17. Aufl. 1974, § 226 Rdnr. 4; *Ulsenheimer* aaO; *Horn* in SK, § 226 Rdnr. 12; *Schroeder*, LK § 18 Rdnr. 38; a. A. *Stree*, GA 1960, 293 ff; ders. in: *Schönke-Schröder*, § 226 Rdnr. 6; *Wolter* aaO, S. 179; wohl auch *Baumann*, S. 515.

*Begründung:* (1) Der »Versuch des erfolgsqualifizierten Delikts«, bei dem bereits der *Versuch des Grunddelikts* den qualifizierenden Erfolg verursacht, kommt nach h. M. nur dann als Straftat in Betracht, wenn das Gesetz nach seiner ratio diesen Erfolg bereits an die Tatbestands*handlung* des Grunddeliktes anknüpft.

> So *Lackner*, § 18 Anm. 5 a; *Jescheck* aaO m.w.N. – Daran fehlt es bei § 226 StGB –.

(2) Wo der Versuch des Grunddeliktes als solcher *straflos* ist – wie bei § 223 StGB –, kann dieser Versuch nicht zu einem strafbaren Versuch des erfolgsqualifizierten Deliktes führen.

> *Ulsenheimer* und *Schröder* aaO; insoweit zustimmend *Wolter* aaO.
> (Die Straflosigkeit eines derartigen »Versuchs des § 226 StGB« ist dabei auch dann gegeben, wenn der Versuch des Grunddeliktes *nach § 223 a II StGB qualifiziert* war; *Hirsch* aaO; a. A. *Stree* in: *Schönke-Schröder* und *Wolter* aaO).

(3) Ergebnis: A ist nur aus §§ *223 a, 22 f/52/222 StGB* strafbar.

*Ergänzungsfall 23 b: – Fall Rötzel –*

Rötzel (R) griff im Obergeschoß des mütterlichen Hauses die Hausgehilfin Resi tätlich an und verletzte sie. Resi versuchte, vor den fortdauernden Angriffen des R aus dem Fenster auf einen Balkon zu flüchten, stürzte dabei aber tödlich ab.
Strafbarkeit des R aus § 226?

Der *BGH* hat hier § 226 StGB abgelehnt und nur §§ 223 in Tateinheit mit 222 StGB angenommen; dies mit folgender Begründung

> (NJW 1971, 152 f):

Auch wenn man bei § 226 – was dahingestellt werde – an die Stelle der Körper*verletzung* die Verletzungs*handlung* treten lasse, müsse diese doch *unmittelbar* die Todesfolge bewirkt haben, woran es hier fehle.

Dem läßt sich auch *nicht* entgegenhalten, hier sei der Tod des Opfers nicht nur durch Körperverletzungs*handlungen*, sondern durch die *Verletzungen* selbst verursacht worden; denn aus Furcht vor weiteren körperlichen Mißhandlungen sei die Resi ja geflohen und dabei zu Tode gekommen, jene Mißhandlungen (= vollendete Körperverletzung) seien also conditio sine qua non für den Todeserfolg. Über die *bloße Ursächlichkeit hinaus* muß nämlich zwischen dem vorsätzlichen Verletzungserfolg i. S. des § 223 StGB und der Todesfolge ein *unmittelbarer Zusammenhang* vorliegen

> (*Hirsch*, LK § 226 Rdnr. 4 m.w.N. pro und contra; *Wolter*, JuS 1981, 168 ff; eingehende kritische Auseinandersetzung mit diesem Unmittelbarkeitskriterium bei *Geilen*, Welzel-Festschrift 1974, S. 655 ff; ablehnend *Schröder*, JR 1971, 206):

Voraussetzung für das Verbrechen nach § 226 StGB ist, daß sich in dem Todeseintritt »die spezifische, dem Erfolg des Grunddelikts innewohnende Gefährlichkeit niedergeschlagen hat«

(*Hirsch* aaO; vgl. auch *BGH* aaO, S. 153),

woran es grundsätzlich fehlt, wenn der Tod *unmittelbar* durch das Verhalten des *Opfers* eintrat.

Wie der *BGH* kommt auch die h. L. im vorliegenden Fall zur Ablehnung des § 226 StGB; vgl. u. a. *Hirsch*, LK § 226 Rdnr. 4; *Maurach-Schroeder* Bd. 1, S. 105; *Wolter* aaO, S. 175–177.

– *Ergänzender Hinweis zum Unmittelbarkeitserfordernis:*

Auch § 224 StGB verlangt einen »unmittelbaren Zusammenhang zwischen dem Erfolg des Grundtatbestandes (§ 223 StGB) und der schweren Folge«; *Hirsch*, LK § 224 Rdnr. 6. –


## Fall 24: – Verhältnis § 218 zu §§ 223, 226 StGB –

Dr. med. Helferich (H) nimmt bei Frau Reich (R) im 3. Monat nach der Empfängnis trotz Fehlens jeder Indikation einen Schwangerschaftsabbruch vor. Durch den zur Abtötung der Leibesfrucht erfolgten Eingriff – Einspritzen einer Lösung in die Gebärmutter – erleidet die R einen Schock und stirbt; dieser Erfolg war wegen der Gefährlichkeit der Lösung für Dr. H vorhersehbar; wie hat er sich strafbar gemacht?

a) H ist nach § 218 I StGB schuldig.

Dieser Tatbestand erfordert *nicht* das Überleben der Schwangeren, vgl. Fall 14.

b) Ein besonders schwerer Fall, § 218 II Nr. 2 StGB (Gefahr des Todes), liegt vor, wenn dem H *Leichtfertigkeit*

(= ein erhöhter Grad von Fahrlässigkeit; *Lackner*, § 15 Anm. IV)

zur Last fiel (Tatfrage).

c) §§ 223, 226 StGB?

Die Abtreibungshandlung (Einspritzen der Lösung in die Gebärmutter) erfüllte den Tatbestand der vorsätzlichen Körperverletzung (§ 223 StGB), zudem den qualifizierten Tatbestand des § 226 StGB:

Die Körperverletzung der Schwangeren *verursachte* ihren Tod; auch der erforderliche *unmittelbare Zusammenhang* zwischen der vorsätzlichen Verletzung und dem qualifizierenden Erfolg (oben, Fall 23 b) ist gegeben; diesen Erfolg hat der Täter auch *fahrlässig* herbeigeführt (§ 18).

– § 226 StGB verlangt allerdings, daß das Grunddelikt (§ 223 StGB) *rechtswidrig* begangen wurde; auch dies Erfordernis ist erfüllt: Der Gesichtspunkt der *Einwilligung* in die Körperverletzung vermag diese hier nicht zu rechtfertigen, da sie als unerlaubte Abtreibungshandlung trotz der Einwilligung *gegen die guten Sitten verstieß* (§ 226 a StGB). –

d) Auch der Tatbestand des § 222 StGB liegt vor.

e) *Konkurrenzen:* (1) Die Fremdabtreibung (§ 218 I StGB) und die allein *dem Zweck der Abtreibung dienende vorsätzliche Körperverletzung* stehen nach h. A. in Gesetzeskonkurrenz; § 218 I StGB erfasse den Unwertgehalt dieser Körperverletzung mit.

*BGH* St 10, 312; 15, 345; GA 1966, 339; *Dreher-Tröndle*, § 218 Rdnr. 20; *Eser* in: *Schönke-Schröder*, § 218 Rdnr. 59; *Rudolphi* in SK, § 218 Rdnr. 30; ebenso für die »in dem Eingriff liegende Körperverletzung nach §§ 223 oder 223a StGB« *BGH* St 28, 11; a. A. *Maurach-Schroeder* Bd. 1, S. 63.

Diese Gesetzeskonkurrenz wäre nach der *früher* h. M. selbst dann anzunehmen, wenn jene Körperverletzung nach §§ 224 oder 226 StGB qualifiziert ist; auch dann sei nur aus § 218 StGB zu strafen.

*BGH* St 10 und 15 aaO.
Allerdings durfte nach dieser Auffassung die Mindeststrafe des § 226 StGB nicht unterschritten werden (sog. »Sperrwirkung« des verdrängten Tatbestandes); vgl. *BGH* aaO.

Nach *heute* h. A. besteht zwischen § 226 und § 218 StGB *Tateinheit*, wenn der Abbruch der Schwangerschaft zum Tode der Schwangeren führt.

*BGH* St 28, 11, 17 (Begründung: wollte man Gestzeskonkurrenz annehmen, d. h. § 226 durch § 218 StGB verdrängen lassen, so würde man dem Unrechtsgehalt der Tat nicht gerecht, zumal § 226 ein Verbrechen ist); ebenso u. a. *Eser* in: *Schönke-Schröder*, § 218 Rdnr. 59; *Hirsch*, LK § 226 Rdnr. 8; *Rudolphi* in SK, § 218 Rdnr. 30.
– *Ergänzende Hinweise:*
(1) Auch §§ 224 und 218 stehen in Tateinheit – (so etwa *Eser* und *Rudolphi* aaO).
(2) Für das Verhältnis §§ 223a/218 nimmt der *BGH* dagegen Gesetzeskonkurrenz an: § 218 verdränge § 223a StGB (*BGH* St 28, 11, 16); a. A. (Idealkonkurrenz) etwa *Eser* und *Rudolphi* aaO.

(2) Zwischen §§ 226 und 222 StGB besteht Gesetzeskonkurrenz: § 226 ist lex specialis.

## VIII. Beteiligung an einer Schlägerei (§ 227 StGB)

*Fall 25:* Bei einer Schlägerei zwischen zwei Rockerbanden wird Rocker Xaver (X) getötet. Rocker Archi (A) hatte sich wegen einer bei der Schlägerei erlittenen Verletzung schon endgültig von dem Kampfgetümmel entfernt, als X seine tödliche Verletzung erlitt. Rocker Billi (B) hatte sich erst nach dem Tod des X an der nunmehr noch heftiger tobenden Schlägerei beteiligt.
Strafbarkeit von A und B, die *nicht* in Notwehr bzw. Nothilfe gehandelt haben, aus § 227 StGB?

Es fragt sich, ob A und B i. S. dieser Norm *»Beteiligte«* an der Schlägerei waren, die den Tod des X herbeiführte.

Unter einer *»Schlägerei«* ist der tätliche Streit zwischen *mindestens drei* Personen zu verstehen, die an der Rauferei *aktiv beteiligt* sind (*Lackner*, Anm. 2; *Stree* in: *Schönke-Schröder*, Rdnr. 3); dabei wird der wegen Notwehr straflose Angegriffene mitgezählt (*BGH* St 15, 369).
Das Merkmal *»Angriff«* setzt keine wechselseitigen Tätlichkeiten voraus; er muß von mindestens zwei Personen begangen werden (*Dreher-Tröndle*, § 227 Rdnr. 4).

Einer solchen Beteiligung von A und B könnte entgegenstehen, daß A schon *vor* Verursachung des Todes des X seine Mitwirkung an der Schlägerei aufgegeben, B erst *nach* Eintritt der schweren Folge an der Schlägerei teilgenommen hatte.

a) (1) Nach *h. M.* soll derjenige, der schuldhaft an einer Schlägerei teilnimmt, bei der die im § 227 StGB bezeichnete schwere Folge eintritt, *auch dann* aus dieser Vorschrift zu bestrafen sein, »wenn er seine Beteiligung zu einem Zeitpunkt aufgibt, zu dem die schwere Folge von dem Mitbeteiligten noch nicht verursacht worden ist«.

> BGH St 14, 132; *Dreher-Tröndle,* Rdnr. 9; *Hirsch,* LK Rdnr. 8; *Horn* in SK, Rdnr. 8; *Maurach-Schroeder* Bd. 1, S. 112; *Otto,* S. 84; *Schmidhäuser,* BT 1/27; *Stree,* JuS 1962, 93; *Wessels,* BT 1 S. 53 f; zweifelnd *Lackner,* Anm. 3; a. A. *Welzel,* S. 297.

(2) Daneben soll sich selbst derjenige aus § 227 StGB schuldig machen, der sich erst *nach* Verursachung der in dieser Norm genannten schweren Folge an der Schlägerei schuldhaft beteiligt.

> BGH St 16, 130; *Dreher-Tröndle, Maurach-Schroeder* und *Wessels* aaO; zweifelnd *Lackner* aaO; a.A. *Hirsch, Horn, Otto, Schmidhäuser* und *Welzel* aaO; *Stree* in: *Schönke-Schröder,* § 227 Rdnr. 15.

(3) Danach wären A und B i. S. des § 227 StGB an der Schlägerei, die den Tod des X verursachte, *beteiligt* und daher aus dieser Vorschrift strafbar.

> Bezüglich der *schweren Folge* braucht der »Beteiligte« weder vorsätzlich noch fahrlässig gehandelt zu haben, da sie lediglich *objektive Bedingung der Strafbarkeit* ist; h. M.; u. a. *Dreher-Tröndle,* § 227 Rdnr. 5; *Maurach-Schroeder* Bd. 1, S. 110 ff; *Stree* in: *Schönke-Schröder,* § 227 Rdnr. 1; *BGH* St 16, 130, 132; abweichend *Hirsch,* LK § 227 Rdnr. 1, 15 m.w.N.

b) *Kritik:* Gegen die h. A. – a) – bestehen Bedenken:

§ 227 StGB ist ein *abstraktes Gefährdungsdelikt*

> (BGH St 14, 132, 134; 16 aaO; *Maurach-Schroeder* aaO):

Das Gesetz geht bei seiner Regelung davon aus, »daß sowohl die Schlägerei als solche als auch der Tatbeitrag der einzelnen Beteiligten potentiell gefährlich ist«.

> *Stree* aaO m.w.N.

Realisiert sich diese Gefahr durch Eintritt einer der in § 227 angeführten schweren Folgen, so soll nach dem Willen des Gesetzgebers jeder Beteiligte – wegen der potentiellen Gefährlichkeit seiner Beteiligung – schon allein wegen dieser nach jener Norm strafrechtlich verantwortlich sein.

> (Zu Unrecht wollte *Schröder* [in: *Schönke-Schröder,* 17. Aufl. 1974, § 227 Rdnr. 1] dem Beteiligten den *Gegenbeweis* gegen die vom Gesetz [unwiderleglich!] vermutete potentielle Gefährlichkeit seines Beitrages zu der Schlägerei ermöglichen; hiergegen die h. M., u. a. *Hirsch,* LK § 227 Rdnr. 8.)

Diese Konzeption des § 227 StGB als eines abstrakten Gefährdungsdeliktes erscheint kriminalpolitisch insbesondere im Hinblick auf *Beweisschwierigkeiten* sachgerecht: Denn »bei Auseinandersetzungen zwischen mehr als zwei Personen läßt sich i.d.R. schwer ermitteln, wer einen bestimmten Verletzungserfolg verursacht« und ob er dabei vorsätzlich oder fahrlässig gehandelt hat.

> *OLG Stuttgart,* NJW 1972, 1208, 1209.

Als solches Gefährdungsdelikt muß § 227 StGB aber nach Sinn und Zweck auf solche Täter beschränkt bleiben, die zu der Gefährlichkeit des Raufhandels *während der Zeit der Verursachung* der schweren Folge beigetragen haben.

Dies Erfordernis müßte sich eigentlich für die erst *nach* Eintritt der schweren Folge begonnene Beteiligung von selbst verstehen; denn hier hat der Täter offensichtlich zu der Gefahrenlage, *aus der sich der Erfolg ergab,* nicht beigetragen.

Aber auch die *vor* Verursachung der schweren Folge beendete Beteiligung sollte aus § 227 ausgeklammert werden. Wenn hiergegen eingewendet wird, das durch die Beteiligung geschaffene »Gefährlichkeitsmoment« wirke noch nach der Beendigung fort

> (*Stree,* JuS aaO; ähnlich *Schröder* aaO, Rdnr. 15),

so ist dem zu entgegenen, daß durch das Abstellen auf ein bloß »fortwirkendes Gefährlichkeitsmoment« der Geltungsbereich des § 227 bedenklich *unscharf* wird; demgegenüber stellt der zeitliche Zusammenhang mit der Verursachung der Folge eine klare und – wie ich meine – sachgerechte Zäsur dar.

Danach haben sich A und B nicht nach § 227 StGB strafbar gemacht.

Ergänzender Hinweis zu § 227 StGB: *Beteiligt* i. S. dieser Norm ist nach h. M. jeder, der *am Tatort* anwesend ist und – sei es durch physischen, sei es durch psychischen (z. B. Anfeuern) Tatbeitrag – *in feindseliger Weise* an den Tätlichkeiten teilnimmt.

> *Blei,* S. 60; *Stree* in: *Schönke-Schröder,* Rdnr. 6.

## IX. § 229 StGB

> – Siehe oben, Fälle 20, 20 a, 20 b –.

## X. Zur Einwilligung als Rechtfertigungsgrund bei §§ 223 ff vgl. § 226 a StGB

> – Lesenswert dazu insbesondere *Roxin,* JuS 1964, 373 –.

## § 4 Straftaten gegen die persönliche Freiheit (§§ 234–241 a StGB)

## I. Die Entführungsdelikte (§§ 234–238 StGB)

*Fall 26: – §§ 237, 238 I, 239, 240 StGB –*

Carlos (C) ist verbittert, weil seine Freundin Julia (J) ihm die Aufnahme intimer Beziehungen verweigert. Um dies zu ändern, besorgt sich C Chloräthyl, ein Betäubungsmittel, und fährt mit der J in ein Autokino. Dort wird J – was C erhofft hat, da ein »Sexfilm« gespielt wird – vom Schlaf übermannt. C betäubt die Schlafende mittels des Chloräthyls; anschließend bringt er die bewußtlose J zu der einsam gelegenen Jagdhütte eines Freundes, um sie dort unter Hinweis auf ihre hilflose Lage durch Zureden gefügig zu machen. In der Jagdhütte angelangt, kommen dem C jedoch Bedenken. Er fährt seine Freundin, die inzwischen wieder zu Bewußtsein gekommen ist, nach Hause.
Staatsanwalt Dr. Streng meint, C habe sich strafbar gemacht; zu Recht?

a) Ein *Vergewaltigungsversuch* (§§ 177, 22 f StGB) scheidet schon tatbestandlich aus, da C die J lediglich durch Zureden gefügig machen wollte.

> Im übrigen würde eine Strafbarkeit nach diesen Vorschriften zumindest gemäß § 24 StGB entfallen.

b) *§ 237 StGB* greift mangels *Ausnutzung* der hilflosen Lage der J zu *sexuellen Handlungen* nicht ein.

> Eine *hilflose Lage* i. S. dieser Norm ist dann gegeben, wenn die Frau in der konkreten Situation nach ihren persönlichen Fähigkeiten dem Einfluß des Täters preisgegeben ist. Das »Ausnutzen« liegt schon vor, wenn das Opfer angesichts seiner hilflosen Lage widerstandslos die sexuellen Handlungen duldet und der Täter dies weiß.
> Der Versuch des § 237 StGB ist nicht strafbar (§ 23 I StGB).

c) Doch ist C der *Freiheitsberaubung*, § 239 I StGB, schuldig:
Dadurch, daß er die J *betäubte,* hat er sie (»auf andere Weise«) des Gebrauchs der »persönlichen Freiheit«, d. h. der Freiheit, den Aufenthaltsort zu verändern, beraubt.

> *Dreher-Tröndle*, § 239 Rdnr. 4; *Schäfer*, LK § 239 Rdnr. 18; *Geppert*, JuS 1976, 387.
> Daß die J schlief, als C sie betäubte, ist unerheblich: § 239 lag jedenfalls ab dem Zeitpunkt vor, zu dem die J ohne das Betäuben erwacht wäre (vgl. *Schäfer* aaO, Rdnr. 6 ff, 9; siehe auch *Maurach-Schroeder* Bd. 1, S. 134).

d) *Nötigung,* § 240 StGB?
(1) C könnte die J mit *Gewalt* zu einer Duldung (J mußte dulden, daß C sie zu der Jagdhütte schaffte) genötigt haben. Dann müßte *Gewalt* i. S. des § 240 StGB vorliegen, wenn der Täter einen anderen durch ein – sei es auch ohne Gewaltanwendung beigebrachtes – Betäubungsmittel seiner Widerstandksraft beraubt; das ist nach ganz h. M. der Fall.

> Vgl. nur *BGH* St 1, 145; anders noch *RG* St 58, 98; 72, 349; *Frank,* § 240 Anm. I 1. – *Eingehend zum Gewaltbegriff* unten, IV 1 b (mit Fällen 30 ff). –

Der objektive Tatbestand des § 240 I StGB liegt damit vor; C hat auch vorsätzlich gehandelt.

(2) Die Tat ist auch rechtswidrig (§ 240 II StGB)

(näher zu § 240 II unten, IV 2, Fälle 35 f) und

(3) schuldhaft. *C ist folglich der Nötigung schuldig.*

e) Zudem hat C eine *Körperverletzung,* § 223 StGB, begangen; denn die Betäubung bedeutete eine »Gesundheitsbeschädigung«

(vgl. oben, Fall 17).

Diese Körperverletzung ist dabei nach § 223 a StGB qualifiziert, da sie mittels *»hinterlistigen Überfalls«* erfolgte.

f) *Konkurrenzen:*

(1) *Verhältnis §§ 239, 240 StGB:*

(a) Beschränkt sich das abgenötigte Verhalten auf die bloße *Duldung des Freiheitsentzugs,* so ist § 239 StGB lex specialis gegenüber § 240 StGB.

*Maurach-Schroeder* Bd. 1, S. 137; *Blei,* S. 69; *Eser* in: *Schönke-Schröder,* § 240 Rdnr. 34.

Wird das Opfer dagegen durch die Anwendung des Nötigungsmittels zu einem *über* die Duldung des Freiheitsentzugs *hinausgehenden* Verhalten gezwungen, so ist Idealkonkurrenz (§ 52 StGB) zwischen §§ 239, 240 StGB anzunehmen

(*Maurach-Schroeder, Blei, Eser* aaO)

– es sei denn, die Freiheitsberaubung ist bloße *»notwendige Begleiterscheinung der Nötigung«,* was zur Folge hat, daß nur § 240 StGB zur Anwendung kommt.

*Blei* und *Eser* aaO.

(b) Problematisch erscheint die Frage nach der Konkurrenz der §§ 239, 240 StGB in dem – hier vorliegenden – Fall, daß der Täter sein Opfer mit Gewalt *zur Duldung einer Ortsveränderung* nötigt:

Der *BGH* scheint in einem solchen Fall Spezialität des § 239 StGB anzunehmen.

1 StR 52/55 vom 26. 4. 1955, bei *Pfeiffer-Maul-Schulte,* StGB, 1969, § 239 Anm. 8.

Demgegenüber differenziert *Eser* wie folgt: Nur § 240 sei anwendbar, soweit die Freiheitsberaubung lediglich »notwendige Begleiterscheinung« der Nötigung sei; komme es dem Täter dagegen zugleich darauf an, den Genötigten an einer Veränderung des Aufenthalts nach freiem Willen zu hindern (z. B. bei Festnahme und zwangsweiser Verbringung zur Polizeiwache), so liege Idealkonkurrenz der §§ 239, 240 StGB vor.

*Eser* in: *Schönke-Schröder* aaO.

*Stellungnahme: M. E.* ist *Eser* zu folgen und daher hier Idealkonkurrenz zwischen §§ 239, 240 anzunehmen. Wollte man nur § 239 anwenden, so würde man der Tatsache nicht gerecht, daß es dem Täter entscheidend darum ging, die J zu einem über die bloße Duldung des Freiheitsentzugs hinausgehenden Verhalten zu nötigen, nämlich zu dulden, daß sie zu der Waldhütte geschafft wurde.

(2) *Verhältnis §§ 240/223, 223 a:*

Erfüllt die Gewaltanwendung zugleich den Tatbestand des § 223 StGB, so ist Idealkonkurrenz gegeben

(*Eser* in: *Schönke-Schröder,* § 240 Rdnr. 33);

erst recht ist zwischen §§ 240 und 223 a StGB Idealkonkurrenz anzunehmen.

g) C hat sich also aus §§ 223 a, 239, 240/52 StGB strafbar gemacht; doch hängt seine *Verfolgbarkeit – was §§ 239f StGB betrifft –* nach Sinn und Zweck des § 238 I StGB von einem *Strafantrag* der J ab.

*Begründung:* § 237 StGB ist Antragsdelikt (§ 238 I StGB). Dieses Antragserfordernis erstreckt sich nach der ratio des § 238 I StGB auch auf die zugleich mit der Entführungshandlung erfüllte *Nötigung*

> *(BGH St 19, 320; Dreher-Tröndle, § 237 Rdnr. 9; Lackner, § 238 Anm. 1; Eser in: Schönke-Schröder, § 237 Rdnr. 23)*

und *Freiheitsberaubung*

> *(BGH, Lackner und Eser aaO).*

Hätte C also den Tatbestand des § 237 verwirklicht, könnte er ohne Strafantrag weder aus dieser Norm noch aus §§ 239, 240 bestraft werden. Bezüglich des Antragserfordernisses darf C aber nicht deswegen schlechter gestellt werden, weil nur ein – strafloser – Versuch des § 237 vorliegt.

> *Lackner* und *Eser* aaO; *Vogler,* LK § 237 Rdnr. 25.

Dagegen erscheint eine analoge Anwendung des § 238 I StGB auf § 223, insbesondere aber auf § 223a StGB nicht möglich. Wegen der gefährlichen Körperverletzung ist C also auch ohne Antrag verfolgbar.

*Ergänzender Hinweis* zu § 237 StGB:

Ob der Täter bereits bei der Entführungshandlung den Vorsatz gehabt haben muß, die dadurch entstehende hilflose Lage der Frau zu sexuellen Handlungen auszunutzen, ist streitig.

> Bejahend: *BGH* (1. Senat), bei *Dallinger,* MDR 1970, 197, NJW 1972, 647f; *Schröder,* JZ 1971, 435; *Eser* in: Schönke-Schröder, § 237 Rdnr. 6; *Hruschka,* JZ 1973, 12ff, 278; *Schmidhäuser,* BT 4/45; hierfür sprechen Wortlaut und Sinn des Gesetzes (*Hruschka* aaO).
>
> Verneinend: *BGH* (2. Senat), St 24, 90; *Dreher,* NJW 1972, 1641, JZ 1973, 276; *Lackner,* Anm. 4; *Blei,* JA 1971, 590; *Preisendanz,* Anm. 5; *Maurach-Schroeder* Bd. 1, S. 165; *Horn* in SK, § 237 Rdnr. 10; *Vogler,* LK § 237 Rdnr. 18; *Wessels,* BT 2 S. 68.
>
> *BGH* St 29, 233 (3. Senat) folgt *BGH* St 24 aaO, verlangt aber zusätzlich: der Täter müsse bereits während des Entführungsvorganges mit der Ortsveränderung den Zweck verfolgt haben, die Frau in eine Lage zu bringen, »*die sie seinem ungehemmten Einfluß preisgibt*«; insoweit nähert sich der 3. Senat dem Standpunkt des 1. Senats (vgl. *Geppert,* Jura-Kartei § 237/1).

## II. Freiheitsberaubung (§ 239 StGB)

### 1. § 239 I StGB

*Fall 27:* Rainer Maria beobachtet Magdalena, die allein nackt in einem See badet. Er möchte den Anblick auch seinem in der Nähe befindlichen Freund Huber verschaffen. Damit sich Magdalena nicht inzwischen entfernt, versteckt Rainer Maria ihre Kleider. Er trifft den Huber aber nicht an, kehrt zurück und legt die Kleidung wieder an Ort und Stelle. Magdalena hatte während der ganzen Zeit gebadet und nichts bemerkt.
Strafbarkeit des Rainer Maria (R) aus § 239 I?

»*Persönliche Freiheit*« i. S. dieser Vorschrift ist die Freiheit, den Aufenthaltsort zu verändern, wobei eine »vorübergehende Freiheitsentziehung von kurzer Dauer« (*RG:* »Einsperren ein Vaterunser lang«) genügt.

> *RG* St 7, 260; *Dreher-Tröndle,* § 239 Rdnr. 2; *Schäfer,* LK Rdnr. 21.
> *OLG Hamm,* JMBl NW 1964, 31 hält eine gewaltsame Freiheitsentziehung *von mehr als*

*»einigen Sekunden Dauer«* für ausreichend; dies wird von *Welzel*, S. 328, mit Recht als bedenklich weitgehend bezeichnet.

Bei sehr kurzen Beeinträchtigungen wird die *Intensität der Einwirkung* auf die Fortbewegungsfreiheit mitentscheidend dafür sein, ob sie als *unerheblich* aus dem Schutzbereich der Norm ausscheiden (ebenso *Beulke/Hillenkamp*, JuS 1975, 311).

Zu eng *Arzt/Weber*, Rdnr. 545f: Zur Freiheitsberaubung gehöre ein »relativ *empfindlicher Eingriff*«, für den es nicht genüge, daß der Täter das Opfer für *»wenige Minuten«* in der Toilette einschließe.

Da R die Kleidung der Magdalena versteckt hatte, war es dieser unmöglich, den Aufenthaltsort »ohne Gefahr einer Verletzung der Sitte« (*RG* St 6, 231) und insbesondere ohne Gefahr, wegen ihrer Nacktheit belästigt oder beleidigt zu werden, zu verlassen. Das Aufrichten einer solchen *psychischen Schranke* von erheblichem Gewicht als Mittel der Freiheitsberaubung kann den Tatbestand des § 239 in gleicher Weise erfüllen (»auf andere Weise«) wie das *Einsperren* o. ä. *physische* Einschränkungen der Fortbewegungsfreiheit.

In einem Fall wie dem vorliegenden hat das *RG* (St 6, 231) § 239 StGB bejaht; ebenso *Schäfer*, LK Rdnr. 18; *Eser* in: *Schönke-Schröder*, Rdnr. 6.

Als *Mittel der Freiheitsberaubung* sind neben dem »Einsperren« zu nennen: *Gewalt* (= physisch wirkender Zwang, vgl. unten, IV 1 b), *Drohung* und *sonstiger psychischer Zwang* von einigem Gewicht; zudem soll auch *List* genügen

(*Eser* aaO, Rdnr. 6; *Dreher-Tröndle*, § 239 Rdnr. 4; a. A. *Maurach-Schroeder* Bd. 1, S. 133).

Daß sich die M während der Zeit, in der ihre Kleidung versteckt war, gar nicht fortbewegen wollte, steht der Anwendbarkeit des § 239 I nicht entgegen. Diese Vorschrift schützt nämlich die *potentielle* Bewegungsfreiheit, so daß es unerheblich ist, ob das Opfer von der Beraubung der Fortbewegungs*möglichkeit* Kenntnis hatte und ob es diese Möglichkeit überhaupt wahrnehmen wollte.

*BGH* St 14, 314; *Schäfer*, LK Rdnr. 5; *Eser* aaO, Rdnr. 3; a. A. *RG* St 33, 234, 236; *Arzt/Weber*, Rdnr. 535f; *Horn* in SK, § 239 Rdnr. 3.

Soweit allerdings dem Opfer jede *Fortbewegungsmöglichkeit* fehlt – z. B. bei Säuglingen, Bewußtlosen, Schlafenden –, kann es grundsätzlich nicht *während der Dauer dieses Zustandes* der persönlichen Freiheit beraubt werden.

*Dreher-Tröndle*, Rdnr. 1; *Lackner*, Anm. 1; *Eser* aaO; *Maurach-Schroeder* Bd. 1, S. 134; abweichend aber – für Schlafende und Bewußtlose – *Schäfer*, LK Rdnr. 12; *Schmidhäuser*, BT 4/26.

Doch ist Freiheitsberaubung gegenüber Schlafenden und Bewußtlosen durch Verlängerung des Zustandes der Bewegungsunfähigkeit möglich (vgl. bereits oben, Fall 26 – c –).

R hat also den objektiven Tatbestand des § 239 I StGB erfüllt. Er hat auch vorsätzlich und rechtswidrig gehandelt.

Die in § 239 StGB genannte *Widerrechtlichkeit* ist kein Tatbestandsmerkmal, sondern als *Rechtswidrigkeit der Tat* allgemeines Verbrechensmerkmal (*BGH* St 3, 364; *Dreher-Tröndle*, Rdnr. 6; *Welzel*, S. 328).

Einer *Einwilligung* des Opfers kommt jedoch nicht nur die Bedeutung eines Rechtfertigungsgrundes zu; sie schließt vielmehr schon den Tatbestand aus (sogenanntes tatbestandsausschließendes *Einverständnis*), da dieser ein Handeln gegen oder zumindest ohne den Willen des Betroffenen erfordert (h. M., vgl. *Eser* in: *Schönke-Schröder*, § 239 Rdnr. 8 m. w. N.; zur Differenzierung zwischen rechtfertigender Einwilligung und tatbestandsausschließendem Einverständnis vgl. *Bd. 2*, Fall 7, »Exkurs«, m. w. N.).

*Fall 28: – Strafbarkeit der versuchten Freiheitsberaubung als Nötigung? –*

Alex möchte Ingo festhalten, damit dieser zu spät zur Schule kommt. Als er jedoch auf Ingo eindringt, enteilt dieser mit schnellen Schritten.
Strafbarkeit des Alex?

Die von Alex (A) begangene versuchte Freiheitsberaubung nach § 239 I StGB ist nicht strafbar (§ 23 I StGB). In Rechtsprechung und Lehre wird aber die Ansicht vertreten, der Versuch des § 239 I sei nach §§ 240, 22f *als Nötigungsversuch* zu bestrafen, soweit er mit Nötigungsmitteln begangen und i.S. des § 240 II StGB verwerflich sei.

> *Dreher-Tröndle,* § 240 Rdnr. 16; *Schäfer,* LK § 239 Rdnr. 32; *Schmidhäuser,* BT 4/28; *BGH* St 30, 235f; a.A. *Horn* in SK, § 239 Rdnr. 13; *Geppert,* Jura-Kartei § 240/5.

*Stellungnahme:* Dieser Meinung ist für den Fall nicht zu folgen, daß die Freiheitsberaubung, wäre sie vollendet, lex specialis gegenüber der Nötigung wäre (vgl. oben, Fall 26, f). In einem solchen Fall würde es eine *Umgehung der gesetzlichen Regelung in §§ 239 I, 23 I StGB* bedeuten, wollte man die nur versuchte Freiheitsberaubung aus §§ 240, 22f StGB bestrafen. A bleibt daher straflos.

*Ergänzende Hinweise* zu § 239 I StGB:

§ 239 ist ein *Dauerdelikt;* das bedeutet: *Vollendet* ist die Tat, sobald die Freiheit entzogen ist, *beendet* dagegen erst bei Wiedererlangung der Freiheit; auch das *Weiterbestehenlassen* der Freiheitsberaubung erfüllt den Tatbestand, was insbesondere für die Problematik der *sukzessiven Beteiligung* im Stadium nach Vollendung aber vor Beendigung der Haupttat bedeutsam ist.
Zur *Konkurrenz* §§ 239, 240 StGB siehe oben, Fall 26 (f).

## 2. § 239 II StGB

*Fall 28a:* Um es ihrem Liebhaber Bruno heimzuzahlen, daß er sie verlassen hat, beschuldigt Lilo ihn wider besseres Wissen bei der Staatsanwaltschaft, er habe wiederholt durch Verprügeln versucht, sie zu nötigen, für ihn »auf den Strich zu gehen«. Bruno wird auf diese Anzeige hin in Untersuchungshaft genommen; er kommt aber nach drei Tagen wieder frei, was die Lilo verbittert, da sie ihn mit wochenlanger Haft »bestrafen« wollte. Strafbarkeit der Lilo?

Sie hat sich a) nach *§ 164 I* und b) nach *§ 187* StGB strafbar gemacht.

c) Zudem ist sie der Freiheitsberaubung (§ 239 I StGB) in *mittelbarer Täterschaft* schuldig

> (vgl. dazu *Eser* in: *Schönke-Schröder,* § 239 Rdnr. 10; *BGH* St 3, 4).

d) Nach h. M. hat sie zudem einen strafbaren *Versuch des § 239 II 1. Altern. StGB* begangen:

Bei § 239 II 1. Altern. handelt es sich nach ganz h. A. um ein *erfolgsqualifiziertes* Delikt, für das § 18 StGB gilt.

> *BGH* St 10, 306; *Schäfer,* LK § 239 Rdnr. 33 m.w.N.; *Eser* aaO, Rdnr. 13; *Maurach-Schroeder* Bd. 1, S. 137; a.A. *Maurach,* S. 123.

Gleichwohl ist ein Versuch des § 239 II (*»Versuch des erfolgsqualifizierten*

*Delikts«)* als Straftat möglich, nämlich dann, wenn es zwar nicht zu der in § 239 II genannten Folge gekommen ist, der Täter diese Folge aber wollte (bzw. billigend in Kauf nahm).

> *Dreher-Tröndle,* § 239 Rdnr. 12; *Lackner,* Anm. 5; *Schäfer,* LK Rdnr. 34–36; *Welzel,* S. 329; *Eser* aaO, Rdnr. 14; *BGH* GA 1958, 304; *Blei,* S. 70 f.

Voraussetzung dafür ist aber stets, daß der Tatbestand der *vollendeten* Freiheitsberaubung nach § 239 I erfüllt ist; denn der *straflose Versuch des § 239 I* kann keine Haftung nach §§ 239 II, 22 f StGB begründen.

> So *Schäfer* aaO; *Ulsenheimer,* GA 1966, 276, 278; a. A. *BGH* aaO; *Stree,* Peters-Festschrift 1974, S. 187 (a. E.); *Arzt/Weber,* Rdnr. 552.

e) *Ergebnis:* Lilo ist aus §§ 164 I/187/239 I/239 II, 22 f StGB schuldig. Dabei stehen §§ 164, 187 und 239 II, 22 f in Idealkonkurrenz; §§ 239 II, 22 f verdrängen § 239 I (Gesetzeskonkurrenz), da erstere den Tatbestand einer vollendeten Freiheitsberaubung erfordern.

### 3. § 239 III StGB

Der Täter muß den Erfolg *wenigstens fahrlässig* herbeigeführt haben; bei *Vorsatz* ist Idealkonkurrenz zu §§ 211, 212 StGB gegeben.

> *»Durch die Freiheitsentziehung«* ist der Tod etwa in den folgenden Fällen verursacht: Das Opfer erleidet tödliche Verletzungen »unmittelbar bei dem Versuch, sich der Freiheitsberaubung zu entziehen« (*BGH* St 19, 382, 387); der Eingesperrte begeht Selbstmord (*Eser* in: Schönke-Schröder, § 239 Rdnr. 16).
> Tötet der Täter den seiner Freiheit Beraubten *vorsätzlich,* so greift § 239 III in der Alternative *»durch die ihm während derselben widerfahrene Behandlung«* ein; dies jedenfalls dann, »wenn zwischen der Freiheitsentziehung und der Tötungshandlung ein unmittelbarer innerer Zusammenhang besteht« (*BGH* St 28, 18).

### III. §§ 239 a, 239 b StGB

> – Siehe Bd. 2, Dritter Abschnitt, § 10.

### IV. Nötigung (§ 240 StGB)

#### 1. § 240 I StGB – Die Nötigungsmittel –

#### a) Drohung mit einem empfindlichen Übel

*Fall 29:* Landwirt Hinrich Hinrichsen (HH) hält seinen Nachbarn Peter Petersen (PP) für einen Hexer. PP, der dies weiß und sich schon lange darüber geärgert hat, will dem HH eins auswischen. Er erklärt ihm, er werde sein (des HH) Vieh »krank hexen«, falls HH nicht seinen gräßlich lauten Köter, der ihn zur Nachtzeit beim Hexen und Zaubern störe, weggebe. HH, der ernstlich um sein Vieh fürchtet, verschenkt den Hund, obwohl er an ihm hängt.
Strafbarkeit des PP aus § 240 StGB?
Hat PP den HH durch *Drohung mit einem empfindlichen Übel* genötigt?

(1) *Drohung* ist das In-Aussicht-Stellen eines Übels, *auf dessen Eintritt der Drohende Einfluß zu haben behauptet;* es ist weder erforderlich, daß der Drohende seine Drohung wahrmachen *will,* noch daß sie *ausführbar* ist; sondern es genügt, daß das Opfer die Drohung ernst nehmen sollte und auch ernst nahm.

> *BGH* St 23, 294, 295 (a. E.) f; *Dreher-Tröndle,* § 240 Rdnr. 5; *Eser* in: *Schönke-Schröder,* Rdnr. 30 f, 33 vor § 234.

Dabei ist unerheblich, ob der Täter behauptet, *er selbst* werde das Übel zufügen, oder ob er vorgibt, ein Dritter werde es auf *seinen* (Täter) Einfluß hin tun.

> *BGH* St 7, 197 f; *Dreher-Tröndle* aaO.

Von der Drohung ist demnach die bloße Warnung zu unterscheiden, bei der nur auf die »*unabhängig vom Willen des Warnenden* eintretende Folge eines bestimmten Verhaltens hingewiesen« wird.

> *Eser* aaO, Rdnr. 31 m.w.N.

(2) *Empfindlich* ist das angedrohte Übel, wenn seine Androhung geeignet ist, *einen besonnenen Menschen* zu dem mit der Drohung bezweckten Verhalten zu veranlassen

> (*Dreher-Tröndle,* aaO; *Lackner,* Anm. 4; *Schäfer,* LK Rdnr. 46; *Eser* in: *Schönke-Schröder,* § 240 Rdnr. 9);

durch diesen *objektiven Maßstab* werden »ungewöhnliche Reaktionen eines Überängstlichen« ausgeschaltet.

> *Eser* aaO. Für einen individuellen Beurteilungsmaßstab demgegenüber *Kohlrausch-Lange,* § 240 Anm. IV 2; *Blei,* S. 68; vermittelnd *Maurach-Schroeder* Bd. 1, S. 128.

(3) Hier hatte sich der Täter den *Aberglauben* seines Opfers zunutze gemacht. In einem solchen Fall ist – wie mir scheint – schon das Vorliegen einer *Drohung* zweifelhaft. Zwar ist die *Realisierbarkeit* der Drohung grundsätzlich nicht erforderlich; ob dies aber auch für solche »Drohungen« gelten kann, die *niemand* außer abergläubischen Menschen *ernst nehmen* kann, erscheint fraglich.

Zumindest aber liegt keine Drohung mit einem *empfindlichen Übel* vor, da das angedrohte Übel, »Krankhexen« des Viehs, nicht geeignet war, einen *besonnenen* Menschen zu etwas zu nötigen.

> Abweichend *Schröder* in: *Schönke-Schröder,* 17. Aufl. 1974, § 240 Rdnr. 9. Zutreffend demgegenüber *Eser* aaO: Zwar liege eine Drohung auch vor, wenn Dummheit, *nicht aber,* wenn nur *Aberglaube* das Angedrohte als Übel erscheinen lasse.

*Fall 29 a:* Gangster Mario nötigt eines seiner Opfer (X) zur Rücknahme einer Strafanzeige, und zwar mit der Begründung, anderenfalls werde er *dessen Tochter* »etwas antun«.

Mario hat den X durch *Drohung mit einem empfindlichen Übel* genötigt: Der Nötigungsadressat (X) und die unmittelbar bedrohte Person (Tochter des X) müssen nicht identisch sein. Es genügt vielmehr auch die Bedrohung eines *Dritten,* wenn die Ausführung des angedrohten Übels sich auch *für den Nötigungsadressaten* als »*empfindliches Übel*« darstellt

> (*BGH* St 16, 316, 318; *Schäfer,* LK Rdnr. 48; *Eser* in: *Schönke-Schröder,* § 240 Rdnr. 10),

was hier der Fall war.

## b) Der Begriff der Gewalt

Das in § 240 StGB geschützte Rechtsgut – die Freiheit der Willensentschließung und Willensbetätigung – muß durch »Drohung mit einem empfindlichen Übel« oder »*mit Gewalt*« angegriffen werden. Dabei ist *Gewalt* sowohl die *vis absoluta* als auch die *vis compulsiva*

(heute allgemeine Ansicht).

Vis absoluta ist der Angriff auf die Freiheit der Willensentschließung oder -betätigung durch *unüberwindlichen* Zwang (Beispiele: das Betäuben, Fesseln oder Festhalten des Opfers); vis compulsiva ist ein Angriff auf die Freiheit der Willensentschließung, dessen Zwangswirkung zwar *nicht* unüberwindlich ist, aber ausreichend, um diese Freiheit nicht unerheblich zu *beeinträchtigen* (Beispiel: das »Mürbemachen« des Opfers durch Prügel, so daß es den Wünschen des Täters nachgibt).

Dazu näher unten (2).

## (1) Die Entwicklung des strafrechtlichen Gewaltbegriffs

– Die folgenden Ausführungen sind zum Teil meinem Aufsatz »Probleme der Nötigung mit Gewalt…«, JuS 1974, 418 ff m.w.N., entnommen –.

Die Entwicklung des strafrechtlichen Gewaltbegriffs ist im wesentlichen *in drei Phasen* verlaufen:

(a) Die *erste Phase* wurde von der Rechtsprechung des *RG* beherrscht, das Gewalt als die »*Anwendung körperlicher Kraft* zur Überwindung eines geleisteten oder erwarteten Widerstandes« definierte.

RG St 64, 115 f; 56, 88.

Danach war Gewalt der körperlich (physisch) vermittelte Zwang, wobei die Körperlichkeit des Zwanges nach dem *Angriffsverhalten des Täters* bestimmt wurde, nicht nach der Auswirkung auf das Opfer.

Diese Deutung des Gewaltbegriffs hatte zur Folge, daß das *RG* z. B. die Anwendung betäubender Mittel nicht als Gewalt wertete, wenn diese Mittel dem Opfer gewaltlos beigebracht wurden. D. h. wer einen Schlafenden mit einem Narkotikum betäubte, beging danach keine Nötigung mit Gewalt.

RG St 58, 98; 72, 349; ebenso *Frank*, § 240 Anm. I 1.

Neben solchen Urteilen des *RG*, die jenen Gewaltbegriff auch wirklich ernst nahmen, gab es aber auch eine Fülle von Entscheidungen des Gerichts, die an der Formel »Gewalt als Entfaltung körperlicher Kraft« zwar festhielten, sie aber der Sache nach praktisch preisgaben – und zwar dadurch, daß sie statt auf diese Entfaltung körperlicher Kraft durch den *Täter* entscheidend auf die körperliche Wirkung des Zwanges beim *Opfer* abstellten. Als Beispiele dafür seien u. a. solche Urteile des *RG* genannt, welche die Abgabe von *Schreckschüssen* als Gewalt werteten

(*RG* St 60, 158; 64, 116; 66, 355 f):

Dabei wurde als maßgeblich die körperliche Einwirkung dieses Zwangmittels auf »die Sinne (Gesicht, Gehör, Geruch)« des Betroffenen herausgestellt, während das Erfordernis der »Aufwendung körperlicher Kraft beim Täter« offenbar zurücktrat; denn für die Betätigung des Abzugsbügels einer Pistole ist nun wirklich keine ins Gewicht fallende »Anwendung« körperlicher Kraft« erforderlich.

(b) Die Verlagerung des physischen Moments des Gewaltbegriffs weg vom Angriffsverhalten und *hin zur Auswirkung des Zwangsmittels beim Opfer* setzte sich endgültig in einem frühen Urteil des *BGH* durch; dieses Urteil steht damit am Beginn der *zweiten Phase* in der Entwicklung des strafrechtlichen Gewaltbegriffs:

Es entschied nämlich, Gewalt werde auch verübt, wenn der Täter das Opfer durch ein ohne Gewaltanwendung beigebrachtes Betäubungsmittel seiner Widerstandskraft beraube

*(»Chloräthyl-Fall«).* Zur Begründung führte der *BGH* aus: Zum Gewaltbegriff gehöre nicht notwendig, daß der Täter »erhebliche körperliche Kraft gegen das Opfer« anwende. Maßgeblich sei vielmehr die *körperliche Zwangswirkung beim Opfer;* ob diese dabei mittels Muskelkraft –z. B. einen betäubenden Schlag – erfolge oder durch Beibringen eines Narkotikum, sei unerheblich.

> *BGH* St 1, 145.

Jener Gewaltbegriff, der auf die *körperliche Zwangswirkung beim Opfer* abstellte, beherrschte in der Folge auch das Schrifttum und dominiert dort noch heute.

> *Blei,* NJW 1954, 583 ff; ders. Strafrecht II, S. 66 f; *Busse,* Nötigung im Straßenverkehr, 1968, S. 100 ff; *Geerds,* Einzelner und Staatsgewalt im geltenden Strafrecht, 1969, S. 31; *Geilen,* H. Mayer-Festschrift 1966, S. 445 ff; ders. JZ 1970, 525 ff; *Krey,* JuS 1974, 418, 421 f; *Neuberg,* JuS 1975, 112, 114; *Schmidhäuser,* BT 4/15; *Welzel,* S. 325; ähnlich anscheinend *Lackner,* § 240 Anm. 3 a, b; enger *Arzt/Weber,* Rdnr. 568 ff, 582.

Dabei ging man insoweit noch weiter als der *BGH,* als man klarstellte, das ehemals maßgebliche Kriterium der Aufwendung körperlicher Kraft durch den Täter sei völlig preiszugeben, so daß Nötigung mit Gewalt auch als Unterlassungsdelikt möglich sei.

> Vgl. nur *Blei,* NJW 1954, 583 ff; zur »Gewalt durch *Unterlassen*« vgl. weitere Nachweise bei *Krey* aaO, Anm. 19.

Demgegenüber hat der *BGH* wiederholt klargestellt:

> Gewalt könne zwar auch »ohne eigene erhebliche Körperkraft« ausgeübt werden; das bedeute aber nicht, daß der Begriff der Gewalt vom Erfordernis körperlicher Kraftanwendung völlig gelöst werden könnte (so u. a. *BGH,* NStZ 1981, 218; NStZ 1982, 158, 159 f; vgl. auch *BGH* St 25, 237, 238).

An der Definition der Gewalt als *körperlich wirkendem Zwang* zur Überwindung eines geleisteten oder erwarteten Widerstandes hat die Rechtsprechung des *BGH* lange festgehalten.

> Vgl. etwa *BGH* GA 1962, 145; *BGH* St 19, 265; 23, 127.

Doch wurde das Element der *Körperlichkeit* des Zwanges in neueren Entscheidungen dadurch weitgehend *entwertet,* daß man psychosomatische Nebenwirkungen der durch Drohung verursachten Furcht genügen ließ; dies sollen die folgenden Beispiele – *Fälle 30, 31 – verdeutlichen:*

### Fall 30: – Gewalt bei Erzwingung des Überholens? –

Schneck, ein »Gemütsmensch«, überholt auf der Autobahn mit seinem Opel Rekord eine kilometerlange Lkw-Kolonne mit etwa 105 km/h.

Schnell, der sich in seinem Sportwagen hinter Schneck befindet und es eilig hat, versucht, den Opel-Fahrer durch Blinken dazu zu bewegen, sich auf die rechte Spur zu begeben (die Lastwagen fahren im Abstand von etwa 100 m); Schneck denkt gar nicht daran. Daraufhin fährt Schnell unter wildem Gehupe und Geblinke bis auf zwei Meter an den Wagen des Schneck heran und setzt diese Fahrweise über mehrere Kilometer fort. Schneck bekommt es mit der Angst zu tun, wird unsicher, nervös und räumt die linke Fahrspur, obwohl er noch vier Lastzüge hatte überholen wollen.

Hat Schnell (S) den Schneck *mit Gewalt* genötigt?

Der *BGH* bejaht diese Frage

> (*BGH* St 19, 263; ebenso *OLG Karlsruhe,* NJW 1972, 962 und DAR 1979, 308; *OLG Köln,* VRS 1981, 425 ff; vgl. auch *OLG Düsseldorf,* GA 1977, 242; zur Kritik vgl. unten [2], [b] m.w.N.),

und zwar mit der Begründung:

Wesentlich für den Gewaltbegriff sei die Zwangswirkung auf den »Körper des Genötigten«. Dabei genügten aber Einwirkungen auf sein Nervensystem. Bei einem so gefährlich dichten Auffahren wie dem geschilderten »liege es nahe«, daß ein »durchschnittlicher Fahrer«, der so bedrängt werde, »in Sorge und Furcht geraten und nervös und fahrunsicher werden« könne; daher liege in einem solchen Auffahren körperlich wirkender Zwang.

*Fall 31:* Auf nächtlicher Straße bedroht Ede Wolf (E) einen Passanten mit einer geladenen und entsicherten Pistole; während der Passant die Hände hebt, nimmt ihm Ede die Brieftasche weg. Dabei löst sich versehentlich ein Schuß, der den Passanten tötet.

Hier hat der *BGH* – zu § 251 StGB a. F. – entschieden, E habe den Passanten nicht nur i. S. des § 249 StGB *bedroht*, sondern er habe *Gewalt angewandt.*

BGH St 23, 126; zur Kritik vgl. unten (2), (b) m.w.N.

Begründung des Gerichts: Eine solche Bedrohung stelle »unmittelbaren körperlichen Zwang« dar; denn sie wirke »unmittelbar auf die Sinne des Vergewaltigten« ein, versetze ihn hierdurch in einen »Zustand starker seelischer Erregung« und beeinflusse so »sein ganzes körperliches Befinden und damit auch die körperlichen Voraussetzungen der Freiheit der Willensentschließung«.

Durch dies Abstellen auf *Nervosität u. ä. psychosomatische Nebenwirkungen der durch Drohungen verursachten Furcht* ist das Kriterium der »*Körperlichkeit der Zwangswirkung*« weitgehend entwertet worden.

(c) Doch in der »Auflösung des strafrechtlichen Gewaltbegriffs«

(*Blei*, JA 1970, StR 1)

ist man noch einen Schritt weitergegangen:

Der *BGH* und Teile des Schrifttums haben nämlich inzwischen das Erfordernis, die Zwangswirkung der Gewalt müsse *physischer* Natur sein, gänzlich preisgegeben. Den Hauptanstoß zu dieser Preisgabe, die die *dritte Phase* in der Entwicklung des strafrechtlichen Gewaltbegriffs kennzeichnet, hat in der Lehre *Knodel* gegeben; ihm haben sich namentlich *Schröder* und *Maurach* angeschlossen.

*Knodel*, Der Begriff der Gewalt im Strafrecht, 1962, S. 25 ff, 59 ff; *Schröder* in: *Schönke-Schröder*, 17. Aufl. 1974, Rdnr. 7, 10 f vor § 234; *Maurach*, BT S. 113–115; ders. Heinitz-Festschrift, 1972, S. 409; ebenso offenbar *Eser* in: *Schönke-Schröder*, Rdnr. 6 ff, 15–17 vor § 234; *Haft*, S. 117; *Horn* in SK, § 240 Rdnr. 11; *Maurach-Schroeder* Bd. 1, S. 124 ff; *Preisendanz*, § 240 Rdnr. 3 a. Ähnlich *Backmann/Müller-Dietz*, JuS 1975, 39; *Otto*, S. 95.

Auf eine Darlegung von *Knodels* Gewaltbegriff muß hier verzichtet werden – insoweit sei auf meinen Aufsatz in JuS aaO (S. 420) verwiesen.

Der *BGH* hat das Kriterium der Körperlichkeit des Zwanges als Voraussetzung des Gewaltbegriffs im »*Laepple-Urteil*« aufgegeben; dort ging es um folgenden Fall:

*Fall 32:* Im Rahmen von Protestaktionen gegen eine Preiserhöhung kommunaler Verkehrsbetriebe veranstalten Studenten einen »Sitzstreik« auf dem Gleiskörper der Straßenbahn und blockieren den Straßenbahnverkehr. Nach etwa einer Stunde werden die Studenten von der Polizei gewaltsam von den Schienen entfernt. Haben die Studenten i. S. des § 240 StGB Gewalt angewendet?

Jenes Urteil entschied, mit Gewalt nötige, wer sich auf den Gleiskörper einer

Schienenbahn setze oder stelle und dadurch den Bahnführer zum Anhalten veranlasse. Zwar liege, so meinte das Gericht, kein physischer, sondern nur *psychischer* Zwang vor; doch genüge für den Begriff der Gewalt auch psychischer Zwang, wenn er von einigem Gewicht sei.

*BGH* St 23, 46. Zur Kritik vgl. unten (2) m.w.N.
(Zum Verzicht auf das *physische* Moment des Gewaltbegriffs vgl. auch – zu § 80 StGB a. F. – *BGH* St 8, 102, 103).
– Heute scheint es in der Judikatur des *BGH* aber wieder eine Rückbesinnung auf die Notwendigkeit einer *körperlichen* Zwangswirkung zu geben; dazu *BGH* NStZ 1981, 390 f; NStZ 1982, 158, 159 (a. E.) f. –

## (2) Der eigene Gewaltbegriff

(Zu *Callies* und *Haffke*, die sich eingehend mit dem Begriff der »Gewalt« befaßt haben, vgl. *Krey*, JuS aaO, Anm. 34 a.)

### (a) *Physisch vermittelter* Zwang als Voraussetzung der Gewalt

Dazu näher *Krey*, aaO, S. 421 f.

Die vom *RG* gebrauchte Formel, Gewalt sei die *»Anwendung körperlicher Kraft zur Beseitigung eines geleisteten oder erwarteten Widerstandes«*, ist zu *eng*: Es kann keinen Unterschied machen, ob das Opfer mittels eines betäubenden Schlages oder eines Narkotikums seiner Widerstandskraft beraubt wird, ob es gefesselt oder mittels Umdrehens des Schlüssels eingesperrt wird. Auf die *Entfaltung von Körperkraft* auf seiten des Täters kann es also nicht ankommen.

Entscheidend muß vielmehr sein, ob der Zwang *physisch* vermittelt wird oder ob rein psychisch vermittelter Zwang vorliegt:

Gewalt ist danach der physisch vermittelte Zwang im Gegensatz zur rein psychischen Zwangswirkung: Dabei erfordert *vis absoluta* eine unüberwindliche körperliche Zwangswirkung; demgegenüber genügt für *vis compulsiva*, daß der Täter durch physisch vermittelten Zwang von nicht unerheblichem Gewicht auf die Willensbildung des Genötigten Einfluß nimmt.

Verzichtet man nämlich auf das Erfordernis der *Körperlichkeit* der Zwangswirkung, so verläßt man m. E. den Rahmen des *möglichen Wortsinns* des Gesetzes

– dazu näher *Krey* aaO; so auch *Rüping/Kamp*, JuS 1976, 663 –;

zudem widerspricht eine derartige Auflösung des Gewaltbegriffs Sinn und Zweck der *gesetzlichen Differenzierung zwischen »Gewalt« und »Drohung mit einem empfindlichen Übel«*

(eingehend dazu *Krey* aaO m.w.N.).

Und schließlich würde ein solcher Verzicht der *sozialen Funktion* des § 240 StGB – soweit dieser die Nötigung *mit Gewalt* erfaßt – nicht gerecht; denn das Wesen einer derartigen Nötigung liegt gerade darin, daß der Täter den Bereich der *rein verbalen* Auseinandersetzung, des *rein psychisch* vermittelten Drucks verläßt und *durch Gewalttätigkeiten oder sonstigen körperlich vermittelten Zwang* den geleisteten oder erwarteten Widerstand eines anderen ausschaltet.

### (b) Nähere Bestimmung des Kriteriums »Körperlichkeit« der Zwangswirkung

*Vis absoluta:* Sie erfordert eine physisch vermittelte Zwangswirkung durch Schaffen eines *unüberwindlichen* Hindernisses. Eine solche körperliche Zwangswirkung ist stets anzunehmen, wenn sie sich unmittelbar auf den Körper des Betroffenen auswirkt. Das ist insbesondere der Fall, wenn der Genötigte betäubt, gefesselt oder festgehalten wird. Indes verlangt der Gewaltbegriff eine derartige unmittelbare Einwirkung auf die Physis des Opfers nicht; vielmehr genügt auch die Schaffung unüberwindbarer physischer Hindernisse (Barrieren), die es dem Opfer unmöglich machen, sich fortzubewegen.

Vgl. *Busse,* Nötigung im Straßenverkehr, 1968, S. 104 ff, 119 ff; *BGH* St 19, 265.

Daher ist z. B. in folgendem Fall Gewalt anzunehmen:

*Fall 33:* Huber überholt mit seinem VW einen Mercedes 220 D. Dessen Fahrer, Sepp, ärgert sich darüber, überholt seinerseits Huber, wird langsamer und verhindert anschließend durch beharrliches Linksfahren alle Überholversuche des VW-Fahrers.
Hat Sepp gegen Huber *Gewalt* (§ 240) angewandt?

Nötigung mit *Gewalt* bejahen hier u. a.; *BGH* St 18, 389; 19 aaO; *Schäfer,* LK Rdnr. 13. (Vis absoluta ist weiterhin gegeben: wenn der Täter das Opfer *einsperrt;* wenn mehrere Personen einem anderen *den Weg vertreten,* so daß er nicht an ihnen vorbeikommt; *Krey* aaO m.w.N.).

Was die *vis compulsiva* betrifft, so gilt folgendes: Auch bei ihr ist die Körperlichkeit der Zwangswirkung unproblematisch, wenn der Zwang sich *unmittelbar auf den Körper des Betroffenen auswirkt* (und diese Auswirkung nicht unerheblich ist).

Beispiel: Das oben erwähnte »Mürbemachen« des Opfers durch Schläge; dazu m.w.N. *Krey* aaO, 419 mit Anm. 21, 421 (a. E.) f.

Für eine solche körperliche Auswirkung reichen allerdings Nervosität, seelische Erregung u. ä. *psychosomatische Nebenwirkungen* der (durch Drohungen verursachten) Furcht entgegen der Annahme des *BGH*

(vgl. oben, Fälle 30, 31)

nicht aus.

Wie hier *Blei,* JA 1970, StR 41; *Busse* aaO, S. 111 ff; eingehend *Geilen,* JZ 1970, 524 ff; *Schmidhäuser,* BT 4/15; wohl auch *Müller-Dietz,* GA 1974, 47 f; wie der *BGH* aber *Backmann/Müller-Dietz,* JuS 1975, 39; offenbar auch *Schroeder,* JuS 1982, 492.

*Begründung:* Wären solche psychosomatischen Nebenwirkungen der durch Drohung erzeugten Furcht für das Vorliegen von Gewalt ausreichend, so wäre das Merkmal »Drohung mit einem empfindlichen Übel« *weitgehend,* das der »Drohung mit gegenwärtiger Lebens- oder Leibesgefahr« (§§ 249, 252, 255 StGB) *im wesentlichen* überflüssig. Zudem verfälscht das Abstellen auf jene Nebenwirkungen in einem Fall wie 31 den sozialen Sinn des Geschehens; denn sie sind nur *Begleitphänomene:* Entscheidender Motivationsfaktor beim Opfer – auch nach der Vorstellung des Täters – ist bei der Bedrohung mit einer Schußwaffe die *Furcht vor dem angedrohten* Übel, nicht etwaige körperliche Nebenwirkungen der Furcht.

*Geilen* aaO, S. 527 f.
Daß in Ausnahmefällen – z. B. bei einer Schrecklähmung – etwas anderes gelten kann, sei allerdings eingeräumt.

Konsequenz für die Fälle 30, 31: In beiden Fällen scheidet *Gewalt* aus.

In Fall 31 liegt »Drohung mit gegenwärtiger Lebensgefahr« vor.
In Fall 30 ist »Drohung mit einem empfindlichen Übel« anzunehmen: Mit seinem Verhalten brachte S konkludent zum Ausdruck, er werde seine gefährliche Fahrweise so lange fortsetzen, bis Schneck die linke Fahrbahn räume – d. h. S drohte dem Schneck durch schlüssiges Verhalten an, er werde ihn so lange gefährden, bis er (Schneck)

nachgebe; die *Androhung der Fortsetzung einer Übelszufügung* ist aber für das Nötigungsmittel »Drohung« ausreichend; wie hier *OLG Karlsruhe*, Justiz 1964, 124.

Fälle wie das erwähnte »Mürbemachen durch Schläge« sind zwar die klassischen Beispiele für die vis compulsiva.

> – Sie sind übrigens der Sache nach Sonderfälle der Drohung, da das Opfer durch die Furcht vor der Fortsetzung oder Wiederholung des Übels motiviert werden soll. Ihre Behandlung als Gewalt ist dabei durch die Einwirkung *auf den Körper* des Betroffenen geboten (dazu m.w.N. *Krey* aaO, S. 421, 2b).

Der Bereich der vis compulsiva ist aber nicht auf solche Situationen beschränkt. Weder muß diese Form der Gewalt mit (ausdrücklichen oder konkludenten) Drohungen verbunden sein, noch bedarf es einer unmittelbaren Einwirkung auf den Körper eines anderen. Vielmehr genügt ganz allgemein die Schaffung einer Situation, in der der Täter durch *physische* Hindernisse die Freiheit der Willensbildung eines anderen nicht unerheblich beeinträchtigt.

Dies mögen die folgenden *Beispiele* verdeutlichen:

> Wer einen anderen einschließt, wendet auch dann Gewalt an, wenn jener ohne die Gefahr schwerer Verletzungen aus dem Fenster springen könnte. Ebenso liegt Gewalt vor, wenn ein Fußgänger einem Pkw die Einfahrt in eine Parklücke verstellt (vgl. unten, Fall 35); denn dadurch wird eine »lebende Barriere« errichtet, die zwar überwindlich sein mag, aber doch das Weiterfahren als physisches Hindernis erschwert.

Dies letzte Beispiel macht nun deutlich, daß das Kriterium des physischen Zwanges insoweit der Relativierung bedarf, als bei der Frage, ob Menschen als »lebende Barriere« ein körperliches Hindernis darstellen, *normative* Erwägungen nicht ausgeklammert werden können: Erst wertende Erwägungen ergeben, daß Menschen, die sich auf Straßen oder Schienen setzen, in gleicher Weise eine körperliche Barriere bilden (und damit nicht nur psychisch, sondern *auch* physisch vermittelten Zwang ausüben), wie wenn sie eine Schranke errichteten; in beiden Fällen wird ein (jedenfalls *auch*) physisch wirkendes Hindernis geschaffen, mag dieses auch – durch Überfahren – überwindbar sein. Eine solche *Relativierung* des Merkmals »Körperlichkeit des Zwanges«

> – die aus rechtspolitischen Erwägungen geboten erscheint (*Schäfer*, LK § 240 Rdnr. 30, weist zu Recht darauf hin, bei der Beurteilung solcher *Blockaden* als Gewalt dürfe man sich nicht zu einseitig an dem Verhalten von *Demonstranten* orientieren; solche Blockaden könnten ja auch schikanös von Rocker-Banden oder gar zu verbrecherischen Endzielen [z. B. bei Behinderung von Feuerwehrwagen] erfolgen) –

mag nicht unbedenklich sein, bedeutet aber noch nicht seine Preisgabe.

> Im *Ergebnis* ist also dem »Laepple-Urteil« des *BGH* (St 23, 46) zuzustimmen, wenn es im Fall 32 (siehe oben) Gewalt annahm; vgl. weitere Nachweise bei *Krey* aaO, S. 422 Anm. 49.

– *Exkurs: Gewalt bei Störung von Vorlesungen:*
*Nach dem hier vertretenen Gewaltbegriff liegt Nötigung mit Gewalt beispielsweise auch vor, wenn Hochschullehrer »durch Geschrei, Gebrüll, Pfeifen, Absingen von Liedern oder Gebrauch von Lärminstrumenten«*

> (*BGH* NStZ 1982, 158, 159f)

*bzw. »durch dauerndes und lautstarkes Reden«*

> (*KG*, JR 1979, 162)

*dazu gebracht werden, Lehrveranstaltungen oder Prüfungen abzubrechen.*

So *BGH* und *KG* aaO.

Auch die h. L. bejaht in solchen Fällen Gewalt; so u. a. *Dingeldey*, NStZ 1982, 160 f; *Dreher-Tröndle*, § 240 Rdnr. 4; *Eser* in: *Schönke-Schröder*, Rdnr. 13 vor § 234 (»Verbalterror«); *Geilen*, Jura-Kartei § 240/1; *Schroeder*, JuS 1982, 493 f; *Wessels*, BT 1 S. 60.

*Begründung:* Die Störung von Vorlesungen durch *Schreien* u. ä. bedeutet den Einsatz *körperlich wirkenden Zwanges* zur Beseitigung eines geleisteten oder erwarteten Widerstandes; dem Dozenten wird es durch den Lärm *physisch unmöglich gemacht oder zumindest erheblich erschwert,* die Lehrveranstaltung abzuhalten. Dazu führt der *BGH* (aaO) aus: Solch ein körperlich wirkender Zwang durch Geräuschentwicklung sei jedenfalls dann anzunehmen, »wenn der Betroffene ihm entweder überhaupt nicht oder nur mit erheblicher Kraftentfaltung begegnen könnte (*Krey*, JuS 1974, 418, 422 Fußn. 49)«.

Zur Klarstellung: Wird es dem Dozenten durch Lärmen *unmöglich* gemacht, die Vorlesung abzuhalten, so liegt vis absoluta vor; wird ihm dies durch die Geräuschentwicklung *wesentlich erschwert,* so ist vis compulsiva gegeben.

Derartige Störungen von Vorlesungen sind auch rechtswidrig (§ 240 II StGB): Rechtfertigungsgründe greifen nicht ein. Und die *Verwerflichkeit* der Tat nach der Mittel-Zweck-Relation (§ 240 II) ist zu bejahen

(ebenso *BGH, KG, Geilen* und *Schroeder* aaO):

Nötigung mit Gewalt ist nämlich, sofern kein Erlaubnissatz eingreift, verwerflich i. S. dieser Vorschrift, es sei denn, das »*Geringfügigkeitsprinzip*« oder das »*regulative Rechtsprinzip der Wahrnehmung berechtigter Interessen*« greift ein

– dazu unten, 2., Fall 35, 36 –,

was aber bei derartigen Störungen grundsätzlich nicht anzunehmen ist.

Die angeführten Entscheidungen von *BGH* und *KG* sind also strafrechtsdogmatisch billigenswert.

Daß namentlich der Beschluß des *BGH* in der Presse »großes Aufsehen erregt hat« (*Dingeldey* aaO; *Schroeder* aaO, S. 491), ist erstaunlich und beunruhigend: Hatte man sich schon damit abgefunden, in welchem Umfang manche Universitäten *faktisch* dem Geltungsbereich des StGB und des strafprozessualen Legalitätsprinzips (§§ 152 II, 163 StPO) entzogen worden sind? –

(c) *Spezialfragen zum Gewaltbegriff* (»Gewalt gegen Sachen«; »Gewalt gegen dritte Personen«)

*Fall 34: – »Gewalt gegen Sachen« –*

Student Flott läßt sich einen Bart stehen. Sein Vermieter Bählamm ärgert sich darüber und kündigt das Untermieterverhältnis. Als Flott nicht räumt, hängt Bählamm die Fenster der nur durch einen Heizofen gewärmten »Bude« des Flott aus. Da klirrender Frost herrscht, muß F sein eiskaltes Zimmer aufgeben.
Hat Bählamm (B) Gewalt angewandt?

Die Frage ist zu bejahen: »Gewalt gegen Sachen« ist für § 240 StGB genügend, wenn sie sich für den Betroffenen als körperlich vermittelter Zwang auswirkt.

*Dreher-Tröndle*, Rdnr. 4, verlangt – sachlich übereinstimmend – eine »mittelbare *physische* Auswirkung« auf die Person des Opfers; vgl. ebenso *Lackner*, Anm. 3 b; *Welzel*, S. 325; weitergehend u. a. *Schäfer*, LK Rdnr. 39, *Horn* in SK, § 240 Rdnr. 11, 11 a, *Maurach-Schroeder* Bd. 1, S. 126, und *Eser* in: *Schönke-Schröder*, Rdnr. 17 vor § 234, die psychischen Zwang ausreichen lassen.

Das ist hier der Fall.

*RG* St 7, 269; ebenso *Dreher-Tröndle* und *Welzel* aaO.
– *Hinweis:* Zur Annahme von Gewalt, wenn der Vermieter dem Mieter die Wasser- oder Stromzufuhr sperrt, vgl. *Schäfer* aaO, Rdnr. 37–39 m.w.N. –

*Fall 34 a: – »Gewalt gegen dritte Personen« –*

Theodor (T) will die widerstrebende Dorothea (D) zur Duldung des Beischlafs nötigen; er schlägt ihr Kind so lange, bis D sich ihm hingibt.

Hat T Gewalt angewendet?

Die Frage ist zu bejahen: Hätte T die D selbst geschlagen, um sie dadurch mürbe zu machen, so läge Gewalt i. S. der §§ 240, 177 StGB vor. Bei Gewaltanwendung durch »Mürbeprügeln« braucht aber der Genötigte nicht notwendig mit dem Opfer der Gewalt identisch zu sein; es genügt, daß jenem das Opfer so nahesteht, daß ihn die Schläge, die es erleiden muß, ähnlich motivieren, wie wenn er selbst geschlagen würde.

*Dreher-Tröndle*, § 240 Rdnr. 4; *Lackner* und *Welzel* aaO; vgl. auch *RG* St 17, 82; *BayObLG*, JZ 1952, 237f; *Schäfer*, LK § 240 Rdnr. 33; a. A. *Schmidhäuser*, BT 4/15.

Das gilt für § 177 nicht anders als für § 240 StGB.

*Dreher-Tröndle*, § 177 Rdnr. 3; *Eser* in: *Schönke-Schröder*, § 177 Rdnr. 4; *Lackner*, § 177 Anm. 4a m.w.N.

## 2. Rechtswidrigkeit der Nötigung (§ 240 II StGB)

*Vorbem.: – Funktion des § 240 II StGB –*

Bekanntlich gilt im Strafrecht der Grundsatz: »Der Tatbestand indiziert die Rechtswidrigkeit«, was besagen will, *daß eine tatbestandsmäßige Handlung stets rechtswidrig ist, wenn kein Rechtfertigungsgrund sie erlaubt.* Dieser Grundsatz ist gemäß § 240 II StGB für die Nötigung nicht anwendbar; nach dieser Vorschrift ist eine gemäß § 240 I tatbestandsmäßige Nötigung nicht schon stets dann rechtswidrig, wenn kein Rechtfertigungsgrund eingreift, sondern nur dann, wenn zusätzlich festzustellen ist: Die Anwendung der Gewalt bzw. die Androhung des Übels zu dem angestrebten Zweck ist als *verwerflich* anzusehen. Die Rechtswidrigkeit bedarf also der *positiven* Herleitung aus der »Verwerflichkeit« i. S. des § 240 II StGB; insoweit spricht man von § 240 I StGB als einem »offenen Tatbestand«.

Vgl. insbesondere *Schäfer*, LK Rdnr. 53, 57; *Welzel*, S. 326; *BGH* St 2, 194, 195f (GS).
Zur *Einordnung des § 240 II StGB in den Verbrechensaufbau:* Die h. M. sieht diese Norm *nicht* als Ergänzung des Tatbestandes, sondern als spezielle Regelung für die *Rechtswidrigkeit* der Tat (*BGH, Schäfer* und *Welzel* aaO; *Schmidhäuser*, BT 4/18; ebenso offenbar *Horn* in SK, § 240 Rdnr. 36, 52; a. A. *Eser* in: *Schönke-Schröder*, Rdnr. 16 m.w.N.; *Haft*, S. 122; eingehend zu dieser Frage *Hansen*, Die tatbestandliche Erfassung von Nötigungsunrecht, 1972, S. 67, 103, 116). – Vgl. auch *Wessels*, BT 1 S. 64: § 240 II sei »Tatbestandsergänzung und Rechtswidrigkeitsregel«; die *»Bestandteile der Mittel-Zweck-Relation«* gehörten zum Tatbestand, das Werturteil (»verwerflich«) gehöre zur Rechtswidrigkeit. Ebenso u. a. *Samson* in SK, Rdnr. 18 vor § 32, m.w.N. –
Unabhängig von jener Einordnungsfrage besteht aber im wesentlichen darüber Einigkeit, daß der *Vorsatz* des Täters die tatsächlichen Umstände umfassen muß, aus denen sich das Verwerflichkeitsurteil ergibt; fehlt dieser Vorsatz, so greift § 16 StGB (analog) ein (vgl. *Lackner*, § 240 Anm. 6b; *Schäfer*, LK Rdnr. 96; *Horn* aaO, Rdnr. 53).

*Fall 35: – »Parklücken-Fall« –*

Daimler, der seine Ehefrau von der Bahn abholen will, hat nach langem Suchen in Bahnhofsnähe eine Parklücke entdeckt. Als er gerade seinen Pkw in die Lücke fahren will, verstellt ihm ein Fußgänger, Benz, den Weg; dieser möchte die Parklücke für einen Freund, der erst nach Daimler angekommen ist, freihalten. Daimler fürchtet, zu spät zur Bahn zu kommen; er schiebt den Benz mit seinem Wagen langsam vor sich her, wobei er mit der Stoßstange gegen die Beine des B stößt, und gelangt so in die Parklücke.
Strafbarkeit von Daimler (D) und Benz (B)?

*a) Strafbarkeit des B*

Dadurch, daß B dem D den Weg verstellte, könnte er sich einer versuchten Nötigung (§§ 240, 22 f StGB) schuldig gemacht haben.

(1) Tatbestand: Wer als Fußgänger einem Fahrzeug den Weg verstellt, wendet i. S. des § 240 I StGB *Gewalt an.*

> Vgl. oben, 1, b (2) (b); ebenso *Berz*, JuS 1969, 368; *Busse*, Nötigung im Straßenverkehr, 1968, S. 119; *BGH* St 23, 46; *BayObLG*, NJW 1963, 824 f; *OLG Köln*, NJW 1979, 2056 f. m.w.N. und Anm. von *Geilen*, Jura-Kartei § 240/2; kritisch *Blei*, JA 1971, StR 27.

B hat also versucht, den D mit Gewalt zu einem Unterlassen – nämlich zu unterlassen, in die Parklücke zu fahren – zu nötigen; damit ist der Tatbestand der §§ 240, 22 StGB erfüllt.

(2) *Rechtswidrigkeit*

(a) Rechtfertigungsgründe greifen nicht ein.

> – Zum *Aufbau:* Bei der Prüfung der Rechtswidrigkeit der Nötigung ist zunächst zu untersuchen, ob Rechtfertigungsgründe vorliegen; erst wenn diese Frage verneint ist, bedarf es einer Auseinandersetzung mit der Verwerflichkeitsklausel des § 240 II (*Krey*, JuS 1970, 293 Anm. 24; *Busse* aaO, S. 122 f; *Roxin/Schünemann/Haffke*, S. 44; *Wessels*, BT 1 S. 64; *Arzt/Weber*, Rdnr. 592; *Otto*, S. 99; *Horn* aaO, Rdnr. 51; *Würtenberger*, Rittler-Festschrift 1957, S. 134; eingehend *Hansen* aaO, S. 190; a. A. *Maurach*, BT S. 120; *Haft*, S. 121 f; *Eser* in: *Schönke-Schröder*, § 240 Rdnr. 25, a. E.):
> »Denn notwendige, wenn auch nicht hinreichende Bedingung für das Mißbilligungsurteil nach dieser Bestimmung ist, daß die Tat nicht durch einen Erlaubnissatz gerechtfertigt ist« (*Krey*, JuS 1970 aaO). –

§ 32 StGB, der allenfalls in Frage käme, scheidet schon deswegen aus, weil das Recht, eine freie Parklücke zu benutzen, derjenige *Kraftfahrer* hat, der sie zeitlich eher erreicht (»wer zuerst kommt, mahlt zuerst«); B durfte die Parklücke nicht für den später ankommenden Freund reservieren.

> Nachweise bei *Cramer*, Straßenverkehrsrecht, 2. Aufl. 1977, § 12 StVO Rdnr. 109 ff; *Jagusch*, Straßenverkehrsrecht, 26. Aufl. 1981, § 12 StVO Rdnr. 59.

Dies gilt auch dann, wenn der zuerst angekommene Fahrer sein Fahrzeug etwas vorzieht, um rückwärts in die Lücke einzufahren (*OLG Hamm*, NJW 1970, 2074 f).

(b) *§ 240 II StGB*

Maßgeblich für das Verwerflichkeitsurteil ist nicht die *isolierte* Bewertung des eingesetzten Mittels oder des angestrebten Zweckes, sondern die *Bewertung der Mittel-Zweck-Relation.*

> *Lackner*, Anm. 6 a.

Dabei verlangt das Merkmal der Verwerflichkeit nach der Rechtsprechung einen erhöhten Grad *sittlicher* Mißbilligung«

(BGH St 17, 328, 332; 19, 264, 268; *OLG Hamm,* JMBl NW 1963, 206),

während die Lehre überwiegend – zu Recht – auf die *»Sozialwidrigkeit«* der Tat abstellt.

*Roxin,* JuS 1964, 373 ff; *Dreher-Tröndle,* § 240 Rdnr. 8; *Horn* aaO, Rdnr. 39; *Schäfer,* LK Rdnr. 66; *Welzel,* S. 326.

B hatte den Tatbestand einer *Nötigung mit Gewalt* erfüllt; für eine solche Nötigung soll nach einer verbreiteten Ansicht die Verwerflichkeitsprüfung gemäß § 240 II StGB nicht erforderlich sein: Die Nötigung mit Gewalt sei *immer* rechtswidrig, sofern kein Erlaubnissatz eingreife; § 240 II sei allein im Hinblick auf das Nötigungsmittel *»Drohung«* bedeutsam.

(Nachweise pro und contra bei *Krey,* JuS 1974, 423 f.
Auch *BGH* NStZ 1982, 158, 160 meint: *»Die Gewaltanwendung ist indiziell für die Verwerflichkeit der Nötigung«;* kritisch dazu *Schroeder,* JuS 1982, 494.)

Dem ist mit der Maßgabe zu widersprechen: § 240 II StGB gilt gemäß seinem klaren Wortlaut auch für die Nötigung mit Gewalt; doch ist m. E. eine solche Nötigung – wenn kein Rechtfertigungsgrund sie erlaubt – *grundsätzlich* verwerflich, wobei dieser Grundsatz nur *zwei Ausnahmen* duldet, nämlich den Fall des Eingreifens
1. des *Geringfügigkeitsprinzips* oder
2. des *regulativen Rechtsprinzips der »Wahrnehmung berechtigter Interessen«.*

Zum Vorstehenden vgl. näher *Krey,* JuS 1974, 423 f m.w.N. pro und contra.

Im vorliegenden Fall entfällt nach dem *Geringfügigkeitsprinzip* eine Verwerflichkeit der Tat i. S. des § 240 II StGB

(ebenso *Berz* aaO; *OLG Stuttgart,* NJW 1966, 745, 748; *OLG Hamburg,* NJW 1968, 662; *Schäfer,* LK Rdnr. 77; *Neuberg,* JuS 1975, 112 [a. E.] f; im *Ergebnis* – wenn auch nicht in der *Begründung* – übereinstimmend *OLG Köln* aaO):

»Der alte Grundsatz ›minima non curat praetor‹ gilt bei der Nötigung in besonderem Maße. Zwangseinflüsse ohne Dauer und nennenswerte Folgen sind nicht im materiellen Sinne sozialschädlich« und damit nicht »verwerflich«

(*Roxin* aaO, S. 376; *Schäfer* aaO, Rdnr. 67; zum Geringfügigkeitsprinzip bei § 240 StGB vgl. auch *Horn* aaO, Rdnr. 49; *Arzt* in: Welzel-Festschrift 1974, S. 829);

um solch einen *geringfügigen* Zwang handelt es sich aber, wenn ein Fußgänger unter Verstoß gegen § 1 StVO einem Kraftfahrer den Weg in eine Parklücke verstellt

– es sei denn, es kommen besondere Umstände, etwa Handeln aus Schikane, hinzu.

*Ergebnis:* B ist nicht strafbar.

## b) Strafbarkeit des D aus § 240 StGB?

(1) Tatbestand: D hat den B mit Gewalt (die körperliche Zwangswirkung beim »Drücken eines Fußgängers mit dem Pkw« ist unproblematisch) zu einem Handeln (Zurückweichen) genötigt, d. h. den Tatbestand des § 240 I erfüllt.

(2) Rechtswidrigkeit
(a) Da D nach dem Prioritätsprinzip »Anspruch« auf die Parklücke hatte, könnte er durch Notwehr gerechtfertigt sein; dann müßte das Verhalten des B einen *Angriff auf ein Rechtsgut* des D darstellen.

Teilweise wird in der »Befugnis zum Gemeingebrauch« (die auch das Parken auf öffentlichen Straßen und Plätzen einschließt) bzw. in dem »Vorrang des Erstkommenden beim Parken« ein notwehrfähiges Recht gesehen.

> *Baumann*, NJW 1961, 1747; *Busse*, Nötigung im Straßenverkehr, 1968, S. 124–126; *Maurach*, AT S. 309; *Welzel*, S. 84; *BayObLG* NJW 1963, 824 f; *Jescheck*, S. 272; *Lackner*, § 32 Anm. 2 b.

Wäre das richtig, so könnte eine Rechtfertigung des D aus § 32 StGB nur unter dem Gesichtspunkt des *Notwehrmißbrauchs*

– der hier anzunehmen wäre (vgl. *OLG Hamm*, NJW 1970, 2074 f; *Schäfer*, LK Rdnr. 80) –

entfallen.

Nach anderer Ansicht, der Verf. folgt, liegt hier gar kein Angriff des B auf ein notwehrfähiges Rechtsgut des D vor: Die Vorschriften der StVO über *Vorfahrt* u. ä. dienen der Aufrechterhaltung der öffentlichen Sicherheit und Ordnung, sind also der Sache nach polizeirechtlicher Natur, begründen dagegen keine notwehrfähigen subjektiven *Rechte des Bürgers*.

> So *OLG Stuttgart*, NJW 1966, 745, 747 f; *Bockelmann*, NJW 1966, 747; *Baldus*, LK 9. Aufl., § 53 Rdnr. 14; *Maurach-Schroeder* Bd. 1, S. 131.

Danach kommt Notwehr gegenüber einer Beeinträchtigung der Bewegungsfreiheit im Verkehr nur in Frage, wenn die Beeinträchtigung eine *rechtswidrige (§ 240 II) Nötigung* (bzw. Freiheitsberaubung) darstellt.

> *OLG Stuttgart* aaO, S. 748; *Bockelmann* aaO; *Blei*, JA 1971 StR 108; *Lenckner* in: *Schönke-Schröder*, § 32 Rdnr. 9; *Samson* in SK, § 32 Rdnr. 8; *Baldus* aaO.

Folglich scheidet § 32 StGB hier aus, da das Verhalten des B keine rechtswidrige Nötigung (§ 240 II StGB) und damit kein Angriff i. S. des § 32 war.

### (b) § 240 II StGB

Nach h. A. handelt grundsätzlich verwerflich i. S. des § 240 II, wer als Kraftfahrer auf den einen Parkplatz verstellenden Fußgänger losfährt und diesen aus der Parklücke *herausdrückt*.

> *OLG Hamm*, NJW 1970, 2074 f und NJW 1972, 1826; *Berz* aaO, S. 370 f; *Bockelmann* aaO; *Dreher-Tröndle*, § 240 Rdnr. 10 a; *Geilen* aaO; *Lackner*, Anm. 6 a, aa; *Schäfer*,LK Rdnr. 80; a. A. *OLG Stuttgart* und *Hamburg* aaO; *Maurach-Schroeder* aaO; *OLG Köln*, NJW 1979, 2056, 2057.

Dem ist wegen der *Gefährlichkeit* eines solchen Verhaltens zu folgen; diese schließt ein Eingreifen des *Geringfügigkeitsprinzips* und – wegen der »*Unverhältnismäßigkeit*« der Durchsetzung des Vorranges – des *regulativen Rechtsprinzips der Wahrnehmung berechtigter Interessen* aus.

*Ergebnis:* D ist aus § 240 StGB strafbar.

### Fall 36: – § 240 StGB und Demonstrationsfreiheit –

Studenten, die auf die Gefährdung der Pressefreiheit durch eine weitgehende Monopolbildung beim Axel-Springer-Verlag hinweisen und die Öffentlichkeit »wachrütteln« wollen, blockieren ein Druckhaus dieses Verlags. Nach etwa einer Stunde erscheint die Polizei und zerstreut die Demonstranten.
Strafbarkeit der Studenten aus § 240 StGB?

*Fall 36a: – Ergänzungsfall zu Fall 36 –*

Studenten haben gehört, daß im »Spiegel« ein vernichtender Artikel über den Politiker X erscheinen soll. Zusammen mit Gesinnungsgenossen verhindern sie durch eine »Belagerung« etwa eine Stunde lang die Auslieferung des »Spiegels«, wobei Sprechchöre gegen dessen politische Linie laut werden.
Sind die Studenten gemäß § 240 strafbar?

In beiden Fällen ist der *Tatbestand* der Nötigung mit Gewalt (§ 240 I StGB) erfüllt.

*Rechtswidrigkeit* des Verhaltens der Demonstranten?

*a) Rechtfertigungsgründe?*

(1) Die sogen. *Demonstrationsfreiheit* (Art. 8, Art. 5 I GG) als Rechtfertigungs-grund?

(a) Bei einer nach dem Versammlungsgesetz

> (v. 24. 7. 1953, BGBl I, 684, i.d.F. der Bekanntmachung v. 15. 11. 1978, BGBl. I, 1789; *Sartorius* Nr. 435)

ordnungsgemäß angemeldeten und durchgeführten friedlichen Demonstration sind die mit der Durchführung *notwendig* verbundenen Beeinträchtigungen Dritter – etwa Behinderungen von Verkehrsteilnehmern durch Blockieren von Plätzen u. ä. – grundsätzlich aus Art. 8 GG i.V.m. dem VersammlG erlaubt.

> *Eser* in: *Schönke-Schröder,* § 240 Rdnr. 24b; *Tiedemann,* JZ 1969, 723 (1. Sp.); *Otto,* S. 102; *Dietel/Gintzel,* Demonstrations- und Versammlungsfreiheit, 6. Aufl. 1979, § 15 Rdnr. 60–62.

Dasselbe muß für *zulässige Spontandemonstrationen*

> (dazu *Dietel/Gintzel* aaO, § 14 Rdnr. 18ff; *Frowein,* NJW 1969, 1084ff; *Herzog,* JA 1969, 171; *Pappermann,* JuS 1970, 129 m.w.N.)

gelten.

> Vgl. *Tiedemann* aaO; ders. JZ 1970, 320 (1. Sp.).
> *»Spontandemonstrationen«* nennt man solche Demonstrationen, bei denen eine Einhal-tung der Anmeldevorschriften (§§ 14 i.V.m. 15 II VersammlG) unterblieben ist – etwa deswegen, weil bei deren Beachtung die Demonstration *wegen Zeitablaufs* ihren Sinn verloren hätte (siehe *Hesse,* Grundzüge des Verfassungsrechts…, 13. Aufl. 1982, Rdnr. 408).
> Als *zulässig* möchte ich solche Spontandemonstrationen bezeichnen, bei denen eine Abwägung der widerstreitenden Interessen ergibt, daß wegen eines *berechtigten Interes-ses* an der sofortigen Durchführung der Demonstration *deren Auflösung durch die Polizei* nach dem Versammlungsgesetz ermessensfehlerhaft und damit *rechtswidrig wäre* (zur Auflösung von Spontandemonstrationen vgl. insbesondere *Frowein* und *Hesse* aaO).

Bei solchen zulässigen Spontandemonstrationen sind daher Beeinträchtigungen Dritter (also etwa Eingriffe in die Fortbewegungsfreiheit von Kraftfahrern und Passanten), die durch den Demonstrationszug als solchen erfolgen, grundsätzlich rechtmäßig.

In den Fällen 36, 36a lag weder eine ordnungsgemäß angemeldete Demonstration noch eine zulässige Spontandemonstration vor, so daß das Versammlungsrecht (Art. 8 GG, Ver-sammlG) nicht rechtfertigend eingreift.

(b) Art. 5 I GG (Recht auf freie Meinungsäußerung) scheidet als selbständiger Rechtfertigungsgrund gegenüber § 240 I StGB aus; denn diese Strafbestimmung ist ein »allgemeines Gesetz« i. S. des Art. 5 II GG.

Art. 5 I ist aber im Rahmen der bei § 240 II erforderlichen Güter- und Interessenabwägung bedeutsam (vgl. unten, b).

(2) *Wahrnehmung berechtigter Interessen* als allgemeiner Rechtfertigungsgrund?

Die Wahrnehmung berechtigter Interessen ist nach § 193 StGB ein besonderer Erlaubnissatz im Bereich der *Ehrdelikte* (§§ 185 ff StGB). In der Literatur wird aber die Auffassung vertreten, dieser Rechtfertigungsgrund sei über den Rahmen der Ehrdelikte hinaus auf solche Tatbestände entsprechend anwendbar, die dem Schutz besonders gemeinschaftsbezogener Rechtsgüter dienen – also insbesondere auf § 240, dem Paradebeispiel eines solchen Tatbestandes. Hauptvertreter dieser Lehre sind *Eser, Schröder* und *Tiedemann.*

*Eser,* Wahrnehmung berechtigter Interessen als allgemeiner Rechtfertigungsgrund (1969); *Schröder* in *Schönke-Schröder,* 17. Aufl. 1974, Rdnr. 62 a vor § 51; *Tiedemann,* JZ 1969, 721 f; siehe auch *Schmidhäuser, AT 9/56.*
Zurückhaltend *Blei,* JA 1970, StR 85; ablehnend insbes. *Ballerstedt,* JZ 1973, 106 f; *Krey,* JuS 1974, 422 ff; ders. ZStW 1978, 181 f; *Suppert,* Studien zur Notwehr und »notwehrähnlichen Lage«, 1973, S. 223–231; *Dreher-Tröndle,* § 240 Rdnr. 7, § 193 Rdnr. 4; *Hirsch,* LK 9. Aufl. Rdnr. 155 vor § 51; *Lenckner* in: *Schönke-Schröder,* Rdnr. 80 vor § 32.

Dem ist zu widersprechen

(näher zum folgenden *Krey* aaO):

Als *allgemeiner Rechtfertigungsgrund,* der nach dem Prinzip der Einheit der Rechtsordnung auch auf Zivilrecht und öffentliches Recht ausstrahlt, ist die »Wahrnehmung berechtigter Interessen« nach § 193 auf die Ehrdelikte beschränkt. D. h. Angriffe durch Nötigung mit Gewalt können, soweit es um ihre *allgemeine* Widerrechtlichkeit geht – die insbesondere im öffentlichen Recht für die Annahme einer Störung der öffentlichen Sicherheit und Ordnung, im Zivilrecht für Schadensersatzansprüche relevant ist – *nicht* durch den Gesichtspunkt der Wahrnehmung berechtigter Interessen gerechtfertigt werden.

– Doch ist die »Wahrnehmung berechtigter Interessen« als *regulatives Rechtsprinzip* bei der Konkretisierung der Verwerflichkeitsklausel (§ 240 II) bedeutsam; dazu unten, b –.

(3) Sonstige Rechtfertigungsgründe kommen nicht in Betracht.

*b) Verwerflichkeitsurteil nach § 240 II StGB*

Wie ausgeführt, beansprucht zwar § 240 II auch bei der Nötigung *mit Gewalt* Geltung; doch ist eine solche Nötigung nur dann nicht verwerflich, wenn das *Geringfügigkeitsprinzip* (1) oder das *regulative Rechtsprinzip der Wahrnehmung berechtigter Interessen* (2) eingreifen.

Vgl. oben, Fall 35, a (2) (b).

(1) Das Geringfügigkeitsprinzip vermag hier den Tätern nicht zu helfen.

(2) Zum regulativen Rechtsprinzip der Wahrnehmung berechtigter Interessen:

Bei der Konkretisierung der Verwerflichkeitsklausel des § 240 II ist ein regulatives Rechtsprinzip wie »Wahrnehmung berechtigter Interessen« (W.b.I.) für die Wertentscheidung des Richters unentbehrlich.

*Krey,* JuS 1974, 423; zustimmend *Dreher-Tröndle,* § 240 Rdnr. 7.
*Beispiele* für das Entfallen einer *verwerflichen* Nötigung mit Gewalt unter jenem Gesichtspunkt der W.b.I.: Jemand verhindert mit Gewalt einen Selbstmord oder eine Straftat.

Jenes Rechtsprinzip W.b.I. nun bedarf der *verfassungskonformen Konkretisierung:* Was als W.b.I. nicht *verwerflich* ist, läßt sich nicht ohne Berücksichtigung der *Wertentscheidungen des Grundgesetzes* beantworten, wobei in den Fällen 36, 36a insbesondere Art. 5 I und 8 GG zu beachten sind; jene Wertentscheidungen sind bei der *Güter- und Interessenabwägung,* die das regulative Rechtsprinzip der *W.b.I.* erfordert, bedeutsam.

Bei dieser Interessenabwägung ist im Falle der *Nötigung mit Gewalt* (§ 240 I StGB) im Rahmen von *Demonstrationen*

– *die nicht ordnungsgemäß angemeldet wurden* (und auch keine zulässigen Spontande-monstrationen sind), das heißt vom Versammlungsrecht nicht gedeckt werden –

insbesondere zu berücksichtigen:
Grundsätzlich kommt ein Ausschluß der Verwerflichkeit nach dem Rechtsprinzip W.b.I. nur dort in Betracht, wo es sich um

– nicht allzu schwerwiegende –

*Nebenfolgen* einer friedlichen Demonstration handelt, wie sie z. B. unvermeidlich bei jedem Demonstrationszug, bei jeder Versammlung in *Innenstädten* auftreten.

Vgl. *Lackner,* Anm. 6a, aa m.w.N.; *BGH* St 23, 46, 56 f.

Denn das Demonstrationsrecht ist von Haus aus ein Mittel »*geistiger* Auseinander-setzung«; niemand ist berechtigt, mit Gewalt *zielgerichtet* in die Rechte anderer einzugreifen, »um auf diese Weise die Aufmerksamkeit der Öffentlichkeit zu erregen und eigenen Interessen oder Auffassungen Geltung zu verschaffen« (*BGH* aaO; *Dietel/Gintzel* aaO, § 15 Rdnr. 50).
Danach gilt für unsere Fälle folgendes:

In Fall 36a ist Verwerflichkeit (§ 240 II) anzunehmen, da die Täter durch gezielten physi-schen Zwang auf ein Presseorgan dessen *Meinung unterdrücken* wollten; hier wirkt sich Art. 5 I nicht für die Täter aus, sondern kehrt sich gegen sie.
In Fall 36 haben die Täter in das Grundrecht »Pressefreiheit« des Opfers eingegriffen, um die *Institution der Pressefreiheit,* die durch die Monopolbildung beim Opfer bedroht erscheint, schützen zu helfen. Gleichwohl ist auch hier das Verdikt »verwerflich« unvermeidlich; denn *allzu schwerwiegend* erscheint die zielgerichtete Zwangswirkung nach Art, Dauer und Intensität

(vgl. auch *BGH,* NJW 1972, 1571, 1573 – Zivilsenat –; *Dreher-Tröndle,* § 240 Rdnr. 9a; *Eser* in: Schönke-Schröder, § 240 Rdnr. 24a ff; *Lackner* aaO; *v. Münch,* Grundgesetz-kommentar, 1. Bd. 2. Aufl. 1981, Art. 8 Rdnr. 22, 23).

– *Der vielfach eingerissene Mißbrauch des Demonstrationsrechts läßt einige Klarstellun-gen als sinnvoll erscheinen:*
(1) Art. 8 GG gewährleistet lediglich das Recht, sich »*friedlich und ohne Waffen*« zu versammeln.
(2) Mit Wortlaut und Sinn des Art. 8 GG sowie des Art. 5 I GG ist es unvereinbar, *andere zur Diskussion zwingen oder ihnen gar die eigene Meinung aufnötigen zu wollen,* »sei es auch nur, um eine wirklich oder vermeintlich vorhandene apolitische Konflikt-feindlichkeit zu beseitigen« (*Erichsen,* Jura 1979, 459).
(3) Es gibt kein Grundrecht, *gezielt den* »*Verkehr zu blockieren oder Professoren am Lehren zu hindern*« (*Schmidt-Bleibtreu/Klein,* Kommentar zum GG, 5. Aufl. 1980, Art. 8 Rdnr. 4).
(4) Der Anspruch des Bürgers, »in Frieden gelassen zu werden« (*Arzt/Weber,* Rdnr. 594, 597), die »Freiheit des einzelnen, zu privatisieren« (*Erichsen* aaO), haben Verfassungsrang (*Erichsen* aaO m.w.N.), und zwar keineswegs einen geringeren als das Demonstrationsrecht.

(5) »*Widerstand*« *durch Besetzen von Bauplätzen* u. ä. ist *nicht* durch das Demonstrationsrecht gedeckt.

(6) Ein »*Widerstandsrecht*« erkennt unsere Verfassung nur im Rahmen des Art. 20 IV GG an. –

## Ergänzender Hinweis zu § 240 II: Roxins Ordnungsprinzipien

Zur Konkretisierung des § 240 II hat *Roxin* eine Reihe von »sozialen Ordnungsprinzipien« entwickelt, nämlich

a) *Rechtswidrigkeitsprinzip* (wer einen anderen nach § 240 I zu einem verbotenen Verhalten nötige, handele immer verwerflich).

b) *Güterabwägungsprinzip* (wer jemandem eine Tracht Prügel androhe oder ihn festhalte, um ihn von einem Diebstahl abzuhalten, sei straflos).

c) *Geringfügigkeitsprinzip* (»minima non curat praetor«).

d) *Prinzip des Vorranges staatlicher Zwangsmittel* (wer sich für eine Forderung gewaltsam Befriedigung verschaffe, handele wegen der »Überschreitung des Selbsthilferechts und der Umgehung des Klageweges« stets verwerflich).

*Roxins* Ansicht: *wer einen begründeten Anspruch eigenmächtig mit Gewalt durchsetze, mache sich der Nötigung schuldig*, ist herrschend (vgl. u. a. *Arzt*, Welzel-Festschrift, 1974, S. 835; *Eser* aaO, Rdnr. 21; siehe auch Bd. 2, Fall 43 a, – b (2) –; kritisch aber *Fezer*, GA 1975, 353 ff, 359).

e) *Prinzip des mangelnden Zusammenhanges* (wer an sich legitime Ziele anstrebe, nötige in verwerflicher Weise, wenn er sich dazu eines Mittels bediene, das mit dem Ziel »in keinerlei innerer Beziehung« stehe).

f) »*Autonomieprinzip*« (§ 240 I, II entfalle, wenn jemand die Unterlassung einer Handlung androhe, die rechtlich in seinem Belieben stehe).

Vgl. im einzelnen *Roxin*, JuS 1964, 376 f.

– *Ergänzende Hinweise hierzu*:

Zu b) und c): Nach diesen Prinzipien kann auch bei der Nötigung *mit Gewalt* die Verwerflichkeit fehlen.

Zum »Geringfügigkeitsprinzip« vgl. bereits oben, Fall 35.

Zum »Güterabwägungsprinzip«: Der von ihm erfaßte Fall ist für mich ein Fall des Eingreifens des *regulativen Rechtsprinzips* »*Wahrnehmung berechtigter Interessen*« (oben, Fall 36, b).

Zu f): Nach h. A. erfüllt die *Drohung mit einem Unterlassen* nur dann das Tatbestandsmerkmal »Drohung mit einem empfindlichen Übel«, wenn der Drohende eine Rechtspflicht zum Handeln hatte; so u. a. *BGH* NStZ 1982, 287; *OLG Hamburg*, NJW 1980, 2592 (mit zustimmender Anmerkung von *Ostendorf*, NJW aaO, und kritischer Anm. von *Geilen*, Jura-Kartei § 240/3); *Dreher-Tröndle*, § 253 Rdnr. 5; *Horn* in SK, § 240 Rdnr. 16; *Arzt/Weber*, Rdnr. 590 (sie scheinen dabei zu verlangen, daß der Drohende durch sein Unterlassen ein unechtes oder echtes Unterlassungsdelikt begehen würde); *abweichend* u. a. *RG* St 72, 75; *OLG Stuttgart*, NStZ 1982, 161, 162; *Eser* in: Schönke-Schröder, § 240 Rdnr. 9; *Maurach-Schroeder* Bd. 1, S. 132; *Volk*, JR 1981, 274 ff. –

Durch diese Ordnungsprinzipien erhält die vage Generalklausel des § 240 II die im Hinblick auf Art. 103 II GG anzustrebenden schärferen Konturen.

Vgl. aber auch die eingehende Kritik bei *Horn* in SK, § 240 Rdnr. 38 ff.

## § 5  Straftaten gegen die Ehre (§§ 185–200 StGB)

### I. §§ 185–187a StGB
Vorbemerkung: – *Geschütztes Rechtsgut* –

Geschütztes Rechtsgut der §§ 185–187a StGB ist die *Ehre;* die Bedeutung des Ehrbegriffs ist dabei streitig. Die *Rechtsprechung* vertritt einen »normativ-faktischen Ehrbegriff«: Sie definiert das Angriffsobjekt der Ehrdelikte als »die dem Menschen als Träger geistiger und sittlicher Werte zukommende *innere Ehre,* außerdem seine darauf beruhende Geltung, sein *guter Ruf* innerhalb der mitmenschlichen Gesellschaft« *(äußere Ehre).*

> *BGH* St 11, 67, 70 (a. E.) f, GS; zust. *Dreher-Tröndle,* § 185 Rdnr. 2; wohl auch *Eser,* Strafrecht 3, S. 181 A 9.
> Dabei soll § 185 jene »innere Ehre« schützen, dagegen § 186 StGB die »äußere Ehre«.

Jene Auffassung stellt also auf den personalen *und den sozialen Wert* der Ehre ab. Anders demgegenüber der *rein personale Ehrbegriff,* nach dem die Ehre allein in dem Wert besteht, »den der Mensch in bezug auf seine sittliche Integrität ... aufweist«;

> diesen normativen Ehrbegriff vertreten insbes. *Hirsch,* Ehre und Beleidigung, 1967, S. 29 ff, 45 ff, 72 ff; *Welzel,* S. 303; ähnlich *Herdegen,* LK Rdnr. 1 ff vor § 185; *Rudolphi* in SK, Rdnr. 5 vor § 185; *Schmidhäuser,* BT 5/1; *Tenckhoff,* Die Bedeutung des Ehrbegriffs..., 1974, S. 71.
> – Auf den »*sozialen Geltungsanspruch*« des einzelnen stellen u. a. ab: *Otto,* S. 113 ff; *Maurach-Schroeder* Bd. 1, S. 199 ff; ähnlich *Arzt/Weber,* Rdnr. 428; *Wessels,* BT 1 S. 72; vgl. auch *Lenckner* in: *Schönke-Schröder,* Rdnr. 1 vor § 185: »sittlicher, personaler und sozialer Geltungswert und der daraus folgende Achtungsanspruch«. –

### 1. § 185 StGB

*Fall 37: – Die drei Begehungsformen des § 185 StGB –*

Kaufmann Soll warf seinem Angestellten Flott unter vier Augen vor, er (Flott) habe sich an der Ladenkasse »vergriffen«: es fehlten nämlich DM 500,–. Diese Anschuldigung war objektiv falsch; Soll hielt sie aber für zutreffend.
Strafbarkeit des Soll (S)?

§ 185 StGB umfaßt drei Begehungsformen:
(1) Äußerung eines beleidigenden *Werturteils* gegenüber dem *Betroffenen* sowie
(2) über den Betroffenen gegenüber *Dritten;*
(3) zudem die Behauptung ehrenrühriger *Tatsachen* gegenüber dem *Betroffenen.*

*Lackner,* § 185 Anm. 2; *Lenckner* in: *Schönke-Schröder,* § 185 Rdnr. 1.

Dagegen kommen bei Behauptung ehrenrühriger Tatsachen gegenüber *Dritten* nur §§ 186 bis 187a StGB in Betracht.

Im vorliegenden Fall ist – mittels der Begehungsform (3) – der objektive Tatbestand einer Beleidigung i. S. des § 185

(= Kundgabe der Nichtachtung oder Mißachtung)

erfüllt. Doch entfällt mangels Vorsatzes der subjektive Tatbestand:
Bei § 185 in der Begehungsform (3) ist nämlich

– anders als bei § 186 StGB (vgl. Fall 38) –

die *Unwahrheit* der Behauptung *Tatbestandsmerkmal,* so daß sie vom Vorsatz des Täters umfaßt sein muß

> *(BayObLG,* NJW 1959, 57; *OLG Köln,* NJW 1964, 2121; *OLG Koblenz,* MDR 1977, 864; *Dreher-Tröndle,* § 186 Rdnr. 12; *Eser,* Strafrecht 3, S. 190 A 68f; *Kohlrausch-Lange,* § 185 Anm. V; *Lenckner* in: Schönke-Schröder, § 185 Rdnr. 6; *Rudolphi* in SK, § 185 Rdnr. 4; *Preisendanz,* § 185 Anm. II 1c; *Schmid,* MDR 1981, 15, 16; *Wessels,* BT 1 S. 81);

an diesem Vorsatz fehlt es hier.

> Abweichend nehmen *Hirsch* (aaO, S. 204 ff), *Herdegen* (LK § 185 Rdnr. 22), *Lackner* (§ 185 Anm. 6 m.w.N.), *Otto* (S. 117) und *Welzel* (S. 310), an, das Beweisrisiko gehe – *ebenso wie bei § 186 StGB* – zu Lasten des Täters.
> Diese Auffassung begegnet unter dem Gesichtspunkt der *Analogie zum Nachteil des Täters Bedenken,* da sie sich auf die Sonderregelung des § 186 beruft.

*Ergebnis:* Gemäß § 16 StGB ist S nicht strafbar.


*Fall 37 a: – Beleidigung unter einer Kollektivbezeichnung (I) –*

Studentin Rosa gerät bei ihrer Vernehmung durch Staatsanwalt Streng in Zorn über den von diesem angeschlagenen – nach ihrer Meinung unangemessenen – Ton; erregt ruft sie aus, alle Staatsanwälte seien »käufliche Kapitalistenknechte«. Streng, zudem sein Kollege Seltsam, dem Streng den Vorfall erzählt und der sich ebenfalls beleidigt fühlt, stellen Strafantrag.

a) § 186 StGB scheidet mangels *Tatsachenbehauptung* aus; denn hier war offenbar in erster Linie ein *Werturteil* (das allenfalls in tatsächlicher Beziehung erläutert wurde) gewollt.

> Für die Frage: *Werturteil oder Tatsachenbehauptung?* kommt es auf den *Schwerpunkt* der beleidigenden Äußerung an (*BGH* St 6, 159; 12, 287, 292; *Lackner,* § 186 Anm. 3; *Dreher-Tröndle,* § 186 Rdnr. 2). Dabei ist für den obj. Tatbestand der »objektive Erklärungswert« der Äußerung maßgeblich, für den subj. Tatbestand der Vorsatz des Täters.
> Die Annahme, in erster Linie sei ein *Werturteil* ausgesprochen, wird nicht dadurch ausgeschlossen, daß dieses in tatsächlicher Beziehung näher erläutert wird (*Lenckner* aaO, § 186 Rdnr. 4). Umgekehrt liegt grundsätzlich nur § 186 und nicht § 185 vor, wenn der Täter der *Tatsachenbehauptung* ein aus dieser abgeleitetes Werturteil hinzufügt (*BGH* St 12 und *Lenckner* aaO).
> Dagegen ist Tateinheit zwischen §§ 185 und 186 StGB gegeben, »wenn im Zusammenhang mit der ehrenrührigen Tatsachenbehauptung ehrverletzende Werturteile ausgesprochen werden, die nicht oder nicht ausschließlich aus dieser ableitbar sind« (*BGH* aaO).

b) *§ 185 StGB*

(1) Beleidigung des *Streng*
Die fragliche Äußerung der Rosa (R) stellt eine *Beleidigung* – d. h. eine »Kundgabe der Nichtachtung oder Mißachtung« – des Streng dar. Die R hat also ein Vergehen nach 185 StGB begangen.

> – Zum Antragserfordernis vgl. § 194 StGB –.

(2) Beleidigung »aller Staatsanwälte«, d. h. auch des *Seltsam?*

(a) Ob ein Verhalten als Kundgabe von Nicht- oder Mißachtung zu deuten ist, bestimmt sich nach seinem *objektiven Erklärungswert.*

> *Lackner,* § 185 Anm. 3a; *Welzel,* S. 307.

Daher ist zu fragen, ob nach dem *objektiven Erklärungswert* der Äußerung der R diese nur den Streng oder wirklich *alle* (deutschen) Staatsanwälte beleidigen wollte.

Eine Beleidigung aller (deutschen) Staatsanwälte ist hier schwerlich anzunehmen, da die R ihre Äußerung nur gegenüber einem bestimmten Staatsanwalt, über dessen Verhalten sie erzürnt war und den sie kränken wollte, gemacht hat. Im übrigen wären für den subjektiven Tatbestand (Vorsatz) Wissen und Einverständnis der R erforderlich, man könne ihre Äußerung auf alle Staatsanwälte beziehen

> (*Dreher-Tröndle,* § 185 Rdnr. 22);

dies ist nach dem Sachverhalt wohl nicht anzunehmen.

Danach hat die R gegenüber anderen Staatsanwälten als Streng keine Beleidigung begangen.

(b) Wäre die Äußerung der R dagegen so zu verstehen, daß sie tatsächlich *alle* Staatsanwälte (der Bundesrepublik) erfassen sollte, und handelt die R insoweit vorsätzlich, so wäre auch gegenüber Staatsanwalt Seltsam der Tatbestand des § 185 erfüllt:

In der Rechtsprechung und Lehre ist nämlich anerkannt, daß eine Kollektivbeleidigung im Sinne der Beleidigung *aller Mitglieder* einer Personenmehrheit durch mißachtende Äußerungen über die fragliche Personenmehrheit möglich ist; Voraussetzung dafür ist allerdings, daß »diese Personenmehrheit so aus der Allgemeinheit hervortritt, daß der Kreis der beteiligten Einzelpersonen *deutlich umgrenzt* ist«.

> *BGH* St 11, 207, 208 m.w.N.; *Herdegen,* LK Rdnr. 18 vor § 185.

Als solche deutlich umgrenzten Personenmehrheiten sind anerkannt u. a.:

> Die in Deutschland lebenden Juden (*BGH* aaO; *BGH* St 16, 49, 57; zweifelnd *Lackner,* Anm. 2a vor § 185); dasselbe muß m. E. für »die türkischen (bzw. griechischen usw.) *Gastarbeiter«* gelten.
> Der deutsche Richterstand (*Dreher-Tröndle* aaO m.w.N.); die bei einem bestimmten Einsatz tätigen Polizeibeamten (*RG* St 45, 138; siehe dazu auch *OLG Frankfurt,* NJW 1977, 1353, mit kritischer Besprechung von *Wagner,* JuS 1978, 674ff).
> Nach Ansicht des 5. Strafsenats des *OLG Düsseldorf,* MDR 1981, 868, soll dasselbe schlechthin für »die in Schutz- und Kriminalpolizei tätigen Beamten« gelten; anders dagegen der 2. Strafsenat des *OLG Düsseldorf,* MDR 1981, 337 (Hinweis: Für Fälle solcher »Innendivergenz«, d.h. der Abweichung eines OLG-Strafsenats von der Rechtsprechung eines anderen Strafsenats *desselben* OLG, gilt die Vorlegungspflicht des § 121 II GVG nach seinem Normtext nicht. Doch sprechen gute Gründe dafür, in derartigen Fällen diese Vorschrift *analog* anzuwenden; *anders freilich Rechtsprechung und h. L.*).
> – Dagegen *nicht:* »die Protestanten, Katholiken, Akademiker u. ä.« (*BGH* St 11 aaO). –

Nicht anders als die deutschen *Richter* sind auch die deutschen *Staatsanwälte* nach dem »Kreis der beteiligten Einzelpersonen deutlich umgrenzt«; d.h. eine Kollektivbeleidigung der in der BRD tätigen Staatsanwälte ist möglich.

## 2. §§ 186, 187a I StGB

*Fall 38: – Beleidigung unter einer Kollektivbezeichnung (II) –*

Journalist Koch schreibt in einer Tageszeitung, in der Bundesregierung sitze ein – von Koch nicht benannter oder erkennbar gemachter – Landesverräter, der für den Osten als Agent arbeite. Koch hält für möglich, daß seine Behauptung unwahr ist. Die Minister X, Y und Z stellen Strafantrag. Der Wahrheitsbeweis (§ 192) wird nicht erbracht. Strafbarkeit des Koch (K)?

### a) §§ 187, 187 a II StGB

Erforderlich für den subj. Tatbestand dieser Normen ist ein Handeln »wider besseres Wissen«; hierfür ist sichere Kenntnis der Unwahrheit nötig, d. h. dolus eventualis nicht genügend. Danach scheiden §§ 187, 187 a II StGB hier aus.

### b) §§ 186, 187 a I StGB

(1) Tatbestand

(a) K hat durch seine Äußerung den Tatbestand der üblen Nachrede (§ 186 StGB) *gegenüber allen Mitgliedern der Bundesregierung erfüllt*

> (näher zu den Tatbestandsalternativen »behaupten« und »verbreiten« unten, Fall 39 a):

Durch die Äußerung eines ehrenrührigen Verdachts, die sich gegen einen einzelnen Angehörigen eines bestimmten Personenkreises richtet, ohne ihn namentlich oder sonstwie zu kennzeichnen, kann der Täter sämtliche Angehörigen dieses Personenkreises beleidigen.

> *BGH* St 14, 48; 19, 235; *OLG Düsseldorf* MDR 1981, 868; *Dreher-Tröndle*, § 185 Rdnr. 22; *Herdegen*, LK Rdnr. 17 vor § 185 m.w.N.

Das ist der Fall, wenn der Täter gerade dadurch, daß er keinen Namen nennt, *den Verdacht auf jedes Mitglied der fraglichen Personenmehrheit lenkt* und auch insoweit vorsätzlich handelt (wobei dolus eventualis ausreicht).

> *BGH, OLG Düsseldorf, Dreher-Tröndle* und *Herdegen* aaO.

Allerdings muß der Personenkreis begrenzt, d. h. ohne weiteres überschaubar sein, da sich die Verdächtigung anderenfalls »in der Unbestimmbarkeit verliert«

> (*OLG Düsseldorf* und *Herdegen* aaO; *Lackner*, Anm. 2 a vor § 185);

dies Erfordernis ist bei der Bundesregierung erfüllt.

> Nicht hinreichend überschaubar wäre z. B. der mit »Persönlichkeit des öffentlichen Lebens in Bayern« bezeichnete Personenkreis; *BGH* St 19 aaO, S. 239.

(b) *Nichterweislichkeit* der ehrenrührigen Tatsachenbehauptung

Das Erfordernis, daß die geäußerte Tatsache nicht erweislich wahr sein darf, ist nach *h. A.* kein Tatbestandsmerkmal; vielmehr ist die *Nichterweislichkeit Bedingung der Strafbarkeit,* die *Beweisbarkeit Strafausschließungsgrund.*

> So *BGH* St 11, 273, 274; *Eser*, Strafrecht 3, S. 187f A 52–53; *Herdegen*, LK § 186 Rdnr. 12; *Lenckner* in: *Schönke-Schröder*, § 186 Rdnr. 10; vgl. auch *Lackner*, § 186 Anm. 6; *Maurach-Schroeder* Bd. 1, S. 213, 216; kritisch *Arzt/Weber*, Rdnr. 447.
>
> Abweichend – mit Rücksicht auf das Schuldprinzip – *Hirsch* (Ehre und Beleidigung, 1967, S. 168ff, 203) und *Welzel* (S. 313f):
> Nach ihrer Auffassung greift § 186 StGB nur ein, wenn die behauptete Tatsache unwahr oder nicht erweislich wahr ist *und subjektiv der Täter entweder mit Unwahrheitsvorsatz gehandelt hat oder ihm bezüglich der Wahrheitsfrage Sorgfaltswidrigkeit zur Last fällt;* ebenso *Rudolphi* in SK, § 186 Rdnr. 15.

Der *Vorsatz* des Täters braucht also nach h. M. nur die Ehrenrührigkeit der Tatsache zu umfassen, *nicht die Unwahrheit bzw. die Nichterweislichkeit der Wahrheit der Tatsachenbehauptung.*

Jene obj. Strafbarkeitsbedingung der Nichterweislichkeit liegt hier vor.

(c) § 187a I StGB: Die *qualifizierenden* Umstände dieser Norm sind erfüllt.

»*Im politischen Leben des Volkes*« – gemeint ist das der Bundesrepublik Deutschland – *stehen* insbesondere: Regierungsmitglieder; Bundestags- und Landtagsabgeordnete; sonstige maßgebliche Politiker der Regierungs- und Oppositionsparteien; Richter des BVerfG (*Dreher-Tröndle*, Rdnr. 2 m.w.N.); weiterhin die Führer der Gewerkschaften und Arbeitgeberverbände (*Lenckner* in: *Schönke-Schröder*, Rdnr. 2, 3).

*Keine* Personen des politischen Lebens i. S. des § 187a StGB sind z. B. Gemeinderatsmitglieder (*BayObLG* JZ 1982, 516); Landräte (*OLG Frankfurt*, NJW 1981, 1569).

Der Tatbestand der §§ 186, 187a I StGB ist also gegeben.

(2) Rechtfertigung des K aus *§ 193 StGB* (i.V.m. Art. 5 I GG)?

Bei § 193 StGB handelt es sich um einen *Rechtfertigungsgrund*, nicht lediglich um einen Schuldausschließungsgrund.

h. M., vgl. *Lenckner* in: *Schönke-Schröder*, Rdnr. 1 m.w.N.
Zur Frage der analogen Anwendbarkeit des § 193 außerhalb des Bereichs der Ehrdelikte vgl. oben, Fälle 36, 36a – a, (2) –.

Dieser Erlaubnissatz ist anwendbar vornehmlich bei §§ 186, 187a I StGB. Bei der *Verleumdung* (§§ 187, 187a II StGB) scheidet eine Rechtfertigung aus § 193 StGB nach einer Mindermeinung *stets*

(*Lenckner* in: *Schönke-Schröder*, § 193 Rdnr. 4; *Welzel*, S. 321; *Rudolphi* aaO, § 193 Rdnr. 2),

nach h. M. *in aller Regel* aus

(i. S. der h. M. u. a. *Arzt/Weber*, Rdnr. 453; *Dreher-Tröndle*, § 193 Rdnr. 3; *Herdegen*, LK § 187 Rdnr. 4; *Lackner*, § 193 Anm. 1c).
Der h. A. dürfte – insbesondere im Hinblick auf das *Leugnen des Angeklagten im Strafprozeß*, wenn dieses den Vorwurf des Meineides an einen Zeugen bedeutet (vgl. dazu *Herdegen* aaO m.w.N.) – zu folgen sein.

Auch bei § 185 StGB kommt eine Rechtfertigung nach § 193 StGB in Betracht.

Vgl. etwa *Lackner* aaO; *Herdegen*, LK § 193 Rdnr. 3. (Nach *Lenckner* und *Rudolphi* aaO ist § 193 StGB aber von vornherein unanwendbar, wenn die Beleidigung, § 185 StGB, in einer *wider besseres Wissen* aufgestellten unwahren Tatsachenbehauptung gegenüber dem Betroffenen besteht).

Die Rechtfertigung entfällt, »sofern sich das Vorhandensein einer Beleidigung aus der Form der Äußerung oder aus den Umständen, unter denen sie geschah, ergibt« (sogen. Formalbeleidigung).

Ob hierfür eine *Beleidigungsabsicht* erforderlich ist, ist streitig; vgl. *Lenckner* in: *Schönke-Schröder*, § 193 Rdnr. 27.

Es fragt sich, ob K »in Wahrnehmung berechtigter Interessen« gehandelt hat.
Wegen der Bedeutung der Presse im demokratischen Staat

– der Presse kommt die Aufgabe zu, durch umfassende Information der Öffentlichkeit an der politischen Meinungsbildung der Bevölkerung mitzuwirken, insbesondere auch durch *Aufdeckung von Mißständen* (vgl. *Krey*, ZStW 1967, 118 m.w.N.) –

kann sich der Journalist auf § 193 StGB nicht nur dann berufen, wenn er *eigene* Interessen wahrnimmt

(anders aber noch *RG* St 56, 383; 65, 360);

vielmehr ist § 193 StGB für die Presse gerade dann einschlägig, wenn sie über Angelegenheiten berichtet, an denen ein *ernsthaftes Informationsinteresse der Öffentlichkeit* besteht.

*Dreher-Tröndle*, Rdnr. 16, und *Lenckner* aaO, Rdnr. 15, m.w.N.

*Zur Vertiefung:* § 193 StGB bedarf – wie grundsätzlich jede Generalklausel – der *»verfassungskonformen Auslegung«* (oder genauer: der verfassungskonformen Konkretisierung). Denn gerade Generalklauseln wie etwa »sittenwidrig«, »unzumutbar«, »Wahrnehmung berechtigter Interessen« u. ä. werden in ihrem Bedeutungsgehalt von den Wertentscheidungen des GG mitgeprägt. Da nun seit dem »Lüth-Urteil« des *BVerfG* (E 7, 198, 209) anerkannt ist, Gesetze, die Grundrechte einschränken – wie etwa §§ 185 ff StGB die Grundrechte aus Art. 5 GG (siehe Abs. 2 dieses Grundgesetzartikels) – müßten ihrerseits »aus der Erkenntnis der wertsetzenden Bedeutung des Grundrechts ausgelegt und so in ihrer das Grundrecht begrenzenden Wirkung selbst wieder beschränkt werden«, *bietet sich die verfassungskonforme Konkretisierung des § 193 StGB als Mittel einer verfassungskonformen Handhabung des Beleidigungsrechts an.*

Ein ernsthaftes Informationsinteresse der Öffentlichkeit an dem von K behaupteten Skandal ist evident.

Bei der Anwendung des § 193 sind aber die *widerstreitenden Interessen gegeneinander abzuwägen.* Dabei ist vom Täter zu verlangen, daß er sorgfältig prüft, ob der Ehrangriff zur Wahrnehmung des von ihm verfolgten Interesses das erforderliche und angemessene Mittel ist.

*Dreher-Tröndle*, § 193 Rdnr. 16 m.w.N.; *Wessel*, BT 1 S. 82 f m.w.N.

Dabei besteht im Rahmen des Zumutbaren bei Angriffen, die den Tatbestand einer üblen Nachrede erfüllen, für den Täter eine *Informationspflicht* über den Wahrheitsgehalt der behaupteten Tatsachen, wobei an die *Presse* erhöhte Anforderungen zu stellen sind.

*Dreher-Tröndle* und *Wessels* aaO, *Lenckner* aaO, Rdnr. 17, m.w.N.; *BGH*, NJW 1977, 1288 f.

Hier hat K einen außerordentlich schwerwiegenden Vorwurf gegen ein Regierungsmitglied erhoben; daß er die hierfür erforderlichen gründlichen Recherchen angestellt hat, ist nach dem Sachverhalt nicht anzunehmen. Mithin scheidet § 193 schon wegen dieser Verletzung der Informationspflicht aus.

Zudem war der Täter selbst von der Wahrheit seiner »üblen Nachrede« nicht überzeugt, sondern hatte Zweifel; in einem solchen Fall kann eine Rechtfertigung nach § 193 – wie ich meine – nur ausnahmsweise in Betracht kommen.

– Vgl. auch *OLG Stuttgart*, NJW 1972, 2320:
»Ein Journalist, der aufgrund nicht völlig zweifelsfreier Informationen ehrenrührige Tatsachen über einen anderen verbreite, sei verpflichtet, diesem vorher Gelegenheit zur Stellungnahme zu geben«; anderenfalls könne er sich nicht auf § 193 StGB berufen; Ausnahmen seien nur dort anzuerkennen, wo ein Aufschub zum Zweck der Rückfrage »den Informationswert der Meldung beeinträchtigen würde«.
Diese restriktive Auslegung des § 193 ist allerdings nicht unbedenklich. –

*Ergebnis:* K ist aus §§ 186, 187 a I StGB strafbar.

*Ergänzender Hinweis* zum Problemkreis: § 193 StGB und Pressefreiheit:

Im *politischen Meinungskampf* sind auch scharfe Worte zulässig: »übertreibende und verallgemeinernde Kennzeichnungen des Gegners« können ebenso hinzunehmen sein, wie »scharfe, drastische, taktlose und unhöfliche Formulierungen«

(*OLG Karlsruhe*, MDR 1978, 421; so auch *OLG Köln*, NJW 1977, 398 f; *OLG Frankfurt*, NJW 1977, 1353, 1354).

Doch dürfen solche »politischen Beleidigungen« nicht unverhältnismäßig sein, sondern müssen – gemessen an dem Verhalten und den Thesen des politischen Gegners – noch als angemessene *(adäquate) Reaktion* erscheinen.

Vgl. die genannten OLG-Entscheidungen.

## Fall 39: – *Beleidigungsfähigkeit von Personengemeinschaften* –

Josef-Maria äußert über die *S-GmbH*, Verlegerin der Tageszeitung S, sie werde von der SED finanziert. Die Geschäfsführer der GmbH stellen in deren Namen Strafantrag.
Strafbarkeit des Josef-Maria, wenn dessen Behauptung nicht erweislich wahr ist?

## Problem: Genießt die *S-GmbH als solche* strafrechtlichen Ehrenschutz (hier aus § 186 StGB)?

Daß dieser nicht ausschließlich auf *natürliche Personen* beschränkt ist, läßt sich schon aus § 194 III, IV StGB entnehmen.

Denn aus diesen Vorschriften folgt, daß auch die dort angeführten »Behörden« oder »sonstige Stellen, die Aufgaben der öffentlichen Verwaltung wahrnehmen«, »Gesetzgebungsorgane des Bundes oder eines Landes« oder »andere politische Körperschaften…« i. S. der §§ 185 ff StGB beleidigt werden können.

Die Regelung in §§ 194 III, IV StGB ist nun nach h. A. nicht etwa dahin zu verstehen, daß *nur* die dort angeführten Personengesamtheiten beleidigungsfähig sind.

*BGH* St 6, 186; *Blei*, S. 87; *Eser*, Strafrecht 3, S. 181 A 11; *Frank*, Anm. II 4 vor § 185; *Lenckner* in: Schönke-Schröder, Rdnr. 3 vor § 185; *Maurach-Schroeder* Bd. 1, S. 203 f; *Schmidhäuser*, BT 5/5.

(Demgegenüber nehmen einige Autoren an, *andere Kollektivpersonen als die in § 194 StGB genannten* seien nicht beleidigungsfähig; so u. a. *Herdegen*, LK, Rdnr. 15 vor § 185; *Hirsch*, Ehre und Beleidigung, 1967, S. 91 ff; *Krug*, Ehre und Beleidigungsfähigkeit von Verbänden, 1965, S. 203 ff; *Rudolphi* in SK, Rdnr. 9 vor § 185; *Wagner*, JuS 1978, 675 f; *Welzel*, S. 305 f).

Vielmehr soll nach der Rechtsprechung jede Personengesamtheit, »die eine *rechtlich anerkannte gesellschaftliche* (auch wirtschaftliche) *Funktion* erfüllt und einen einheitlichen Willen bilden kann, strafrechtlichen Ehrenschutz genießen«, und zwar unabhängig von der Rechtsform der Gemeinschaft.

*BGH, Blei* und *Maurach-Schroder* aaO; vgl. auch *Lenckner* aaO.

Dies soll auch für *Kapitalgesellschaften* – z. B. eine Verlags-GmbH – gelten.

*BGH* und *Maurach-Schroeder* aaO; vgl. auch *Lenckner* aaO.

Siehe auch *OLG Stuttgart*, NJW 1976, 628, 630 – Zivilsenat –:
Eine Handelsgesellschaft genieße Ehrenschutz, soweit sie ihn *zum Schutz ihres Gesellschaftszweckes* benötige.
Beschränke sich dieser Zweck auf den *Betrieb eines Handelsgewerbes*, so sei der Schutz der §§ 823 I, 823 II BGB i. V. m. 187 StGB (Kreditgefährdung), 824, 826 BGB ausreichend (und für einen Ehrschutz aus §§ 186, 185 StGB kein Raum).
Ein darüber hinausgehender Ehrschutz für Handelsgesellschaften und juristische Personen – nach §§ 185, 186 StGB – komme in Frage, wenn der Gesellschafts- bzw. Vereinszweck sich *nicht* im Betrieb eines Handelsgewerbes erschöpfe (z. B. bei einer *Verlags-GmbH als Herausgeberin einer Tageszeitung*).

Danach hätte Josef-Maria den Tatbestand des § 186 StGB erfüllt.

*Stellungnahme:* Da eine Beschränkung des strafrechtlichen Ehrenschutzes auf *natürliche* Personen, die de lege ferenda vorzuziehen wäre, de lege lata durch § 194 StGB ausgeschlossen ist, erscheint es sachgerecht, ihn nicht auf »Behörden, Gesetzgebungsorgane des Bundes und der Länder« sowie »andere politische Körperschaften« zu beschränken, sondern auf den gesamten politischen und *gesellschaftlichen* Bereich (einschließlich des wirtschaftlichen) zu erstrecken; denn ein *»Ehrenschutzmonopol«* der öffentlichen Hand wäre unzeitgemäß. Der Rechtsprechung ist daher zu folgen.

*Ergänzender Hinweis* zur Beleidigungsfähigkeit von Kollektivpersonen:

Die *Familie* ist nach h. M. nicht beleidigungsfähig; d. h. eine besondere, durch §§ 185 ff StGB geschützte *Familienehre* wird nicht anerkannt.

> *BGH* NJW 1951, 531; *Herdegen*, LK Rdnr. 20 vor § 185; *Lenckner* in: *Schönke-Schröder*, Rdnr. 4 vor § 185; *Wessels*, BT 1 S. 72 f; a. A. etwa *Maurach-Schroeder* Bd. 1, S. 204.

Dem ist mangels klarer »Abgrenzbarkeit des zugehörigen Personenkreises« und »einheitlicher Willensbildung«

> (vgl. *BGH* St 6, 186, 192)

beizupflichten.

*Fall 39 a: – »Behaupten« und »Verbreiten« von Tatsachen –*

Die klatschsüchtige Frau Meisegeier (M) erzählt im Kollegenkreis, ihr sei das Gerücht zu Ohren gekommen, der neue Abteilungsleiter X habe ein Verhältnis mit dem 15jährigen Lehrmädchen Y; sie (M) habe allerdings Zweifel, ob an dem Gerücht »etwas dran« sei. X stellt gegen M Strafantrag wegen übler Nachrede.
Strafbarkeit der M, wenn das Gerücht nicht erweislich wahr ist?

a) § 186 StGB in der Alternative des *»Behauptens«* einer ehrenrührigen Tatsache liegt nicht vor; denn Behaupten heißt »etwas als *nach eigener Überzeugung* wahr hinstellen«

> (*Dreher-Tröndle*, § 186 Rdnr. 6; *Lackner*, Anm. 5; *Lenckner* in: *Schönke-Schröder*, Rdnr. 7);

daran fehlt es hier, da die M ihre Zweifel hervorgehoben hat.

b) Doch könnte der Tatbestand der üblen Nachrede in der Alternative des *»Verbreitens«* erfüllt sein. Verbreiten i. S. des Grundtatbestandes des § 186 StGB

> (zum qualifizierten Tatbestand des »Verbreitens durch Schriften« vgl. *Dreher-Tröndle*, § 186 Rdnr. 19)

bedeutet die Weitergabe einer fremden Behauptung, und zwar »als von anderer Seite gehört, nicht als Gegenstand eigener Überzeugung«.

> *Dreher-Tröndle*, Rdnr. 7; *RG* St 38, 368.

Danach ist das Merkmal des *Verbreitens* von Tatsachen für die Fälle gedacht, in denen Tatsachen mitgeteilt werden, ohne daß der Täter »für ihre Richtigkeit eintritt«.

> *Lenckner* aaO, Rdnr. 8; *RG* aaO.

Dabei genügt, wenn die Tatsache *als Gerücht* mitgeteilt wird.

> *Dreher-Tröndle* aaO; *Herdegen*, LK § 186 Rdnr. 10; *OLG Hamm*, NJW 1953, 596.
> Nach *OLG Hamm* aaO kann selbst dann üble Nachrede vorliegen, wenn ein Gerücht als *nicht bestätigt* bezeichnet wird.

Handelt allerdings der Täter im Interesse des von dem Gerücht Betroffenen, indem er dem Gerücht ernstlich entgegentritt, so ist die Tat grundsätzlich *gerechtfertigt*

- und zwar i.d.R. durch »mutmaßliche Einwilligung« (dazu eingehend *Hansen*, JuS 1974, 106; JR 1974, 406 ff, m.w.N.; ebenso *Lackner* und *Lenckner* aaO; differenzierend *Blei*, JA 1974, 818);
*Dreher-Tröndle* aaO rekurrieren auf § 193 StGB –;
dagegen fehlt es nach *Rudolphi* (in SK, § 186 Rdnr. 11) hier bereits am Tatbestand des § 186, da der Schutzzweck der Norm solche Fälle nicht erfasse.
Solch ein Handeln im Interesse des Betroffenen lag hier nicht vor.

*Ergebnis:* Die M ist aus § 186 StGB strafbar.


## 3. Beleidigung bei Äußerungen im engeren Familienkreis

*Fall 40:* Buchhalter Adam Riese (R), der von seinem Chef einen »Rüffel« erhalten hat, äußert abends im Familienkreis, sein Chef sei ein »Rindvieh«.
Hat R damit eine Beleidigung (§ 185 StGB) begangen?

Beleidigungen *im engsten Familienkreis* über Dritte sind dann *keine Kundgabe von Nicht- oder Mißachtung,* wenn die Vertraulichkeit des Gesprächs gewährleistet erscheint

– *Hansen*, JuS 1974, 106; *Hellmer*, GA 1963, 129; *Herdegen*, LK § 185 Rdnr. 7; *OLG Celle*, NdsRPfl 1964, 174; a. A. *RG St 71, 159; Lenckner* in: *Schönke-Schröder*, Rdnr. 9 vor § 185 –;

dringt gleichwohl etwas nach draußen, so fehlt der Beleidigungsvorsatz. Solche Äußerungen richten sich nämlich nicht gegen die Geltung des Betroffenen in der Allgemeinheit

(*Hansen* aaO; *Welzel*, S. 308; a. A. *Lenckner* aaO);

sie sind vielmehr »unter wertenden Gesichtspunkten dem Selbstgespräch gleichzustellen«.

*Blei*, S. 88; *Eser*, Strafrecht 3, S. 185 A 34; *Hansen* aaO; a. A. *Lenckner* aaO.

Diese *Einschränkung* des Anwendungsbereichs des § 185 StGB gilt entsprechend bei § 186 StGB

(vgl. etwa *Hansen* und *Herdegen* aaO);

*methodologisch* gesehen handelt es sich bei jener Beschränkung des Normbereichs der §§ 185, 186 um »*teleologische Reduktion*«

(so *Hansen* aaO; *Lackner*, § 185 Anm. 3 b; allgemein zur »teleologischen Reduktion« *Larenz*, Methodenlehre, 4. Aufl. 1979, S. 377 ff; *Krey*, Studien zum Gesetzesvorbehalt, S. 25 m.w.N., und öfter).
– Für diese teleologische Reduktion der §§ 185, 186 StGB tritt auch *Wessels*, BT 1 S. 74 f ein; er meint zwar, es fehlte nicht an der »*Kundgabe* von Nicht- oder Mißachtung«, hebt dann aber zu Recht hervor: Jeder Mensch brauche »innerhalb seines engsten Lebenskreises Raum für eine ungezwungene, vertrauliche Aussprache und ggf. auch zum *Entladen angestauter Emotionen* in bezug auf außenstehende Personen«; ebenso *Rudolphi* in SK, Rdnr. 18 f vor § 185.
Auch nach *Maurach-Schroeder* sollen ehrverletzende Äußerungen im Familienkreise entgegen der h. L. als Kundgabe von Nicht- oder Mißachtung zu bewerten sein; doch fehle es hier i.d.R. am Kundgebungs*vorsatz* (Bd. 1, S. 208). –

R hat also schon den *Tatbestand* des § 185 StGB nicht erfüllt.

Lehnt man die hier vertretene Ansicht ab, so greift – im Hinblick auf Art. 6 I GG – der

Rechtfertigungsgrund der Wahrnehmung berechtigter Interessen ein (§ 193 StGB); so *Schmidhäuser,* BT 5/10;

dagegen nimmt *Lenckner* aaO lediglich einen (ungeschriebenen) *Strafausschließungsgrund* an, wobei er insoweit eine Parallele zu § 36 StGB zieht.

– *Ergänzender Hinweis:* Nicht nur bei Gesprächen *im Familienkreis,* sondern m. E. ganz allgemein erfüllen *vertrauliche Äußerungen* über Dritte grundsätzlich nicht den Tatbestand der §§ 185, 186 StGB, wenn 1. zwischen den Gesprächspartnern ein *Vertrauensverhältnis* besteht und 2. gewährleistet erscheint, daß die Äußerung nicht nach außen dringt.

Diese Voraussetzungen können z. B. bei Gesprächen unter Freunden (so *Herdegen, Lackner, Rudolphi* und *Wessels* aaO; a. A. *BayObLG* MDR 1976, 1036) erfüllt sein;

weiterhin etwa bei Mitteilungen des Mandanten an seinen Anwalt (*Herdegen* und *Lackner* aaO; *OLG Hamm* NJW 1971, 1852, 1854; enger *OLG Stuttgart* NJW 1963, 119, mit ablehnender Anm. von *Rutkowsky;* a. A. *Maurach-Schroeder* aaO; *Rudolphi* und *Wessels* aaO, die auf § 193 StGB verweisen).

Nach *Lenckner* aaO kommt in solchen Fällen ein (ungeschriebener) *Strafausschließungsgrund* in Frage, der hier in gleicher Weise wie bei Äußerungen im engsten Familienkreise dem *»Bedürfnis nach einer ungezwungenen Aussprache«* Rechnung tragen soll.

## 4. Beleidigung durch Unterlassen?

*Fall 41:* Bei einer Tagung tritt Dr. Peters auf eine Gruppe von Kollegen zu. Mit Ausnahme des X, den er nicht leiden kann, begrüßt Peters die Kollegen freundlich; den X ignoriert er geflissentlich und behandelt ihn wie Luft.

X fühlt sich beleidigt und stellt Strafantrag.

Die Beleidigung nach § 185 StGB als »Kundgabe von Nicht- oder Mißachtung« ist ein *Äußerungsdelikt;* ebenso erfordern die Üble Nachrede (§ 186) und die Verleumdung (§ 185) eine Äußerung. Als Äußerungsdelikte gehören §§ 185 ff StGB zu denjenigen Straftaten, die nicht als *unechte Unterlassungsdelikte* erfüllt werden können, d. h. *Beleidigung durch Unterlassen* i. S. eines unechten Unterlassungsdeliktes (§ 13 StGB) gibt es nicht.

*Rudolphi* in SK, § 13 Rdnr. 11 m.w.N.

(Nach *Welzel* (S. 309) kann § 185 als unechtes Unterlassungsdelikt im Fall der *Nichtabwendung des Zugehens* einer beleidigenden Äußerung in Frage kommen (ebenso *Lenckner* in: *Schönke-Schröder,* § 185 Rdnr. 12; *Rudolphi* in SK, § 185 Rdnr. 16); dem ist zu entgegnen: In einem solchen Verhalten mag eine *konkludent* erklärte Beleidigung liegen; anderenfalls scheiden §§ 185 ff StGB aus.)

Doch kann ein Unterlassen nach den Umständen des Einzelfalles einen eigenen *Erklärungswert* haben (*Lenckner* aaO), d. h. eine schlüssige (konkludente) Äußerung von Mißachtung sein. Solche *konkludent* erklärten Beleidigungen sind in gleicher Weise wie *ausdrücklich* geäußerte für §§ 185 ff StGB ausreichend.

– *Beispiele* für konkludent erklärte Beleidigungen (§ 185 StGB):

*Gesten* wie das Tippen an die Stirn (*OLG Düsseldorf,* NJW 1960, 1072); das *Ausspucken* vor einem anderen; *Tätlichkeiten* wie Tritte in das Gesäß, Ohrfeigen (jedenfalls beim erwachsenen Opfer).

Auch sexuelle Handlungen mit jugendlichen Personen können *in Ausnahmefällen* eine Beleidigung darstellen, und zwar sowohl gegenüber dem Minderjährigen wie auch gegenüber dessen Eltern (vgl. *OLG Hamm,* NJW 1972, 883 f m.w.N.).

Der Ehebruch als solcher ist keine Beleidigung des Betrogenen (zur sog. *»Sexualbeleidigung«* vgl. m.w.N. *Arzt/Weber,* Rdnr. 416). –

Ob im vorliegenden Fall das *geflissentliche* »*Übersehen*« des X nach seinem objektiven Erklärungswert eine *schlüssige* Kundgabe von Mißachtung darstellte, hängt von den Umständen ab.

> Vgl. näher *Roxin, Täterschaft und Tatherrschaft, 3. Aufl. 1975, S. 481; Hirsch*, Ehre und Beleidigung, 1967, S. 240.

## 5. Verleumdung (§§ 187, 187a II StGB)

§ 187 StGB enthält zwei Tatbestände: Einmal einen qualifizierten Fall des § 186, wobei § 187 die *Unwahrheit* der behaupteten Tatsache als Tatbestandsmerkmal fordert und Handeln *wider besseres Wissen* (= sichere Kenntnis der Unwahrheit) verlangt; zum anderen den Tatbestand der *Kreditgefährdung*.

> Letzterer ist seinem Schwerpunkt nach ein *Vermögensdelikt* (h. M., *RG* St 44, 160; *Herdegen*, LK Rdnr. 27 vor § 185, m.w.N. pro und contra).

Zur Geltung des § 193 bei der Verleumdung vgl. Fall 38.

## II. Verunglimpfung des Andenkens Verstorbener (§ 189 StGB)

> Zur Streitfrage, welches *Rechtsgut* diese Norm schütze, vgl. m.w.N. *Dreher-Tröndle*, Rdnr. 1; *Lenckner* in: *Schönke-Schröder*, Rdnr. 1; *Rüping*, GA 1977, 304 f.

»*Verunglimpfen*« kann der Täter durch Beleidigung i. S. des § 185 StGB, durch Üble Nachrede und Verleumdung; stets ist aber eine *besonders schwere Kränkung* erforderlich.

## III. § 193 StGB

– Vgl. oben, Fall 38. –

## IV. Strafantrag und Ermächtigung (§ 194 StGB)

Beleidigungsdelikte (§§ 185–187a, 189 StGB) werden nur *auf Antrag verfolgt* (§ 194 StGB).

– Eine Ausnahme von diesem Antragserfordernis ist in § 194 II S. 2 vorgesehen. –

Für die Verfolgung von Beleidigungen gegen »politische Körperschaften« ist eine *Ermächtigung* der betroffenen Körperschaft nötig.

§ 194 IV StGB.

## V. Kompensation (§ 199 StGB)

– Zu *§ 199* vgl. ergänzend § 233 StGB. –

Diese Norm ist ihrem Wesen nach materiell-rechtlicher, nicht prozessualer Natur

(eingehend *Küper*, JZ 1968, 651 ff, 654);

denn sie beruht auf folgenden Erwägungen:
Die Möglichkeit, den *Erstbeleidiger* für straffrei zu erklären, läßt sich auf den Gesichtspunkt stützen, daß er durch die Gegenbeleidigung bereits eine Art von Bestrafung erfahren hat

(so überzeugend *Küper* aaO, 654, 658).

Die mögliche Privilegierung des *Zweitbeleidigers* läßt sich damit begründen, daß er durch den Erstbeleidiger provoziert wurde, was Unrecht und Schuld seiner Gegenbeleidigung als gemindert erscheinen läßt

(dazu eingehend *Küper* aaO, S. 655–658).


## VI. Bekanntgabe der Verurteilung (§ 200 StGB)

Die Anordnung der Bekanntgabe gemäß dieser Vorschrift ist eine *Nebenstrafe, die dem Genugtuungsinteresse des Beleidigten dienen soll.*

Lackner, Anm. 1.


## VII. Indemnität (Art. 46 I GG; §§ 36, 37 StGB)

Zur *Indemnität für parlamentarische Äußerungen*

– sie stellt einen persönlichen Strafausschließungsgrund i. S. des § 28 II StGB dar; so *Lenckner* in: *Schönke-Schröder*, § 36 Rdnr. 1 m.w.N. –

siehe Art. 46 I GG, § 36 StGB.

Zur *Indemnität für parlamentarische Berichte* vgl. § 37 StGB.

## § 6 Straftaten gegen sonstige persönliche Rechtsgüter


# I. Hausfriedensbruch (§ 123 StGB)

*Vorbemerkung:* Diese Norm schützt das *Hausrecht*, d. h. die »Freiheit, innerhalb bestimmter geschützter Räume zu bestimmen, wer sich darin aufhalten darf und wer nicht«.

> *Lenckner* in: *Schönke-Schröder*, § 123 Rdnr. 1 m.w.N.; *Hanack*, JuS 1964, 353f; *Eser*, Strafrecht 3, S. 168 A 2.

Dagegen wollen *Rudolphi* (in SK, Rdnr. 2ff) und *Schall* (Die Schutzfunktionen der Strafbestimmung gegen Hausfriedensbruch, 1974, S. 90ff; vgl. auch *Amelung/Schall*, JuS 1975, 566) das geschützte Rechtsgut *nach der unterschiedlichen sozialen Funktion* der verschiedenen in § 123 StGB genannten Räumlichkeiten *aufspalten;* hiergegen zu Recht *Lenckner* (aaO, Rdnr. 2) und *Wessels* (BT 1, S. 92), da jene Aufspaltung die Dinge *unnötig* kompliziert. – Als Delikt gegen das Hausrecht ist § 123 eine Straftat gegen den einzelnen; insoweit ist seine systematische Einordnung im 7. Abschnitt des StGB irreführend. – Geschützte Orte sind insbesondere die *Wohnung* und das *befriedete Besitztum.*

> Dabei ist Wohnung »der Inbegriff der Räume, die einer oder mehreren Personen, insbesondere einer Familie, zur Unterkunft dienen oder zur Benutzung freistehen«; zur Wohnung gehören auch Nebenräume wie Treppe, Hausflur und Keller (*Lenckner* aaO, Rdnr. 4). Auch eine *bewegliche Sache* kann »Wohnung« i. S. des § 123 sein (Wohnwagen; Hausboot); *Lenckner* aaO.
> »Befriedet« bedeutet, daß das Besitztum in äußerlich erkennbarer Weise durch *Schutzwehren* gegen das Betreten durch andere gesichert, d. h. *eingefriedet*, eingehegt ist (*Schäfer*, LK Rdnr. 15); das ist z. B. auch bei einem durch Stangen und Ketten abgegrenzten Einstellplatz in einem Parkhaus der Fall (*Neuberg*, JuS 1975, 112; *Schäfer* aaO, Rdnr. 16). Als befriedetes Besitztum kommt nur eine unbewegliche Sache in Frage, *nicht eine bewegliche* (z. B. Pkw); *Dreher-Tröndle*, Rdnr. 5.

*Hausbesetzungen* (auch sog. »Instandbesetzungen«) erfüllen den Tatbestand des Hausfriedensbruchs:
Zwar sind leerstehende oder in Bau befindliche Wohnräume keine *» Wohnung«* i. S. des § 123 StGB

> (vgl. *Lenckner* in: *Schönke-Schröder*, Rdnr. 4).

Doch fallen leerstehende Häuser und Wohnungen unter den Begriff des *»befriedeten Besitztums«* i. S. dieser Vorschrift.

> h. M., vgl. u. a. *BGH* NJW 1975, 985; *LG Bückeburg* NStZ 1982, 71, mit zustimmender Anm. von *Hagemann*, NStZ aaO, und *Geilen*, Jura-Kartei § 123/1; *LG Münster* NStZ 1982, 202; *OLG Köln* NStZ 1982, 333f; *Dreher-Tröndle* aaO; *Lenckner* aaO, Rdnr. 6; so auch *OLG Hamm* NJW 1982, 1824f;
> a. A. etwa *AG Bückeburg* NStZ 1982, 70f mit ablehnender Anm. von *Hagemann* aaO; *Schön*, NJW 1982, 1126ff.

Dies gilt (grundsätzlich) auch dann, wenn Fenster und Türen fehlen

> (so u. a. *LG Bückeburg*, *Geilen* und *Hagemann* aaO; differenzierend *Ostendorf*, JuS 1981, 640, 643, und *Lenckner* aaO; a. A. etwa *AG Bückeburg* aaO)

oder wenn die Häuser zum Abbruch bestimmt sind

> (h. M., so u. a. *LG Münster* aaO).

Auch leerstehende, betrieblich nicht mehr genutzte Fabrikgebäude sind grundsätzlich als »befriedetes Besitztum« durch § 123 StGB geschützt.

> (Anders *AG Stuttgart*, Strafverteidiger 1982, 75, mit ablehnender Anm. von *Geilen*, Jura-Kartei § 123/2)

Der Begriff des »befriedeten Besitztums« erfordert nämlich nicht, daß dieses »mit dem Frieden eines Hauses« ausgestattet ist

> (*LG Münster* und *Dreher-Tröndle* aaO).

Vielmehr bedeutet »befriedet« nichts anderes als *»eingefriedet oder eingehegt«*

> (*LG Münster* und *Dreher-Tröndle* aaO; Schäfer, LK Rdnr. 15 m.w.N.).

Der hier vertretene Standpunkt, demgemäß *Hausbesetzungen* Hausfriedensbruch sind, wird *erstens* dem Gesetzestext gerecht. Er entspricht *zweitens* der ratio legis: Denn wie ausgeführt schützt § 123 StGB das Hausrecht als die Freiheit, für bestimmte geschützte Räume zu bestimmen, wer sich darin aufhalten darf und wer nicht; diese Freiheit nun kann nicht von dem *Zustand* der Räumlichkeiten abhängig gemacht werden und auch nicht von einer *(sozial billigenswerten) tatsächlichen Nutzung* durch den Berechtigten. Wer meint, *sozialwidrig genutzte* oder *nicht genutzte* Häuser ständen jedermann zum freien Zugriff offen und fielen aus dem Schutz der Strafrechtsordnung, *jedenfalls aber des § 123 StGB,* heraus, redet einer bedenklichen Erosion des Rechtsgüterschutzes das Wort; daher erscheint der hier vertretene Standpunkt *drittens* auch kriminalpolitisch sachgerecht. Und *viertens* führt er keineswegs zu unbilligen Härten: Solche lassen sich, wenn die Bestrafung von Hausbesetzern im Einzelfall einmal als unangemessen erscheinen sollte, gemäß §§ 376, 153 II, 153 a II bzw. 383 II StPO durchaus vermeiden.

### Fall 42: – Kollision des Hausrechts von Mieter und Vermieter –

Die 21jährige Ulla hat in einem dem Meier gehörigen Haus eine Wohnung gemietet. Ihr Verlobter Fred hält sich meist in ihrer Wohnung auf. Als sich andere Hausbewohner über Fred, der infolge übermäßigen Alkoholgenusses häufig randaliert, beschweren, spricht Meier gegen ihn ein Hausverbot aus. Da Fred im Einvernehmen mit Ulla diese weiterhin besucht, stellt Meier Strafantrag wegen Hausfriedensbruchs gegen Fred (F).

Es fragt sich, ob F i. S. des § 123 I StGB in die Wohnung eines anderen *eindrang,* als er trotz des Hausverbots die Ulla besuchte.

Das Tatbestandsmerkmal »eindringen« bedeutet *Betreten gegen den Willen des Berechtigten.*

> *Dreher-Tröndle,* Rdnr. 10; *Lenckner* aaO, Rdnr. 11; *Maurach,* S. 180; *Maurach-Schroeder* Bd. 1, S. 253; *Wessels,* BT 1 S. 93 f (*Rudolphi* in SK, § 123 Rdnr. 12: »*ohne* den Willen des Berechtigten«).
> Danach schließt das *Einverständnis* des Berechtigten bereits den Tatbestand aus; dies gilt grundsätzlich auch beim durch Täuschung *erschlichenen* Einverständnis (*Lackner,* Anm. 3; *Otto,* NJW 1973, 668; eingehend *Wessels* aaO; *Lenckner* aaO, Rdnr. 22; *Eser* aaO, S. 171 A 25; *Ostendorf,* JuS 1980, 665 f; *Stückemann,* JR 1973, 414; *Dreher-Tröndle,* § 123 Rdnr. 10; a. A. etwa *BayObLG* NJW 1972, 2275; *Amelung/Schall,* JuS 1975, 567 – *Amelung* hat diesen Standpunkt inzwischen aufgegeben (in: Die Einwilligung in die Beeinträchtigung eines Grundrechtsgutes, 1981, S. 103 f mit Anm. 92 a. E.) –; *Rudolphi* in SK, Rdnr. 18).
> »Betreten« liegt auch beim Einfahren mit einem Fahrzeug vor (*Lenckner* aaO, Rdnr. 14).

Jener entgegenstehende Wille muß dabei nicht ausdrücklich erklärt sein; es genügt, *wenn er sich aus den Umständen ergibt* (mutmaßlicher Wille).

> *Schäfer,* LK § 123 Rdnr. 25 m.w.N.; *Otto* aaO.

Es fragt sich, wer hier das *Hausrecht* an der vermieteten Wohnung besaß. War dies allein die Ulla, so fehlt es am Merkmal des Eindringens.

Bei der Vermietung von Wohnungen ist Inhaber des Hausrechts i. S. des § 123 StGB grundsätzlich der Mieter, und zwar auch gegenüber dem Vermieter.

> *Dreher-Tröndle,* Rdnr. 2; *Schäfer,* LK Rdnr. 52.
> – Dies Hausrecht des Mieters erlischt auch *nach wirksamer Kündigung* erst dann, wenn der Mieter die Wohnung räumt; die Verletzung der zivilrechtlichen Räumungspflicht durch Mieter ist *kein* Hausfriedensbruch (*Schäfer,* LK Rdnr. 56; *Lenckner* in: *Schönke-Schröder,* Rdnr. 17; *RG* St 36, 322). –

Gleichwohl hat die Rechtsprechung in Fällen wie dem vorliegenden ein Betreten gegen den Willen des Berechtigten bejaht

> (*OLG Braunschweig,* NJW 1966, 263f; *OLG Hamm,* GA 1961, 181; zustimmend *Schäfer,* LK Rdnr. 53f):

Der Vermieter habe zwar grundsätzlich nicht das Recht, *Besuchern* der Mieter den Zutritt zu verwehren. Gegenüber solchen Besuchern, die für ihn (Vermieter) *unzumutbar* seien, habe er sich aber seines Hausrechts an der vermieteten Wohnung (und deren Zugängen) nicht begeben; vielmehr habe der Vermieter das durch § 123 StGB geschützte Recht, ein Hausverbot zu erteilen, soweit er vom Mieter nach bürgerlichem Recht verlangen könne, daß Besuche unterblieben.

Folglich begehe ein Besucher, der sich mit Billigung des Mieters, aber entgegen einem ihm erteilten Hausverbot des Vermieters, in einer Mietwohnung aufhalte, Hausfriedensbruch, soweit der Vermieter (bei unzumutbaren Besuchern) von dem Mieter verlangen könne, daß der Besucher fernbleibe.

*Kritik:* Diese Rechtsprechung begegnet Bedenken

> (ablehnend *Schröder,* NJW 1966, 263; *Welzel,* S. 333; *Lenckner* aaO; *Eser* aaO, S. 169 A 14; *Otto,* S. 135; *Rudolphi* in SK, Rdnr. 15; *Amelung/Schall,* JuS 1975, 566 m.w.N.; *Preisendanz,* Anm. 4e; differenzierend *Maurach-Schroeder* Bd. 1, S. 256: das Hausrecht des Vermieters sei dann strafbewehrt, wenn es um das Verbot von Besuchern zu strafbaren oder den guten Sitten widersprechenden Zwecken gehe):

§ 123 StGB schützt das Hausrecht, d. h. im Verhältnis Vermieter/Mieter/Dritte das Recht des *Mieters,* in der gemieteten Wohnung nicht durch die »Anwesenheit unbefugter Personen«

– einschließlich des Vermieters –

beeinträchtigt zu werden. Ob daneben noch eine etwaige vertragliche Berechtigung des *Vermieters,* vom Mieter zu verlangen, daß bestimmte Besuche unterbleiben, vom Schutzbereich des § 123 StGB erfaßt wird, erscheint fraglich. Denn dieses Recht des Vermieters ist durch das Zivilrecht schon ausreichend geschützt

– vgl. §§ 890; 935/940 ZPO –.

Demgegenüber erscheint es als nicht angemessen, den Streit zwischen Mieter und Vermieter um den Umfang des Besuchsrechts in das Strafrecht (§ 123 StGB) zu verlagern; vielmehr sind hier m. E. – auch im Interesse der Rechtssicherheit – klare Verhältnisse für die Besucher erforderlich, wobei es im Hinblick auf die entscheidende Bedeutung der Wohnung als Lebensmittelpunkt sachgerecht ist, durch § 123 bei gemieteten Wohnungen nur das Hausrecht des *Mieters* zu schützen. Etwas anderes kann nur gelten, wenn es sich nicht um abgeschlossene Wohnungen handelt.

*Fall 43: – Hausrecht bei Untermiete –*

Der volljährige Student Daniel hat bei den Eheleuten Löwe eine »Bude« gemietet (Untermiete). Hin und wieder übernachtet seine Verlobte Rosi bei ihm. Da die Eheleute um ihren »guten Ruf in der Nachbarschaft« bangen, erteilen sie der Rosi Hausverbot. Als diese sich im Einverständnis mit Daniel nicht um das Hausverbot kümmert, stellen die Eheleute Strafantrag.

Bei *Untermietverhältnissen* innerhalb einer Wohnung ist nach der Verkehrsauffassung davon auszugehen, daß der Vermieter (Hauptmieter) – hier die Eheleute Löwe – »einen Teil des Hausrechts an dem vermieteten Zimmer behält« und – soweit er gegenüber dem Untermieter das Unterbleiben von Besuchen verlangen darf – gegenüber Besuchern des Untermieters ein *durch § 123 StGB geschütztes* Hausverbot aussprechen kann.

> *Lenckner* in: *Schönke-Schröder*, § 123 Rdnr. 17; offenbar auch *Eser* aaO, S. 169 A 14 a. E. (a. A. *Otto*, S. 135; *Rudolphi* aaO, Rdnr. 15).
> – Die Gegenmeinung berücksichtigt nicht hinreichend den Unterschied zwischen der *Vermietung einer abgeschlossenen Wohnung* und der *»Untervermietung« eines Zimmers innerhalb der Wohnung des Hauptmieters*. Und die – ohnehin sinkende – Bereitschaft zu einer solchen Untervermietung etwa an Studenten wird durch Rechtsauffassungen wie die der Gegenmeinung sicherlich nicht gefördert. –

Daher fragt sich, ob die Eheleute Löwe den Besuch der Verlobten ihres Untermieters verbieten durften. Diese Frage ist bei Auslegung des Mietvertrages nach *§ 157 BGB* unter Berücksichtigung der gewandelten Auffassungen über den geschlechtlichen Bereich

> (*BGH* St 23, 40, 42f – »Fanny-Hill-Urteil« –)

zu verneinen.

> Vgl. auch *Maurach-Schroeder* aaO: § 123 StGB schütze das Verbot »nächtlicher Damenbesuche« beim *»unverlobten möblierten Herrn«*.

Wer heute als Vermieter seinem (volljährigen) Mieter oder Untermieter »Damenbesuch« – bzw. seiner Mieterin oder Untermieterin »Herrenbesuch« – *schlechthin verbietet*, handelt *vertragswidrig*.

> Dazu u. a. *AG Wiesbaden* ZMR 1972, 350; *AG Siegen* ZMR 1971, 239ff; *Schmidt-Futterer*, Miete und Pacht, 3. Aufl. 1977, 102f; vgl. auch *Palandt-Putzo*, § 535 Anm. 2a, bb (i.V.m. § 549 Anm. 6), zum vertragsmäßigen Recht des Mieters (Untermieters), Besucher zu empfangen.

Soweit ein solches Verbot im Mietvertrag festgelegt wird, ist es m. E. unter dem Gesichtspunkt der Mißachtung des *allgemeinen Persönlichkeitsrechts* (Art. 1 I, 2 I GG) des Mieters bzw. Untermieters grundsätzlich i. S. des § 138 BGB *sittenwidrig* und damit unbeachtlich

> (verfassungskonforme Konkretisierung der Generalklausel des § 138 I BGB; zur verfassungskonformen Anwendung zivilrechtlicher Generalklauseln vgl. *BVerfG* E 7, 198 – »Lüth-Urteil« –.
> Zur Unwirksamkeit eines derartigen Besuchsverbots siehe auch *AG Wiesbaden, AG Siegen* und *Schmidt-Futterer* aaO).

Etwas anderes mag bei *Untermietverhältnissen* für *häufig wechselnden* sowie für *nächtlichen* »Damenbesuch« (»Herrenbesuch«) gelten

(vgl. *Schäfer*, LK § 123 Rdnr. 53);

doch dürfte jedenfalls das gelegentliche Übernachten der *Verlobten* beim (volljährigen) Untermieter nicht zu untersagen sein.

Vgl. *Maurach-Schroeder* aaO.

*Ergebnis:* Rosi hat sich nicht strafbar gemacht.

### Fall 44: – *Hausrecht bei gemeinschaftlicher Ehewohnung* –

Der volljährige Student Fröhlich wohnt zur Untermiete in der Wohnung der Eheleute Fromm. Er hat »häufig wechselnden« Damenbesuch, der auch über Nacht bleibt. Frau Fromm ist empört und verbietet den fraglichen Besucherinnen, unter ihnen der Lustig, sich nach 22 Uhr in der Wohnung aufzuhalten. Herr Fromm, ein Freigeist, erklärt demgegenüber den Besucherinnen, sie könnten ruhig so weitermachen wie bisher. Als die Lustig wieder einmal bei Fröhlich genächtigt hat, stellt Frau Fromm Strafantrag gegen die Lustig.

Wenn *beide Eheleute* das Verbot, nach 22 Uhr sich bei Fröhlich aufzuhalten, ausgesprochen hätten, wäre der objektive Tatbestand des § 123 I StGB erfüllt:

Denn bei Auslegung des Untermietvertrags nach § 157 BGB brauchten die Eheleute nach der Auffassung des täglichen Lebens nicht zu dulden, daß ihr Untermieter häufig wechselnden *nächtlichen* Damenbesuch empfing, und konnten sich dagegen zumindest mit einem auf die *Nachtzeit* beschränkten Hausverbot – das hier durch § 123 StGB geschützt wäre (vgl. Fall 43) – zur Wehr setzen.

Hier hat jedoch die Ehefrau den Besuch verboten, der Ehemann dagegen ihn erlaubt. Damit fragt sich, ob die Lustig gegen den Willen des *Berechtigten* gehandelt hat.

Für das Hausrecht bezüglich der gemeinschaftlichen Ehewohnung gilt folgendes: Grundsätzlich ist *jeder Ehegatte* befugt, dritten Personen den Aufenthalt zu gestatten; das folgt aus dem Wesen der Ehe und dem Grundsatz der Gleichberechtigung.

*OLG Hamm*, NJW 1955, 761; 1965, 2067f; *Dreher-Tröndle*, Rdnr. 2; *Lenckner* in: *Schönke-Schröder*, Rdnr. 18; *Schäfer*, LK Rdnr. 57; a. A. *Arzt/Weber*, Rdnr. 476: Dritten sei der Zutritt nur bei Einverständnis *beider* Eheleute gestattet.

Dabei spielt grundsätzlich keine Rolle, wer von beiden Eheleuten Eigentümer oder Mieter der Wohnung ist.

*OLG Hamm* aaO.

Kein Ehepartner darf jedoch das Wohnrecht ohne Rücksicht auf den anderen willkürlich ausüben; vielmehr gilt für die Begrenzung des Hausrechts beider Eheleute das Prinzip der *Zumutbarkeit*. Folglich darf ein Ehegatte gegen den Willen des anderen solchen Personen keinen Zutritt zur Ehewohnung gewähren, deren Anwesenheit diesem nicht zuzumuten ist; für ihn unzumutbaren Besuchern kann jeder Ehepartner auch gegen den Willen des anderen mit einem nach § 123 StGB strafbewehrten Hausverbot entgegentreten.

*OLG Hamm, Dreher-Tröndle, Schäfer* und *Lenckner* aaO.
Unzumutbar ist es z. B. für den einen Ehegatten, den Aufenthalt des Liebhabers des anderen in der Ehewohnung zu dulden (vgl. *BGHZ* 6, 360).

Es fragt sich daher, ob Frau Fromm die häufigen *nächtlichen* Besuche wechselnder Verehrerinnen des Fröhlich zuzumuten waren. Diese Frage dürfte nach der Anschauung des täglichen Lebens zu verneinen sein. Danach hätte die Lustig den objektiven Tatbestand des § 123 I erfüllt.

Ob sie *vorsätzlich* gehandelt hat, hängt davon ab, ob sie sich bewußt war, gegen den Willen des *Hausrechtsinhabers* zu handeln, wofür eine entsprechende »Parallelwertung in der Laiensphäre«

(dazu Welzel, S. 76)

genügen würde.

*Fall 45: – Hausfriedensbruch bei Verfolgung widerrechtlicher Zwecke? –*

Ein Student betrit in diebischer Absicht eine Buchhandlung; hat er sich damit des Hausfriedensbruchs schuldig gemacht?

Wie dargelegt, bedeutet *»Eindringen«* ein Betreten gegen den Willen des Berechtigten; dabei kann sich der entgegenstehende Wille aus den Umständen ergeben, etwa aus einer rechtswidrigen Absicht des Täters.

Dazu näher *Schäfer*, LK Rdnr. 24, 25, 30 m.w.N.

Eine solche Absicht vermag aber grundsätzlich nicht aus einem *an sich erlaubten Betreten* ein »Eindringen« zu machen; dies sei am vorliegenden Fall exemplifiziert: Bei Ladengeschäften ist eine *generelle Erlaubnis zum Betreten* gegeben.

*Lackner,* Anm. 3; *Welzel,* S. 333; *Hanack,* JuS 1964, 354.

Ein *beabsichtigter Mißbrauch* dieser Erlaubnis soll nach h. M. noch kein »Eindringen«, also Betreten gegen den Willen des Berechtigten, begründen

(*Kohlrausch-Lange,* Anm. III 1; *Lackner* und *Welzel* aaO; *Wessels,* BT 1 S. 94; *Lenckner* aaO, Rdnr. 26; *Arzt/Weber,* Rdnr. 477; *Schmidhäuser,* BT 6/15 f; *Rudolphi* aaO, Rdnr. 26; *Hanack* aaO);

etwas anderes soll nur dann gelten, wenn nach dem *»äußeren Erscheinungsbild«* des Auftretens des Täters – z. B. eines maskierten Bankräubers – kein Verhalten mehr vorliege, das von dem generellen Einverständnis gedeckt werde.

*Lenckner, Rudolphi, Wessels* und *Welzel* aaO; *Hanack* aaO; *Blei,* JA 1974, 535.

Demgegenüber meinen andere, »der Inhaber eines Warenhauses öffne dieses nur für Kunden und Schaulustige«; wer das Geschäft in diebischer Absicht betrete, begehe Hausfriedensbruch.

*Maurach-Schroeder* Bd. 1, S. 255; *Preisendanz,* Anm. 3 a; *Schäfer,* LK Rdnr. 31 f.

Nach *Maurach-Schroeder, Preisendanz* und *Schäfer* wäre der Student also aus § 123 StGB strafbar, nach *h. A.* dagegen nicht.

*Stellungnahme:* Ich neige der h. M. zu. Soll etwa aus § 123 schuldig sein, wer ein Warenhaus nicht als *erwünschter Kunde* bzw. *Schaulustiger* betritt, sondern aus dem Berechtigten unerwünschten Motiven, etwa, um sich aufzuwärmen; um mit Ladenangestellten (während deren Dienstzeit) längere Gespräche zu führen; um eine günstige Diebstahlsgelegenheit auszukundschaften (»Ausbaldowern«)? Diese Frage bejahen, hieße den Strafrechtsschutz *unnötig weit ausdehnen* bzw. – beim Ausbaldowern – *unnötig weit vorverlegen.*

*Ergänzende Hinweise* zu § 123 StGB:

(1) *»Eindringen«:* Hierfür genügt, daß der Körper des Täters *zum Teil* in den

Raum gebracht wird; es reicht z. B., daß der Täter den Fuß in die Wohnungstür stellt.

> BGH bei *Dallinger*, MDR 1955, 144.

(2) *»Verweilen* ohne Befugnis«: Diese Alternative ist gegenüber der des »Eindringens« *subsidiär.*

> BGH St 21, 224, 225f.

Zur *Aufforderung, den Raum zu verlassen,* kann neben dem Inhaber des Hausrechts auch sein »rechtlicher oder tatsächlicher Vertreter«

> – z. B. Angehörige, auch minderjährige (*BGH* aaO); Hausangestellte –

befugt sein.

(3) Ein Hausverbot, das für ein Dienstgebäude ausgesprochen ist und deswegen einen *Verwaltungsakt* darstellt, weil es den Betroffenen auch daran hindern soll, das Gebäude im Hinblick auf dessen *öffentlichrechtliche Funktion* – z. B. als Universität, als Schule u. ä. – aufzusuchen

> (Beispiel: Hausverbot eines Universitätspräsidenten gegenüber einem Studenten; *OLG Karlsruhe*, NJW 1978, 116; *BGH* NStZ 1982, 158, 159),

ist von dem Betroffenen stets unbedingt zu beachten und *gemäß § 123 StGB strafbewehrt,* wenn es für ihn nach öffentlichem Recht *verbindlich* ist, weil es weder *nichtig*

> (dazu §§ 43 III, 44 Verwaltungsverfahrensgesetz)

noch *mit aufschiebender Wirkung angefochten*

> (dazu § 80 I, II Nr. 4 Verwaltungsgerichtsordnung)

ist, mag es auch fehlerhaft sein. Daher läßt die spätere Aufhebung eines *wirksam erlassenen und für sofort vollziehbar erklärten (§ 80 II Nr. 4 VwGO)* Hausverbots durch das Verwaltungsgericht die Strafbarkeit aus § 123 StGB unberührt.

> h. M., vgl. nur *OLG Karlsruhe* aaO; *OLG Hamburg* NJW 1980, 1007ff; *BGH* aaO; *Dreher-Tröndle*, § 123 Rdnr. 7; *Lackner*, Anm. 3; *Schäfer*, LK Rdnr. 47; *a. A.* etwa *Arnhold*, JZ 1977, 789f; *Dingeldey*, NStZ 1982, 160f; *Gerhards*, NJW 1978, 86ff; *Lenckner* aaO, Rdnr. 20 a. E.; *Rudolphi* in SK, Rdnr. 35a; *Schroeder*, JuS 1982, 494.

Denn auch fehlerhafte Verwaltungsakte sind – sofern sie nicht etwa nichtig sind – *wirksam* (§ 43 Verwaltungsverfahrensgesetz); zudem sprechen für die h. A. kriminalpolitische Erwägungen; und schließlich ist sie im Hinblick auf § 80 I, V Verwaltungsgerichtsordnung auch nicht gegenüber dem vom Hausverbot Betroffenen unbillig. Die Gegenmeinung hätte *Rechtsunsicherheit* zur Folge.

– Zur Begehung von Hausfriedensbruch durch Vorlesungsstörer, die der *Aufforderung des Dozenten, den Hörsaal zu verlassen,* nicht nachkommen, vgl. *BGH* aaO. –

(4) *§ 124 StGB* (»schwerer Hausfriedensbruch«) schützt neben dem Hausrecht die *öffentliche Sicherheit und Ordnung* (den allgemeinen Rechtsfrieden)

> – *Schäfer*, § 124 Rdnr. 1; *Lenckner* in: *Schönke-Schröder*, § 124 Rdnr. 1 –,

ist also insoweit Straftat gegen die Allgemeinheit.

## II. Verletzung des persönlichen Lebens- und Geheimbereichs (§§ 201–205 StGB)

*Vorbemerkung:* §§ 201–205 StGB dienen dem Schutz des *allgemeinen Persönlichkeitsrechts (Art. 1; 2 I GG):* Der Mensch bedarf zu seiner Persönlichkeitsentfaltung eines gewissen staatlich garantierten *Freiraumes;* ein solcher wird u. a. durch die Normen des 15. Abschnitts des StGB, Besonderer Teil, über »Verletzung des persönlichen Lebens- und Geheimbereichs« geschaffen.

Vgl. etwa *Lenckner* in: *Schönke-Schröder,* Rdnr. 2 vor § 201.

### 1. Verletzung von Privatgeheimnissen (§ 203 StGB)

*Fall 45 a:* Der Frauenarzt Dr. med. Fromm (F) hat sich mit der Arzthelferin Tugendsam (T) verlobt. Wenig später erhält er einen anonymen Anruf, der die T eines unsittlichen, haltlosen »Vorlebens« bezichtigt: Sie habe u. a. mehrfach bei »Engelmacherinnen« abgetrieben und sich dann bei Frauenarzt Dr. med. Himmel (H) wegen auftretender Komplikationen behandeln lassen müssen. Der verstörte F möchte die Wahrheit wissen. Er setzt sich mit H in Verbindung, gibt wahrheitswidrig an, er behandele die T und bitte mit deren Einverständnis um Übersendung der Krankenpapiere. H glaubt dem F und kommt dessen Bitte nach. Die Krankenpapiere bestätigen den anonymen Anruf, so daß F die Verlobung löst. Strafbarkeit von H und F?

### 1. Strafbarkeit des H aus § 203 I Nr. 1 StGB?

– *Geschütztes Rechtsgut* bei § 203 StGB ist in erster Linie die *Geheimsphäre des einzelnen* und in zweiter Linie das Interesse der Allgemeinheit an der Verschwiegenheit bestimmter Berufe (*Lackner,* Anm. 1; *Maurach-Schroeder* Bd. 1, S. 241; *Arzt/Weber,* Rdnr. 500; a. A. *Lenckner* in: *Schönke-Schröder,* § 203 Rdnr. 3: jenes Allgemeininteresse dominiere – hiergegen überzeugend *Schünemann,* ZStW 1978, 27 ff, 51 ff –).

### a) Objektiver Tatbestand

Die Krankengeschichte der T war für H ein *»fremdes Geheimnis«.*

Für dies Merkmal ist erforderlich:
1. daß die fragliche Tatsache nur einem beschränkten Personenkreis bekannt ist;
2. ein schutzwürdiges Geheimhaltungsinteresse des Betroffenen, hier der T.
Vgl. *Lackner,* Anm. 3 a; *Lenckner* aaO, Rdnr. 4 ff.

Dieses war H *als Arzt* anvertraut (bzw. sonst bekanntgeworden).

In seiner Eigenschaft *als Arzt* bekanntgeworden ist dem Täter jedes Geheimnis, das er »in innerem Zusammenhang mit der Ausübung seines Berufes erfährt« (*Lenckner* aaO, Rdnr. 15; *Samson* in SK, § 203 Rdnr. 30).

H hat das Geheimnis i. S. des § 203 StGB *»offenbart«.*

Dies Merkmal verlangt neben der Mitteilung der geheimen Tatsache auch die der Person, auf die sie sich bezieht (*Dreher-Tröndle,* Rdnr. 26; *Lenckner* aaO, Rdnr. 19).

Strittig ist die Bedeutung des Merkmals *»unbefugt«* im Deliktsaufbau:
Von einigen wird die Ansicht vertreten, dieses Merkmal sei *Tatbestandsmerkmal* und bedeute nichts anderes als *»ohne Einwilligung des Betroffenen«.*

So *OLG Köln,* NJW 1962, 686, 687 mit zustimmender Anm. *Bindokat; Lenckner aaO, Rdnr. 22;* ebenso offenbar *Schmidhäuser,* BT 6/28; *Welzel,* S. 336, 337.
– Zum eigenen Standpunkt unten, 2 b (1). –

Danach wäre die Einwilligung bei § 203 StGB nicht nur ein Rechtfertigungsgrund, sondern würde bereits den Tatbestand entfallen lassen (sog. tatbestandsausschließendes Einverständnis).

> Zur Differenzierung zwischen *rechtfertigender Einwilligung* und *tatbestandsausschließendem Einverständnis* vgl. näher Bd. 2, Fall 7 – »Exkurs« –.

Anders die h. M.: Das Merkmal »unbefugt« sei gleichzusetzen mit dem allgemeinen Verbrechenselement *»rechtswidrig«*, und die Einwilligung des Betroffenen lasse nicht den Tatbestand entfallen, sondern sei lediglich *Rechtfertigungsgrund*.

> *Dreher*, MDR 1962, 592; *Dreher-Tröndle*, § 203 Rdnr. 27; *Haft*, S. 72; *Jescheck*, S. 304; *Lackner*, Anm. 2 vor § 201; *Maurach-Schroeder* Bd. 1, S. 247; *Otto*, S. 125; *Preisendanz*, Anm. XI; *Samson* in SK, § 203 Rdnr. 36, 37; *Warda*, Jura 1979, 295 f; offenbar auch *Arzt/Weber*, Rdnr. 507; *Wessels*, BT 1 S. 90 f.

Da ein Einverständnis der T nicht vorlag, ist auch nach der dargelegten Ansicht des *OLG Köln* (aaO) der objektive Tatbestand des § 203 I Nr. 1 StGB erfüllt.

### b) Subjektiver Tatbestand (Vorsatz)

H hatte irrig angenommen, die T sei mit der Offenbarung des Geheimnisses an F einverstanden; dieser Irrtum könnte seinen Vorsatz und damit den subjektiven Tatbestand des § 203 I Nr. 1 entfallen lassen.

(1) Folgt man der Entscheidung des *OLG Köln* darin, der objektive Tatbestand des § 203 I StGB erfordere ein Handeln gegen oder doch ohne den Willen des Betroffenen

> (d. h. dessen Einwilligung schließe den Tatbestand aus),

so lag bei H ein Tatbestandsirrtum vor, der den Vorsatz entfallen ließ (§ 16 StGB).
(2) Folgt man dagegen der h. M., die Einwilligung sei bei § 203 nicht tatbestandsausschließend, sondern nur rechtfertigend, so ist bei H ein *Irrtum über die tatsächlichen Voraussetzungen eines Rechtfertigungsgrundes* (Einwilligung) anzunehmen. Wie ein solcher Irrtum zu behandeln sei, ist bekanntlich im StGB (§§ 16, 17) nicht geklärt

> – der Gesetzgeber hat die Lösung dieser Irrtumsproblematik Rechtsprechung und Lehre überlassen; *Lackner*, § 17 Anm. 5 a –

*und strittig.* Folgende Ansichten sind zu nennen:
(a) Nach der *»Lehre von den negativen Tatbestandsmerkmalen«* sind die Voraussetzungen der Rechtfertigungsgründe *»negative Tatbestandsmerkmale«*:

*Für den Unrechtstatbestand seien das Vorliegen der positiven unrechtsbegründenden Merkmale, die im Tatbestand im engeren Sinne* (z. B. §§ 223, 303 StGB) *enthalten seien,* und das *Nichtvorliegen der Voraussetzungen von Rechtfertigungsgründen* in gleicher Weise konstituierend. Daher sei es für die Bewertung eines Verhaltens gleichgültig, ob es schon *nicht den Tatbestand i. e. S. erfülle,* oder ob es *zwar tatbestandsmäßig, aber gerechtfertigt sei;* in beiden Fällen fehle es am Unrechtstatbestand. Für diesen seien die Merkmale des Tatbestandes i. e. S. *positive, die Merkmale der Rechtfertigungsgründe negative* Tatbestandsmerkmale. Es sei daher verfehlt, von einem *dreistufigen Deliktsaufbau*

> – Tatbestandsmäßigkeit; Rechtswidrigkeit; Schuld (dieser Deliktsaufbau ist herrschend) –

auszugehen. Vielmehr stellten Tatbestandsmäßigkeit und Rechtswidrigkeit nur *eine* Wertungsstufe dar, den Unrechtstatbestand (»Gesamtunrechts-Tatbestand«), was zu einem *zweistufigen* Deliktsaufbau führe, bestehend aus dem Unrecht (= Tatbestand i. e. S. plus Nichteingreifen von Rechtfertigungsgründen) und der Schuld.

Vertreter der »Lehre von den negativen Tatbestandsmerkmalen« sind u. a. *Engisch, Arthur Kaufmann, Roxin* und *Schaffstein* (vgl. Nachweise bei *Lenckner* in: *Schönke-Schröder,* Rdnr. 15 vor § 13) sowie *Samson* in SK, Rdnr. 6–12 vor § 32.

Aus dieser Theorie wird die Folgerung abgeleitet, der Vorsatz des Täters müsse das *Vorliegen jener positiven Tatbestandsmerkmale* und das *Nichtvorliegen jener negativen Tatbestandsmerkmale* umfassen; § 16 StGB gelte in gleicher Weise für den *Tatbestandsirrtum* und den *Irrtum über die tatsächlichen Voraussetzungen eines Rechtfertigungsgrundes (»Erlaubnistatbestandsirrtum«).*

Vgl. für alle Arthur *Kaufmann,* JZ 1954, 653 ff, 657.

Die »Lehre von den negativen Tatbestandsmerkmalen« würde für den vorliegenden Fall also zur unmittelbaren Anwendbarkeit des § 16 StGB führen.

(b) Diese Lehre wird allerdings überwiegend abgelehnt, *und zwar zu Recht.*

Eine eingehende Begründung dieser Ablehnung kann hier nicht gegeben werden, insoweit sei auf *Hirsch,* Die Lehre von den negativen Tatbestandsmerkmalen, 1960, *Dreher,* Heinitz-Festschrift, 1972, S. 217 ff, und *Lenckner* aaO, Rdnr. 17 vor § 13, verwiesen; nur soviel sei gesagt:

Zum einen erscheint die Lehre vom zweistufigen Deliktsaufbau als »Etikettenschwindel«; denn der Sache nach nimmt auch sie eine dreistufige Deliktsprüfung vor (1. Stufe: ist der Tatbestand erfüllt?; 2. Stufe: greifen Rechtfertigungsgründe ein?; 3. Stufe: Schuld).

Zum anderen ist die These, die Unterscheidung zwischen »positiven (im Tatbestand beschriebenen) und negativen (im Rechtfertigungsgrund enthaltenen) unrechtsbestimmenden Merkmalen habe lediglich gesetzestechnische Bedeutung« und bezeichne keine unterschiedlichen »rechtlichen Wertungsstufen« (*Samson* aaO), nicht überzeugend: Die *Tötung eines Menschen in Notwehr* und die *Tötung einer Mücke* – dieser Unterschied hat mehr als »nur gesetzestechnische Bedeutung« (*Hirsch,* LK 9. Aufl., Rdnr. 7 vor § 51). Die wertungsmäßige Gleichsetzung von *tatbestandslosem* und *tatbestandsmäßigem, aber erlaubtem* Verhalten verkennt zudem, daß *ein von keinem Straftatbestand erfaßtes Verhalten* nicht notwendig von der Rechtsordnung gebilligt zu sein braucht, sondern Unrecht sein kann, wenn auch kein *strafbares* Unrecht
(Beispiel: die verbotene Eigenmacht i. S. des § 858 BGB, soweit sie weder § 242 noch § 248 b StGB erfüllt),
während das durch einen Rechtfertigungsgrund gedeckte Verhalten *erlaubt und daher von dem Betroffenen zu dulden ist.* Erlaubnissätze gewähren also »in atypischen Situationen *Eingriffsrechte«* (*Wessels,* AT S. 34; *Lenckner* aaO), was ihre Bedeutung als selbständige Wertungsstufe zeigt.

Und schließlich ist bemerkenswert, daß die Lehre von den negativen Tatbestandsmerkmalen von vielen gerade im Hinblick auf die Rechtsprechung des *BGH* zur Behandlung der *irrigen Annahme eines rechtfertigenden Sachverhalts*
(*BGH* St 3, 105, 106, 107; 3, 194, 196; 3, 357, 364: Anwendung des § 59 StGB a. F. = § 16 StGB n. F.)
vertreten wird. Die Frage, wie ein solcher »Erlaubnistatbestandsirrtum« zu behandeln sei, sollte man aber nicht mittels dogmatischer Konstruktion, sondern *wertend* beantworten (so auch *Lenckner* in: *Schönke-Schröder,* Rdnr. 18 vor § 13; *Stratenwerth,* Rdnr. 500, 506; das hebt auch *Samson* aaO, Rdnr. 12, hervor). Diese Wertentscheidung ist nämlich *unabhängig von dem Streit um den Deliktsaufbau* danach zu treffen, ob unter dem Gesichtspunkt der *Gleichheit der Interessenlage* die (entsprechende) Anwendung des § 16 StGB sachgerecht ist oder nicht; wie hier namentlich *Lenckner* aaO.

Mit der Ablehnung der »Lehre von den negativen Tatbestandsmerkmalen« entfällt die Möglichkeit einer *unmittelbaren* Anwendung des § 16 StGB auf die irrige Annahme der tatsächlichen Voraussetzungen eines Rechtfertigungsgrundes.

> *Dreher,* Heinitz-Festschrift aaO; *Cramer* in: *Schönke-Schröder,* § 16 Rdnr. 14; *Preisendanz,* § 16 Anm. 3 b.

*Doch ist nach der herrschenden »eingeschränkten Schuldtheorie« § 16 StGB im Falle eines solchen Irrtums* **analog** *anzuwenden.*

> Vgl. *BGH* St 3, 105, 106; 3, 357, 364
> (in anderen Entscheidungen stellt der *BGH* dagegen nicht hinreichend klar, ob er § 16 StGB (bzw. § 59 StGB a. F.) für unmittelbar oder nur analog anwendbar hält; vgl. *Herdegen* in: 25 Jahre Bundesgerichtshof, 1975, S. 208);
> *Cramer* in: *Schönke-Schröder,* § 16 Rdnr. 14; *Lenckner* aaO.

Dies mit der Maßgabe, daß die Tat mit allen Konsequenzen – z. B. für die Teilnahme – wie eine *unvorsätzliche* behandelt wird.

> Vgl. *Cramer,* Rdnr. 14 aaO, und Rdnr. 35 vor § 25; *Bindokat, NJW 1962, 686; im Ergebnis ebenso Herzberg,* Täterschaft, S. 109 ff; *Samson* in SK, Rdnr. 28 vor § 26.

Nach der *»eingeschränkten Schuldtheorie«* entfällt hier in entsprechender Anwendung des § 16 StGB der Vorsatz des H.

(c) Im Schrifttum ist eine Theorie im Vordringen, die man *rechtsfolgeneinschränkende Schuldtheorie«* nennen könnte

> – so die Terminologie von *Cramer* in: *Schönke-Schröder,* § 16 Rdnr. 13 c; ähnlich Fr. Chr. *Schroeder,* LK 10. Aufl., § 16 Rdnr. 49 (von einigen ihrer Anhänger wird diese Theorie irreführend als »eingeschränkte Schuldtheorie« bezeichnet) –;

sie besagt:
Beim Erlaubnistatbestandsirrtum sei § 16 StGB mit der Maßgabe analog anwendbar, daß zwar *nicht* der Vorsatz als subjektives Tatbestandsmerkmal entfalle, die Handlung vielmehr eine *vorsätzliche rechtswidrige Tat* etwa i. S. der §§ 26, 27 StGB bleibe

> – insoweit anders die eingeschränkte Schuldtheorie (vgl. oben) –,

daß es aber an der Vorsatz*schuld* fehle, so daß der Täter nicht aus der vorsätzlichen rechtswidrigen Tat *bestraft* werden könne.

> So *Dreher* in: Heinitz-Festschrift aaO, S. 222, 224, 228; *Dreher-Tröndle,* § 16 Rdnr. 27; *Gallas* in: Bockelmann-Festschrift 1979, 170ff; *Jescheck,* S. 375; *Lackner,* § 17 Anm. 5b i.V.m. Anm. 4a vor § 25; *Maurach-Zipf,* Strafrecht AT, Bd. 1, 5. Aufl. 1977, S. 555 f; *Preisendanz,* § 16 Anm. 3 e (a.E.); *Wessels,* AT S. 105 ff.

Auch nach dieser Lehre kann H wegen seiner irrigen Annahme einer Einwilligung der T nicht aus § 203 StGB bestraft werden.

(d) Anders als die unter (a)–(c) dargelegten Theorien geht die – nur vereinzelt vertretene – *»strenge Schuldtheorie«* davon aus, ein Erlaubnistatbestandsirrtum führe weder zur unmittelbaren noch zur analogen Anwendung des § 16 StGB, sondern sei ein Verbotsirrtum, für den § 17 StGB gelte.

> *Welzel,* S. 164 ff; *Hirsch,* Negative Tatbestandsmerkmale aaO, S. 314 ff; Armin *Kaufmann,* JZ 1955, 37.

Dieser Ansicht ist schon wegen ihrer *unbilligen Konsequenzen* zu widersprechen: Nach ihr wäre *wegen Totschlags* zu verurteilen, wer aufgrund der *irrigen Annahme der tatsächlichen Voraussetzungen des § 32 StGB (»Putativnotwehr«)* getötet hat, sofern dieser Irrtum *vermeidbar* war (§ 17 S. 2 StGB); ein solcher Schuldspruch

erscheint unbillig: sachgerechter dürfte in solchen Fällen eine Verurteilung aus
§ 222 StGB (in analoger Anwendung des § 16 StGB) sein.

Vgl. auch *Jescheck*, S. 374; *Dreher*, Heinitz-Festschrift aaO, S. 216.
– Wegen weiterer Einwände gegen die strenge Schuldtheorie sei namentlich auf *Dreher*
aaO, S. 212–217, verwiesen. –

(3) *Ergebnis:* H hat sich – weil er an eine Einwilligung der T glaubte – nicht nach
§ 203 StGB strafbar gemacht.

## 2. Strafbarkeit des F?

a) § 203 I Nr. 1 StGB in mittelbarer Täterschaft?

F war kein *tauglicher Täter*, da ihm das Geheimnis nicht »als Arzt anvertraut oder
sonst bekanntgeworden« war; daher scheidet mittelbare Täterschaft aus.

*Herzberg*, JuS 1975, 577; *Samson* in SK, Rdnr. 51.

b) *Anstiftung* zu § 203 I Nr. 1 StGB?

Anstiftung erfordert eine *vorsätzliche* Haupttat (§ 26).
(1) Diese fehlt hier jedenfalls dann, wenn man mit dem *OLG Köln* annimmt, die
Einwilligung des Betroffenen schließe den Tatbestand dieser Vorschrift aus

(dazu oben, 1 a);

denn dann lag ein Tatbestandsirrtum vor.

– Vgl. oben, 1 b, (1) –.

*Ich neige der Ansicht des OLG Köln zu:* Denn soweit es bei § 203 I StGB um das
*Individualinteresse an der Geheimsphäre* geht, braucht sich der Schutzbereich
dieser Norm nur auf die Geheimnisoffenbarung *gegen (oder ohne) den Willen des
Betroffenen* zu erstrecken.

Ebenso etwa *Bindokat*, NJW 1962, 686.

Und soweit § 203 StGB das *Allgemeininteresse an der Verschwiegenheit bestimmter Berufe* schützt

(vgl. oben, 1, vor a),

ist hervorzuheben, daß dies Interesse durch die Offenbarung von Geheimnissen
mit Einverständnis aller Betroffenen nicht berührt wird

(hierauf stellt *Lenckner* in: *Schönke-Schröder*, § 203 Rdnr. 22, ab).

(2) Hält man dagegen bei § 203 StGB die Einwilligung nur für einen Rechtfertigungsgrund,
so gilt folgendes:
(a) Ebenfalls an einer *vorsätzlichen Haupttat* des H fehlt es, wenn man der *»Lehre von den
negativen Tatbestandsmerkmalen«* folgt

– vgl. oben, 1 b, (2) (a) –;

doch halte ich diese Lehre für verfehlt

– dazu oben, 1 b, (2) (b) –.

(b) Auch nach der *»eingeschränkten Schuldtheorie«* entfällt Anstiftung hier mangels *vorsätzlicher* Tat des H

– siehe oben, aaO –.

(c) Dagegen liegt nach der »*rechtsfolgeneinschränkenden Schuldtheorie*« eine vorsätzliche Haupttat i. S. des § 26 StGB vor

– vgl. oben, 1b, (2) (c) –,

ebenso nach der *strengen Schuldtheorie*

– dazu oben, aaO, (d) –

Letztere wurde bereits oben (aaO) abgelehnt; damit hängt die Strafbarkeit des F aus §§ 203 I Nr. 1, 26 StGB

– wenn man die Einwilligung des Betroffenen nur als rechtfertigend behandelt –

davon ab, ob der »*eingeschränkten Schuldtheorie*« oder der »*rechtsfolgeneinschränkenden Schuldtheorie*« der Vorzug gebührt. Ich neige der »eingeschränkten Schuldtheorie« zu, da diese mir *konsequenter* zu sein scheint als letztere: Wer – zu Recht – den im Erlaubnistatbestandsirrtum handelnden Täter in analoger Anwendung des § 16 StGB *nicht wegen vorsätzlicher Tatbegehung bestraft*, sollte diese Tat *nicht zu Lasten von »Teilnehmern« gleichwohl als Vorsatztat behandeln.*

*Herzberg*, Täterschaft, S. 111, hebt hierzu mit Recht hervor:
»Die *Sachgründe,* die in der Irrtumslehre zur Gleichbehandlung von Tatbestands- und Erlaubnistatbestandsirrtum drängen …, verbieten bei näherem Zusehen auch dort, wo es um die Bestrafung eines Beteiligten geht, je nach Irrtumsart unterschiedlich zu urteilen«.

Der entscheidende Mangel der »rechtsfolgeneinschränkenden Schuldtheorie« liegt nämlich in folgendem: Sie läßt beim Erlaubnistatbestandsirrtum lediglich die Vorsatz*schuld* entfallen. In Wirklichkeit aber ist die *Gleichbehandlung von Erlaubnistatbestandsirrtum und Tatbestandsirrtum im Wege analoger Anwendung des § 16 StGB bei ersterem* nicht lediglich durch den Gesichtspunkt vergleichbar *reduzierter Schuld* gerechtfertigt, sondern durch das bei beiden Irrtümern *in gleichwertiger Weise reduzierte Unrecht:* Beim Erlaubnistatbestandsirrtum ist nämlich der *Handlungsunwert* der Vorsatztat aufgehoben

(*Cramer* in: *Schönke-Schröder,* § 15 Rdnr. 26, § 16 Rdnr. 14; *Lenckner* in: *Schönke-Schröder,* Rdnr. 18 vor § 13; *Stratenwerth,* Rdnr. 504).

Denn der Täter handelt zwar mit *Wissen und Wollen der Merkmale des objektiven Tatbestandes;* dieser Handlungsunwert wird aber kompensiert durch den *Handlungswert* des subjektiven Rechtfertigungselementes *(Handeln in Kenntnis und aufgrund der – irrig angenommenen – rechtfertigenden Situation).* Folglich erscheint es sachgerecht, beim Erlaubnistatbestandsirrtum in analoger Anwendung des § 16 I StGB bereits das *Vorsatzunrecht* entfallen zu lassen.

Ebenso u. a. *Cramer, Lenckner* und *Stratenwerth* aaO.

Dann aber würde es einen *Wertungswiderspruch* bedeuten, im Erlaubnistatbestandsirrtum verwirklichte Delikte als »*vorsätzlich* begangene rechtswidrige Taten« i. S. der §§ 26, 27 StGB zu behandeln.

Noch fragwürdiger als die »rechtsfolgeneinschränkende Schuldtheorie« scheint mir die neuerdings von *Rudolphi* (in SK, § 16 Rdnr. 10, 13; ähnlich *Roxin*, LK 10. Aufl., Rdnr. 21 f vor § 26) vertretene Ansicht zu sein: Der *Erlaubnistatbestandsirrtum schließe zwar gemäß § 16 StGB den Vorsatz aus, lasse aber gleichwohl die Möglichkeit der Teilnahme an der Tat des Irrenden unberührt,* da für die in §§ 26 f StGB geforderte *Vorsätzlichkeit* der Haupttat der bloße Tatbestandsvorsatz (Wissen und Wollen der Merkmale des objektiven Tatbestandes) genüge.
Diese Konzeption verkennt, daß es bei wertender Betrachtung nicht angeht, im Hinblick

auf das Erfordernis einer *vorsätzlichen Haupttat* in §§ 26 f StGB Tatbestandsirrtum und Erlaubnistatbestandsirrtum auseinanderzudividieren, *wenn man beide Irrtümer im Rahmen des § 16 StGB gleichstellt.* Denn diese Gleichstellung ist maßgeblich durch den Gesichtspunkt geboten, daß es am *Handlungsunrecht der Vorsatztat* fehlt (dazu oben); eine Tat, der das Vorsatzunrecht fehlt, kann aber nicht als *vorsätzliche* rechtswidrige Handlung i. S. der §§ 26 f StGB behandelt werden.

c) *Ergebnis:* F hat sich nicht strafbar gemacht.

Zu demselben Ergebnis für Fälle wie den vorliegenden kommen *OLG Köln* und *Bindokat* aaO; *Arzt/Weber*, Rdnr. 510; *Herzberg*, Täterschaft, S. 109 ff; *Preisendanz*, *§ 203 Anm. XI; Samson* in SK, § 203 Rdnr. 51;
dagegen nimmt u. a. *Jescheck*, S. 374 mit Anm. 42, offenbar Anstiftung zu § 203 an.

Ergänzende Hinweise zu § 203 StGB:

(1) § 203 StGB ist ein Sonderdelikt; für den *Teilnehmer* ist § 28 I StGB zu beachten.

h. M., vgl. *Dreher-Tröndle*, § 203 Rdnr. 35; *Lackner*, Anm. 2; a. A. *Lenckner* in: Schönke-Schröder, Rdnr. 73.

(2) Eine tatbestandsmäßige Offenbarung liegt grundsätzlich auch bei Mitteilung an Personen vor, die selbst nach § 203 StGB schweigepflichtig sind.

*Lackner* Anm. 5; *Lenckner* aaO, Rdnr. 27.
Bei *Übernahme einer Arztpraxis* soll aber nach Ansicht des *BGH* die *Überlassung der Patientenkartei* auch ohne Befragen der Patienten zulässig sein, da sie deren mutmaßlichem Willen entspreche (NJW 1974, 602; kritisch etwa *Kuhlmann*, JZ 1974, 670 – gegen ihn *Blei*, JA 1975, 38 – und *Lenckner* aaO).

(3) Als Rechtfertigungsgründe kommen bei § 203 StGB namentlich in Betracht:
(a) Nach h. A. die Einwilligung des Betroffenen;

– nach der hier vertretenen Meinung schließt sie bereits den Tatbestand aus (vgl. Fall 45 a) –.

(b) Mutmaßliche Einwilligung

– vgl. *Lenckner* aaO. –

(c) § 34 StGB

Beispiel: Ein Arzt benachrichtigt die Straßenverkehrsbehörde von der Erkrankung eines Patienten, die diesen fahruntüchtig macht, was der Patient aber nicht wahrhaben will; *BGH* NJW 1968, 2288.

(d) Pflichtenkollision

Die *Pflichten aus § 138 StGB* gehen der Schweigepflicht aus § 203 StGB vor (*Dreher-Tröndle*, § 203 Rdnr. 29; *Lenckner* aaO, Rdnr. 29).
– Doch ist für Rechtsanwälte, Verteidiger und Ärzte § 139 III S. 2 StGB zu beachten. –

(4) § 203 StGB wird durch die verfahrensrechtlichen Regeln über das *Zeugnisverweigerungsrecht* für bestimmte Berufsgeheimnisse ergänzt

(vgl. insbesondere §§ 53 StPO, 383 ZPO).

Soweit ein solches Recht besteht, hat die in § 203 StGB statuierte *Schweigepflicht* grundsätzlich Vorrang vor der Aussagepflicht als Zeuge.

*Dreher-Tröndle*, § 203 Rdnr. 30.

(5) § 203 StGB wird durch § 204 StGB ergänzt.

## 2. Verletzung der Vertraulichkeit des Wortes (§ 201 StGB)

Zu den vieldiskutierten Problemen:

a) § 201 und *heimliche Tonaufnahmen von erpresserischen, nötigenden oder sonst strafbaren Äußerungen,*

b) § 201 und *heimliche Tonaufnahmen zur Erlangung von Beweismitteln, um sich gegen deliktisches Prozeßverhalten im Zivilverfahren zu wehren,*

vgl. grundlegend *Suppert,* Studien zur Notwehr und »notwehrähnlichen Lage«, 1973, S. 84 ff, 140 ff, 247 ff, m.w.N.; zu ihm *Krey,* ZStW 1978, 173 ff; vgl. auch *Amelung,* GA 1982, 381, 400 ff m.w.N.; aus der neueren *Judikatur* zu jenen Problemen seien u. a. angeführt: *OLG Stuttgart,* NJW 1977, 1546; *KG,* JR 1981, 254 mit Anm. von *Tenckhoff* (JR aaO, S. 255 ff) und *Geppert* (Jura-Kartei § 201/1); *BGH,* JZ 1982, 199 ff.

*Zu § 201 I StGB:* Nr. 2 dieser Vorschrift ist ein *Verletzungsdelikt,* während Nr. 1 ein bloßes abstraktes *Gefährdungsdelikt* darstellt.

*Suppert* aaO, S. 172 f; ebenso m.w.N. *Krey* aaO, S. 178.

*Für § 201 I Nr. 2 StGB* ist strittig, ob diese Norm erfordert, daß bereits die »Herstellung der Aufnahme« *unbefugt* war,
oder ob auch der Gebrauch bzw. das einem Dritten Zugänglichmachen von *rechtmäßig* erfolgten Tonaufnahmen den Tatbestand dieser Norm erfüllen können.

Die h. M. nimmt *ersteres* an; vgl. etwa *Arzt,* Der strafrechtliche Schutz der Intimsphäre..., 1970, S. 263 f; *Krey* aaO, S. 180 f; *Lenckner* in: *Schönke-Schröder,* § 201 Rdnr. 16 m.w.N.; a. A. *Suppert* aaO, S. 209 ff.

*Zu § 201 III StGB: Für Strafverfolgungsbehörden vgl. §§ 100 a, b StPO.*

## 3. Verletzung des Briefgeheimnisses (§ 202 StGB)

## 4. § 205 StGB

§§ 201–204 StGB sind Antragsdelikte (§ 205 StGB).

# Straftaten gegen die Allgemeinheit

## Kapitel 1: Straftaten gegen den Staat

### § 7 Delikte gegen die Staatsgewalt

### I. Widerstand gegen Vollstreckungsbeamte (§§ 113, 114 StGB)

*Vorbemerkung:* Diese Normen bezwecken den Schutz der ungestörten *Durchsetzung des Staatswillens* und der zu seiner Vollstreckung berufenen *Organe* (Vollstreckungsbeamte).

    RG St 41, 82, 85; *v. Bubnoff,* LK § 113 Rdnr. 2; *Lackner,* § 113 Anm. 1; a. A. *Horn* in SK, § 113 Rdnr. 2; *Maurach-Schroeder* Bd. 2, S. 148 f.

### 1. Zum Tatbestand des § 113 I StGB

*Fall 46: – Widerstand gegen ausländische Vollstreckungsbeamte –*

Der deutsche Staatsangehörige Loddel (L) wird in Wien bei einer polizeilichen Razzia im Zuhälterlokal »Zum Pferdchen« festgenommen; bei seiner Verhaftung verteilt L, der »Bullen« nicht mag, gewaltige Fausthiebe.
Hat L sich nach deutschem Recht strafbar gemacht?

    – Es ist davon auszugehen, daß die Festnahme nach österreichischem Recht rechtmäßig und die Tat des L nach diesem Recht mit Strafe bedroht war. –

Die Geltung der deutschen Strafrechtsnormen für die *Auslandstat* des L folgt aus § 7 II Nr. 1 StGB.

    – Diese Norm ist die Konsequenz aus Art. 16 II S. 1 GG und beruht damit auf dem »Prinzip der stellvertretenden Strafrechtspflege«. Im übrigen basiert die *erste Alternative* des § 7 II Nr. 1 StGB zugleich auf dem »aktiven Personalitätsprinzip«. –

*a) § 113 StGB*

(1) Durch diese Vorschrift geschützt werden die in ihr näher bezeichneten *Vollstreckungsbeamten* (im weiteren Sinne)

    – »Amtsträger oder Soldaten der Bundeswehr«, die »zur Vollstreckung von Gesetzen, Rechtsverordnungen, Urteilen, Gerichtsbeschlüssen oder Verfügungen berufen« sind –,

und zwar bei der Vornahme solcher *Vollstreckungshandlungen.*
Dabei bedeutet Vollstreckungshandlung eine Handlung, durch die »der bereits konkretisierte, d. h. *die Regelung eines bestimmten Falles anstrebende* Wille des Staates verwirklicht werden soll, und zwar notfalls mit den Mitteln des Zwanges«.

    *Eser* in: *Schönke-Schröder,* Rdnr. 10 ff; *BGH* St 25, 313, 314.

Beispiele: Ein Polizeibeamter gebietet bei einer allgemeinen Verkehrskontrolle einem Kraftfahrer Halt

> (*BGH* aaO; *OLG Celle*, NJW 1973, 2215; *Wessels*, BT 1 S. 105; *Horn* in SK, § 113 Rdnr. 5; weitere Nachweise bei *Hassemer*, JuS 1974, 669);

um die Fortsetzung eines Hausfriedensbruchs zu verhindern, entfernt ein Polizeibeamter gewaltsam eine Person aus der Polizeiwache

> (*OLG Hamm*, NJW 1974, 1831 f; *Dreher-Tröndle*, Rdnr. 9).

*Keine* Vollstreckungshandlungen sind *mangels Regelung eines Einzelfalles:* »Streifenfahrten, Beschuldigtenvernehmungen, Befragungen von Straßenpassanten und andere bloße Ermittlungstätigkeiten von Polizeibeamten«.

> *BGH* aaO m.w.N.
> Fehlt der attackierten Diensthandlung des Amtsträgers der Charakter einer Vollstreckungshandlung i. S. des § 113 I StGB, so ist die Folge nicht etwa Straflosigkeit des Täters; vielmehr kommt dann *§ 240 StGB (als lex generalis gegenüber § 113 als lex specialis,* dazu unten) in Betracht; vgl. *Eser,* Strafrecht 3, S. 164 A 69; *Horn* aaO, Rdnr. 23.

(2) Problem: Schützt § 113 auch *ausländische* Vollstreckungsbeamte? Diese Frage ist zu *verneinen.*

> *Lackner*, Anm. 2.
> – Zu einer gesetzlichen Ausnahme vgl. Art. 7 II Nr. 5 des 4. StÄG v. 11. 6. 1957, BGBl. I 597 (bei *Dreher-Tröndle*, Anhang 35). –

Für diese Beschränkung auf *inländische* Vollstreckungsbeamte sprechen einmal *§ 11 I Nr. 2. StGB,* zudem der *systematische Zusammenhang »Amtsträger/Soldat der Bundeswehr«.*

> Dabei ist mit »deutschem Recht« i. S. des § 11 I Nr. 2 StGB nur das der Bundesrepublik Deutschland gemeint, nicht das der *DDR (Dreher-Tröndle*, § 11 Rdnr. 11; *Lackner,* Anm. 3 d), so daß § 113 die Vollstreckungsbeamten der DDR nicht erfaßt (*Dreher-Tröndle*, § 113 Rdnr. 2; abweichend *Eser* in: *Schönke-Schröder*, § 113 Rdnr. 7).

Diese Ausklammerung ausländischer Vollstreckungsbeamter ist auch sachgerecht: Sie entspricht dem allgemeinen Grundsatz, daß es nicht Aufgabe des Strafrechts der BRD sein könne, die Ausübung der Hoheitsgewalt eines fremden Staates zu schützen – man denke nur an die Schwierigkeiten, die sich bezüglich totalitärer Regime ergeben würden.

L ist daher nicht aus § 113 StGB schuldig.

### b) Nötigungsversuch, §§ 240, 22 f StGB?

> Daß bei Widerstand gegen ausländische Vollstreckungsbeamte § 113 entfällt, bedeutet nicht, daß ein Rückgriff auf die allgemeine Bestimmung des § 240 ausgeschlossen ist (ebenso *OLG Hamm*, NJW 1960, 1536 = JZ 1960, 576 mit zust. Anm. *Schröder; Eser* in: *Schönke-Schröder*, § 113 Rdnr. 68; *Maurach*, S. 625); vgl. aber unten im Text, (2).

(1) L wollte seine Festnahme mit Gewalt verhindern; dies ist ihm aber nicht gelungen, so daß eine *vollendete* Nötigung entfällt. Doch hat L den Tatbestand der versuchten Nötigung (Fausthiebe als Gewalt) erfüllt. Seine Tat war auch rechtswidrig (§ 240 II StGB).

> Ein Erlaubnissatz greift nicht ein, und die Tat war nach der Mittel-Zweck-Relation verwerflich.

L ist also der versuchten Nötigung schuldig.

(2) Hinsichtlich seiner Strafbarkeit aus §§ 240, 22 f ist aber das *Verhältnis des § 113*

*zu § 240 StGB* zu beachten: § 113 I ist als *Privilegierung gegenüber § 240 StGB*

– vgl. die Strafdrohungen und die Irrtumsregelung in § 113 IV StGB –

lex specialis zu dieser Vorschrift.

> *v. Bubnoff,* LK § 113 Rdnr. 3; *Dreher-Tröndle,* § 113 Rdnr. 1.
> Jene Privilegierung trägt dem Umstand Rechnung, »daß die Unterordnung unter die nackte Staatsgewalt besondere Emotionen hervorruft« (*Maurach-Schroeder* Bd. 2, S. 148).

Das bedeutet für L: Hätte er seine Tat in *Deutschland* begangen, so wäre er nicht aus §§ 240, 22 f, sondern aus § 113 I StGB strafbar.

L darf aber – wie mir scheint – nicht deswegen der Privilegierungen des § 113 gegenüber § 240 verlustig gehen, weil er (nur) *ausländischen* Vollstreckungsbeamten Widerstand geleistet hat. Folglich ist er zwar wegen Nötigungsversuchs strafbar, doch darf der *Strafrahmen des § 113 I* nicht überschritten werden.

So auch *Schröder,* JZ aaO; *Eser* aaO.

c) *§ 223 StGB*

Zudem liegt § 223 (körperliche Mißhandlung) vor, und zwar in Idealkonkurrenz (§ 52) zu §§ 240, 22 f.

*Ergänzende Hinweise* zu § 113 I StGB – Tathandlung –:

a) *Leisten von Widerstand* bedeutet »jede Tätigkeit, welche die Durchführung der Vollstreckungsmaßnahme verhindern oder erschweren *soll«;* insoweit stellt § 113 I ein sogen. »unechtes Unternehmensdelikt« dar.

> *Eser* in: Schönke-Schröder, Rdnr. 2; *Horn* aaO, Rdnr. 12; *Dreher-Tröndle,* Rdnr. 18.

Dabei ist *aktives Tun* erforderlich und bloßer *passiver Widerstand* (Liegenbleiben; Nichtaufstehen beim Sitzstreik) nicht genügend.

> *Dreher-Tröndle,* Rdnr. 19; *Horn* aaO, Rdnr. 13; *Lackner,* Anm. 4 a.

b) Zum *Gewaltbegriff* i. S. des § 113:

Gewalt bedeutet hier dasselbe wie bei § 240 StGB

> (sehr strittig; so u. a. *Wessels,* BT 1 S. 101; a. A. etwa *Eser* aaO, Rdnr. 42; *Horn* aaO; *v. Bubnoff,* LK § 113 Rdnr. 14; *Maurach-Schroeder* Bd. 2, S. 151);

d. h. Gewalt ist der *physisch* vermittelte Zwang zur Überwindung geleisteten oder erwarteten Widerstandes.

> Eingehend oben, Erster Abschnitt, § 4, IV 1 b.
> (Daß Gewalt *durch Unterlassen* nicht genügt, folgt aus dem Merkmal »Leisten von Widerstand« [siehe oben], nicht aus einem speziellen Gewaltbegriff für § 113).

Gewaltsamen Widerstand hat die Rspr. – zu Recht – u. a. angenommen: Beim *Ein-* bzw. *Aussperren* des Vollstreckungsbeamten (*BGH* St 18, 133); beim *schnellen Zufahren* mit dem Kfz auf einen Polizeibeamten, um ihn zum Beiseitespringen zu veranlassen (*OLG Hamm,* NJW 1973, 1240).

c) *Tätlicher Angriff* ist die in feindlicher Willensrichtung unmittelbar auf den Körper eines anderen zielende Einwirkung ohne Rücksicht auf ihren Erfolg.

> *Lackner,* § 113 Anm. 4 b.

Dafür ist die Abgabe eines Schreckschusses nicht genügend

> (ebenso *v. Bubnoff,* LK § 113 Rdnr. 17; str.);
> ein solches Verhalten ist auch keine *Gewalt* (a. A. *BGH* St 23, 126, 127), wohl aber regelmäßig konkludente Drohung mit Gewalt.

d) Zu § 113 I vgl. weiter *Fall 88*

– dort auch zu § 113 II –.

## 2. § 113 III StGB

*Vorbemerkung:* Zur dogmatischen Einordnung des § 113 III StGB: Die *Rechtmäßigkeit der Amtsausübung* ist nach h. M. kein Tatbestandsmerkmal.

> *Blei,* S. 350; *v. Bubnoff,* LK Rdnr. 20 ff; *Dreher-Tröndle,* Rdnr. 10; *Haft,* S. 4; *Horn* in SK, Rdnr. 22; *Maurach-Schroeder* Bd. 2, S. 140 f, 146 f; *Otto,* S. 415; *Schmidhäuser,* BT 22/24, 31; *Wessels,* BT 1 S. 101.
> Abweichend u. a. *Eser* in: *Schönke-Schröder,* § 113 Rdnr. 20; *Naucke* in: Dreher-Festschrift 1977, S. 471 ff.
> *Eser's* Standpunkt geht dabei dahin: Die Rechtmäßigkeit der Amtsausübung sei ein *»unrechtskonstituierendes Tatbestandsmerkmal«.* Doch sei gemäß § 113 IV für dieses Tatbestandsmerkmal die Geltung des § 16 StGB ausgeschlossen; der Sache nach handele es sich daher bei § 113 I mit III um eine *Vorsatz-Fahrlässigkeits-Kombination,* bei der für die in § 113 I genannten Tatbestandsmerkmale *Vorsatz* nötig, für das Merkmal der Rechtswidrigkeit der Diensthandlung *Fahrlässigkeit* (§ 113 IV StGB) ausreichend sei. Im Ergebnis ähnlich *Sax,* JZ 1976, 15, 16, 431; siehe auch unten, b.

Für die h. A. spricht zum einen die von § 16 StGB abweichende Irrtumsregelung in § 113 IV, zum anderen der Umstand, daß in § 113 I StGB vom Widerstand gegen Vollstreckungshandlungen schlechthin, nicht nur gegen »rechtmäßige«, die Rede ist.

Gegen *Eser's* Deutung des § 113 I mit III StGB als *Vorsatz-Fahrlässigkeits-Kombination* ist einzuwenden: Konsequenterweise wäre bei einem solchen Verständnis *Voraussetzung für die Annahme des unrechtskonstituierenden Tatbestandes des § 113 I mit III* neben dem Vorsatz bzgl. der objektiven Tatbestandsmerkmale des § 113 I StGB zumindest *Fahrlässigkeit des Täters*

– i. S. der Verletzung der objektiv gebotenen Sorgfalt –

bzgl. der »Rechtmäßigkeit der Diensthandlung«. Denn wie bei den Vorsatztaten zum Tatbestand der Vorsatz gehört, ist bei den Fahrlässigkeitsdelikten

– sowie bei den Vorsatz-Fahrlässigkeits-Kombinationen (§ 11 II StGB), soweit es um ihren »Fahrlässigkeits-Bestandteil« geht –

*die Fahrlässigkeit* i. S. der Vernachlässigung der objektiv gebotenen Sorgfalt *Bestandteil des Tatbestandes*

(dazu oben, Fall 12, a).

Demnach müßte bei einer Deutung des *§ 113 I mit III* als Vorsatz-Fahrlässigkeits-Kombination konsequenterweise *der Tatbestand entfallen,* wenn der Täter irrig annahm, die Diensthandlung sei unrechtmäßig, und dieser Irrtum auch bei Einsatz der objektiv gebotenen Sorgfalt nicht vermeidbar war; denn dann fehlte es an der *Fahrlässigkeit bzgl. der »Rechtmäßigkeit der Diensthandlung«.* Und an der *Schuld des Täters* müßte es dann konsequenterweise mangeln, wenn jener Irrtum zwar objektiv fahrlässig, *aber subjektiv, d. h. für den Täter, unvermeidbar war.*
*Indes ist die gesetzliche Regelung in § 113 IV S. 2 StGB anders,* so daß *Eser's* Konzeption m. E. dem Gesetz nicht hinreichend gerecht wird.

Aber auch unter den *Anhängern der h. M.* ist die Frage der dogmatischen Einordnung der Rechtmäßigkeit der Amtsausübung strittig:

a) Die einen sehen in ihr eine *objektive Bedingung der Strafbarkeit*

> (*Schröder* in: *Schönke-Schröder,* 17. Aufl. 1974, Rdnr. 24; *Blei,* aaO; *KG* NJW 1972, 781, 782; so auch *Haft* und *Wessels* aaO),

b) andere einen *Rechtfertigungsgrund* speziell für § 113

(*Dreher*, NJW 1970, 1158; *Dreher-Tröndle*, § 113 Rdnr. 10; ebenso *v. Bubnoff*, LK Rdnr. 23; wohl auch *Lackner*, Anm. 7 a, bb; *Maurach-Schroeder* Bd. 2, S. 146).
– Wieder anders *Sax* aaO:
*Sax* differenziert zwischen dem *vorsatzbezogenen* »*gesetzlichen Tatbestand*« und dem *nichtvorsatzbezogenen* »*Tatbestandsteil der strafwürdigen Rechtsgutsverletzung*«; beide zusammen bilden nach *Sax* den Unrechtstatbestand.
§ 113 III gehöre – was die »Rechtmäßigkeit der Diensthandlung« angehe – zu dem »nichtvorsatzbezogenen Tatbestandsteil der strafwürdigen Rechtsgutsverletzung«. –

*Für* ersteres (a) spricht § 113 III S. 2, *dagegen* § 113 IV. Gegen die Deutung (b) streitet § 113 III S. 2; denn für alle *sonstigen* Rechtfertigungsgründe ist ein subjektives Rechtfertigungselement erforderlich.

Mir scheint daher eine reinliche Einordnung des § 113 III StGB in die herkömmlichen Formen nicht möglich zu sein. Entscheidend ist allein, daß § 113 III die Annahme einer *rechtswidrigen* Widerstandshandlung ausschließt, d. h. den Schutzbereich des § 113 der Sache nach auf *rechtmäßige* Diensthandlungen beschränkt.

Gegen i. S. des § 113 III rechtswidrige Vollstreckungshandlungen ist daher *Notwehr* möglich; *Lackner*, § 113 Anm. 5 m.w.N.; *Wessels*, BT 1 S. 103; vgl. auch *Eser* in: *Schönke-Schröder*, § 113 Rdnr. 36.

Die Behandlung von *Irrtümern* des Täters über die Rechtmäßigkeit der Vollstreckungshandlung bestimmt sich nach § 113 IV, III S. 2 StGB.

*Fall 47: – Strafrechtlicher Begriff der Rechtmäßigkeit i. S. des § 113 III StGB –*

Gerichtsvollzieher Kuckuck (K) möchte bei Arm (A) dessen Radio pfänden. Als K die Pfandmarke auf das Gerät kleben will, wird er von A mit Gewalt daran gehindert. Strafbarkeit des A aus § 113 I StGB?

a) Der Tatbestand dieser Vorschrift ist erfüllt.

b) Rechtswidrigkeit der Tat (§ 113 III StGB)

Die Amtshandlung des Gerichtsvollziehers verstieß gegen § 811 Nr. 1 ZPO: Rundfunkgeräte sind nach dieser Vorschrift unpfändbar.
*Baumbach-Lauterbach*, ZPO, 40. Aufl. 1982, § 811 Anm. 3 B.

Nach den Vorschriften über das Zwangsvollstreckungsverfahren (§§ 704 ff ZPO) war der Vollstreckungsakt des K also *nicht rechtmäßig*.

Dies bedeutet aber noch nicht notwendig, daß seine Amtshandlung auch *i. S. des § 113 III StGB* rechtswidrig war:

(1) *Strafrechtlicher* Begriff der Rechtmäßigkeit der Vollstreckungshandlung

Im öffentlichen Recht (sowie im Zwangsvollstreckungsrecht nach der ZPO) unterscheidet man zwischen *drei Kategorien* von Vollstreckungsakten:
  (a) den *rechtmäßigen*, d. h. ohne Verstoß gegen Rechtsnormen ergehenden;
  (b) den zwar *rechtswidrigen*, aber mangels Nichtigkeit *wirksamen*;
  (c) den *nichtigen* und damit *unwirksamen* (§ 43 III Verwaltungsverfahrensgesetz – VwVfG –) Hoheitsakten.

Dabei begründen erstere (a) ohne weiteres eine *öffentlich-rechtliche Duldungspflicht*, letztere (c) dagegen nicht; d. h. gegen nichtige Vollstreckungsakte darf sich der Bürger auch *handgreiflich* zur Wehr setzen, also Widerstand leisten, gegen rechtmäßige Hoheitsakte dagegen nicht.

Eine öffentlich-rechtliche Duldungspflicht besteht aber auch gegenüber zwar *rechtswidrigen*, jedoch mangels Nichtigkeit *verbindlichen* Vollstreckungsakten, was bedeutet: Gegen solche Vollstreckungshandlungen darf sich der Bürger *nur mit Rechtsmitteln bzw. Rechtsbehelfen, nicht aber handgreiflich wehren.*

> Zum vorstehenden vgl. *W. Meyer*, NJW *1972*, 1845 ff; *1973*, 1074, und *Wagner*, JuS 1975, 224 ff, m.w.N.

Da es bei § 113 III StGB um die *Rechtmäßigkeit des Widerstandes* geht, also sachlich darum, welche Vollstreckungshandlungen der Bürger zu *dulden* hat und bei welchen Widerstand erlaubt ist, liegt bei der Auslegung dieser Norm eine Ausrichtung an den dargelegten öffentlich-rechtlichen Kategorien von Vollstreckungsakten nahe.

Indes haben Rechtsprechung und h. L. im Strafrecht einen *eigenständigen*, vom Verwaltungsrecht bzw. Zwangsvollstreckungsrecht (ZPO) verselbständigten *»strafrechtlichen« Begriff der Rechtmäßigkeit der Diensthandlung i.S. des § 113 III StGB* entwickelt.

> Vgl. *BGH* St 21, 334, 365; *OLG Karlsruhe*, NJW 1974, 2142; *OLG Köln*, NJW 1975, 889, 890; *BayObLG* JZ 1980, 109 f; *v. Bubnoff*, LK § 113 Rdnr. 25 ff; *Dreher*, NJW 1970, 1158; *Dreher-Tröndle*, Rdnr. 11 ff; *H. Günther*, NJW 1973, 309; *Haft*, S. 4 f; *Lackner*, Anm. 5 f; *Preisendanz*, Anm. II; *Wessels*, BT 1 S. 102 f; ebenso offenbar *Maurach-Schroeder* Bd. 2, S. 141 ff; wohl auch *Paeffgen*, JZ 1979, 516, 520 ff; ähnlich *Eser* in: Schönke-Schröder, § 113 Rdnr. 21 ff.

Er besagt: Für *jene* Rechtmäßigkeit sei die *Rechtmäßigkeit nach Verwaltungsrecht* (bzw. nach §§ 704 ff ZPO) zwar genügend, aber *nicht nötig;* nicht auf diese materielle Richtigkeit, sondern auf eine »formale Rechtmäßigkeit«

> *(Dreher, Dreher-Tröndle* und *v. Bubnoff* aaO)

sei abzustellen. Danach sei eine Vollstreckungshandlung trotz öffentlich-rechtlicher Widerrechtlichkeit *rechtmäßig i.S. des § 113 III StGB*, wenn der Beamte

> (a) sachlich und örtlich zuständig war,
> (b) die wesentlichen Förmlichkeiten beachtet und
> (c) bei Handeln nach pflichtgemäßem Ermessen dieses pflichtgemäß ausgeübt hat.
> – *Nachweise:* Vgl. u. a. *BGH, BayObLG, v. Bubnoff, Dreher, Dreher-Tröndle* und *Eser* aaO.
> Zum Erfordernis (c) vgl. *BayObLG* aaO mit eingehender Besprechung von *Küper*, JZ 1980, 633 ff. –

Beruht jene Widerrechtlichkeit der Vollstreckungshandlung i.S. des öffentlichen Rechts auf einem *Irrtum* des Beamten, so soll folgendes gelten:
Die irrige Annahme der *rechtlichen* Voraussetzungen für die Vornahme der Vollstreckungshandlung begründe die »strafrechtliche« Rechtswidrigkeit dieser Diensthandlung.

> *Dreher-Tröndle*, Rdnr. 14; *Lackner*, Anm. 6 c, dd; *Welzel*, S. 503; *Wessels* aaO; so auch *BGH* NStZ 1982, 22 f; *BayObLG* aaO, S. 110; differenzierend u. a. *Eser* aaO, Rdnr. 29; a. A. *v. Bubnoff*, LK § 113 Rdnr. 34; *Stratenwerth*, Verantwortung und Gehorsam, 1958, S. 190; abweichend offenbar auch *Paeffgen* aaO.

Anders als ein solcher Rechtsirrtum wird der *Tatsachenirrtum* (Irrtum über die tatsächlichen Voraussetzungen des Eingreifens) behandelt; hier soll nur der *(grob) verschuldete* Irrtum die Rechtmäßigkeit i.S. des § 113 III StGB ausschließen.

> *Grobes* Verschulden verlangen *OLG Celle*, NJW 1971, 154; *v. Bubnoff*, Rdnr. 33; *Lackner*, Anm. 6 c, cc (m.w.N.).

Andere lassen dagegen *jede* Verletzung der Pflicht zur sorgfältigen Prüfung der tatsächlichen Voraussetzungen der Diensthandlung genügen; so anscheinend u. a. *BGH* St 21, 334, 363; *Dreher-Tröndle*, Rdnr. 14; Paeffgen aaO, S. 523.

## (2) *Stellungnahme:*

Richtig ist, daß die Rechtswidrigkeit der Vollstreckungshandlung nach Verwaltungs- bzw. Zwangsvollstreckungsrecht (ZPO) noch nicht die Rechtmäßigkeit der Amtshandlung *i. S. des § 113 III StGB* ausschließen kann; denn anderenfalls wäre der Vollstreckungsbeamte in zu geringem Umfang bei seiner – nach der Lebenserfahrung häufig Widerstand provozierenden – Tätigkeit geschützt.

Gegen einen *vom Verwaltungsrecht* (bzw. Zwangsvollstreckungsrecht) *verselbständigten* strafrechtlichen Begriff der Rechtmäßigkeit bestehen aber Bedenken: § 113 StGB dient dem Schutz des *Staatswillens* und des *Vollstreckungsbeamten*, indem er den Widerstand gegen »rechtmäßige« Vollstreckungshandlungen mit Strafe bedroht und damit dem Bürger die *strafbewehrte* Verpflichtung auferlegt, solche Hoheitsakte zu *dulden*. Da nun eine öffentlich-rechtliche Duldungspflicht bei allen *wirksamen* (verbindlichen) Vollstreckungsakten besteht – mögen diese rechtswidrig sein oder nicht (vgl. oben) –, liegt es nahe, für die Auslegung des § 113 III StGB auf die Wirksamkeit der Vollstreckungshandlung abzustellen; mein Lösungsvorschlag geht also dahin:
Rechtmäßigkeit i. S. des § 113 III StGB bedeutet Wirksamkeit (Verbindlichkeit) des hoheitlichen Handelns *nach den Regeln des öffentlichen Rechts.* Denn *verbindliche* Hoheitsakte hat der Bürger zunächst zu dulden; *die öffentlich-rechtliche Duldungspflicht des von der Vollstreckungshandlung Betroffenen ist aber die Legitimation für den strafbewehrten Ausschluß seines Gegenwehrrechts durch § 113.*

Nach diesem Lösungsvorschlag *begründet* also § 113 StGB nicht erst die Duldungspflicht nach speziell »strafrechtlichen« Grundsätzen, sondern *bestärkt* – was sachgerechter erscheint – eine bereits nach öffentlichem Recht bestehende Duldungspflicht mittels Strafbewehrung.

*Rechtmäßig* i. S. des § 113 III StGB ist folglich (a) der nach öffentlichem Recht erlaubte, (b) der zwar unerlaubte, aber mangels Nichtigkeit *verbindliche* Vollstreckungsakt; *rechtswidrig* i. S. dieser Norm ist danach nur der *nichtige* Hoheitsakt.

Ebenso *Bender*, Die Rechtmäßigkeit der Amtsausübung i. S. des § 113 StGB, Diss. Freiburg 1953, S. 54 ff; *W. Meyer*, NJW *1972*, 1845; *1973*, 1074; *Wagner*, JuS 1975, 224; ähnlich *Otto*, S. 416. Eine nähere Begründung für diese Lösung ist hier nicht möglich; insoweit sei auf *Meyer* und *Wagner* (aaO) verwiesen.

Sowohl die hier vertretene Ansicht, als auch die h. M. wird von *Schünemann* (JA 1972, 703 ff, 709 f; 775) und *Thiele* (JR 1975, 353 ff) sowie *Ostendorf* (JZ 1981, 165, 168 ff; 172 ff) abgelehnt:
*Schünemann* meint, im öffentlichen Recht gebe es zwei Leitgesichtspunkte, die eine Vollstreckungshandlung trotz »materieller Unrichtigkeit« als rechtmäßig i. S. des § 113 StGB erscheinen ließen: (1) die »*vorläufige Vollstreckbarkeit*« und (2) den »*Verdachtstatbestand*«; ebenso offenbar *Horn* in SK, Rdnr. 10.
Kritik: (1) Es kommt nicht unmittelbar darauf an, ob der *zu vollstreckende Hoheitsakt*, sondern darauf, ob der *Vollstreckungsakt* vom Bürger z•ı dulden ist. (2) Mit dem Abstellen auf den Gesichtspunkt des *Verdachtstatbestandes* (z. B. bei § 127 II StPO) verkennt *Schünemann, daß insoweit bereits nach den einschlägigen Eingriffsermächtigungen* Rechtmäßigkeit der Diensthandlung anzunehmen ist (vgl. dazu *Thiele* aaO, 354 1. Sp. 1. Abs.).

*Thiele* stellt auf die *Einhaltung der vollstreckungsregelnden Gesetze* (etwa das VwVG und das UZwG des Bundes) ab (S. 356, 357).

Wenn er damit sagen will, jeder Verstoß gegen diese Regeln begründe die Rechtswidrigkeit der Diensthandlung i. S. des § 113 III StGB, *so ist dem zu widersprechen;* denn anderenfalls wäre der Vollstreckungsbeamte in zu geringem Umfang bei seiner – nach der Lebenserfahrung häufig Widerstand provozierenden – Tätigkeit geschützt.

*Ostendorf* führt aus: Die strafrechtliche Rechtmäßigkeit hoheitlicher Eingriffe richte sich nach öffentlichem Recht; ein *eigenständiger* strafrechtlicher Rechtmäßigkeitsbegriff scheide nach dem Prinzip der Einheit der Rechtsordnung aus – *insoweit* deckt sich sein Standpunkt mit dem hier vertretenen –. Doch sei die Gleichsetzung von »rechtswidrig« i. S. des § 113 StGB mit »nichtig« i. S. des § 43 VwVfG verfehlt; diese Anbindung sei »zu eng« und widerspreche dem Normtext des § 113 StGB. Richtig sei es vielmehr, zwischen Grund- und Vollzugsakt zu unterscheiden und dabei die »Rechtmäßigkeit beim Eingriffsvollzug nach den besonderen Voraussetzungen des Vollzugsverfahrens« auszurichten. Dies könne allerdings beim *sofortigen Vollzug* grundsätzlich nicht gelten, wenn der Betroffene nicht mehr die Möglichkeit habe, die Hilfe der Justiz anzurufen (S. 175).

Die hier vertretene Ansicht bedeutet gegenüber der herrschenden eine *Ausweitung* des Schutzbereichs des § 113 I StGB: Nichtig sind nämlich nach h. M. (»Evidenztheorie«) nur solche fehlerhaften Verwaltungs- und Vollstreckungsakte, die an *schweren und zugleich evidenten Mängeln* leiden.

Vgl. § 44 VwVfG.

*Nach diesem Maßstab* begründen Ermessensfehler, Rechtsirrtümer und Unzuständigkeit des Amtsträgers noch nicht ohne weiteres die Nichtigkeit des Vollstreckungsaktes

(vgl. *Meyer,* NJW 1972 aaO, S. 1846)

und damit seine Rechtswidrigkeit i. S. des § 113 III; dagegen nimmt die h. A. in solchen Fällen diese Norm an

– vgl. oben (2) –.

Jene Ausweitung ist aber im Interesse der Harmonisierung des § 113 III StGB mit dem Verwaltungs- und Zwangsvollstreckungsrecht (ZPO) hinzunehmen und keineswegs obrigkeitsstaatlich; denn dem Bürger ist es zuzumuten, gegenüber *wirksamen* Hoheitsakten auf handgreiflichen Widerstand zu verzichten und statt dessen den Rechtsweg zu beschreiten.

(3) Konsequenzen für unseren Fall

(a) K hat die *rechtliche* Tragweite des § 811 ZPO verkannt; danach müßte er nach *h. A.* eigentlich rechtswidrig i. S. des § 113 III StGB gehandelt haben.

Doch wird der Verstoß gegen § 811 ZPO weitgehend als Fall des Tatsachenirrtums behandelt und daher *nicht* als Anwendungsbeispiel für § 113 III StGB gesehen (vgl. *RG St* 19, 164; *Dreher-Tröndle,* § 113 Rdnr. 14; *Eser* in: Schönke-Schröder, § 113 Rdnr. 28).

(b) Stellt man mit der hier angeregten Lösung auf die Wirksamkeit des Hoheitsaktes *nach den Grundsätzen des Verwaltungs- bzw. Zwangsvollstreckungsrechts* ab, so kommt man hier (ebenfalls) *nicht* zur Anwendung des § 113 III StGB. Der Verstoß gegen § 811 ZPO führt nämlich nach h. M. nicht zur Unwirksamkeit des Vollstreckungsaktes

(*Baumbach-Lauterbach* aaO, § 811 Anm. 1 C a; *Thomas-Putzo,* ZPO, 11. Aufl. 1981, § 811 Anm. 3; *OLG Hamm,* NJW 1956, 1889; a. A. *RG* JW 1932, 790);

dieser ist vielmehr ein *rechtswidriger verbindlicher* Hoheitsakt, den der Betroffene zunächst dulden muß und gegen den er sich *nur mittels Einlegung von Rechtsbehelfen*

(hier: Erinnerung nach § 766 ZPO)

wehren kann.

*Ergebnis:* § 113 III StGB greift nicht ein.

c) Ob ein Irrtum des A nach § 113 IV StGB vorliegt, läßt sich dem Sachverhalt nicht entnehmen.

*Fall 48: – § 113 III StGB bei Handeln des Vollstreckungsbeamten aufgrund rechtswidrigen, aber bindenden Befehls –*

Der Hilfsbeamte der Staatsanwaltschaft (§ 152 GVG), Polizeihauptwachtmeister Peter, wird von Staatsanwalt Dr. Seltsam angewiesen, bei »Brillanten-Ede« eine Haussuchung (§ 102 StPO) durchzuführen, da Einbrecher Emil dort Diebesgut abgeliefert habe; es sei Gefahr im Verzuge (§ 105 I StPO), er (Peter) müsse sofort handeln.
Als Peter (P) bei Ede (E) die Durchsuchung vornehmen will, versetzt dieser ihm einen Kinnhaken.
Strafbarkeit des E, falls eine richterliche Anordnung (§ 105 I StPO) doch rechtzeitig hätte eingeholt werden können, ohne den Zweck der Maßnahme zu gefährden, und Dr. Seltsam – anders als P – dies auch wußte?

a) § 113 I StGB

E hat den Tatbestand des § 113 I StGB durch gewaltsamen Widerstand und zugleich durch tätlichen Angriff erfüllt.

b) § 113 III StGB

Die Haussuchung verstieß gegen die StPO: Gemäß § 105 I StPO bedurfte es einer Anordnung durch den *Richter*, da nicht »Gefahr im Verzuge« war.

> »Gefahr im Verzuge besteht, wenn die richterliche Anordnung nicht eingeholt werden kann, ohne daß der Zweck der Maßnahme gefährdet wird« (*Kleinknecht, StPO, 35. Aufl. 1981, § 105 Rdnr. 2 i.V.m. 98 Rdnr. 3*).

Die *Weisung* des Staatsanwalts war daher rechtswidrig. Sie war aber gemäß §§ 152 GVG, 105 I StPO für P *verbindlich*, da er sich darauf verlassen durfte, daß wirklich Gefahr im Verzuge sei; zu eigenen tatsächlichen Ermittlungen war er hier angesichts der Weisung des Dr. Seltsam, nach der er sofort handeln sollte, weder berechtigt noch verpflichtet.

Ob ein solcher *rechtswidriger, aber verbindlicher* Dienstbefehl einen *allgemeinen Rechtfertigungsgrund* für den ihn befolgenden Beamten darstellt, ist streitig.

> (Nachweise bei *Lenckner* in: *Schönke-Schröder*, Rdnr. 87 ff vor § 32)

Doch kann diese Frage hier dahinstehen, da P jedenfalls *i. S. des § 113 III StGB* »rechtmäßig« gehandelt hat:

(1) Die Judikatur zum oben (Fall 47, b) dargelegten »*strafrechtlichen* Begriff der Rechtmäßigkeit der Vollstreckungshandlung« nimmt an, bei Vollstreckungsakten aufgrund rechtswidriger dienstlicher Anordnung handele der Vollstreckungsbeamte *rechtmäßig i. S. des § 113 III*,

> »wenn er einen von dem sachlich und örtlich zuständigen Vorgesetzten erteilten dienstlichen, nicht offensichtlich rechtswidrigen Befehl im Vertrauen auf dessen Rechtmäßigkeit in gesetzlicher Form vollziehe«.

> *KG*, NJW 1972, 781 (mit kritischer Anm. *Rostek*, NJW 1972, 1335; vgl. weiter *Rostek*, NJW 1975, 862 – gegen ihn *Blei*, JA 1975, 446 –); *OLG Karlsruhe*, NJW 1974, 2142 f (dazu kritisch *Wagner*, JuS 1975, 224, 225 f); *OLG Köln*, NJW 1975, 889, 890.

Danach greift hier § 113 III StGB nicht ein.

(2) Auf eine nähere Auseinandersetzung mit dieser Judikatur muß hier verzichtet werden

(hierzu sei auf *Wagner* aaO verwiesen);

doch sei der eigene Standpunkt kurz skizziert; er besagt:
Wie ausgeführt (Fall 47, b) bedeutet »rechtmäßig« i. S. des § 113 III StGB nichts anderes als *wirksam* (verbindlich), d. h. *vom Bürger zu dulden.* Dabei wird im Falle der Vornahme einer Vollstreckungshandlung *aufgrund Dienstbefehls* die Frage der *Verbindlichkeit* jener Handlung im Außenverhältnis zum betroffenen Bürger grundsätzlich von dem Dienstbefehl (Innenverhältnis) nicht berührt; denn diese *interne Anordnung* kann keineswegs im *Außenverhältnis zum Bürger* eine – ohne den Befehl nicht bestehende – Duldungspflicht begründen.

Ebenso *W. Meyer,* NJW 1972, 1847; *Wagner* aaO, S. 225.

Verbindlich, d. h. zu dulden, war der *Vollstreckungsakt des P,* wenn dieser Hoheitsakt nicht *wegen schwerer und evidenter Rechtsverletzung nichtig* war; hier war der Verstoß gegen § 105 I StPO für den Betroffenen (E) nicht evident. Daher greift § 113 III StGB nicht ein.

– Ein Verstoß gegen *§ 105 II* StPO – Hinzuziehung von Zeugen – führt regelmäßig nicht zur Nichtigkeit des Vollstreckungsaktes. –

Zur Bedeutung eines solchen Verstoßes für § 113 III StGB, *wenn man der Lehre vom »strafrechtlichen Begriff der Rechtmäßigkeit« folgt,* siehe BayObLG JZ 1980, 109 f (mit eingehender Besprechung von *Küper,* JZ 1980, 633 ff). *Das Gericht führt dazu aus: Die Zuziehung von Zeugen sei »eine wesentliche Förmlichkeit«,* von deren Beachtung die Rechtmäßigkeit der Durchsuchung abhänge. Sei der Beamte jedoch *nach gewissenhafter Prüfung des Einzelfalles* zu der Überzeugung gelangt, daß eine Zuziehung von Zeugen ohne Gefährdung des Erfolges der Durchsuchung nicht möglich sei, so handele er auch dann rechtmäßig, wenn er sich in der Beurteilung der Verhältnisse *geirrt* habe. Habe der Beamte keine solche Prüfung vorgenommen, so sei die Durchsuchung gleichwohl rechtmäßig, wenn *objektiv* gesehen der Durchsuchungserfolg bei Zuziehung von Zeugen in Frage gestellt gewesen wäre.

c) Ob § 113 IV StGB zur Anwendung kommt, ist Tatfrage.

## II. Amtsanmaßung (§ 132 StGB)

*Fall 49:* Taxifahrer Diesel (D) entdeckt nachts, daß die Tür zu einem Juwelierladen aufgebrochen ist. Er greift zur Gaspistole, schleicht sich in das Geschäft, entdeckt den Einbrecher Kalle (K) und erklärt ihn für vorläufig festgenommen, wobei er sich – um sich wichtig zu machen – als Kriminalpolizist ausgibt (»Kriminalpolizei! Sie sind verhaftet!«). Kalle läßt sich widerstandslos festnehmen.
Strafbarkeit des D?

a) § 239 I StGB: Der Tatbestand ist erfüllt; doch ist die Tat aus § 127 I StPO gerechtfertigt.

b) Amtsanmaßung

– Geschütztes Rechtsgut ist die »staatliche Organisationsgewalt und Autorität«; *BGH* St 12, 30, 31; *Lackner,* Anm. 1; str. –

(1) § 132 StGB *1. Alternative:* D könnte sich unbefugt *mit der Ausübung eines öffentlichen Amtes befaßt haben.* Dazu reicht die bloße Anmaßung der Beamtenei-

genschaft noch nicht aus; erforderlich ist zusätzlich, daß der Täter eine »Amts-handlung« vornimmt.

> *Dreher-Tröndle*, Rdnr. 2; *Cramer* in: *Schönke-Schröder*, Rdnr. 3.
> (Eine rein fiskalische Tätigkeit – z. B. Wareneinkauf – ist dabei nicht genügend; *BGH* St 12, 30.)

D hat sich unbefugt als Inhaber eines öffentlichen Amtes (Kriminalpolizei) aufge-führt und *in dieser angemaßten Eigenschaft* die Festnahme des K vorgenommen. Damit hat er den objektiven Tatbestand des § 132 (1. Altern.) erfüllt; daß er die Festnahme (»*Amtshandlung*«) gemäß § 127 I StPO auch als Privatmann hätte vornehmen können, spielt keine Rolle.

> *RG* St 2, 292; *Dreher-Tröndle* aaO; *Herdegen*, LK § 132 Rdnr. 5; offenbar auch *Lackner*, Anm. 2a; *Rudolphi* in SK, Rdnr. 7; a. A. *Maurach-Schroeder* Bd. 2, S. 208 (der Täter müsse etwas tun, was *nur* ein Beamter tun dürfe).
> *Begründung:* Der *Gesetzestext* fordert eine »*Handlung, welche nur kraft eines öffentli-chen Amtes vorgenommen werden darf*«, allein für die *2. Alternative* des § 132 StGB, nicht aber für seine *1. Alternative*. Insoweit ist die 2. Alternative also nach dem Normtext *enger* gefaßt als die 1. Das ist auch sachgerecht: Denn die 2. Alternative ist insoweit *weiter* als die 1., als sie anders als diese nicht verlangt, daß sich der Täter ausdrücklich oder konkludent als Inhaber eines öffentlichen Amtes ausgibt. Bei der 2. Alternative erschöpft sich der Unrechtsgehalt der Tat also in der angemaßten *Vornahme hoheitlicher Handlungen*. In der 1. Alternative dagegen liegt der Unrechtsschwerpunkt in der *Vor-täuschung der Amtsinhaberschaft* i.V.m. der Vornahme einer »Amtshandlung«, *die jedenfalls aufgrund dieser Vorspiegelung* als Ausübung hoheitlicher Tätigkeit erscheint (*Rudolphi* aaO, Rdnr. 7). Die erste Alternative entfällt mangels einer solchen »Amts-handlung« praktisch nur bei *rein fiskalischer* Tätigkeit (Wareneinkauf für Behörden, vgl. *BGH* St 12, 30) bzw. bei Vorspiegelung der Amtsinhabereigenschaft *nur zu privaten Zwecken* (zu letzterem *Maurach-Schroeder* Bd. 2, S. 208; *Schmidhäuser*, BT 22/7 a. E.) – in solchen Fällen ist das geschützte Rechtsgut nicht tangiert. Im vorliegenden Fall dagegen erscheint die Festnahme des K durch D angesichts dessen Amtsanmaßung als Hoheitsakt, d. h. als *Ausübung öffentlicher Gewalt*. Doch sei eingeräumt, daß der Unrechtsgehalt der Amtsanmaßung des D im Hinblick auf § 127 I StPO erheblich reduziert ist.

Zum Vorsatz gehört das Bewußtsein, daß die zur Vornahme der Tathandlung nötige öffentliche Amtsstellung fehlt

> (*Herdegen*, LK Rdnr. 13; *Lackner*, Anm. 4);

insoweit ist »*unbefugt*« Tatbestandsmerkmal (*Lackner* aaO).

> Dagegen können *Erlaubnissätze* (z. B. § 34 StGB) nicht den Tatbestand, sondern allein die Rechtswidrigkeit der Tat ausschließen.

Jenes Bewußtsein ist bei D gegeben; er handelte also vorsätzlich.

> Eine Rechtfertigung der Tat – nach § 34 StGB – ist nach dem Sachverhalt nicht anzunehmen.
> Ein etwaiger Irrtum des D, bei der Festnahme eines auf frischer Tat betroffenen Täters dürfe man sich als *Verfolgungsbeamter* ausgeben, wäre als – vermeidbarer – Verbotsirr-tum (§ 17 StGB) zu werten.

(2) § 132 StGB 2. *Alternative:* Da die Festnahme des K gemäß § 127 I StPO auch durch Privatleute erfolgen durfte, liegt keine Handlung vor, die »*nur* kraft eines öffentlichen Amtes vorgenommen werden darf«.

(3) *Ergebnis:* D ist nach § 132 StGB (1. Alternative) schuldig.

## III. Gefangenenbefreiung (§ 120 StGB)

*Vorbemerkungen:* (1) Geschütztes Rechtsgut ist die Verwahrungsgewalt des Staates über den Gefangenen.

(2) § 120 I enthält drei Begehungsformen: Die *Befreiung* sowie die *Verleitung zum* bzw. *Förderung beim Entweichen;* die beiden letzteren sind »zu selbständigen Tatbeständen erhobene Teilnahmehandlungen an der als solcher nicht mit Strafe bedrohten Selbstbefreiung«.

> *Lackner,* Anm. 4 b.

(3) Zur *Rechtfertigung* einer Gefangenenbefreiung, die zum Zwecke der Auslösung von Geiseln erfolgt, vgl. *Krey,* ZRP 1975, 97 ff.

*Fall 50: – Abwandlung von Fall 49 –*

Als D den festgenommenen K zur Polizei bringen will, kommt dessen Bruder (B) hinzu; auf Aufforderung des K, ihm gegen den »Bullen von der Kripo« beizustehen, gelingt es B, seinem Bruder zur Flucht zu verhelfen.
Strafbarkeit von B und K?

*a) Strafbarkeit des B*

(1) § 120 I StGB entfällt, da die gemäß § 127 I StPO von einem Privatmann Festgenommenen keine »Gefangenen« i. S. jener Norm sind

> (*Dreher-Tröndle,* Rdnr. 2; RG St 67, 299);

denn § 120 StGB schützt ja nur die *amtliche* Verwahrungsgewalt.

(2) Doch liegt eine *versuchte* Tat nach § 120 I (III) StGB vor, da B glaubte, D sei Kriminalbeamter.

> Die von *Strafverfolgungsbeamten* nach § 127 I oder II StPO Festgenommenen sind Gefangene i. S. des § 120 StGB (*Krey,* Jura 1979, 321 m.w.N.).

(3) § 258 I StGB (Strafvereitelung) ist erfüllt; doch greift der persönliche Strafausschließungsgrund des § 258 VI ein.

> – *Hinweis:* Eine analoge Anwendung des § 258 VI im Rahmen des § 120 ist ausgeschlossen (*Dreher-Tröndle,* § 120 Rdnr. 12; *Horn* in SK, § 120 Rdnr. 17; *RG* St 57, 301) –.

*b) Strafbarkeit des K*

(1) Die tatbestandlich vorliegende *Anstiftung zur Strafvereitelung* (§§ 258 I, 26) ist nach Sinn und Zweck des § 258 V StGB hier straflos, *weil der Anstifter selbst der Begünstigte war* und eine § 257 III 2 entsprechende Vorschrift fehlt.

> *Dreher-Tröndle,* § 258 Rdnr. 13; *Lackner,* § 258 Anm. 7.
> Vgl. näher unten, § 8, IV – Fall 69 –.

(2) Anstiftung zur versuchten Gefangenenbefreiung?

(a) Nach der *Rechtsprechung* soll Anstiftung zu § 120 I (bzw. zu §§ 120 I, 22 f) grundsätzlich auch dann strafbar sein, wenn sie von dem *Gefangenen selbst* begangen wird.

> *BGH* St 17, 369, 373; *RG* St 61, 31; zustimmend *Dreher-Tröndle,* Rdnr. 9 (dies gelte auch für die Anstiftung zur »Förderung beim Entweichen«).
> – Allerdings sollen Gefangene, die *gemeinschaftlich fliehen* und sich dabei gegenseitig

lediglich die für die eigene Selbstbefreiung nützliche oder für erforderlich gehaltene Hilfe leisten, nicht wegen Förderung beim Entweichen (§ 120 I) oder wegen Anstiftung zu einem solchen Fördern (§§ 120 I, 26 StGB) bestraft werden können, da insoweit der Gesichtspunkt *strafloser Selbstbefreiung* durchgreife (*BGH* aaO, S. 374). –

(b) Jene Rechtsprechung ist mit der h. L. abzulehnen

(*Deubner*, NJW 1962, 2260; *Lackner*, § 120 Anm. 4 d; *Maurach-Schroeder* Bd. 2, S. 155; *v. Bubnoff*, LK § 120 Rdnr. 35 f; *Horn* aaO, Rdnr. 13; *Herzberg*, S. 136 m.w.N.; *Otto*, S. 420; *ders.* R. Lange-Festschrift 1976, S. 214; *Wessels*, BT 1 S. 107; *Preisendanz*, Anm. 6; *Eser* in: *Schönke-Schröder*, Rdnr. 15; *Welzel*, S. 507):

Denn wenn das Gesetz die *Selbstbefreiung* nicht mit Strafe bedroht, da es glaubte, »dem Freiheitsdrang eines Menschen Rücksicht schenken zu sollen«, muß auch die Anstiftung seitens des Gefangenen, ihn zu befreien oder ihm bei der Selbstbefreiung zu helfen, wegen dieser Rücksicht auf seinen Freiheitsdrang straflos sein; die Gegenmeinung stellt – wie ich meine – einen Rückschritt in Richtung auf die überholte »Schuldteilnahmetheorie«

(zu dieser *Stratenwerth*, AT Rdnr. 852 ff)

dar und führt zu *kriminalpolitisch unsinniger Kriminalisierung des Gefangenen*.

## IV. Verwahrungsbruch; Verstrickungsbruch; Siegelbruch
### (§§ 133; 136 I, II StGB)

### 1. Verwahrungsbruch (§ 133 StGB)

*Fall 51: – »Klassenbuch-Fall« –*

Die Primaner Max und Moritz wollen sich ein »Späßchen« erlauben. Sie steigen nachts in ihre Schule ein und begeben sich zum Lehrerzimmer, vor dem in einem offenen Schrank die Klassenbücher verwahrt werden. Sie nehmen ein Dutzend Klassenbücher an sich und verlassen die Schule; dabei haben sie vor, die Klassenbücher einige Tage später zurückzubringen. Anderentags kommt die Sache heraus.
Strafbarkeit von Max und Moritz (Strafantrag ist gestellt)?

a) §§ 123, 25 II StGB

Beide haben in Mittäterschaft (§ 25 II) ein Vergehen nach § 123 StGB begangen.

Das Schulgebäude ist i. S. des § 123 »zum öffentlichen Dienst bestimmt« (*Schäfer*, LK § 123 Rdnr. 20).

b) §§ 242, 243 I Nr. 1, 25 II StGB: Diebstahl scheidet mangels Zueignungsabsicht aus

(es fehlt schon an der Enteignungskomponente).

c) §§ 133 I, 25 II StGB

Die Klassenbücher sind »Schriftstücke«, die sich *»in dienstlicher Verwahrung«* befanden.
Zwar befindet sich noch nicht jede Sache, die eine Behörde in Gewahrsam hat, i. S. des § 133 StGB in *dienstlicher Verwahrung*. Denn für dieses Merkmal ist erforderlich, »daß fürsorgliche Hoheitsgewalt die Sache in Besitz genommen hat, um sie zu erhalten und vor unbefugtem Zugriff zu bewahren«.

*BGH* St 18, 312, 313; *OLG Köln*, NJW 1980, 898; *Lackner*, Anm. 2.

*Beispiele* für dienstliche Verwahrung: Bei der Bahn aufgegebenes Handgepäck oder Frachtgut; Sachen, die der Post zur Beförderung übergeben sind (auch der Inhalt von Postbriefkästen); behördliche und gerichtliche Akten; die amtlich aufbewahrte Blutprobe; weitere Beispiele bei *Dreher-Tröndle*, Rdnr. 4.

An diesem Erfordernis fehlt es bei »amtlichem *Inventar*«

– z. B. Einrichtungsgegenstände; Materialvorräte; Geld, das zur Erfüllung dienstlicher Aufgaben ausgegeben werden soll –; vgl. *BGH* aaO, S. 314; *Cramer* in: *Schönke-Schröder*, § 133 Rdnr. 7;

auch Bücher, die in *Bibliotheken* zum Gebrauch, oder Sachen, die in *Museen* zur Besichtigung bereitgehalten werden, sollen nicht i. S. des § 133 in dienstlicher Verwahrung stehen.

*Dreher-Tröndle*, Rdnr. 5; *Lackner* aaO.

Klassenbücher sind aber nicht bloßes amtliches Inventar, sondern werden *dienstlich* zu dem Zweck aufbewahrt, sie zu erhalten und vor unbefugten Zugriffen zu schützen. Daß die Klassenbücher nicht *verschlossen* verwahrt wurden, steht der Annahme dienstlicher Verwahrung nicht entgegen.

Indem Max und Moritz die Klassenbücher mitnahmen, haben sie diese *der dienstlichen Verfügung entzogen*.

Dies Merkmal liegt vor, wenn der Täter es dem amtlich Berechtigten unmöglich macht (oder wesentlich erschwert), über die Sache jederzeit dienstlich verfügen zu können; dabei wird eine *dauernde* Entfernung der Sache nicht verlangt; vielmehr genügt eine (nicht unerhebliche) vorübergehende Aufhebung (oder wesentliche Erschwernis) der dienstlichen Verfügungsmöglichkeit. Vgl. *Dreher-Tröndle*, Rdnr. 11; *BGH* GA 1978, 206.

Danach sind Max und Moritz aus §§ 133 I, 25 II StGB schuldig.

d) § 274 I Nr. 1 (Urkundenunterdrückung)

Die Klassenbücher sind *Urkunden* (zu diesem Begriff unten, Fall 76); auch das Merkmal des *Unterdrückens* liegt vor.

»Unterdrücken« ist jede – sei es auch vorübergehende – Verhinderung der Benutzung der Urkunde als Beweismittel durch den Berechtigten; *Lackner*, § 274 Anm. 1 a.

In der *Absicht* (= dolus directus, h. M.) *einem anderen einen Nachteil zuzufügen*, haben Max und Moritz gehandelt, wenn sie einen mit der Verwendung der Urkunde als Beweismittel zusammenhängenden Nachteil *anstrebten* oder doch als *sichere Folge* voraussahen; ersteres liegt nicht vor, letzteres ist Tatfrage.

e) *Ergebnis:* Max und Moritz sind aus §§ 123, 25 II in Idealkonkurrenz (§ 52) zu §§ 133 I, 25 II StGB schuldig.

## 2. Verstrickungsbruch und Siegelbruch (§ 136 StGB)

### a) Verstrickungsbruch (§ 136 I i. V. m. III, IV StGB)

*Fall 52:* Gerichtsvollzieher Grimm pfändet aufgrund einer vollstreckbaren Ausfertigung eines Prozeßvergleichs, die er dem Schuldner Säumrich (S) zustellt, bei diesem für dessen Gläubiger ein Fernsehgerät, indem er auf die Rückseite des Gerätes eine Siegelmarke (»Kuckuck«) klebt. S ist empört und schafft den Fernsehapparat in die ein Stockwerk höher gelegene Wohnung eines Bekannten.
Strafbarkeit des S aus § 136 I StGB (= 137 a. F.)?

a) Tatobjekt des § 136 I sind *Sachen*

– einschließlich unbeweglicher (dagegen werden Forderungen und sonstige Rechte nicht erfaßt; h. M., vgl. u. a. *Dreher-Tröndle,* § 136 Rdnr. 3; *Lackner,* Anm. 1; *Cramer* in: *Schönke-Schröder,* Rdnr. 5) –,

die »gepfändet« oder sonst »dienstlich in Beschlag genommen« sind; § 136 I schützt damit die durch Pfändung bzw. sonstige Beschlagnahme begründete *staatliche Herrschaftsgewalt* über die Sache, die sogen. »Verstrickung«.

*Lackner* aaO; *Preisendanz,* Anm. 2; *Dreher-Tröndle,* Rdnr. 1; *v. Bubnoff,* LK Rdnr. 2. Zur Pfändung oder sonstigen Beschlagnahme vgl. insbes. §§ 808 ff ZPO; 94 ff, 111 a ff StPO.

Dabei erstreckt sich der Schutzbereich der Norm nur auf *wirksam* gepfändete (bzw. sonst beschlagnahmte) Sachen; ist die Pfändung (Beschlagnahme) dagegen *nichtig* – was bedeutet, daß es an einer wirksamen Verstrickung fehlt –, so ist kein *rechtswidriger* Verstrickungsbruch gegeben.

*Begründung:* (1) Nach § 136 III StGB ist die Tat (§ 136 I) nicht strafbar, wenn die Pfändung (Beschlagnahme) nicht durch eine »rechtmäßige« Diensthandlung erfolgte. Dabei kommt der Regelung des § 136 III dieselbe Bedeutung zu wie der in *§ 113 III StGB,* der sie entspricht

(*v. Bubnoff,* LK § 136 Rdnr. 23 ff; *Dreher-Tröndle,* § 136 Rdnr. 2, 11; *Lackner,* Anm. 5; *Cramer* aaO, Rdnr. 27 ff; *Preisendanz,* Anm. 4):

§ 136 III läßt nicht den Tatbestand des § 136 I entfallen, schließt aber die *Widerrechtlichkeit* der Tat aus.

– Zu § 113 III vgl. oben, I 2. –
Ebenso im Ergebnis *v. Bubnoff, Dreher-Tröndle* und *Preisendanz* aaO; *Niemeyer,* JZ 1976, 314 ff; *Otto,* S. 423, 415.
Nach *Rudolphi* (in SK, § 136 Rdnr. 30) soll es sich bei der Rechtmäßigkeit der Diensthandlung um ein »*unrechtskonstituierendes Merkmal* des Verstrickungs- und Siegelbruchs« handeln.

»*Rechtswidrig*« i. S. des § 136 III ist eine Pfändungs- oder Beschlagnahmehandlung nicht schon stets dann, wenn sie gegen die einschlägigen Normen des Pfändungs- bzw. Beschlagnahmerechts verstößt

(*v. Bubnoff* aaO; *Dreher-Tröndle,* § 136 Rdnr. 2, 3; *Niemeyer* und *Preisendanz* aaO);

vielmehr kann auch die nach diesen Normen (etwa §§ 808 ff ZPO) fehlerhafte Diensthandlung *i. S. des § 136 III StGB rechtmäßig sein.*

h. M., vgl. *v. Bubnoff, Dreher-Tröndle, Lackner, Niemeyer* und *Preisendanz* aaO.

(2) Damit fragt sich, in welchen Fällen ein i. S. des § 136 III »rechtswidriger« Pfändungs- bzw. Beschlagnahmeakt anzunehmen ist.

(a) Nach h. A. gilt für diese Norm *in gleicher Weise wie bei § 113 III* der oben dargelegte (I, Fall 47) eigenständige »*strafrechtliche Begriff der Rechtmäßigkeit der Diensthandlung*«.

So u. a. *v. Bubnoff, Dreher-Tröndle* und *Niemeyer* aaO; ähnlich *Cramer* aaO.

(b) Demgegenüber ist *m. E.* »rechtswidrig« i. S. des § 136 III – nicht anders als bei § 113 III StGB (vgl. oben, aaO) – gleichzusetzen mit »*nichtig*«.

Ebenso *Otto,* S. 423; wohl auch *Rudolphi* in SK, § 136 Rdnr. 26; a. A. etwa *Ostendorf,* JZ 1981, 169.

Danach sind rechtmäßig i. S. des § 136 III (und IV) StGB alle *wirksamen* und daher verbindlichen Pfändungs- und Beschlagnahmeakte,

nämlich: 1. alle rechtlich fehlerfreien und 2. alle die fehlerhaften, die mangels Nichtigkeit (§ 43 III VwVfG) *wirksam* sind.

Damit erfaßt der *Schutzbereich des § 136* alle Fälle der Pfändung (Beschlagnahme), bei denen mangels Nichtigkeit des Hoheitsaktes eine *wirksame Verstrickung* besteht.

Diese Deutung des § 136 III StGB wird am besten der ratio legis des § 136 I – Schutz der hoheitlichen *Verstrickung* (vgl. oben) – gerecht, da sie *alle Fälle wirksamer Verstrickung* erfaßt; und sie entspricht dem öffentlich-rechtlichen Prinzip, daß der Bürger fehlerhafte, aber wirksame, d. h. verbindliche Eingriffe in seine Rechte zwar mit Rechtsmitteln, *nicht aber eigenmächtig* abwehren darf.

Vgl. meine Ausführungen zu § 113 III StGB (oben, I).

b) (1) Im vorliegenden Fall ist der Tatbestand des § 136 I StGB erfüllt: S hat eine gepfändete Sache der Verstrickung entzogen.

Die *Wirksamkeit* der Pfändung (Beschlagnahme) ist kein Tatbestandsmerkmal, sondern nach der hier vertretenen Auslegung des § 136 III erst im Rahmen dieser Regelung zu berücksichtigen (a. A. etwa *v. Bubnoff*, Rdnr. 25, und *Niemeyer* aaO); für § 136 I genügt schon das bloße Vorliegen eines behördlichen Pfändungs- bzw. Beschlagnahmeaktes, mag dieser auch unwirksam sein.

(2) § 136 III StGB? Der Gerichtsvollzieher hat die Pfändung hinreichend kenntlich gemacht (§ 808 II S. 2 ZPO).

Die Anbringung der Siegelmarke an der Rückseite des Fernsehgerätes ist dafür ausreichend (vgl. *Baumbach-Lauterbach*, ZPO, 40. Aufl. 1982, § 808 Anm. 4 D).

Die Pfändung von Fernsehgeräten verstößt auch

– anders als die von Radios (vgl. oben, Fall 47) –

grundsätzlich nicht gegen § 811 Nr. 1 ZPO

(es sei denn, beim Schuldner ist kein Radio vorhanden; vgl. *Thomas-Putzo*, ZPO, 11. Aufl. 1981, § 811 Anm. 4 a; ebenso u. a. *OLG Frankfurt*, NJW 1970, 152; a. A. etwa *LG Nürnberg-Fürth*, NJW 1978, 113);

im übrigen würde ein Verstoß gegen § 811 ZPO die Pfändung auch nicht unwirksam (nichtig) machen

(vgl. oben, Fall 47).

§ 136 III StGB greift also nicht ein.

(3) Daß S die Diensthandlung i. S. des § 136 IV i. V. m. § 113 IV StGB für »rechtswidrig« – d. h. *unwirksam* (vgl. oben) – hielt, läßt sich dem Sachverhalt nicht entnehmen.

c) *Ergebnis:* S ist nach § 136 I StGB strafbar.

– Zur Frage, ob auch § 288 StGB erfüllt ist, vgl. Bd. 2, Fall 40; zur Konkurrenz §§ 136 I/288 StGB siehe Bd. 2, Fall 39 c. –


*Fall 53: – Beispiele für die Unwirksamkeit (= »Rechtswidrigkeit« i. S. des § 136 III StGB) von Pfändungen –*

Gerichtsvollzieher Grimm will einen alten Eichenschrank bei Schuldner Säumrich (S)

pfänden. Er bringt die Siegelmarke auf der Rückseite des an der Wand stehenden Schrankes an. S schafft den Schrank fort zu seinem Schwager X.
Strafbarkeit des S aus § 136 I StGB?

Hier greift § 136 III StGB ein: Der Schrank war nicht *wirksam* gepfändet; denn Grimm hatte die Pfändung nicht genügend ersichtlich gemacht (§ 808 II S. 2 ZPO):

> Zwar genügt bei Radios, Fernsehgeräten und Möbeln regelmäßig die Anbringung der Siegelmarke auf der Rückseite, »weil der Erwerber von Möbeln sie von allen Seiten zu betrachten pflegt«; dies gilt aber nicht bei einem an der Wand stehenden Schrank (*Baumbach-Lauterbach*, ZPO, 40. Aufl. 1982, § 808 Anm. 4 D b).
> Der Verstoß gegen § 808 II S. 2 ZPO macht die Pfändung nichtig.

*Ergebnis:* Die Tat des S war nicht widerrechtlich.

> *Ergänzender Hinweis:* Rechtlich fehlerhafte Pfändungs- bzw. Beschlagnahmeakte sind nur dann nichtig (unwirksam), wenn der Fehler schwer und evident ist.
> *Beispiele* für unwirksame Pfändungen:
> Pfändung bei Exterritorialen (§ 18 GVG); Fehlen des Vollstreckungs*titels* (§§ 704, 794 ZPO) – *nicht* dagegen Fehlen von Klausel (§ 724 ZPO) oder Zustellung (§ 750 ZPO) –; Fehlen der funktionellen Zuständigkeit des Vollstreckungsorgans. Nachweise: *Thomas-Putzo* (aaO, Fall 52), Vorbem. IX vor § 704; *Baumbach-Lauterbach* aaO, Grundzüge 8 vor § 704.
> Strittig ist, ob ein Verstoß gegen § 865 II ZPO (unzulässige Pfändung von Zubehör) die Nichtigkeit der Pfändung zur Folge hat; bejahend *Baumbach-Lauterbach*, § 865 Anm. 4.

## b) Siegelbruch (§ 136 II i. V. m. III, IV StGB)

*Fall 54: – Abwandlung von Fall 53 –*

S hat die von Grimm an der Rückseite des Schrankes angebrachte Siegelmarke abgekratzt. Strafbarkeit des S aus § 136 II StGB?

a) Diese Norm enthält zwei Alternativen, nämlich einmal die Beschädigung, Ablösung oder Unkenntlichmachung eines dienstlichen Siegels, zum anderen das Unwirksammachen des durch ein solches Siegel bewirkten Verschlusses. *Geschütztes Rechtsgut* ist die durch das Siegel manifestierte staatliche Autorität. Dienstliches *Siegel* ist eine amtliche »Kennzeichnung mit Beglaubigungscharakter«

> (*Lackner*, Anm. 4 a; *Preisendanz*, Anm. 3 a);

es muß angelegt sein, um Sachen *in Beschlag zu nehmen*, dienstlich zu *verschließen* oder zu *bezeichnen*.

> *Beispiele:* Plombe am Feuermelder; Siegelmarke (»Kuckuck«) des Gerichtsvollziehers an der gepfändeten Sache; Stempel des Fleischbeschauers; Bleiplombe zum Verschluß eines Gebäudes (vgl. *Lackner* aaO; *OLG Frankfurt*, MDR 1973, 1033).

*Tathandlung* ist das Beschädigen, Ablösen oder Unkenntlichmachen des Siegels bzw. das Unwirksammachen des durch das Siegel bewirkten Verschlusses.

> Jenes »Unwirksammachen« liegt u. a. vor: Beim Weiterbauen an einer versiegelten Baustelle (*OLG Köln*, MDR 1971, 67; *v. Bubnoff*, LK Rdnr. 21; *Dreher-Tröndle*, Rdnr. 8; *Maurach-Schroeder* Bd. 2, S. 162; a. A. *Cramer* in: Schönke-Schröder, Rdnr. 25; *Rudolphi* in SK, Rdnr. 23); beim Einsteigen durch das Fenster in einen Raum, dessen Tür versiegelt ist (*Dreher-Tröndle*, Rdnr. 8 m. w. N.).

b) (1) Im vorliegenden Fall ist der Tatbestand des § 136 II StGB (Ablösen) erfüllt.

Ob der durch das Siegel manifestierte Hoheitsakt *wirksam* ist, spielt für den Tatbestand keine Rolle, sondern betrifft § 136 III.

(2) § 136 III StGB?

– Zur Bedeutung dieser Regelung vgl. oben, Fall 52. –

Die Anlegung des Dienstsiegels verstieß gegen § 808 II S. 2 ZPO (vgl. oben, Fall 53), war also durch eine nichtige, d. h. i. S. des § 136 III StGB »*rechtswidrige*« Diensthandlung erfolgt; daher ist die Tat des S gemäß dieser Vorschrift nicht widerrechtlich.

### c) Konkurrenz zwischen Verstrickungs- und Siegelbruch:

Zwischen den beiden Delikten ist Idealkonkurrenz (§ 52 StGB) möglich.

## § 8 Straftaten gegen die Rechtspflege

## I. Aussagedelikte (§§ 153–163 StGB)

### 1. §§ 153; 154, 155 StGB

*Fall 55: – Vollendung der falschen uneidlichen Aussage/Versuchsbeginn beim Meineid –*

Eugen (E) sagt in einem Strafverfahren als Zeuge wissentlich falsch aus. Als er im Anschluß an seine Aussage vereidigt werden soll, bekommt er es unter dem Eindruck der Belehrung des Vorsitzenden über die strafrechtlichen Folgen eines Meineides mit der Angst zu tun. Als er zum Schwören anheben soll, berichtigt er seine falsche Bekundung.
Strafbarkeit des E?

a) § 153 StGB

(1) Diese Norm erfaßt die uneidliche Falschaussage von Zeugen und Sachverständigen. *Falsch* ist dabei die Aussage, wenn ihr objektiver Sinn der *objektiven Wahrheit* widerspricht; maßgeblich für die Falschheit der Aussage ist also grundsätzlich ein Vergleich mit der objektiven Wirklichkeit *(objektive Theorie)*, nicht dagegen die subjektive Vorstellung des Aussagenden (subjektive Theorie); daß dem Gesetz die objektive Theorie zugrunde liegt, folgt aus §§ 160, 163 StGB.

> Wie hier die h. M., u. a. *Dreher-Tröndle*, Rdnr. 5 vor § 153; *Lackner*, Anm. 2 vor § 153; *Maurach-Schroeder* Bd. 2, S. 167 f; *Eser*, Strafrecht 3, S. 212 ff A 37 ff, 43 ff; *Lenckner* in: *Schönke-Schröder*, Rdnr. 6 ff vor § 153; *Hruschka-Kässer*, JuS 1972, 710 m. w. N. pro und contra; abweichend u. a. *Willms*, LK Rdnr. 8 ff vor § 153.
> Vermittelnd *Schmidhäuser (OLG Celle*-Festschrift 1961, S. 207 ff) und *Otto* (S. 437 m. w. N.), die auf die prozessuale Wahrheitspflicht des Aussagenden abstellen; ähnlich *Rudolphi* in SK, Rdnr. 40 ff vor § 153; vgl. auch *Blei*, S. 362.

Aussagegegenstand sind Tatsachen, und zwar äußere und innere (»ich erinnere mich genau« u. ä.), beim Sachverständigen auch Werturteile.

> *Lackner* aaO; *Lenckner* aaO, Rdnr. 9 ff.

Die Falschaussage muß vor *Gericht oder einer anderen zur eidlichen Vernehmung zuständigen Stelle* gemacht werden.

> Diese *Zuständigkeit* besitzen u. a. parlamentarische Untersuchungsausschüsse. *Sie fehlt* der Polizei und der Staatsanwaltschaft (§ 161 a I S. 3 StPO); den Notaren (§ 22 BNotO); Rechtspflegern (§ 4 II Nr. 1 RechtspflegerG); Referendaren (§ 10 GVG); privaten Schiedsgerichten (§ 1035 II ZPO).

Jene Zuständigkeit ist *Tatbestandsmerkmal*

– dazu unten, Fall 55 a –.

(2) E hat vor Gericht uneidlich eine falsche Aussage gemacht, diese aber *berichtigt.* Es fragt sich, ob der Tatbestand des § 153 bereits *vollendet* war, als E seine Bekundung richtigstellte.
Vollendet ist das Vergehen nach § 153 StGB, wenn die Aussage abgeschlossen ist, d. h. bei *Schluß der Vernehmung* des Zeugen.

> *BGH* St 8, 301, 306 f, 314 (GS); *Lenckner* aaO, § 153 Rdnr. 8.

Dabei ist eine Aussage abgeschlossen, »wenn der Richter zu erkennen gegeben hat, daß er von dem Zeugen keine weitere Auskunft über den Vernehmungsgegenstand erwarte, und der Zeuge, daß er seinerseits nichts mehr zu bekunden habe«

(*BGH* und *Lenckner* aaO);

das ist der Fall, wenn zur Vereidigung oder Beschlußfassung über die Frage der Vereidigung geschritten wird.

*BGH* aaO, 312; *BGH* NJW 1960, 731; *Willms*, LK § 153 Rdnr. 11.

Berichtigt der Zeuge *vor* diesem Zeitpunkt eine Falschaussage, so liegt § 153 StGB mangels Vollendung nicht vor.

Hier hatte der Täter seine falsche Bekundung erst richtiggestellt, *als das Gericht schon zur Vereidigung schritt;* zu diesem Zeitpunkt war seine Vernehmung bereits abgeschlossen, d. h. der Tatbestand des § 153 schon erfüllt.

*BGH* und *Willms* aaO; *Dreher-Tröndle*, § 154 Rdnr. 25; *Lackner*, § 154 Anm. 8 c.

Damit hat die Berichtigung hier lediglich die Anwendbarkeit des *§ 158 StGB* zur Folge, d. h. das Gericht *kann* die Strafe mildern oder von Strafe absehen.

– § 158 StGB verlangt eine *rechtzeitige* (vgl. § 158 II) Berichtigung. Die Berichtigung braucht *nicht freiwillig* zu erfolgen (h. M., vgl. *BGH* St 4, 172). –

b) §§ 154, 22 f StGB (Meineidsversuch)

Ein Versuch (§ 22 StGB) liegt bei § 154 StGB erst vor, wenn der Täter *mit dem Sprechen der Eidesworte* beginnt – selbst das Erheben der Schwurhand ist noch nicht ausreichend –.

*BGH* St 4, 172, 176; *Dreher-Tröndle*, § 154 Rdnr. 11.

Das gilt allerdings nur für den *Nacheid*, d. h. den nach der Vernehmung zu leistenden Eid; doch ist dieser der Regelfall (vgl. §§ 59, 79 II StPO; 392, 452 ZPO).

Beim *Voreid* (möglich u. a. nach § 410 ZPO) liegt Versuchsbeginn mit dem Anfang der falschen Aussage vor (*Dreher-Tröndle*, Rdnr. 17; *Lackner*, Anm. 6).

Damit entfällt hier ein Meineidsversuch.


*Fall 55 a: – Meineidsversuch bei irriger Annahme der Zuständigkeit zur Eidesabnahme –*

Adolf Anarcho (A) sagt

    (1) vor einem privaten Schiedsgericht (§ 1025 ZPO),
    (2) vor einem Gerichtsreferendar (§ 10 I GVG)
    als Zeuge falsch aus und beschwört seine Aussage.
    (3) Zudem leistet A vor einem Richter im Verfahren der »freiwilligen Gerichtsbarkeit« (FGG) einen falschen Parteieid.

Dabei glaubte A, der Vernehmende sei für die Eidesabnahme zuständig. Strafbarkeit des A?

a) § 154 StGB

In allen drei Fällen fehlt es an der *Zuständigkeit* i. S. dieser Norm: § 154 StGB verlangt nämlich

1. daß die den Eid abnehmende *Stelle* »*im allgemeinen zuständig ist*«, Eide abzunehmen (daran fehlt es bei Polizei, Staatsanwaltschaft und *privaten Schiedsgerichten;* vgl. Fall 55);
2. daß der Vernehmende *selbst* den Eid abnehmen darf (das ist bei *Referendaren* nicht der Fall; § 10 GVG); und
3. daß Eide der jeweiligen Art *im fraglichen Verfahren* gesetzlich überhaupt zulässig sind (*BGH* St 3, 248; 12, 56, 58).

Daran fehlt es *beim Parteieid* im Verfahren der freiwilligen Gerichtsbarkeit; so – unter Berufung auf § 15 FGG – *BGH* St 10, 272; *Willms,* LK § 154 Rdnr. 7, 9; *Lenckner* in: *Schönke-Schröder,* § 154 Rdnr. 9 m. w. N.; a. A. etwa *Dreher-Tröndle,* § 154 Rdnr. 3.

§ 154 StGB scheidet danach aus.

b) *Versuch des § 154 StGB* (A verkannte die dargelegte Rechtslage und nahm daher irrig die »Zuständigkeit« an).

Nach h. M. liegt in allen drei Fällen ein strafbarer (untauglicher) Meineidsversuch vor.

> *Zur Alternative (1): Schröder* in: *Schönke-Schröder,* 17. Aufl. 1974, § 154 Rdnr. 32; *Dreher-Tröndle,* § 154 Rdnr. 10; *Herzberg,* JuS 1980, 469, 474–476; *Maurach-Schroeder* Bd. 2, S. 176;
> a. A. *Burkhardt,* JZ 1981, 681 ff; *Lenckner* in: *Schönke-Schröder,* § 154 Rdnr. 15; *Welzel,* S. 528; *Willms,* LK § 154 Rdnr. 21.
>
> *Zur Alternative (2): RG* St 65, 206, 208; *Dreher-Tröndle, Herzberg* und *Maurach-Schroeder* aaO;
> a. A. *Burkhardt* und *Welzel* aaO.
>
> *Zur Alternative (3): BGH* St 3, 248, 255; 10, 272, 275 (a. E.) f; 12, 56, 58; *Herzberg* aaO; *Jescheck,* S. 432; *Maurach-Schroeder* und *Willms* aaO;
> a. A. *Burkhardt* und *Welzel* aaO.

Zur Begründung beruft man sich auf die Natur der »Zuständigkeit« als Tatbestandsmerkmal; man meint, aus dieser Natur folge, daß die irrige Annahme der Zuständigkeit *kein strafloses Wahndelikt*

– zu diesem *Baumann,* S. 511 ff –,

begründe, sondern einen strafbaren (untauglichen) *Versuch.*

> *Kritik:* M. E. ist bei *irriger Annahme der »Zuständigkeit«* i. S. des § 154 StGB nur dann Versuch gegeben, wenn der Täter sich *Tatsachen* vorstellt, bei deren Vorliegen jenes Merkmal erfüllt wäre (Beispiel: Der Täter hält den Staatsanwalt für den Ermittlungsrichter).
> Ebenso *Burkhardt, Lenckner* und *Welzel* aaO; *Otto,* S. 441; *Stratenwerth,* Rdnr. 662, 664.

*Dagegen liegt ein Wahndelikt vor, wenn der Täter zwar den Sachverhalt kennt, aus dem die Unzuständigkeit i. S. des § 154 StGB resultiert, aber im Wege irriger Subsumtion gleichwohl die »Zuständigkeit« annimmt.*

Dann ist nämlich ein sogen. *umgekehrter Subsumtionsirrtum* gegeben, der keinen Versuch begründet, da es am Tatentschluß fehlt: Wenn der Sachverhalt, auf dessen Verwirklichung der Wille des Täters gerichtet ist, ein Tatbestandsmerkmal nicht erfüllt, fehlt dem Täter der Vorsatz und damit der Tatentschluß, dieses Merkmal zu verwirklichen, mag er sein (beabsichtigtes) Verhalten auch irrig als tatbestandsmäßig werten; *dies gilt grundsätzlich auch für normative Tatbestandsmerkmale.*

> *Baumann* aaO; eingehend *Burkhardt* aaO; *Eser, Strafrecht* 2, S. 135 ff (A 43); *Kühl,* JuS 1981, 193 f; *Lenckner, Otto* und *Stratenwerth* aaO;
> a. A. etwa *BGH* St 3, 248, 253; *Herzberg,* JuS 1980, 469 ff, 472 ff (für den »Irrtum im Vorfeld des Tatbestandes«).

*Fall 55 b:* Fräulein Amanda (A) wird in dem Unterhaltsprozeß ihres Kindes gegen dessen angeblichen Erzeuger X als Zeugin dazu vernommen, ob sie in der gesetzlichen Empfängniszeit außer mit X noch mit Y geschlechtlich verkehrt habe. Sie verneint dies wahrheitsgemäß und fügt dann spontan wahrheitswidrig hinzu, sie habe überhaupt in der fraglichen Zeit mit keinem anderen Mann als X geschlafen; anschließend beeidet sie ihre Aussage. Strafbarkeit der A?

a) §§ 153, 154 StGB entfallen; denn der Tatbestand dieser Normen erfaßt »nur solche Falschaussagen einer Beweisperson, die nach den für den fraglichen Prozeß geltenden Regeln *den Gegenstand ihrer Vernehmung* und damit ihre Pflicht zu wahrheitsgemäßer Aussage *betroffen haben. Spontane Äußerungen*, die diesen Rahmen überschreiten, werden nur erfaßt, wenn sie auf *nachträgliche Erweiterung des Beweisthemas durch den Richter*« vom Aussagenden bestätigt werden.

> *BGH* St 25, 244, 246 mit zust. Anm. *Demuth*, NJW 1974, 757; *Lenckner* in: *Schönke-Schröder*, Rdnr. 15 vor § 153; *Willms*, JR 1978, 79; a. A. *Lackner*, § 154 Anm. 4a, und *Rudolphi* in SK, Rdnr. 25 vor § 153 (für den Fall, daß die spontane Äußerung *entscheidungserheblich sei*).

Hier lag eine solche Spontanbekundung vor, die den Vernehmungsgegenstand (Verkehr mit Y) nicht betraf.

b) Meineidsversuch?

Nach *BGH* aaO kommt hier aber *Versuch* des § 154 in Betracht; dagegen wendet sich zu Recht *Demuth* (aaO, S. 758: Wahndelikt).

*Ergänzende Hinweise zu § 154 StGB:*

(1) § 154 StGB erfordert den Ausspruch: »Ich schwöre« (§ 66c StPO); anderenfalls entfällt diese Norm. Im übrigen aber sollen *prozessuale Mängel* bei der Vereidigung

– etwa ein Verstoß gegen das Vereidigungsverbot des § 60 Nr. 2 StPO oder gegen die Belehrungspflichten aus §§ 57, 63 StPO –

die Anwendbarkeit des § 154 StGB grundsätzlich nicht hindern.

> h. A., vgl. *Dreher-Tröndle*, Rdnr. 11 vor § 153; *Lenckner* aaO, Rdnr. 23 vor § 153; *KG* JR 1978, 77, 78, mit zustimmender Anm. *Willms*; a. A. *Rudolphi*, GA 1969, 129 ff; ders. in SK, Rdnr. 35 vor § 153; *Otto*, S. 439 (a. E.) f.
> – Doch sind Verfahrensfehler bei der Zeugenvernehmung grundsätzlich *strafmildernd* (§ 154 II StGB) zu berücksichtigen; so m. w. N. *Lenckner* in: *Schönke-Schröder*, Rdnr. 24 vor § 153 und § 154 Rdnr. 17; *BGH* NStZ 1981, 268 f. –

(2) Wer i. S. des § 60 Nr. 1 StPO 2. *Alternative* »mangels Verstandesreife oder wegen Verstandesschwäche« *eidesunfähig* ist, kann § 154 StGB nicht begehen.

> Allgemeine Ansicht, vgl. *Maurach-Schroeder* Bd. 2, S. 169.

Auch wer nach § 60 Nr. 1 StPO 1. *Altern. eidesunmündig* (da noch nicht 16 Jahre alt) ist, kann kein Täter nach § 154 StGB sein; hier hat das Gesetz nämlich die Eidesunfähigkeit (§ 60 Nr. 1 StPO 2. Altern.) unwiderleglich vermutet.

> *Quedenfeld*, JZ 1973, 238 ff m. w. N.;
> *Lenckner* aaO, Rdnr. 25 vor § 153; *Blei*, S. 360; *Wessels*, BT 1 S. 122; *Rudolphi* in SK § 154 Rdnr. 8; a. A. die h. M., vgl. *RG* St 36, 278; *Dreher-Tröndle* aaO; *Willms*, LK § 154 Rdnr. 10.

*Fall 56: – Verhältnis §§ 153, 154 StGB –*

Gegen Axel (A) ist Anklage wegen schwerer Körperverletzung erhoben. Er hat die ihm zur Last gelegte Tat auch begangen. A bittet abends in der Kneipe »zum fröhlichen Meineid«

seine Freunde Bernd (B) und Claus (C), im Strafverfahren auszusagen, er (A) könne nicht der Täter sein, da sie zu dritt zur Tatzeit eine Zechtour an den Rhein unternommen hätten. Die Zechtour hatte aber in Wirklichkeit einen Tag vor der Tat stattgefunden. A, B und C rechnen damit, daß die Aussagen, gegebenenfalls auch in der Berufungsinstanz, beschworen werden müssen.

B und C sagen wie vereinbart vor dem Schöffengericht und später im Berufungsverfahren vor der großen Strafkammer aus und beschwören ihre Aussagen. Während B *bewußt* falsch aussagte, war C, der ein schlechtes Gedächtnis besitzt, bei seiner Beeidigung in der *ersten* Instanz von der Wahrheit seiner Aussage überzeugt, hatte aber in der *zweiten* Instanz nach seiner Vernehmung erhebliche Zweifel bekommen, ob ihn sein Gedächtnis nicht trüge, seine Zweifel aber aus Freundschaft zu A dem Gericht nicht offenbart und seine Aussage schlechten Gewissens beschworen. A wird in beiden Instanzen freigesprochen.
Strafbarkeit von B und C?

– Zur Strafbarkeit des A vgl. unten, Fall 56a. –

## a) Strafbarkeit des B

(1) Vor dem AG (Schöffengericht) sowie vor dem LG (große Strafkammer) hat B jeweils den Tatbestand des § 153, des § 154 sowie des § 258 I StGB erfüllt.

(2) *Konkurrenzen*

(a) Für das Verhältnis §§ 153/154 bei Vernehmung und Vereidigung *im selben Rechtszug* (d. h. in derselben Instanz) gilt folgendes:

§ 154 StGB ist – soweit es um den Zeugen- und Sachverständigeneid geht – ein qualifizierter Fall des § 153; *dabei ist § 153* gegenüber § 154 insoweit *subsidiär*, als er nur auf Aussagen anzuwenden ist, die nicht beschworen werden.

> *BGH* St 8, 301 (GS); *Dreher-Tröndle*, § 154 Rdnr. 25; *Lenckner* in: *Schönke-Schröder*, § 153 Rdnr. 16.
> Dies gilt auch, wenn die Vereidigung erst in einem späteren Termin erfolgt; wenn das Gericht die Vernehmung mehrmals abgeschlossen hatte; wenn der Zeuge zu mehreren Beweisthemen vernommen wurde und die falschen Aussagen dabei wechselten (*BGH, Dreher-Tröndle* und *Lenckner* aaO).
> – Wird der Zeuge *nach Ablegung des Eides in derselben Instanz erneut vernommen*, gleichgültig, ob zu einem neuen Beweisthema oder zum alten, so sollen der Meineid und die folgende Falschaussage in *Realkonkurrenz* stehen, es sei denn, *Fortsetzungszusammenhang* liege vor (*BGH* aaO; a. A. *Lenckner* aaO, § 153 Rdnr. 17). –

Hier waren die falschen uneidlichen Aussagen des B vor dem AG und dem LG jeweils gegenüber den Meineiden *subsidiär* (Gesetzeskonkurrenz).

(b) Verhältnis des Meineids vor dem AG zu dem vor dem LG:

> Aussagedelikte, die – wie hier – *in verschiedenen Instanzen* begangen werden, stehen in Realkonkurrenz (§ 53), es sei denn, daß die Voraussetzungen für die Annahme einer *fortgesetzten Tat* gegeben sind (*BGH* aaO), nämlich:
> a) Verletzung *desselben Rechtsguts;*
> b) Verstoß gegen *dasselbe rechtliche Verbot,* wobei aber nicht unbedingt dasselbe Strafgesetz verletzt sein muß, sondern das Verhältnis Grundtatbestand/Qualifizierung/ Privilegierung genügt;
> c) *Gleichartigkeit (Ähnlichkeit) der Begehungsform* und
> d) *Gesamtvorsatz* (d. h. ein von vornherein – spätestens bis Beendigung des ersten Teilaktes – gefaßter, auf die Begehung der folgenden Akte gerichteter Vorsatz); vgl. u. a. *Lackner,* Anm. IV 3a, aa–cc vor § 52 m. w. N.

Im vorliegenden Fall sind die Voraussetzungen für die Annahme eines *Fortsetzungszusammenhangs* zwischen dem Meineid vor dem AG und dem vor dem LG gegeben. B hat also in 1. und 2. Instanz einen fortgesetzten Meineid begangen, und zwar in Idealkonkurrenz (§ 52) zu einer fortgesetzten Strafvereitelung (§ 258 StGB).

*b) Strafbarkeit des C*

(1) *Aussage und Eidesleistung vor dem AG:* C ist aufgrund seiner Gutgläubigkeit mangels Vorsatzes (§ 16 StGB) nicht aus §§ 153f StGB schuldig; auch § 258 entfällt.

> Für die Annahme eines fahrlässigen Falscheides (§ 163 I StGB) bietet der Sachverhalt m. E. keine hinreichenden Anhaltspunkte.

(2) *§ 154 StGB vor dem LG?*

Der objektive Tatbestand dieser Norm ist erfüllt. C hat auch vorsätzlich gehandelt, und zwar mit dolus directus, nicht nur mit dolus eventualis: C hat ja geschworen, »*nach bestem Wissen die reine Wahrheit gesagt und nichts verschwiegen zu haben*« (§ 66c StPO). Er hat seine Aussage als auf sicherem Erinnerungsbild beruhend gemacht und sie als solche auch beschworen, obwohl er bei der Eidesleistung wußte, daß er sich irren konnte. Wenn ein Zeuge aber bekundet, er wisse etwas *bestimmt* und dies beeidigt, obwohl er bei der Eidesleistung weiß, daß sein Erinnerungsbild *unsicher* ist, begeht er einen vollendeten Meineid

> (*Dreher-Tröndle*, § 154 Rdnr. 15 (a. E.); *Lenckner* aaO, § 163 Rdnr. 4; *BGH* bei *Dallinger*, MDR 1953, 597; *Lackner*, § 154 Anm. 5)

mit dolus directus, da er wider besseres Wissen etwas Unwahres *(sein sicheres Wissen)* beschwört.

> Zu Unrecht nehmen *BGH, Lackner* und *Lenckner* aaO dolus eventualis an.

C hat sich also aus § 154 StGB schuldig gemacht, zudem – in Idealkonkurrenz dazu – aus § 258 I StGB.

## 2. Verleitung zur Falschaussage (§ 160 StGB)

*Fall 56a: – Nachtrag zu Fall 56 –*

Wie ist *im Fall 56* A strafbar, *wenn er glaubte,* B sei gutgläubig, werde also unwissentlich falsch aussagen, während C bösgläubig sei?

*a) Beteiligung des A an den Taten des B:*

(1) *Anstiftung* zu §§ 153, 154, 258 StGB entfällt, da A den B für gutgläubig hielt, also *ohne Anstiftungsvorsatz* (§ 26 StGB) handelte.

(2) *§ 160 StGB*

> *Funktion* dieser Norm: Die Aussagedelikte sind eigenhändige Straftaten; bei solchen ist mittelbare Täterschaft nicht möglich. § 160 StGB nun erfaßt als Sondertatbestand die Fälle, die man als *mittelbare Täterschaft* zu charakterisieren hätte, wäre diese nicht bei §§ 153ff StGB ausgeschlossen.
> Vgl. *Maurach-Schroeder* Bd. 2, S. 185f; *Blei*, S. 367; *Welzel*, S. 534; *Willms*, LK § 160 Rdnr. 1; vgl. weiter *Roxin*, Täterschaft und Tatherrschaft, 3. Aufl., S. 394 (er hält §§ 153ff allerdings nicht für eigenhändige Delikte, sondern für Pflichtdelikte).

(a) *Nach h. L.* erfordert § 160 I StGB objektiv einen *unvorsätzlichen* Falscheid des Verleiteten und subjektiv einen hierauf gerichteten Vorsatz des verleitenden Täters: Sei es – wie hier – entgegen dem Vorsatz des Täters (A) zu einem *vorsätzlichen* Meineid des Verleiteten (B) gekommen, *liege Versuch des § 160 StGB vor* (strafbar nach Abs. 2 dieser Norm).

> *Dreher-Tröndle*, § 160 Rdnr. 3; *Maurach-Schroeder* Bd. 2, S. 186; *Roxin* aaO; *Welzel* aaO; *Gallas*, Engisch-Festschrift (1969), S. 600; *Otto*, S. 450; wohl auch *Willms*, LK Rdnr. 2; so auch die Rspr. des *RG* (Nachweise bei *Dreher-Tröndle* aaO).

(b) Nach der *Rechtsprechung* des *BGH* ist der Verleitende der *vollendeten Verleitung* zum Falscheid auch dann schuldig, wenn *entgegen seiner Vorstellung* der Verleitete *vorsätzlich* falsch schwört.

> *BGH St* 21, 116; zustimmend *Lackner*, Anm. 3a; *Preisendanz*, Anm. 4a; *Wessels*, BT 1 S. 128; *Lenckner* aaO, § 160 Rdnr. 9; *Rudolphi* in SK, Rdnr. 4; im Ergebnis ebenso *Hruschka*, JZ 1967, 210; *Hruschka-Kässer*, JuS 1972, 713.

Begründung: Maßgeblicher Strafgrund sei bei § 160, daß es zu einer objektiv falschen Aussage komme und dadurch *die Rechtspflege gefährdet werde*. Der Täter des § 160 wolle zwar eine unbewußt falsche Aussage herbeiführen; sein Tun sei aber nicht deswegen weniger strafwürdig, weil entgegen seiner Vorstellung der Verleitete nicht gutgläubig sei. Daher komme es dafür, ob die Verleitung zum Falscheid (§ 160) vollendet sei, »nur auf die Vorstellung und den Willen des Täters sowie darauf an, daß die Verleitung eine wenigstens objektiv falsche Aussage des Verleiteten zur Folge hat, nicht jedoch darauf, ob dieser unbewußt oder bewußt falsch aussagt«.

> *BGH* aaO.

(c) *Stellungnahme:* 1. Die Ansicht des *BGH* wäre dogmatisch überzeugend, wenn sie mit *Hruschka* (aaO) in § 160 StGB einen Tatbestand sehen würde, der *alle* Fälle der Verleitung zum Falscheid erfaßte – *unabhängig vom Vorsatz des Verleiteten und unabhängig von der Vorstellung des Täters über die Gut- oder Bösartigkeit des Aussagenden* (dann würde § 160 I StGB auch die Tatbestände der §§ 154, 26 [bzw. §§ 153, 26; 156, 26] sowie §§ 154, 30 I [bzw. 159] – wenn der Verleitete entgegen der Vorstellung des Verleitenden gutgläubig ist – umfassen).

> Dafür *Hruschka* und *Hruschka-Kässer* aaO.

Demgegenüber erscheint die Meinung des *BGH* inkonsequent; denn das Gericht läßt unter den obj. Tatbestand des § 160 I StGB unvorsätzliche *und vorsätzliche* Aussagedelikte fallen, verlangt aber für den subj. Tatbestand, daß der Täter eine *unvorsätzliche* falsche Aussage herbeiführen wollte.

2. Dogmatisch sauberer erscheint dagegen die Deutung des § 160 durch die h. L.: Sie entspricht der oben dargelegten Funktion dieser Norm. Danach ist *§ 160 I* ein Fall »mittelbarer Täterschaft«, erfordert also einen gutgläubigen Verleiteten; *§ 160 II* erfaßt demgegenüber den Fall *versuchter* mittelbarer Täterschaft (der bei irriger Annahme der Gutgläubigkeit des Aussagenden vorliegt).
Wegen § 160 II StGB führt die h. L. auch nicht zu Strafbarkeitslücken; ich neige ihr daher zu.

(d) *Ergebnis:* Nach der Rechtsprechung liegt § 160 I vor, nach h. L. § 160 II.

*b) Beteiligung an den Taten des C*

(1) Bezüglich des Verhaltens des C vor dem *AG* hat A den Tatbestand der §§ 154, 30 I StGB erfüllt (versuchte Anstiftung).

(2) Was das Verhalten des C vor dem LG angeht, ist A wegen *Anstiftung zum Meineid* strafbar.

– *§ 157 StGB* kommt ihm nicht zugute; diese Vorschrift ist weder unmittelbar noch analog auf den *Teilnehmer* an Aussagedelikten anzuwenden, mag er auch gehandelt haben, um sich oder Angehörige zu begünstigen (*Lenckner* aaO, § 157 Rdnr. 4). –

Die Anstiftung zu § 258 I StGB ist gemäß Abs. 5 dieser Vorschrift straflos.

Vgl. oben, Fall 50, b (1).

(3) §§ 154, *30 I* sind gegenüber der vollendeten Anstiftung zum Meineid subsidiär.

### 3. Beihilfe zum Meineid durch Unterlassen (§§ 154, 27/13 StGB)

*Fall 57:* Herr Neuhaus (N) bestreitet im Scheidungsprozeß gegen seine Ehefrau wahrheitswidrig das Bestehen eines ehebrecherischen Verhältnisses zwischen ihm und Fräulein Schön. Frau N benennt daraufhin die Schön als Zeugin. N vereinbart mit seiner Geliebten, sie solle die Aussage verweigern; er selbst werde sein Verhältnis zu ihr weiterhin leugnen. Außerdem erklärt N der Schön, mit der er wie bisher intim verkehrt, er wolle sie nach der Scheidung heiraten.

Bei ihrer Vernehmung verweigert die Schön zunächst die Aussage, bekundet dann aber, zwischen ihr und Herrn N hätten niemals intime Beziehungen bestanden, und beschwört ihre Aussage. Der überraschte N ist dabei untätig geblieben.

Strafbarkeit des N *wegen Beihilfe zum Meineid der Schön durch Unterlassen?*

Der *BGH* hat in einem Fall wie dem vorliegenden Meineidsbeihilfe durch Unterlassen angenommen.

*BGH* St 14, 229; 17, 321, 323 f; zustimmend *Deubner*, NJW 1960, 1916; *Maurach*, S. 693 f; wohl auch *Maurach-Schroeder* Bd. 2, S. 183; ablehnend *Bindokat*, NJW 1960, 2319; *Lackner*, Anm. 4 vor § 153; *Lenckner* in: *Schönke-Schröder*, Rdnr. 39, 40 vor § 153 m.w.N.; *Rudolphi* in SK, Rdnr. 52 f vor § 153; *Otto*, S. 447 f; *Willms*, LK § 154 Rdnr. 16, 17.

Es fragt sich, ob dem zu folgen ist.

a) Für *Anstiftung oder aktive Beihilfe* zum Meineid bietet der Sachverhalt keine Anhaltspunkte.

(Zur Problematik *aktiver* Beihilfe zu §§ 153 f StGB vgl. *Ebert*, JuS 1970, 403 ff; *BGH* bei *Dallinger*, MDR 1974, 14.)

Beihilfe durch *Unterlassen* zu §§ 153 f ist nach ganz h. M. möglich, wenn jemand vorsätzlich eine falsche Aussage oder die Leistung eines Meineides geschehen läßt, obwohl er als *Garant* verpflichtet ist, das Aussagedelikt zu verhindern, insbesondere durch Bekennen der Wahrheit. Problematisch und streitig ist aber, unter welchen Voraussetzungen eine solche *Garantpflicht* anzunehmen ist.

Dazu u. a. *Ebert* aaO, S. 401 f m.w.N.; *Lackner*, JR 1969, 29.

Hier kommt nur eine Garantenpflicht aus *pflichtwidrigem gefährlichen »vorangegangenen Tun«* (Ingerenz) in Betracht.

b) Während die Rechtsprechung zunächst in der Annahme einer Garantpflicht aus Ingerenz sehr weit ging

(dazu *Dreher-Tröndle*, § 154 Rdnr. 24; *Willms* aaO),

ist sie jetzt einschränkender geworden; sie nimmt an:

(1) Eine Rechtspflicht zur Verhinderung des Meineids eines Zeugen resultiert noch nicht aus dem bloßen *wahrheitswidrigen Bestreiten* des Vorbringens der Gegenpartei im *Zivilprozeß*, und zwar auch dann nicht, wenn dadurch mit Einverständnis des Bestreitenden die Zeugenvernehmung veranlaßt wird.

> *BGH* St 17 aaO; so auch die h. L., vgl. u. a. *Maurach-Schroeder* Bd. 2, S. 182 f; *Lenckner* aaO. Selbst die *Benennung eines anderen als Zeugen für eine falsche Behauptung* begründet als solche noch keine Garantenpflicht zur Verhinderung eines Aussagedeliktes des Zeugen; *Lackner*, JR 1969, 29; *Welzel*, S. 215; *Ebert* und *Preisendanz* aaO.

Hieran vermag die zivilprozessuale Wahrheitspflicht für die Parteien (und ihre Anwälte), *§ 138 I ZPO*, nichts zu ändern. Denn diese Vorschrift bürdet ihnen keine Verantwortung für die wahrheitsgemäße Aussage von Zeugen auf

> *(Maurach-Schroeder aaO; BGH St 6, 322, 323);*

*Zeugen stehen prozessual unter eigener Verantwortung*

> *(Welzel aaO).*

(2) Vielmehr soll nach heute herrschender Rechtsprechung eine *Garantenpflicht* aus vorangegangenem Tun zur *Verhinderung* des Meineids von Zeugen – *notfalls durch Bekennen der Wahrheit* – nur dann in Frage kommen, wenn der Täter den Aussagenden in eine »*besondere, dem Prozeß nicht mehr eigentümliche (inadäquate) Gefahr der Falschaussage gebracht hat*«.

> *BGH* St 4, 327, 330; 17, 321, 323.

Dabei müssen über die wahrheitswidrige Einlassung (und die Benennung des Zeugen) hinaus »*besondere Umstände*« vorliegen, die für den Zeugen aufgrund des Verhaltens des Unterlassenden die Gefahr einer Falschaussage erhöhen (besondere Gefahrenlage).

> *BGH* St 17 aaO; 14, 229.

Solch eine – die Garantenpflicht aus Ingerenz begründende – Schaffung einer dem Prozeß inadäquaten Gefahr eines Deliktes nach §§ 153 f StGB hat die Rechtsprechung hier angenommen: die »besonderen Umstände« lägen in der *Aufrechterhaltung der ehebrecherischen Beziehung zur Zeugin*, zudem im *Eheversprechen* und schließlich in der Versicherung, am Bestreiten festzuhalten.

> *BGH* St 14 und 17 aaO.
>
> Das »Gefühl gegenseitigen Verpflichtetseins, das bloße stillschweigende Einvernehmen darüber«, soll dagegen noch nicht genügen (*BGH* St 17 aaO).

Dabei soll es dem Unterlassenden nichts nützen, daß er mit der Zeugin abgemacht hatte, sie solle das Zeugnis verweigern.

> Anders aber *Bindokat* aaO.

*c) Kritik:*

(1) Diese Rechtsprechung erscheint bedenklich. Kriterien wie »Aufrechterhaltung der ehebrecherischen Beziehungen« – man sieht direkt den erhobenen Zeigefinger der Justiz –, Eheversprechen u. ä. dienen hier zur *Begründung der Strafbarkeit* eines sonst straflosen Unterlassens; hätte N nur »klugerweise« während des Scheidungsverfahrens sein ehewidriges Verhalten abgestellt (und das Eheversprechen vermieden) – er wäre straflos. Keiner der genannten Umstände stellt aber einen pflichtwidrigen Eingriff in die Rechtssphäre der Zeugin oder in die Rechtspflege dar.

> *Bindokat* aaO.

Die Entscheidung *BGH* St 14, 229 – nach der N aus §§ 154, 27/13 StGB strafbar wäre – ist daher rational kaum noch nachvollziehbar.

Ablehnend auch *Bindokat, Lackner, Lenckner, Otto, Rudolphi* und *Willms* aaO; *Stratenwerth*, Rdnr. 1008.

(2) Im übrigen bestehen ganz allgemein Zweifel an der Begründung einer *Garantenpflicht zur Verhinderung von Eidesdelikten aus vorangegangenem Tun:* M. E. sollte man den Gesichtspunkt der *Eigenverantwortlichkeit des mündigen Zeugen* in den Vordergrund stellen; der Gesichtspunkt der Ingerenz wird dieser Eigenverantwortlichkeit nicht gerecht.

Vgl. auch *Lenckner, Otto* und *Rudolphi* aaO.

Vielmehr ist ein kriminalpolitisches Bedürfnis, den lügenden Angeklagten oder die lügende Partei im Zivilprozeß wegen Teilnahme am Meineid mündiger Zeugen zu bestrafen – wie ich meine – grundsätzlich nur bei *Anstiftung* oder *aktiver Beihilfe* anzuerkennen.

*Ergebnis:* Nach der Rechtsprechung ist N aus §§ 154, 27/13 StGB strafbar, nach der hier vertretenen Ansicht dagegen nicht.

*Ergänzender Hinweis:* – Meineidsbeihilfe durch Unterlassen im *Strafprozeß* –

Nach h. M. gelten die oben dargelegten Grundsätze der Judikatur zu §§ 153f, 27/13 StGB auch für das *Strafverfahren*.

*Maurach-Schroeder* aaO.

Danach begründet die wahrheitswidrige Einlassung des Angeklagten (auch wenn sie mit der Benennung des falsch Aussagenden als Zeugen verbunden war) als solche noch keine Garantenpflicht zur Verhinderung von Aussagedelikten – zumal den Angeklagten keine Wahrheitspflicht trifft.

*Maurach-Schroeder* aaO.

### 4. Falsche Versicherung an Eides Statt (§ 156 StGB)

*Fall 58:* Willi Wacker (W) hat gemäß § 807 II ZPO die dort vorgesehene *Versicherung an Eides Statt* (früher: Offenbarungseid) zu leisten. Im Termin zur Abgabe jener Versicherung vor dem Rechtspfleger fragt dieser den W nach dem Verbleib eines Radiogerätes, das W zur Eintragung in das Vermögensverzeichnis (§ 807 I ZPO) angegeben hatte. Dieses noch nicht voll abgezahlte Gerät hatte W veräußert; er gab jedoch an, er habe es vernichtet. Er versicherte sodann eidesstattlich, die von ihm verlangten Angaben »nach bestem Wissen und Gewissen« gemacht zu haben.
Strafbarkeit des W aus § 156 StGB?

a) Die *Zuständigkeit* der Behörde ist Tatbestandsmerkmal. Dies Merkmal erfordert: (1) Die *allgemeine Zuständigkeit* der Behörde zur Abnahme eidesstattlicher Versicherungen

(sie fehlt etwa Polizei und Staatsanwaltschaft)

und (2) die Zuständigkeit, *»über diesen Gegenstand und in diesem Verfahren«* derartige Versicherungen abzunehmen

(*Lenckner* in: *Schönke-Schröder*, Rdnr. 8; *OLG Hamm*, NJW 1974, 327f).
Zum Erfordernis (2) vgl. u. a. *OLG Hamm* aaO: Weder im Strafverfahren noch im Bußgeldverfahren sei eine eidesstattliche Versicherung des *Angeklagten* bzw. *Beschuldigten* zur Glaubhaftmachung eines Versäumnisgrundes (§§ 45 StPO, 52 OWiG) zulässig. Regelmäßig wird noch eine dritte Voraussetzung genannt, die dahin geht: die eidesstattli-

che Versicherung dürfe rechtlich nicht völlig wirkungslos sein (*Winters,* JuS 1977, 821 m.w.N.). Diese Voraussetzung ist aber bei Vorliegen der oben genannten Erfordernisse (1) und (2) stets anzunehmen und daher entbehrlich (*Lenckner* aaO, Rdnr. 9).

Zur Zuständigkeit i. S. des § 156 StGB vgl. u. a. §§ 294, 377 III, 807 ZPO; 15 II FGG; 22 II BNotO; sehr wichtig: § 27 Verwaltungsverfahrensgesetz.

Hier war der *Rechtspfleger* gemäß §§ 899 ZPO i. V. m. 20 Nr. 17 RPflG zuständig.

b) § 156 StGB scheidet jedoch aus, da die vom Rechtspfleger verlangte Angabe des S *nicht unter die nach § 807 I ZPO vom Schuldner (Sch) zu machenden Angaben fällt*

(*BGH* St 14, 345):

(1) Nach dieser Vorschrift hat der Sch ein Verzeichnis seines *Vermögens* vorzulegen, wobei nur das *gegenwärtige* gemeint ist.

BGH aaO; *BGH* NJW 1968, 2251; *Willms,* LK § 156 Rdnr. 19f.

Eine Durchbrechung dieser Regelung, daß nur das gegenwärtige, *nicht aber früheres Vermögen* anzugeben ist, enthalten § 807 I Nr. 1–3 ZPO, die

– im Hinblick auf das Anfechtungsgesetz (*Schönfelder,* Deutsche Gesetze, Nr. 111) –,

die Offenbarung bestimmter *entgeltlicher* und unentgeltlicher Verfügungen vorschreiben. Andere entgeltliche Verfügungen als die in § 807 I Nr. 1 genannten werden von der Offenbarungspflicht nicht erfaßt.

(2) Unter den *verlangten Angaben* i. S. des § 807 II ZPO sind nur solche zu verstehen, die der Schuldner nach § 807 I ZPO zu machen hat; eine Ausdehnung der Offenbarungspflicht durch Fragen der die eidesstattliche Versicherung abnehmenden Behörden über diese Vorschrift hinaus ist abzulehnen.

*BGH* St 14 aaO; 19, 126; *Lenckner* in: *Schönke-Schröder,* § 156 Rdnr. 22f; *Willms* aaO; *Rudolphi* in SK, § 156 Rdnr. 14; a. A. *OLG Braunschweig,* Nds RPfl 1963, 208.

(3) Bei der eidesstattlichen Versicherung nach § 807 II ZPO werden also die Offenbarungspflicht und damit der Gegenstand der nach § 156 StGB strafbewehrten Wahrheitspflicht durch § 807 I ZPO beschränkt; da die falsche Bekundung des W nicht von dieser Norm erfaßt wurde, ist er nicht nach § 156 StGB strafbar.

## 5. § 159 StGB

*Vorbemerkung:* § 159 bedroht die *versuchte Anstiftung zu §§ 153 bzw. 156 StGB* mit Strafe; die versuchte Anstiftung zu § 154 wird unmittelbar von § 30 I StGB erfaßt.

Anders als § 30 I erscheint § 159 StGB als *kriminalpolitisch verfehlte Regelung:* Bei der versuchten Anstiftung zu *Verbrechen* (§ 30 I) ist stets auch der *Versuch der Haupttat* (des Verbrechens) strafbar (§ 23 I). Anders ist es bei § 159 StGB: Dort ist der *Versuch der Haupttat* straflos (§§ 153, 156, 23 I StGB); wenn aber der Versuch der Haupttat keine Straftat ist, erscheint die Strafdrohung für die lediglich *versuchte Anstiftung* (§ 159 StGB) als befremdlich; hier liegt ein *Wertungswiderspruch* vor.

Kritisch gegenüber dieser Norm auch *Kohlrausch-Lange,* Anm. II; *Maurach-Schroeder* Bd. 2, S. 183f; *Lenckner* in: *Schönke-Schröder,* Rdnr. 2; *Wessels,* BT 1 S. 127.

Dieser Wertungswiderspruch ist aber in gewissem Umfang wegen der gesetzgeberischen Regelung in § 159 – die nicht einfach mißachtet werden darf – hinzunehmen; er ist jedoch soweit als möglich durch eine sinnvolle Auslegung des § 159 zu mildern; das sei im folgenden dargetan:

*Fall 59:* Dorothea (D) übergab in einem Strafverfahren gegen ihren Ehemann Theodor (T) dem Strafgericht eine als »eidesstattliche Versicherung« bezeichnete schriftliche Erklärung zur Schuldfrage, in der sie ihn wahrheitswidrig entlastete und sich zur Vernehmung als Zeugin anbot; hierzu hatte T sie angestiftet. Haben D und T Aussagedelikte begangen?

a) Strafbarkeit der D?

§ 156 scheidet mangels »Zuständigkeit« aus: Eidesstattliche Versicherungen von Zeugen zur *Schuldfrage* sind im Strafprozeß kein zulässiges Beweismittel; weder Staatsanwaltschaft noch Strafgericht sind zu ihrer Abnahme zuständig.

> *BGH* St 24, 38; *Lackner*, Anm. 2; *Winters*, JuS 1977, 821.

b) Strafbarkeit des T?

Der *BGH* hat hier die Anwendung der §§ 159 (30 I), 156 StGB abgelehnt

> – *BGH* St 24, 38 (= NJW 1971, 525 mit näheren Sachverhaltsangaben); ebenso schon *Kohlrausch-Lange* aaO; zustimmend *Blei*, JA 1971, 303; *Preisendanz*, § 159 Anm. 1; *Eser*, Strafrecht 3, S. 219 A 114; *Maurach-Schroeder* und *Wessels* aaO; *Willms*, LK § 159 Rdnr. 1; *Winters*, JuS 1977, 822 f;
> kritisch *Dreher*, MDR 1971, 410; *Dreher-Tröndle*, § 159 Rdnr. 4; *Lackner*, § 159 Anm. 3; *Lenckner* aaO; *Rudolphi* in SK, § 153 Rdnr. 2, 3 –,

und zwar mit folgender Begründung: Im vorliegenden Fall liege bei D ein – nach § 23 I StGB strafloser – *untauglicher Versuch des § 156 StGB* vor.

> *BGH* aaO: Die »Zuständigkeit der Behörde« ist Tatbestandsmerkmal des § 156, »so daß (ihre) irrige Annahme begrifflich untauglichen Versuch begründet«.

– Demgegenüber meine ich zwar, die Tat der D sei ein bloßes *Wahndelikt* (vgl. oben, Fall 55 a); doch ist die *Annahme untauglichen Versuchs in solchen Fällen* so vorherrschend, daß im folgenden meine Bedenken dagegen zurückgestellt werden sollen. –

Damit habe T begrifflich eine *Anstiftung zum untauglichen Versuch des § 156* begangen. Eine solche Anstiftung (die nach allgemeinen Akzessorietätsregeln *mangels strafbedrohter Haupttat* [§§ 156, 23 I StGB] straflos wäre) werde nicht von § 159 StGB erfaßt:

> »Zwar ist § 49 a (a. F. = § 30 StGB n. F.) auch anwendbar, wenn die Tätigkeit, die der Angestiftete nach dem Willen des Anstifters entfalten soll, nur zu einem untauglichen Versuch führen kann. Das beruht indessen darauf, daß diese Vorschrift nur für Verbrechen gilt, *deren Versuch stets strafbar ist.* Die Anstiftung zur Abgabe einer falschen eidesstattlichen Versicherung vor einer unzuständigen Behörde kann dagegen nur zu einem *straflosen* Versuch führen. Es wäre deshalb keine »entsprechende« Anwendung des § 49 a I StGB (= § 30 I n. F.) mehr, wenn die »gelungene« Anstiftung zu einer als Eidesdelikt *nicht strafbaren* Tat der Strafdrohung des § 159 StGB unterstellt würde« (*BGH* St 24 aaO, S. 40).

§ 159 scheidet danach aus, wenn die Tat, die der Anzustiftende begehen soll, *nur zu einem (untauglichen) Versuch der §§ 153 bzw. 156 führen kann;* ebenso entfällt § 159 StGB, wenn jener untaugliche Versuch bereits begangen ist, also Anstiftung zum untauglichen Versuch vorliegt.

> *BGH* aaO; ebenso *Blei, Lange, Preisendanz, Wessels, Winters* und *Willms* aaO; a. A. *Lenckner* aaO, Rdnr. 2, 4; *Rudolphi* aaO.

*Stellungnahme:* (1) Der oben (vor Fall 59) kritisierte *Wertungswiderspruch* zwischen § 159 und der mangelnden Versuchsstrafbarkeit bei §§ 153, 156 StGB wird sachgerecht gemildert, wenn man § 159 StGB in den Fällen ausscheidet, in denen die Haupttat, zu der angestiftet werden soll, nur zu einem Versuch der §§ 153 bzw. 156 gedeihen *kann;* dem *BGH* ist daher zu folgen.

Wenn hiergegen eingewandt wird, die Ansicht des *BGH* »widerspreche dem Gesetz«

> (so etwa *Rudolphi* m.w.N.),

so ist zu entgegnen: Zwar dürfte in der Tat zweifelhaft sein, ob die hier vertretene Meinung sich noch *im Rahmen der Gesetzesauslegung* hält; methodologisch gesehen dürfte es sich bei der fraglichen Restriktion des § 159 StGB vielmehr um eine *»teleologische Reduktion«* dieser Norm handeln

> (so *Wessels* aaO. – Allgemein zur teleologischen Reduktion *Larenz*, Methodenlehre, 4. Aufl. 1979, S. 377 ff; *Suppert*, Studien zur Notwehr..., 1973, S. 189 f. –),

also um Rechtsfortbildung praeter legem.

Diese erfolgt hier aber zugunsten des Täters, kollidiert also nicht mit dem Analogieverbot (Art. 103 II GG), und ist, *da sie § 159 StGB sinnvoll begrenzt*

> (vgl. oben),

m. E. unbedenklich.

(2) *§ 159 StGB erfordert also, daß die Tat, die der Anzustiftende begehen soll, den Tatbestand der §§ 153, 156 StGB erfüllen würde.*

Liegt diese Voraussetzung des § 159 StGB vor, so ist diese Norm auch dann anwendbar, wenn die Haupttat (§§ 153, 156), die der Anzustiftende begehen sollte, ins *Versuchsstadium* getreten, aber – etwa wegen Rücktritts – nicht vollendet worden ist; insoweit erfaßt § 159 StGB also auch die *Anstiftung zum – tauglichen (!) – Versuch.* Denn anderenfalls wäre der Fall versuchter Anstiftung, bei dem der Anzustiftende *gar nicht reagiert* oder nur *Vorbereitungshandlungen* begeht, strafbar, dagegen der schwerwiegendere Fall, bei dem es bereits zum tauglichen Versuch der Haupttat gekommen ist, straflos; das aber würde Sinn und Zweck des § 159 StGB widersprechen.

Abweichend *Maurach-Schroeder* aaO.

## II. Falsche Verdächtigung (§§ 164 f StGB)

*Fall 60: – Falsche Verdächtigung vor ausländischen Behörden –*

In Paris wird von einem Unbekannten vor dem Sitz des Präsidenten eine Fahne (Trikolore) beschädigt. Der deutsche Student Kain beschuldigt bei der zuständigen Strafverfolgungsbehörde in Paris wider besseres Wissen einen deutschen Kommilitonen, Abel, der Tat. Gegen Abel wird von den französischen Behörden ein Ermittlungsverfahren eingeleitet. Strafbarkeit des Kain (K)?

a) § 164 I StGB

Die Anwendbarkeit des deutschen Strafrechts folgt aus § 7 I StGB (»passives Personalitätsprinzip«), da die Tat i. S. dieser Vorschrift *gegen einen Deutschen gerichtet* war:

§ 164 dient dem *Schutz der Rechtspflege* und zugleich dem *Schutz des einzelnen vor dem Mißgriff irregeleiteter Behörden.*

> *BGH* St 9, 240; 14, 240, 244; 18, 333; ebenso die h. L., u. a. *Lenckner* in: Schönke-Schröder, § 164 Rdnr. 1, 2 (dagegen sieht *Langer*, Die falsche Verdächtigung, 1973, S. 64, in § 164 StGB ein reines Rechtspflegedelikt; so auch *Rudolphi* in SK, Rdnr. 1, 2.

Demgegenüber neigt *Hirsch*, ZStW 1977, 930, 940f, in eingehender Auseinandersetzung mit *Langer* zu dem Standpunkt: bei § 164 StGB gehe es *nur* um den Schutz des einzelnen; der Schutz der Rechtspflege sei lediglich eine »Reflexwirkung«).

Ein Vergehen nach § 164 ist also erstens eine Straftat *gegen die Allgemeinheit* und zweitens *gegen die Einzelperson.*

Ersteres folgt aus der systematischen Stellung des § 164 StGB; zudem daraus, daß diese Vorschrift für die in Abs. 1 *und* Abs. 2 genannten Taten *dieselbe Strafdrohung aufstellt,* obwohl der Verdächtigte durch eine Tat gemäß Abs. 1 in der Regel »ungleich schwerer getroffen werden kann als durch eine solche nach Abs. 2« (*Lenckner* aaO). Letzteres ergibt sich u. a. aus § 165 StGB.

Dabei ist das Verhältnis der beiden Schutzzwecke nicht kumulativ zu verstehen, sondern »*alternativ in dem Sinne, daß bereits die Verletzung eines von ihnen für § 164 StGB ausreicht*«.

h. M., vgl. *Dreher-Tröndle,* § 164 Rdnr. 2; *Eser,* Strafrecht 3, S. 196 A 3–5; *Herdegen,* LK § 164 Rdnr. 1–3; *Lackner,* Anm. 1; *Lenckner* aaO; *Schröder,* NJW 1965, 1888ff; a. A. *Frank* Anm. I.

Unter dem Gesichtspunkt eines Deliktes gegen die Rechtspflege scheidet § 164 StGB hier aus; diese Vorschrift schützt nämlich nur die *inländische* Rechtspflege.

*Herdegen* und *Lackner* aaO; *Lenckner* aaO, Rdnr. 25; str.

Doch ist eine falsche Anschuldigung unter dem Gesichtspunkt eines Vergehens gegen den einzelnen gegeben; denn soweit es um den Schutz des Bürgers vor *behördlichen Mißgriffen* geht, ist unerheblich, ob diese von deutscher oder fremder Staatsgewalt drohen.

*BGH* St 18 aaO; *Herdegen, Lackner* und *Lenckner* aaO; a. A. *Welzel,* S. 521; ablehnend auch *Rudolphi* aaO; *Maurach-Schroeder* Bd. 2, S. 315.

*Ergebnis:* K ist aus § 164 I StGB schuldig.

b) Die zudem vorliegende *Verleumdung* (§ 187 StGB) steht zu § 164 in Idealkonkurrenz.


*Fall 61: – »Fangbrief-Fall« –*

In einem Unternehmen sind laufend Geldbriefe abhanden gekommen. Die Polizei hat daraufhin einen Fangbrief mit einer präparierten Geldnote aufgegeben. Die von dieser Maßnahme unterrichtete Chefsekretärin Treu fängt den Fangbrief ab und mischt ihn geschickt unter die Post des Prokuristen Redlich, mit dem sie verfeindet ist und den sie deshalb so in ungerechtfertigten Verdacht bringen will. Die Post Redlichs wird jedoch, woran die Treu nicht gedacht hatte, von dessen Sekretärin geöffnet; diese faßt den Geldschein ahnungslos an, bemerkt die Verfärbung ihrer Hände, eilt auf den Gang, um sich zu waschen, und wird von einem Polizeibeamten wegen ihrer verfärbten Hände festgenommen. Strafbarkeit der Treu (T) aus § 164 I StGB?

a) »*Verdächtigen*«

Verlangt man für dies Merkmal die Aufstellung einer *Behauptung*

– wofür § 164 II StGB sprechen könnte –,

so entfällt bereits der objektive Tatbestand des § 164 I StGB. Indes geht die ganz h. M. davon aus, »verdächtigen« i. S. dieser Norm könne man auch durch *Schaffung einer verdächtigen Beweislage.*

*Blei*, GA 1957, 139; *Welp*, JuS 1967, 510 m. w. N.
Hierfür sprechen *Sinn und Zweck* des Gesetzes. Zudem ist die h. M. auch mit dem *Normtext des § 164 I* vereinbar; denn man »verdächtigt« einen andern auch, wenn man ihn etwa durch *Unterschieben belastenden Beweismaterials* in Verdacht bringt. Demgegenüber könnte die Berufung auf § 164 II StGB nur dann durchschlagen, wenn die Verwendung des Wortes »sonstige« Ausdruck einer *klaren rechtspolitischen Wertung des Gesetzgebers* wäre, *also bewußt den Normbereich des § 164 I auf verdächtigende Behauptungen beschränken sollte;* eine solche klare Wertentscheidung ist aber nicht feststellbar (vgl. *Blei* aaO).

b) Der Anwendbarkeit des § 164 I StGB könnte aber entgegenstehen, daß die Verdächtigung statt Redlich dessen Sekretärin traf.

(1) Der *BGH* hat hier § 164 I StGB gleichwohl bejaht

(*BGH* St 9, 240; zustimmend *Dreher-Tröndle*, § 164 Rdnr. 15; *Maurach-Schroeder* Bd. 2, S. 318; *Lenckner* in: *Schönke-Schröder*, Rdnr. 31; *Preisendanz*, Anm. 8 a; *Rudolphi* in SK, Rdnr. 32),

und zwar mit folgender Begründung:

Zwar habe die Tat der Treu nicht, wie sie wollte, den Redlich in Verdacht gebracht, sondern, was sie nicht wollte, dessen Sekretärin; insoweit liege ein Fall der *aberratio ictus* vor. Doch greife § 164 I StGB dennoch ein, und zwar *unter dem Gesichtspunkt des Rechtspflegedeliktes:* Insoweit sei die Tatsache, daß der Verdacht auf einen anderen als den gefallen sei, den der Täter verdächtigen wollte, nur ein Fall der *unwesentlichen Abweichung vom Kausalverlauf.*

(2) *Kritik:* Dem ist mit *Herdegen*, *Herzberg* und *Lackner* zu widersprechen:
(a) Unter dem Gesichtspunkt des *Deliktes gegen den einzelnen* liegt § 164 I StGB nicht vor; denn im Falle der aberratio ictus fehlt es am Vorsatz des Täters.

Ganz h. M., vgl. m. w. N. *Herzberg*, ZStW 1973, 867 ff; dahingestellt von *BGH* aaO.

(b) Der Versuch des *BGH*, § 164 StGB unter dem Gesichtspunkt des *Rechtspflegedeliktes* anzunehmen, erscheint auf den ersten Blick konsequent, wenn man – zu Recht – annimmt, für § 164 genüge bereits die Verletzung *eines* der beiden geschützten Rechtsgüter (oben, Fall 60), also hier der inländischen Rechtspflege. Indes ist jener Versuch hier zum Scheitern verurteilt: Denn es fehlt am subjektiven Tatbestandsmerkmal der »*Absicht, ein behördliches Verfahren oder andere behördliche Maßnahmen gegen den Verdächtigen herbeizuführen«;* das Gesetz verlangt nämlich eindeutig »Identität zwischen dem objektiv verdächtigten ›anderen‹ und der Person, auf die sich die Absicht bezieht«.

*Herzberg* aaO, S. 891, 892; zustimmend *Herdegen*, LK § 164 Rdnr. 20, 30, und *Lackner*, Anm. 5 a.

*Ergebnis:* Treu ist nicht nach § 164 StGB strafbar.

*Fall 62: – Rechtfertigung durch Einwilligung? –*

Schluck (S) hat eine Verkehrsunfallflucht (§ 142 StGB) begangen. Als die Polizei ihn vernimmt, erklärt er, seine Ehefrau sei gefahren; er selbst sei zur Tatzeit zu Hause gewesen. Diese Einlassung hatte S mit seiner Ehefrau abgesprochen. Strafbarkeit von Herrn und Frau S?
a) Herr S:
(1) § 164 I StGB

171

(a) Objektiver Tatbestand: S hat einen anderen bei einer Behörde (Polizei) einer rechtswidrigen Tat verdächtigt.

>*Rechtswidrige Tat*< ist nur eine solche, die den Tatbestand eines *Strafgesetzes* verwirklicht (§ 11 I Nr. 5 StGB). *Andere* rechtswidrige Handlungen, z. B. Ordnungswidrigkeiten, werden nicht erfaßt; doch kommt bei der falschen Verdächtigung einer Ordnungswidrigkeit § 164 II StGB in Betracht (*Lenckner* in: *Schönke-Schröder*, Rdnr. 13; *BGH* bei *Holtz*, MDR 1978, 623).
*Verdächtigen* bedeutet das – sei es durch Behauptung, sei es durch Schaffung einer belastenden Beweislage (Fall 61) – Lenken des Verdachts bzw. Verstärken eines bereits bestehenden Verdachts auf einen *bestimmten* anderen (*Lackner*, Anm. 3 a; *Lenckner* aaO, Rdnr. 5 ff, 22).
Die Verdächtigung muß *objektiv unwahr* sein; das ist sie, wenn ihr *wesentlicher* Inhalt den Tatsachen nicht entspricht, was auch bei *Verschweigen wesentlicher Umstände* der Fall ist (*Lenckner* aaO, Rdnr. 17); es genügt noch nicht, daß die Anschuldigung nur *aufgebauscht* wurde (*Lackner*, Anm. 4); doch greift § 164 I StGB ein, wenn die »hinzugedichteten« Tatsachen die Anwendbarkeit eines *strengeren* Strafgesetzes (z. B. § 223 a statt § 223) bzw. eines idealkonkurrierenden (§ 52 StGB) *weiteren* Strafgesetzes begründen würden; vgl. *Lackner* aaO; *Herdegen*, LK Rdnr. 11; *Schröder* in: *Schönke-Schröder*, 17. Aufl. 1974, § 164 Rdnr. 15; *Rudolphi* in SK, Rdnr. 18 (nach dessen Ansicht gleiches gelten soll, wenn der Täter zu einer wirklich begangenen Tat ein »strafschärfendes Regelbeispiel« hinzudichtet); weitergehend *Lenckner* aaO, Rdnr. 17.

(b) Subjektiver Tatbestand:
Der Täter muß die Unwahrheit der Verdächtigung sicher kennen (»wider besseres Wissen«); bezüglich der anderen Merkmale des obj. Tatbestandes genügt dolus eventualis.

*Lackner*, Anm. 5 a.

Die zudem geforderte »*Absicht*« ist gleichbedeutend mit *dolus directus*.

Danach lag diese Absicht hier vor, wenn S *es für sicher hielt*, seine Verdächtigung würde ein behördliches Verfahren (Ermittlungsverfahren) gegen seine Ehefrau herbeiführen, selbst wenn es ihm nicht darauf ankam; diese Voraussetzung ist hier anzunehmen.
Auch der subj. Tatbestand liegt also vor.
(c) Rechtswidrigkeit: Eine Rechtfertigung durch *Einwilligung* scheidet aus, da § 164 ja neben dem betroffenen Bürger auch die Rechtspflege schützt.

*BGH* St 5, 66; *Dreher-Tröndle*, Rdnr. 7; *Herdegen*, LK Rdnr. 2; *Lenckner* aaO, Rdnr. 23; a. A. etwa *Schmidhäuser*, BT 6/6, 8.
– Die Einwilligung rechtfertigt aber bei falscher Verdächtigung vor *ausländischen* Behörden, da dann – wie gezeigt (Fall 60) – nur ein Delikt gegen den einzelnen vorliegt; *Lenckner* aaO, Rdnr. 25. –

§ 164 StGB entfällt auch nicht unter dem Gesichtspunkt der *Selbstbegünstigung*. Dieser greift strafausschließend nur dann ein, wenn jemand durch das bloße Leugnen der von ihm begangenen Tat zwangsläufig den Verdacht auf einen bestimmten anderen lenkt.

Vgl. dazu *Herdegen*, LK Rdnr. 6 m. w. N.

S hatte sich aber nicht auf bloßes Leugnen beschränkt.

(d) Er hat auch schuldhaft gehandelt.

(2) § 187 StGB ist durch Einwilligung gerechtfertigt.
(3) § 145 d StGB bedarf wegen seiner *Subsidiaritätsklausel* keiner Prüfung.
(4) *Ergebnis:* S ist aus § 164 I StGB strafbar.

b) Frau S:

In Frage kommt *psychische Beihilfe* zu § 164 I
(Anstiftung nur, falls Herr S noch kein omni modo facturus war).
Da die falsche Anschuldigung *auch* ein Delikt gegen die Allgemeinheit ist, kann
der fälschlich Beschuldigte Teilnehmer des Vergehens nach § 164 sein.

### III. Vortäuschen einer Straftat (§ 145 d StGB)

*Vorbemerkung: – Neufassung des § 145 d StGB –*
§ 145 d StGB ist durch das 14. Strafrechtsänderungsgesetz (StrÄG)

– vom 22. 4. 1976, BGBl. I, 1056 –

geändert worden. Zur *Neuregelung* des § 145 d I *Nr. 2* und II *Nr. 2* führt die
Entwurfsbegründung aus

(Bundestags-Drucksache 7/3030):

»Die ... *Erweiterung des Tatbestandes* auch auf die Fälle der Vortäuschung, daß
Verbrechen ›geplant seien‹, verändert den Charakter des Tatbestandes. Die Erweiterung
dient nicht mehr nur dem Schutz der Rechtspflege, vielmehr werden Präventivorgane
davor geschützt, daß sie zur Abwendung *angeblicher* Straftaten unnütz in Anspruch
genommen werden. Diese Erweiterung ist gerechtfertigt, weil Staatsorgane – im wesentlichen die Polizei – durch unnütze Präventiveinsätze daran gehindert werden, ihren
wirklichen Aufgaben als Strafverfolgungs- und als Präventivorgane nachzugehen.«
– Den Normzweck des § 145 d I Nr. 2 StGB n. F. interpretiert in gleicher Weise *Sturm*,
JZ 1976, 351. –

#### 1. Vortäuschen der Begehung einer rechtswidrigen Tat (§ 145 d I Nr. 1 StGB)

Geschütztes Rechtsgut ist bei § 145 d I Nr. 1 die (inländische) Rechtspflege; der
staatliche Strafverfolgungsapparat soll vor unnützer Inanspruchnahme bewahrt
werden.

*Dreher-Tröndle*, § 145 d Rdnr. 1–3; *Lackner*, Anm. 1; *OLG Düsseldorf*, JZ 1982, 340.

Dagegen geht es bei § 145 d I Nr. 2 StGB um den Schutz von *Präventivorganen*,
namentlich der Polizei, vor unnützer Inanspruchnahme.

BT-Drucksache aaO; *Sturm* aaO; *Dreher-Tröndle* und *Lackner* aaO.

*Fall 63: – »Vortäuschen« bei Übertreibungen? –*

Reich (R) ist das Opfer eines Taschendiebstahls geworden. Empört eilt er zur Polizei, um
Strafanzeige zu erstatten. Um die Polizei »auf Trab zu bringen«, bauscht er den Diebstahl
auf: Er behauptet, der Täter habe ihn im Dunkeln von hinten niedergeschlagen und dann
beraubt.
Strafbarkeit des R?

a) § 164 I StGB

Der Tatbestand dieser Norm ist nicht erfüllt, wenn der Täter die Begehung einer Straftat
vortäuscht, *ohne eine bestimmte Person zu verdächtigen*

(*Lenckner* in: *Schönke-Schröder*, § 164 Rdnr. 22);

danach scheidet § 164 StGB hier aus.

b) § 145 d I Nr. 1 StGB?

Hat R *vorgetäuscht*, daß eine rechtswidrige Tat begangen worden sei?

*Rechtswidrige Tat:* Sie muß den Tatbestand eines Strafgesetzes erfüllen (§ 11 I Nr. 5 StGB); Ordnungswidrigkeiten genügen nicht.

Die falsche Behauptung, man habe *in Notwehr* einen anderen verletzt oder getötet, kann nur insoweit Vortäuschen einer rechtswidrigen Tat sein, als es um die angebliche Tat des *Angreifers* geht (*Lackner*, Anm. 3 a; *Preisendanz*, Anm. 3 a; *Willms*, LK Rdnr. 7).

Ob die »rechtswidrige Tat«, die der Täter vortäuscht, sich als *schuldhaft* darstellt, ist jedenfalls dann unerheblich, wenn bei schuldloser Tat Maßregeln der Besserung und Sicherung (§§ 61 ff StGB) in Betracht kämen; *Stree* in: *Schönke-Schröder*, § 145 d Rdnr. 7; *Rudolphi* in SK, Rdnr. 7.

R hat eine wirklich begangene rechtswidrige Tat (§ 242 StGB) durch »Hinzudichten« *aufgebauscht:* Er hat den Diebstahl als Raub (in Tateinheit mit Körperverletzung) dargestellt. Dies Verhalten erfüllt *nicht* den Tatbestand des »Vortäuschens einer rechtswidrigen Tat«:

Das bloße Aufbauschen einer tatsächlich vorliegenden Straftat genügt selbst dann nicht, wenn dadurch *ein schwererer Deliktstyp* (Raub statt Diebstahl) vorgespiegelt wird.

*Dreher-Tröndle*, Rdnr. 5; *Rudolphi* in SK, Rdnr. 9; *BGH v. 30. 8. 1973, 4 StR 406/73 (bei Dreher-Tröndle aaO); OLG Hamm,* NJW 1971, 1324 f.

Nach *OLG Hamm* aaO soll aber genügen, wenn »durch Weglassen oder Hinzudichten von Tatumständen die tatsächlich begangene Tat in ihrem Charakter völlig verändert« werde (Aufbauschen einer Körperverletzung zum Raub); zweifelhaft; wie *OLG Hamm* u. a. *Stree* aaO, Rdnr. 9; a. A. etwa *Rudolphi* aaO.

*Ergebnis:* § 145 d StGB entfällt.

## 2. Versuch der Täuschung über den Beteiligten an einer rechtswidrigen Tat (§ 145 d II Nr. 1 StGB)

*Vorbemerkung:* Auch hier ist geschütztes Rechtsgut die Rechtspflege; der staatliche Strafverfolgungsapparat soll vor unnützer Inanspruchnahme bewahrt werden.

*Fall 64:* Franz gerät auf der Heimfahrt vom Schützenfest mit seinem Pkw in den Straßengraben. Sein Sohn Josef, der hiervon erfahren hat und glaubt, sein Vater habe zuviel getrunken und sich daher strafbar gemacht (§ 316 StGB), behauptet gegenüber der Polizei, er (Josef) habe den Wagen gefahren. Später kommt jedoch die Wahrheit heraus.

Ob Franz infolge Alkoholgenuß fahruntüchtig war, oder ob er »zwei kleine Bierchen« getrunken hatte und nur infolge einer Straßenglätte verunglückt war, kann nicht geklärt werden.

Strafbarkeit des Josef (J)? (J war zu dem Zeitpunkt, als der Unfall geschah, *nüchtern*, was die Polizei auch wußte.)

### a) *§ 145 d II Nr. 1 StGB*

Bei dieser Alternative sind zwei Fallgruppen zu unterscheiden:

1. Der Täter sucht den Verdacht *von einem anderen* abzulenken (dabei soll nicht nötig sein, daß er den Verdacht außerdem auf sich oder auf einen Dritten lenkt; *Dreher-Tröndle*, § 145 d Rdnr. 7; *Otto*, S. 431; *Willms*, LK § 145 d Rdnr. 15, 16;

zu Recht a. A. *Eser*, Strafrecht 3, S. 198 A 18; *Rudolphi* in SK, § 145 d Rdnr. 14; *Stree* in: *Schönke-Schröder*, Rdnr. 14; *Wessels*, BT 1 S. 115: Der Täter müsse die Verfolgungsorgane *unmittelbar auf eine bestimmte falsche Fährte* zu lenken versuchen. Für diese Ansicht spricht der oben dargelegte Schutzzweck des § 145 d II Nr. 1).

2. Der Täter einer rechtswidrigen Tat sucht den Verdacht *von sich* abzulenken (dazu Fall 65).

Hier kommt nur die erste Begehungsmodalität in Frage, und zwar in der Form der falschen Selbstbezichtigung.

*Doch entfällt § 145 d II Nr. 1 StGB aus zwei Gründen:*

(1) Ob diese Norm verlangt, daß die »rechtswidrige Tat« – hier: § 316 StGB – *wirklich begangen ist,* oder ob es genügt, daß der Täter *glaubt,* sie sei gegeben, ist streitig. Dem Normtext dürfte die erstere Deutung besser entsprechen: Zwar ist der Versuch der Täuschung ausreichend, aber er muß sich auf eine *tatsächlich vorliegende* »rechtswidrige Tat« beziehen.

Wie hier *OLG Hamburg,* MDR 1949, 309 mit zust. Anm. *Hünemörder; Dreher-Tröndle,* Rdnr. 7; *Otto,* S. 431; *Schmidhäuser,* BT 23/5; *Schröder* in: *Schönke-Schröder,* 17. Aufl. 1974, Rdnr. 10; *Welzel,* S. 523; *OLG Frankfurt,* NJW 1975, 1895, 1896; a. A. aber *OLG Hamm,* NJW 1963, 2138 (mit differenzierender Anm. *Morner,* NJW 1964, 310); *Lackner,* Anm. 3 c; *Maurach-Schroeder* Bd. 2, S. 319; *Rudolphi* in SK, Rdnr. 12; *Stree* aaO, Rdnr. 13; *Wessels* aaO; *Willms,* LK Rdnr. 10.

Nach dem Grundsatz »in dubio pro reo« ist zugunsten des J davon auszugehen, daß Franz keine mit Strafe bedrohte Handlung (§ 316 StGB) begangen hat.

Folglich scheidet § 145 d aus.

(2) Zudem entfällt § 145 d II Nr. 1 StGB auch deswegen, weil J – anders als Franz – nüchtern war, als der Unfall geschah. Daher hat J nicht etwa vorgespiegelt, nicht Franz, *sondern er* habe die rechtswidrige Tat (§ 316 StGB) begangen; *vielmehr hat J vorgetäuscht, es liege überhaupt keine rechtswidrige Tat vor.* Ein solches Verhalten aber wird von § 145 d II Nr. 1 StGB nicht erfaßt.

*BGH* St 19, 305, 306 ff: Solle mit der Täuschung das Vorliegen einer rechtswidrigen Tat geleugnet werden, so greife diese Norm nach Wortlaut und Sinn nicht ein. Werde also der Verdacht auf einen anderen abgelenkt, in dessen Person das ihm zugeschobene Verhalten keine rechtswidrige Tat sei, so liege keine *Täuschung über den Beteiligten an einer rechtswidrigen Tat vor;* denn es werde ja gerade vorgetäuscht, *daß es überhaupt nicht zu einer solchen Tat gekommen sei.*
Ebenso u. a. *OLG Frankfurt* aaO; *OLG Hamm,* NJW 1964, 733; 734 f; *OLG Celle,* NStZ 1981, 440.

b) §§ 258 I, 22 f StGB greifen wegen § 258 VI StGB nicht ein.

*Fall 65: – § 145 d II Nr. 1 StGB durch den Täter der »rechtswidrigen Tat«? –*

Schluck (S) und seine Ehefrau (E) fahren im Pkw, den S steuert, nach Hause; beide sind erheblich angetrunken und gehen davon aus, mehr als 1,3 Promille Blutalkoholkonzentration zu haben. Als sie in der Ferne ein Polizeifahrzeug sehen, hält S schnell an; seine Frau und er wechseln die Plätze, um seinen Führerschein zu retten.
Die inzwischen am Halteplatz von S und E eingetroffenen Polizeibeamten sind mißtrauisch und lassen den beiden Blutproben entnehmen; diese ergeben bei S 1,5 und bei E 1,4 Promille.
Strafbarkeit von S und E?

*Erster Tatkomplex: Das Führen des Pkw trotz alkoholbedingter Fahruntüchtigkeit*

*1. Strafbarkeit des S:*
Er hat sich nach § 316 I StGB strafbar gemacht.

Näher zu dieser Vorschrift unten, Fall 89.

### 2. Strafbarkeit der E:

Für die Annahme von Anstiftung bzw. psychischer Beihilfe zu § 316 StGB bietet der Sachverhalt keine hinreichenden Anhaltspunkte.

### Zweiter Tatkomplex: Das Wechseln der Plätze

### 1. Strafbarkeit der E:

a) § 258 I bzw. §§ 258 I, 22 f StGB entfallen wegen § 258 VI.

b) § 164 I StGB scheidet aus, da dieser Tatbestand nur die Verdächtigung *eines anderen*, nicht die hier gegebene *»Selbstverdächtigung«* erfaßt.

c) Doch hat sich E nach *§ 145 d II Nr. 1 StGB* strafbar gemacht: Sie hat – durch konkludente *Selbstbezichtigung* – über den Beteiligten an einer rechtswidrigen Tat (§ 316 StGB) zu täuschen gesucht.

> § 258 VI StGB ist bei § 145 d StGB *nicht* analog anwendbar; *OLG Celle*, NJW 1964, 733 f; JZ 1980, 418.

### 2. Strafbarkeit des S:

a) Anstiftung zu § 258 I bzw. zu §§ 258 I, 22 f StGB?

Sie scheidet in analoger Anwendung des § 258 V StGB aus.

> Dazu unten, Fall 69.

b) Auch § 164 I StGB entfällt:

Dadurch, daß die E mit S die Plätze tauschte, d. h. *sich auf den Fahrersitz begab*, hat sie *sich selbst* einer »rechtswidrigen Tat« (§ 316 StGB) *verdächtigt*. An dieser *Selbstbezichtigung* der E war S zwar beteiligt, gewissermaßen als »Mittäter«. Man kann aber nicht sagen, S selbst habe die E i. S. des *§ 25 I StGB* jener »rechtswidrigen Tat« *verdächtigt*.

> Demgemäß halten u. a. *OLG Celle*, NJW 1964, 733 f, und *Stree* in: *Schönke-Schröder*, § 145 d Rdnr. 15, für Fälle wie den vorliegenden nicht § 164 I, sondern allein § 145 d II Nr. 1 StGB für einschlägig.

c) *§ 145 d II Nr. 1 StGB:*

Diese Straftat kann grundsätzlich auch dadurch begangen werden, *daß der Täter einer »rechtswidrigen Tat« den Verdacht von sich abzulenken sucht*. Hierbei ist jedoch der Gesichtspunkt *strafloser Selbstbegünstigung* zu beachten

> (*Stree* aaO; *Willms*, LK § 145 d Rdnr. 11 ff):

Der Straftäter braucht sich nicht selbst den Verfolgungsbehörden auszuliefern, ihn trifft keine Wahrheitspflicht, er darf ungestraft die Tat bestreiten. Daher kann das *bloße Leugnen* der Tat noch nicht den Tatbestand des § 145 d II Nr. 1 StGB erfüllen, und zwar auch dann nicht, *wenn dadurch zwangsläufig der Verdacht auf einen anderen gelenkt wird*.

> *OLG Celle*, NJW 1964, 733 f; *Stree* und *Willms* aaO.
> Ebensowenig wie das bloße Leugnen erfüllt die Berufung auf den »großen Unbekann-ten« den Tatbestand des § 145 d II Nr. 1 StGB; *Dreher-Tröndle*, Rdnr. 7.

Dagegen ist die *Grenze zwischen strafloser Selbstbegünstigung und dieser Norm* überschritten, wenn der Täter sich nicht auf schlichtes Bestreiten beschränkt, sondern *aktiv* zur Täuschung über die Person des Straftäters übergeht, also aktiv »manipuliert« – etwa wie hier durch *Wechseln der Plätze mit dem Beifahrer*.

> *OLG Celle* und *Stree* aaO.

Folglich ist S aus § 145 d II Nr. 1 StGB schuldig.

OLG Celle und *Stree* aaO nehmen dabei *Mittäterschaft* an: Die Straftat der Beifahrerin (§ 145d II Nr. 1) sei dem Fahrer gemäß § 25 II StGB zuzurechnen.
– Hinweis: Der Gesichtspunkt der Selbstbegünstigung hilft S nicht; § 258 V StGB ist im Rahmen des § 145d StGB *nicht* analog anwendbar (*BayObLG* NJW 1978, 2563; *Rudolphi*, JuS 1979, 862f). –

## IV. Strafvereitelung (§ 258 StGB)

*Vorbemerkung: Diese Norm betrifft* die sogen. *»persönliche* Begünstigung« im Gegensatz zur *»sachlichen* Begünstigung«, die § 257 StGB n. F. regelt. Geschütztes Rechtsgut ist die (inländische) Rechtspflege: Sie soll den staatlichen Strafanspruch (bzw. den Anspruch auf Verhängung einer Maßnahme – § 11 I Nr. 8 StGB –) ungehindert verwirklichen können.

*Lackner,* § 258 Anm. 1; *Stree* in: Schönke-Schröder, Rdnr. 1.
*Maurach-Schroeder* Bd. 2, S. 322, meinen: Rechtsgut sei »das Strafrecht selbst«.
Nach *Amelung* (JR 1978, 229) soll § 258 StGB darüber hinaus »die faktische Geltung aller als Vortat in Betracht kommenden Strafnormen und durch sie geschützten Rechtsgüter« sichern (ähnlich *Rudolphi,* JuS 1979, 861). Daran ist richtig, daß die Strafvereitelung *mittelbar* auch einen Angriff auf den Geltungsanspruch der durch die Vortat verletzten Norm und auf das durch sie geschützte Rechtsgut bedeutet; *unmittelbar* aber richtet sich das Vergehen nach § 258 StGB gegen die Rechtspflege. Und daher ist die Strafvereitelung *jedenfalls ihrem Schwerpunkt nach* ein Rechtspflegedelikt.

§ 258 I StGB erfaßt die sogen. *Verfolgungsvereitelung,* § 258 II die *Vollstreckungsvereitelung.*

### 1. Verfolgungsvereitelung (§ 258 I StGB)

*Fall 66: – § 258 I StGB bei Antragsdelikten –*

Rocker Nick (N) hat ein Vergehen nach § 237 StGB begangen. Sein Opfer, Klothilde (K), stellt gegen N zunächst Strafantrag. Als die Polizei daraufhin gegen N ermittelt, sagt dessen Freund Detlef (D) als Zeuge bei seiner polizeilichen Vernehmung wahrheitswidrig aus, N sei zur Tatzeit bei ihm (D) gewesen. Vor der Hauptverhandlung nimmt die K, der die Sache peinlich ist, ihren Strafantrag zurück.
Strafbarkeit des D?

a) *§ 258 I StGB*

(1) Diese Vorschrift enthält zwei Alternativen:

    1. Die Vereitelung der *Bestrafung* wegen einer »rechtswidrigen Tat« (§ 11 I Nr. 5 StGB);
    2. die Vereitelung der Anordnung einer *Maßnahme* (§ 11 I Nr. 8 StGB) wegen einer solchen Tat.

Hier kommt nur die 1. Alternative in Betracht. Sie setzt voraus, daß wegen der rechtswidrigen Tat

    – sogen. »*Vortat*« –

ein rechtlich durchsetzbarer *Strafanspruch des Staates* besteht; dafür ist erforderlich, daß jene Tat *schuldhaft* ist, daß keine persönlichen Strafausschließungs- oder Strafaufhebungsgründe vorliegen und *keine Verfolgungshindernisse* (Antragserfordernis, Verjährung) bestehen.

*Dreher-Tröndle,* § 258 Rdnr. 3; *Lackner,* Anm. 3a.

– Bei der 2. Alternative des § 258 I StGB muß die »rechtswidrige Tat« die materiell-rechtlichen Voraussetzungen für die Anordnung der *Maßnahme* erfüllen (dazu §§ 61 ff, 73 ff StGB); auch hier darf kein Verfolgungshindernis (z. B. § 78 I StGB) vorliegen. –

(2) Im vorliegenden Fall war eine rechtswidrige Tat gegeben (§ 237 StGB); der Vortäter (N) hatte auch schuldhaft gehandelt. Doch war die Vortat gemäß § 238 I StGB nur auf *Antrag* verfolgbar. In einem solchen Fall gilt für § 258 StGB folgendes:

*Die Vereitelung der Bestrafung bei Antragsdelikten* erfordert, daß ein wirksamer Strafantrag vorliegt. Kann ein solcher wegen Fristablauf (§ 77 b StGB) oder wegen Rücknahme (§ 77 d I S. 3 StGB) nicht mehr gestellt werden, so kommt ein *vollendetes* Vergehen der »Vereitelung der Bestrafung« (§ 258 I StGB) nicht in Betracht, da eine Bestrafung des Vortäters rechtlich nicht möglich wäre.

Hier hatte die K zunächst Strafantrag gestellt, diesen aber wirksam zurückgenommen (§ 77 d I StGB); damit war eine Bestrafung des Vortäters wegen §§ 238 I, 77 d I S. 3 StGB unmöglich. Folglich scheidet § 258 I StGB aus.

### b) §§ 258 I, 22 f (258 IV) StGB

D hat sich aber der *versuchten* Strafvereitelung schuldig gemacht (vgl. *Stree* in: *Schönke-Schröder*, Rdnr. 4).

*Ergänzende Hinweise* zu § 258 I StGB:

(1) »Vereitelung« i. S. dieser Norm liegt nicht nur dann vor, wenn die Bestrafung oder Verhängung der Maßnahme *endgültig* unmöglich gemacht, sondern auch dann, wenn sie *»für geraume Zeit«* verzögert wird.

> *Dreher-Tröndle*, § 258 Rdnr. 5; *Lackner*, Anm. 2; *Lenckner* in: Schröder-Gedächtnisschrift 1978, S. 342 ff; *Maurach-Schroeder* Bd. 2, S. 323 f; *Rudolphi*, JuS 1979, 860 f; *Stree* in: *Schönke-Schröder*, Rdnr. 16; a. A. *Samson* in SK, § 258 Rdnr. 25–31. – Doch wird vielfach eingeräumt, daß diese Ansicht eine *bedenkliche Unbestimmtheit* des Straftatbestandes zur Folge hat; dazu u. a. *Lenckner* und *Maurach-Schroeder* aaO. –

(2) *»Zum Teil«* vereitelt die Bestrafung, wer erreicht, »daß der Vortäter ›besser aus der Sache herauskommt‹, als dies der materiellen Rechtslage entspricht«, z. B. statt wegen Verbrechens nur wegen Vergehens bestraft wird.

> *Preisendanz*, Anm. II 3 b; näher dazu *Stree* aaO.

(3) § 258 I StGB in der Alternative der Bestrafungsvereitelung entfällt nach der Rechtsprechung wenn der *Vortäter* zur Zeit der Aburteilung der Strafvereitelung *wegen § 2 III StGB nicht mehr bestraft werden könnte.*

> *BGH* St 14, 156 (mit kritischer Anm. *Dreher*, NJW 1960, 1163); zustimmend *Amelung*, JR 1978, 229; ablehnend *Stree* aaO, Rdnr. 11.

(4) Der subjektive Tatbestand erfordert, daß der Täter *absichtlich* oder *wissentlich* handelt, *was den Vereitelungserfolg angeht;* insoweit genügt dolus eventualis nicht.

Hinsichtlich der *Vortat* soll dolus eventualis dagegen ausreichen.

> *Blei*, JA 1974, StR S. 99; *Dreher-Tröndle*, Rdnr. 10; *Preisendanz*, Anm. IV; *Stree* aaO, Rdnr. 23.

### 2. Vollstreckungsvereitelung (§ 258 II StGB)

*Vorbemerkung:* Der Tatbestand erfordert *Vollstreckbarkeit* der Strafe bzw. Maßnahme; d. h. diese müssen *rechtskräftig* verhängt sein (§ 449 StPO). Die *rechtskräf-*

*tige Entscheidung gegen den Vortäter* ist bei der Strafverfolgung gegen den Täter des § 258 II StGB verbindlich: Ob der Vortäter die ihm zur Last gelegte Tat wirklich begangen hat, ist unerheblich.

*Dreher-Tröndle,* Rdnr. 8; *Lackner,* Anm. 4.

Danach kann sich der Täter des § 258 II nicht darauf berufen, er habe die Verurteilung des Vortäters für ein Fehlurteil gehalten.

*Fall 67: – § 258 II StGB bei Zahlung fremder Geldstrafen –*

Fernlastfahrer Schlummi (S) hatte mit seinem Lkw einen Unfall verursacht und wurde wegen fahrlässiger Tötung zu einer Geldstrafe von 50 Tagessätzen verurteilt, wobei die Höhe eines Tagessatzes auf 20 DM festgesetzt wurde (§ 40 StGB). Sein Arbeitgeber Brummi (B), der an S dessen pausenlosen Einsatz schätzt, will ihm helfen:

a) B zahlt die Geldstrafe für S.
b) B schenkt dem S den fraglichen Betrag, 1000 DM; anschließend zahlt S die Strafe.
c) B verspricht dem S, ihm nach Zahlung der Geldstrafe den Betrag zu erstatten; dies Versprechen hält er auch ein.
d) B gewährt dem S ein zinsloses Darlehen in Höhe von 1000 DM.

Strafbarkeit des B aus § 258 II StGB?

*Zur Alternative a): In gleicher Weise wie die Verbüßung einer Freiheitsstrafe für den Vortäter* soll nach h. A. auch die *Zahlung einer Geldstrafe für den Vortäter* den objektiven Tatbestand der Strafvereitelung nach § 258 II StGB erfüllen.

So – zur persönlichen Begünstigung nach § 257 StGB a. F. – *Frank,* Anm. V 1 a; *Kohlrausch-Lange,* Anm. IV; *R. Lange,* Engisch-Festschrift, 1969, S. 624; *Maurach,* S. 731; *Blei,* JA 1969, StR S. 78; *Ruß,* LK Rdnr. 12; *Schröder* in: *Schönke-Schröder,* 17. Aufl. 1974, Rdnr. 21; *Stree,* JZ 1964, 588 ff (mit eingehender Begründung); *RG* St 30, 232, 235; ebenso – zu § 258 StGB *n. F. – Blei,* S. 380 f; *Dreher-Tröndle,* § 258 Rdnr. 9; *Eser,* Strafrecht 3, S. 202 A 52; *Haft,* S. 171; *Müller-Dietz,* Jura 1979, 246; *Stree* in: *Schönke-Schröder,* Rdnr. 28; *Wessels,* BT 1 S. 118; wohl auch *Maurach-Schroeder* Bd. 2, S. 333. Zweifelnd *Lackner,* Anm. 2 b; *Welzel,* S. 519; dahingestellt in *BGH* NJW 1964, 1270 f. Ablehnend *Engels,* Jura 1981, 581 ff; *Preisendanz,* § 258 Anm. III 3; *Samson* in SK, Rdnr. 35; *Schmidhäuser,* BT 23/36; wohl auch *Baumann,* S. 637.

Der h. M. dürfte zu folgen sein: Wenn man die *Zahlung der Geldstrafe für einen Dritten* für straflos hält, wird man – wie ich meine – dem *Sinn der Geldstrafe* nicht gerecht und kommt zu *rechtspolitisch* fragwürdigen Ergebnissen: Mit der Geldstrafe soll der Rechtsbrecher nämlich eine *Vermögenseinbuße* erleiden; die Geldstrafe ist ja wie die Freiheitsstrafe als »Strafübel« gedacht;

*RG* und *Stree* aaO; diese Natur der Geldstrafe wird besonders deutlich in der Einführung des Tagessatzsystems durch § 40 StGB n. F. (dazu *Zipf* in: *Roxin/Stree/Zipf/Jung,* Einführung in das neue Strafrecht, 2. Aufl. 1975, S. 66 ff).

Folglich *vereitelt* nach Wortlaut und Zweck des § 258 II StGB i. S. dieser Norm *die Vollstreckung einer gegen einen anderen verhängten Strafe,* wer für ihn eine Geldstrafe bezahlt, *d. h. ihm das Strafübel Vermögenseinbuße erspart.*

Wer die Gegenmeinung vertritt, gleichwohl aber an dem dargelegten Verständnis der Geldstrafe festhält, handelt m. E. widersprüchlich.

Die Gegenmeinung erscheint auch – insbesondere wegen der weitgehenden Ersetzung der Freiheitsstrafe durch die Geldstrafe (dazu *Zipf* aaO, S. 62 ff) – als *kriminalpolitisch bedenklich,* und zwar deswegen, weil sie die Bedeutung der Geldstrafe als eines Strafübels, das der Täter erleiden soll, aushöhlt. Unbilligen Ergebnissen der h. A. wird durch § 258 VI vorgebaut.

*Ergebnis:* B ist nach § 258 II StGB strafbar.

*Zur Alternative b):* Auch hier ist B aus dieser Vorschrift schuldig

> (h. M., *Lange,* Engisch-Festschrift aaO; *Ruß* und *Schröder* aaO; *Stree,* JZ aaO; *Blei* und *Dreher-Tröndle* aaO; a. A. *Frank, Maurach-Schroeder* und *Wessels* aaO; *Otto,* S. 433 f):

Wenn der Sinn der Geldstrafe in der Zufügung eines *Strafübels* (Vermögenseinbuße) liegt, muß man die Alternative b der Alternative a gleichstellen. Denn entscheidend ist doch, ob der Vortäter die Strafe *materiell* aus seinem Vermögen begleicht, d. h. eine Vermögensminderung erleidet. Dagegen wäre es formalistisch, darauf abzustellen, *wer zahlt.*

*Zur Alternative c):* Da es auf das *Strafübel* (Vermögenseinbuße) ankommt, muß auch die Zusage an den Vortäter, ihm den Betrag nach der Zahlung zu erstatten, unter § 258 II StGB fallen, da diese Zusage dem Verurteilten die Geldstrafe nicht mehr als Strafübel erscheinen läßt

– hier ist nur noch der Umstand, überhaupt bestraft zu sein, für den Vortäter belastend; § 258 erfaßt aber nicht nur die Vereitelung des *Strafausspruchs,* sondern auch die des *Erleidens* des verhängten Strafübels.

*Ergebnis:* B ist nach § 258 II StGB strafbar.

*Zur Alternative d):* Hier greift diese Norm nicht ein. Das Darlehen ändert nämlich nichts daran, daß *materiell* der Verurteilte selbst die Vermögenseinbuße zu tragen hat, so daß die Vollstreckung seiner Strafe weder ganz noch zum Teil vereitelt wird.

> *Schröder* und *Blei* aaO.
>
> *Ergänzende Hinweise zu Fall 67:* (1) Auch ein *nachträglicher Rückzahlungsverzicht* (im Fall 67, d) wäre nicht aus § 258 II StGB strafbar, ebensowenig eine – vorher nicht zugesagte – *Erstattung* des Betrages, nachdem der Vortäter seine Strafe bezahlt hat (dazu näher *Stree,* JZ aaO).
> (2) Wer *vor oder bei Begehung der Vortat* dem Vortäter die Begleichung einer etwaigen Geldstrafe zusagt, macht sich der Beteiligung an der Vortat (und zwar zumindest der psychischen Beihilfe) schuldig (vgl. *Dreher-Tröndle* aaO).

### 3. Zu § 258 VI StGB

*Fall 68:* Max hat einen Mord begangen; als die Polizei ihn festnehmen will, versteckt ihn sein Freund Moritz; dazu hatte den Moritz die Ehefrau (E) des Max angestiftet. Strafbarkeit der E?

Sie hat den Tatbestand der Anstiftung zu § 258 I StGB erfüllt, und zwar rechtswidrig und schuldhaft. Doch greift der *persönliche Strafausschließungsgrund* des § 258 VI StGB ein:
Diese Vorschrift ist nämlich auch dann anwendbar, wenn der Angehörige die Strafvereitelung nicht selbst begangen, *sondern einen Dritten zu ihr angestiftet hat.*

> *RG* St 14, 102; *BGH* St 14, 172; *Lackner,* Anm. 8; *Stree* in: *Schönke-Schröder,* Rdnr. 39; BT-Drucksache 7/550, S. 251.

*Fall 68 a:* Max und Moritz haben einen Passanten zusammengeschlagen und fliehen vor der Polizei. Die Ehefrau des Max (E) führt die Polizei in die Irre, so daß die beiden entkommen können. Strafbarkeit der E?

Sie hat bezüglich des *Max* eine Strafvereitelung i. S. des § 258 I StGB begangen; doch greift insoweit § 258 VI ein.

Indes ist der Tatbestand des § 258 I auch hinsichtlich des *Moritz* erfüllt. Es fragt sich, ob auch diese Tat nach § 258 VI straflos bleibt, und zwar wegen ihres *Zusammenhanges mit der Angehörigenbegünstigung.*

Sinn und Zweck des § 258 VI StGB ist es, der *notstandsähnlichen Lage* des Angehörigen Rechnung zu tragen.

*Samson* in SK, § 258 Rdnr. 50; *Stree* in: Schönke-Schröder, Rdnr. 39.

Diese ratio legis gebietet es, beim gleichzeitigen Zusammentreffen der Strafvereitelung *zugunsten eines Angehörigen* mit der *zugunsten eines Dritten* § 258 VI StGB auch gegenüber der letzteren durchgreifen zu lassen, wenn die Vereitelung zugunsten des Angehörigen nach der Vorstellung des Täters – hier der E – *nicht ohne die Strafvereitelung zugunsten des Dritten möglich war.*

*Dreher-Tröndle,* § 258 Rdnr. 16; *Stree* aaO.

Das war hier anzunehmen; folglich ist § 258 VI StGB auch für *§ 258 I zugunsten des Moritz* einschlägig. Die E ist also nicht wegen Strafvereitelung strafbar.


## 4. § 258 V StGB

*Fall 69: – Anstiftung zu § 258 StGB durch den Begünstigten der Strafvereitelung –*

Plisch hat ein Verbrechen begangen; aufgrund eines Meineides von Plum wird er aber freigesprochen; Plisch hatte Plum zu dem Meineid angestiftet. Strafbarkeit des Plisch?

a) Plisch ist wegen *Anstiftung zum Meineid* strafbar.

b) Zudem hat er den Tatbestand der *Anstiftung zu § 258 I StGB* erfüllt. Doch ist diese Anstiftung nach Sinn und Zweck des *§ 258 V StGB* straflos:

(1) Bedeutung dieser Bestimmung: Die Strafvereitelung, die der an der Vortat Beteiligte *nur für sich selbst* begeht, erfüllt den Tatbestand des § 258 StGB nicht (»ein anderer«); die Strafvereitelung, die ein Vortatsbeteiligter *allein zugunsten eines der anderen Beteiligten* verwirklicht, ist dagegen nach dieser Norm strafbar; für diese Fälle ist § 258 V nicht einschlägig.

*Dreher-Tröndle,* § 258 Rdnr. 13.

Dagegen greift dieser *persönliche Strafausschließungsgrund*

(*Baumann,* S. 488; *Eser,* Strafrecht 3, S. 202 A 56; *Samson* aaO; a. A. *Dreher-Tröndle* aaO: Schuldausschließungsgrund)

bei demjenigen Täter einer *Strafvereitelung zugunsten »eines anderen«* ein, der durch die Tat *zugleich sich selbst* persönlich begünstigt. Dabei ist für § 258 V StGB unerheblich, welcher Zweck überwiegt und ob sich die Tathandlung auf dieselbe Vortat oder auf verschiedene Vortaten bezieht.

*Dreher-Tröndle* aaO; *Lackner,* Anm. 7.

(2) § 258 V StGB gilt nun nicht nur für die *täterschaftlich* begangene Strafvereite-

lung; vielmehr wird auch die *Anstiftung* zu § 258 I bzw. II StGB erfaßt, wenn der Anstifter in der Absicht handelt, sich selbst persönlich zu begünstigen; daher ist Plisch nach § 258 V nicht wegen Anstiftung zu § 258 I strafbar.

> *Dreher-Tröndle* und *Lackner* aaO; *Stree* in: *Schönke-Schröder*, § 258 Rdnr. 38; BT-Drucksache 7/550, S. 251.

*Begründung:* Die notstandsähnliche Situation, die § 258 V berücksichtigt, ist beim *Anstifter zu § 258*, der sich selbst helfen will, nicht geringer als beim *Täter des § 258*, der in dieser Absicht handelt. Und zudem fehlt bei § 258 V eine § 257 III S. 2 entsprechende Norm

> (darauf weisen u. a. *Dreher-Tröndle* aaO hin).
> Die Rechtsprechung zu § 257 StGB *a. F.*:
>
> – wer einen anderen anstifte, ihn (Anstifter) persönlich zu begünstigen, sei wegen Anstiftung zu § 257 strafbar (*BGH* St 17, 236; a. A. aber die h. L., vgl. *Schröder* in: Schönke-Schröder, 17. Aufl. 1974, § 257 Rdnr. 44), –
>
> ist durch § 258 StGB n. F. überholt.

## V. Begünstigung (§ 257 StGB)

*Vorbemerkung:* Diese Norm betrifft die »*sachliche* Begünstigung«; die »persönliche Begünstigung« ist in § 258 StGB n. F. geregelt. Die *Deliktsnatur* der sachlichen Begünstigung ist streitig:

Zu § 257 StGB *a. F.* war h. M., die sachliche Begünstigung sei ein Rechtspflegedelikt

> (vgl. *Schröder* aaO, Rdnr. 1 m. w. N.);

andere sahen dagegen in der sachlichen Begünstigung ein Vermögensdelikt

> (*Bockelmann*, NJW 1951, 620f; *Welzel*, S. 393; dem neigte auch *BGH* St 23, 360f zu).

Bei § 257 StGB *n. F.* könnten der systematische Zusammenhang mit § 259 StGB und die analoge Anwendbarkeit des § 248a (§ 257 IV S. 2 StGB) für die Annahme eines Vermögensdeliktes sprechen. Gleichwohl halte ich die sachliche Begünstigung für *kein* reines Vermögensdelikt, und zwar aus folgenden Gründen:

a) Gegen die Annahme eines Vermögensdeliktes spricht einmal, daß damit der Schutzbereich der Norm zu eng gefaßt wird. Vorteile der Vortat i. S. des § 257 brauchen nicht notwendig Vermögensvorteile zu sein.

> *Dreher-Tröndle*, § 257 Rdnr. 2; *Lackner*, Anm. 1; *Stree* in: *Schönke-Schröder*, Rdnr. 2, 5; *Samson* in SK, Rdnr. 1 ff; BT-Drucksache 7/550 S. 248; a. A. *Otto*, S. 266 ff.
> – Doch sei eingeräumt, daß die Vortat »in aller Regel« ein Vermögensdelikt sein wird (so *Wessels*, BT 2 S. 146). –

Vielmehr genügen auch *sonstige unmittelbar durch die Vortat erlangte Vorteile* – z. B. *bei §§ 267 ff StGB als Vortat* Beweisführungsvorteile, *bei §§ 331 ff StGB als Vortat* immaterielle Vorteile wie Befriedigung des Ehrgeizes und der Eitelkeit. Für eine Ausklammerung solcher Vorteile sprechen weder der Wortlaut des § 257 StGB noch kriminalpolitische Gründe.

b) Wenn oben gesagt wurde, der systematische Zusammenhang mit § 259 StGB könnte für die Annahme eines Vermögensdeliktes sprechen, so ist dem entgegenzuhalten, daß es näher liegen könnte, auf die *Verwandtschaft des § 257 mit § 258 StGB* abzustellen und *in beiden* Rechtspflegedelikte zu sehen.

> Daß § 257 jedenfalls *auch* ein Delikt gegen die Rechtspflege ist, betonen *Dreher-Tröndle* (Rdnr. 2 vor § 257), *Eser* (Strafrecht 3, S. 201 A 46), *Preisendanz* (Anm. 1) und *Wessels* (aaO), zudem *BGH* St 24, 166, 167.

c) M. E. kommt dem Vergehen der sachlichen Begünstigung die folgende *Doppelbedeutung* zu:

(1) Es verletzt zum einen *das durch die Vortat beeinträchtigte Rechtsgut;* denn der Sache nach handelt es sich um die »nachträgliche *Förderung* der Vortat«

> (*Dreher-Tröndle,* Rdnr. 2 vor § 257 und § 257 Rdnr. 1.
> Ähnlich *Amelung,* JR 1978, 231: § 257 StGB schütze das durch die Vortat verletzte Rechtsgut und die Geltung der durch die Vortat verletzten Strafnorm).

(2) Zum anderen beeinträchtigt die sachliche Begünstigung das *Interesse der Allgemeinheit an der Wiederherstellung des gesetzmäßigen Zustandes:* Schon aus Gründen der Verbrechensprävention ist es wünschenswert, wenn der Vortäter von den *Rechtspflegeorganen* um die Vorteile seiner Tat gebracht wird; diesem Interesse handelt der Täter des § 257 StGB zuwider *und insoweit ist seine Tat ein Rechtspflegedelikt.*

> Wie hier auch *Dreher-Tröndle,* Rdnr. 2 vor § 257: Rechtsgut dieser Norm sei sowohl *das durch die Vortat verletzte* als auch die *Rechtspflege;* ähnlich *Eser* aaO; *Geppert,* Jura 1980, 270; *Stree* in: *Schönke-Schröder,* § 257 Rdnr. 1; *Zipf,* JuS 1980, 26.
> Abweichend u. a. *Maurach-Schroeder* Bd. 2, S. 328 f (§ 257 StGB schütze »die Geltung des Strafrechts schlechthin«) und *Samson* in SK, Rdnr. 5 (diese Vorschrift schütze *allein* Individualinteressen).

*Fall 69 a: – Zum Begriff des »Hilfeleistens« –*

Um dem Dieb Peter die Beute zu sichern, bringt Paul seine Verfolger auf eine falsche Spur; Peter hatte aber vorher die Beute bereits weggeworfen, um besser fliehen zu können. Strafbarkeit des Paul aus § 257 StGB?

a) Peter hatte eine »rechtswidrige Tat« (§ 11 I Nr. 5 StGB) begangen, nämlich einen Diebstahl.

> – Die Vortat braucht *kein Vermögensdelikt* zu sein (BT-Drucksache 7/550, S. 248; *Dreher-Tröndle,* § 257 Rdnr. 2; *Geppert* aaO; *Stree* aaO, Rdnr. 5. Vortat kann auch die rechtswidrige *Beteiligung* an einer mit Strafe bedrohten Handlung sein. –

Doch entfällt § 257 StGB hier mangels »*Hilfeleisten*«: Dies Merkmal ist ebenso zu interpretieren wie das des »Beistandleistens« i. S. des § 257 StGB *a. F.*

> (BT-Drucksache 7/550 S. 248; *Lackner,* Anm. 3);

daher ist zwar nicht nötig, daß der Vortäter *tatsächlich* bessergestellt wird, doch muß die Tathandlung *objektiv geeignet* sein, den Täter im Hinblick auf die Vorteilssicherung besserzustellen.

> *Dreher-Tröndle,* Rdnr. 6; *Haft,* S. 159; *Maurach-Schroeder* Bd. 2, S. 330; *Vogler* in: Dreher-Festschrift 1977, S. 420 f; *Stree* in: *Schönke-Schröder,* Rdnr. 15.
> Ebenso – zu § 257 StGB *a. F.* – BGH St 4, 221, 224 f; *BGH,* NJW 1971, 525, 526 (a. E.); *Maurach,* S. 730; *Ruß,* LK Rdnr. 9.

Demgegenüber soll nach einer Mindermeinung genügen, daß die Hilfeleistung *nach der Vorstellung des Täters geeignet ist,* den Vortäter sachlich zu begünstigen

> *Schröder,* NJW 1962, 1037 ff; *Welzel,* S. 519; ebenso *Bockelmann,* Strafrecht BT/1, 2. Aufl. 1982, S. 175.

Diese Auffassung bedeutet eine fragwürdige *Umdeutung des § 257 StGB in ein (unechtes) »Unternehmensdelikt«*

> (zu diesem Begriff vgl. § 11 I Nr. 6 StGB),

für die der Normtext nichts hergibt und durch die der Ausschluß der Versuchsstrafbarkeit (§§ 257, 23 I, 12 II StGB) *umgangen* wird.

An jener *objektiven Eignung* der Begünstigungshandlung zur Vorteilssicherung fehlt es insbesondere, wenn – wie hier – der zu sichernde Vorteil beim Vortäter nicht mehr vorhanden ist.

> *BGH* St 24, 166; *Lackner* aaO; *Preisendanz*, Anm. 4.

*Ergebnis:* Paul ist nicht nach § 257 StGB strafbar.


*Fall 69 b: – § 257 III StGB –*

Herbert (H) hat ein Schmuckstück entwendet, ist aber entdeckt worden und wird verfolgt; als man ihn einholt, eilt sein Freund Dankwart (D) herbei. H wirft das Schmuckstück dem D zu, damit dieser es für ihn in Sicherheit bringen kann, was dem D auch gelingt. Strafbarkeit des D?

In Betracht kommen *Beihilfe zum Diebstahl* und *§ 257 StGB.* Ist Beihilfe zur Vortat gegeben, so entfällt § 257 StGB gemäß Abs. 3 dieser Norm.

> § 257 III S. 1 StGB schließt nicht das Vorliegen einer Straftat nach § 257 I aus, sondern ist lediglich eine *Konkurrenzregelung,* die auf dem Gedanken der *mitbestraften Nachtat* beruht (ebenso *Stree* aaO, Rdnr. 31).

Die Vortat des H war *vollendet,* als D hilfreich eingriff; sie war aber noch nicht *beendet,* da H mit der Beute noch nicht entkommen war.

> Vgl. *BGH* St 4, 132, 133; 6, 248, 251.

In diesem *Stadium zwischen Vollendung und Beendigung einer Tat* (z. B. eines Diebstahls) kann nach h. M. noch Beihilfe zu ihr begangen werden.

> Sogen. »sukzessive Beihilfe«; vgl. *BGH* St 4 und 6 aaO; *Wessels*, AT S. 131 m. w. N.; a. A. *Roxin*, LK § 27 Rdnr. 22 m. w. N.

In jenem Stadium ist aber auch schon sachliche Begünstigung möglich, die aber bei Vorliegen der Beihilfe *subsidiär* ist (§ 257 III StGB).

Hier hatte D zur Beutesicherung, d. h. zur Beendigung des Diebstahls vorsätzlich Hilfe geleistet, also nach h. A. *Beihilfe zum Diebstahl* begangen; damit kann er nicht wegen Begünstigung bestraft werden.

*Ergänzende Hinweise* zu § 257 StGB:

(1) Die in § 257 I geforderte *Absicht* ist im technischen Sinne zu verstehen.

> h. M., *Amelung*, JR 1978, 232; *Geppert*, Jura 1980, 327 f; *Lackner*, Anm. 5 a; *Maurach-Schroeder* Bd. 2, S. 330; a. A. aber *Otto*, S. 273, *Samson* in SK, Rdnr. 31, und *Stree*, Rdnr. 22, die neben der Absicht im technischen Sinne auch »Wissentlichkeit« genügen lassen;
> (allgemein zur »Absicht« im technischen Sinn oben, Fall 20, b).

(2) Eine § 258 VI StGB entsprechende Regelung fehlt bei § 257.

Doch greift jenes Angehörigenprivileg auch gegenüber § 257 ein, wenn der Täter den Vereitelungserfolg (§ 258) nach seiner Vorstellung nicht ohne Begünstigung (§ 257) erreichen kann.

> *Dreher-Tröndle*, § 258 Rdnr. 16; *Stree*, JuS 1976, 141; *BGH* St 11, 343 (zu § 257 a. F.); *Amelung* aaO, S. 227–233.

(3) § 257 III *S. 2* StGB beruht auf der gesetzgeberischen Erwägung: Ein solcher Fall sei strafwürdig, weil der Anstifter – ohne sich in einer notstandsähnlichen Lage zu befinden – den Angestifteten in das strafbare Geschehen hineinziehe, also ihn korrumpiere.

Vgl. *Stree* in: *Schönke-Schröder,* § 257 Rdnr. 33.

*Damit basiert jene Vorschrift auf der überholten »Schuldteilnahmetheorie«* (zu ihr m. w. N. *Herzberg,* S. 130) und ist daher eine »grob sachwidrige Regelung«.

*Otto,* S. 273; *ders.* in: R. Lange-Festschrift 1976, 213 f; *Herzberg,* S. 137; *Lackner,* Anm. 7; *Stree* aaO.

Doch auch unvernünftige Gesetze sind dann zu respektieren, wenn sie noch nicht dem Verdikt der *»Verfassungswidrigkeit«* verfallen.

Dazu *Krey,* JZ 1978, 361 ff, 428 ff, 465 ff.

Und als *verfassungswidrig* wird man § 257 III *S. 2* wohl nicht bezeichnen können. So bleibt nur der Appell an den Gesetzgeber, in dieser Vorschrift das Wort *»nicht«* durch *»auch«* zu ersetzen!

## VI. Nichtanzeige geplanter Straftaten (§§ 138 f StGB)

*Vorbemerkung:* Es handelt sich um ein *echtes* Unterlassungsdelikt; bei diesen gilt – anders als bei den unechten Unterlassungsdelikten (z. B. Totschlag durch Unterlassen) – § 13 StGB nicht. Geschütztes Rechtsgut ist in erster Linie das durch die geplante Tat bedrohte, in zweiter Linie aber auch die Rechtspflege als Organ der Verbrechensverhütung.

Allein auf das bedrohte Rechtsgut stellen ab: *Cramer* in: *Schönke-Schröder,* Rdnr. 1; *Hanack,* LK Rdnr. 2, 3; *Maurach-Schroeder* Bd. 2, S. 311; *Rudolphi* in SK, Rdnr. 2. Umgekehrt ist für *Maurach,* S. 721, § 138 StGB ein Rechtspflegedelikt. Dagegen wie hier u. a.: *Dreher-Tröndle,* Rdnr. 2. *Otto,* S. 326, 331, sieht in § 138 StGB ein Delikt gegen die »mitmenschliche Solidarität«.

Die Anzeigepflicht aus § 138 StGB begründet keine Garantenpflicht i. S. des § 13 StGB (allgemeine Ansicht).

*Fall 70:* Georg (G) und sein Freund Kurt (K) erfahren, daß Josef (J), der volljährige Sohn des G, die Stadtsparkasse ausrauben will. G und K finden dies bedenklich und verweisen den J auf das »beklagenswerte Schicksal« des Bankräubers Rammelhuber. J lacht die beiden aus und erklärt, er halte an seinem Plan fest; morgen gehe es los. G und K resignieren. J führt seinen Plan aus. Strafbarkeit von G und K?

a) *Strafbarkeit des G*

(1) Beteiligung an der Tat des J (Raub bzw. räuberische Erpressung) durch Unterlassen?

(a) Eine *täterschaftliche* Beteiligung durch Unterlassen (§ 13 StGB) scheidet von vornherein aus, da G keine Zueignungsabsicht (§ 249) bzw. Bereicherungsabsicht (§ 255) hatte.

(b) *Beihilfe durch Unterlassen* (§§ 249, 27/13 bzw. 255, 27/13)? G hat den tatbestandsmäßigen Erfolg nicht abgewendet, obwohl er dazu – z. B. durch Benachrichtigung der Polizei oder der Sparkasse – in der Lage war; dadurch könnte er sich der Beihilfe durch Unterlassen schuldig gemacht haben. Voraussetzung für eine solche Beihilfe als unechtes Unterlassungsdelikt ist aber eine *Garantenstellung* des G (§ 13 StGB).

Die überlieferte Einteilung der Garantenpositionen stützte sich auf den *Entstehungsgrund* der Rechtspflicht (insbes. Gesetz, Vertrag, Ingerenz); demgegenüber bemüht sich die neuere Strafrechtsdogmatik um eine materielle Einteilung nach der spezifischen Schutzrichtung der Garantenpflicht und unterscheidet *zwei Hauptgruppen von Garantenstellungen:*

(1) Garantenpositionen, die sich »aus der speziellen Verpflichtung« ergeben, *bestimmte Rechtsgüter zu schützen;* eine solche Garantenstellung liegt vor, wenn das Gebotssubjekt »auf Posten gestellt« ist zum Schutz eines bestimmten Rechtsgutes gegen alle Angriffe (*»Beschützergarant«*).

(2) Garantenpositionen, »die in der *Überwachung bestimmter Gefahrenquellen* bestehen, gleichgültig, welchen konkreten Rechtsgütern im einzelnen aus dieser Quelle Gefahren drohen« (*»Überwachungsgarant«*).

So Armin *Kaufmann,* Die Dogmatik der Unterlassungsdelikte (1959), S. 283; ebenso u. a. m. w. N. *Jescheck,* S. 504 f; *Schmidhäuser,* AT 16/36 ff; *Stree* in: *Schönke-Schröder,* § 13 Rdnr. 8 ff; *Wessels,* AT S. 167 ff; *Herzberg,* S. 83 f, 96; *Maiwald,* JuS 1981, 480 ff.

– Diese Einteilung nach der *spezifischen Schutzrichtung* der Garantenpositionen (materielle Betrachtungsweise) *ersetzt* aber nicht die Frage nach dem *Entstehungsgrund* der Garantenpflichten (formelle Betrachtungsweise); denn letztere soll den Anwendungsbereich des § 13 StGB eingrenzen. Vielmehr ist eine »Verbindung« beider Betrachtungsweisen der Garantenproblematik anzustreben (*Jescheck* und *Stree* aaO). –

Eine Garantenpflicht des G nach Gruppe (1) kommt nicht in Frage. Garantenstellung nach Gruppe (2)?

Garantenpflichten nach dieser Gruppe können insbes. resultieren aus (a) Ingerenz; (b) Verantwortung für Gefahrenquellen (Tiere; sonstige Sachen: Verkehrssicherungspflichten); (c) Verantwortung für das Handeln anderer. Vgl. u. a. *Wessels* aaO.

Eine solche Garantenposition kommt hier unter dem Gesichtspunkt der *Verantwortung für das Handeln anderer Personen* in Betracht. Nach h. M. besteht für Eltern grundsätzlich eine Rechtspflicht, strafbare Handlungen ihrer *Kinder* zu verhindern, solange diese noch *nicht volljährig* sind (§ 1631 BGB).

*BGH* FamRZ 1958, 211; *Stree* aaO, § 13 Rdnr. 52.

J war jedoch bereits *volljährig,* so daß G keine Garantenstellung hatte. Beihilfe durch Unterlassen zu der Tat des J entfällt daher.

(2) *§ 138 I Nr. 8 StGB*

G hat von dem Vorhaben eines Raubes (bzw. einer räuberischen Erpressung) zu einer Zeit, als der Erfolg noch abgewendet werden konnte, »*glaubhaft erfahren*«

– dies Merkmal verlangt obj., daß die Tat wirklich geplant ist oder ausgeführt wird, und subj., daß der Täter mit ihrer Verübung rechnet; *Lackner,* Anm. 3 a –;

er hat aber die in § 138 I vorgeschriebene Anzeige unterlassen. Der Tatbestand dieser Norm ist also erfüllt.

Ein etwaiger Irrtum des G über die Anzeigepflicht wäre kein Tatbestandsirrtum (§ 16), sondern ein bloßer Gebotsirrtum, der zur Anwendbarkeit des § 17 StGB führen würde; *BGH* St 19, 295; *Dreher-Tröndle,* § 138 Rdnr. 21.

G hat auch rechtswidrig gehandelt; doch könnte seine *Schuld* gemäß § 139 III S. 1 StGB entfallen. Diese Vorschrift stellt einen gesetzlich geregelten Fall der *Unzumutbarkeit* dar

(*Geilen,* JuS 1965, 431; *Cramer* in: *Schönke-Schröder,* Rdnr. 4 f; *Welzel,* S. 518; *Rudolphi* aaO, Rdnr. 6; *Hanack,* LK Rdnr. 23)

und dürfte daher als *Schuldausschließungsgrund* zu deuten sein.

*Geilen, Cramer, Hanack, Rudolphi* und *Welzel* aaO; a. A. (persönlicher Strafaufhebungsgrund) *Dreher-Tröndle,* § 139 Rdnr. 6; *Maurach-Schroeder* Bd. 2, S. 313.

»*Ernstlich bemüht*« hätte G sich, wenn er ernstlich und nachdrücklich auf J eingewirkt hätte, den Plan aufzugeben (Tatfrage).

b) *Strafbarkeit des K:* Er ist nach § 138 I StGB strafbar (§ 139 III S. 1 kommt ihm nicht zugute).

*Ergänzende Hinweise zu §§ 138 f StGB:*

(1) Wer an einer der in § 138 I Nr. 1–9 genannten Taten *beteiligt* ist – sei es als Täter oder Teilnehmer, sei es durch aktives Tun oder durch Unterlassen (§ 13 StGB) – kann den Tatbestand des § 138 StGB nicht erfüllen, da ihn keine Anzeigepflicht trifft.

*Cramer* in: *Schönke-Schröder,* § 138 Rdnr. 20 m. w. N.

(2) Zu § 138 III StGB: Diese Norm läßt das Erfordernis der glaubhaften Kenntnis (dazu oben) unberührt; die Leichtfertigkeit bezieht sich also nur auf das *Unterlassen der Anzeige*

(Beispiel: Der Täter vergißt die rechtzeitige Anzeige; vgl. *Cramer* aaO, Rdnr. 25).

(3) Bei § 139 II und III S. 2 StGB fehlt es mangels *Anzeigepflicht* bereits am *Tatbestand* des § 138, zumindest aber an der Rechtswidrigkeit der Tat.

Für Tatbestandsausschluß u. a. *Cramer* in: *Schönke-Schröder,* § 139 Rdnr. 2, 3; für Ausschluß der Rechtswidrigkeit die h. L., so u. a. *Hanack,* LK § 139 Rdnr. 13, 31 m. w. N.

(4) § 139 III S. 1 ist als Ausdruck des Prinzips der Unzumutbarkeit (dazu oben) analog bei den *unechten Unterlassungsdelikten* (§ 13 StGB) anzuwenden

– z. B. bei Raubbeihilfe durch Unterlassen, §§ 249, 27/13 StGB –

und kann dort die Garantenpflicht entfallen lassen.

So schon *Cramer* aaO, § 139 Rdnr. 5; *Stree* in: *Schönke-Schröder,* Rdnr. 155 vor § 13.

## § 9 Amtsdelikte (§§ 331–358 StGB)

### I. Uneigentliche Amtsdelikte

#### 1. Unterscheidung zwischen eigentlichen (echten) und uneigentlichen (unechten) Amtsdelikten

Bei den *uneigentlichen* Amtsdelikten handelt es sich um *qualifizierte Tatbestände gegenüber einem Grunddelikt,* das jeder Bürger begehen kann; die Amtseigenschaft des Täters eines uneigentlichen Amtsdelikts ist also *strafschärfend,* nicht strafbegründend.

Demgegenüber ist die Amtseigenschaft des Täters bei den *eigentlichen* Amtsdelikten strafbegründend.

> Vgl. *Dreher-Tröndle,* Rdnr. 4, 5 vor § 331; *Jescheck,* LK Rdnr. 11, 12 vor § 331; h. M. Zum Katalog der uneigentlichen Amtsdelikte vgl. unten, 2b; zu den eigentlichen Amtsdelikten vgl. unten, II.

Da die Amtseigenschaft des Täters eines Amtsdeliktes ein *besonderes persönliches Merkmal* i. S. des § 28 StGB ist, gilt für die Beteiligten an uneigentlichen Amtsdelikten § 28 II, für die Beteiligten an eigentlichen Amtsdelikten § 28 I StGB.

> *Dreher-Tröndle* und *Jescheck* aaO (h. A.).
> Kritisch zur Differenzierung echte/unechte Amtsdelikte *Wagner,* Amtsverbrechen, 1975, S. 386 ff (ihm z. T. zustimmend *Rosa,* ZStW 1978, 413, 417 ff); gegen ihn *Cramer* in: *Schönke-Schröder,* Rdnr. 10 vor § 331.

#### 2. Zu den uneigentlichen Amtsdelikten

#### a) Körperverletzung im Amt (§ 340 StGB)

*Fall 71: – Züchtigungsrecht des Lehrers –*

Oberstudienrat Dr. Lamm, ein vielgeplagter Mann, mag den Schüler Ede wegen dessen dümmlichen Grinsens nicht leiden. Dies ist in seiner Klasse, der Ede angehört, wohlbekannt und dient den Schülern zur Belustigung. Da Dr. Lamm um die Disziplin seiner Klasse fürchtet, verabfolgt er dem Ede eines Tages aus nichtigem Anlaß während des Unterrichts eine kräftige Ohrfeige.

Dazu hatte ihn seine Freundin Streng überredet, da sie sich eine »mannhafte Tat« von Lamm wünschte. Strafbarkeit des Lamm (L) und der Streng (S)?

a) Strafbarkeit des L

(1) L hat den Tatbestand des § 223 StGB (körperliche Mißhandlung) erfüllt.

(2) Da er als *Amtsträger* (hier: § 11 I Nr. 2 a StGB)

– näher zu diesem Begriff unten, II 1 b –

*während der Ausübung seines Dienstes* die Tat begangen hat, greift § 340 I StGB ein.

(Als Tathandlung nennt diese Norm das *Begehen* oder *Begehenlassen* einer Körperverletzung. Dabei kommen für die Alternative des »Begehenlassens« neben dem *amtspflichtwidrigen Zulassen* noch *Anstiftung* und *Beihilfe* in Betracht; vgl. *Cramer* in: *Schönke-Schröder*, § 340 Rdnr. 4; *Dreher-Tröndle*, Rdnr. 2; *Horn* in SK, Rdnr. 3; *Lackner*, Anm. 2.

*Abweichend* bzgl. Anstiftung und Beihilfe *Hirsch*, LK § 340 Rdnr. 9, bzgl. des Unterlassens *Maurach-Schroeder*, Bd. 2, S. 217.)

(3) Doch könnte die Tat des L durch ein *Züchtigungsrecht* gerechtfertigt sein.

(a) Die bisher h. M. nahm an, es bestehe kraft *Gewohnheitsrechtes* aufgrund der Erziehungsaufgabe des *Lehrers* für diesen ein Züchtigungsrecht. Dabei komme Dienstanweisungen (z. B. durch Erlasse der Kultusminister), die ein Verbot der körperlichen Züchtigung enthalten, keine Bedeutung für das Strafrecht zu, sondern nur disziplinarrechtliche.

*BGH* St 11, 241; 14, 52, 53; *OLG Zweibrücken*, NJW 1974, 1772; *BayObLG*, NJW 1979, 1371 ff; *Maurach*, BT S. 85; *Maurach-Schroeder* Bd. 1, S. 93; *Roxin/Schünemann/Haffke*, S. 81 f; *Schröder* in: *Schönke-Schröder*, 17. Aufl. 1974, § 223 Rdnr. 26 ff. Dahingestellt in *BGH* NJW 1976, 1949 f = JZ 1977, 653.

Seit dieser letzten Entscheidung, die weitgehend als Distanzierung von der bisherigen Judikatur verstanden wird, beginnt sich die *Gegenmeinung* (nach der ein Züchtigungsrecht des Lehrers nicht existiert) durchzusetzen; sie wird vertreten von: *Jung*, Das Züchtigungsrecht des Lehrers, 1977, S. 47 ff, 91 ff; *Schall*, NJW 1977, 113 f; *Thomas*, ZRP 1977, 181 ff; *Vormbaum*, JZ 1977, 654 f; *Jescheck*, S. 319; *Eser* in: *Schönke-Schröder*, § 223 Rdnr. 20; *Dreher-Tröndle*, § 223 Rdnr. 13 f; *Hirsch*, LK § 223 Rdnr. 24 m. w. N.; *Horn* in SK, § 223 Rdnr. 12; *Lackner*, § 223 Anm. 5b, aa; *Maunz-Dürig-Herzog-Scholz*, Art. 2 II Rdnr. 42 ff; *Rüping/Hüsch*, GA 1979, 1 ff; *Wüstrich*, NJW 1974, 2289.

Dieses Züchtigungsrecht soll aber nur gegenüber *jüngeren* Schülern bestehen.

Hier zog man die Grenze »etwa bei Vollendung des 14. Lebensjahres«.

Gegenüber Berufsschülern gibt es nach h. A. kein Züchtigungsrecht (*Maurach-Schroeder* aaO m.w.N.).

Der Züchtigungsbefugnis seien jedoch nach *Anlaß, Zweck und Maß* Grenzen gesetzt: Voraussetzung sei (a) ein *hinreichender Anlaß zur körperlichen Züchtigung,* (b) die *Absicht des Lehrers, erzieherisch* auf den Schüler einzuwirken, und (c) eine maßvolle, *angemessene* Züchtigung.

*BGH* St 11 aaO, S. 257; *OLG Zweibrücken* aaO.

Hier hat L aus »generalpräventiven« Erwägungen zugeschlagen, nicht aus *konkretem Anlaß* zur »Erziehung« des Ede. In einem solchen Fall ist die Züchtigung auch nach der bisher h. A. rechtswidrig.

*Schröder* aaO, Rdnr. 27.

Ein etwaiger *Irrtum des L über den Umfang des Züchtigungsrechts* wäre als – vermeidbarer – Verbotsirrtum zu behandeln.

L ist daher aus § 340 StGB strafbar.

– § 232 StGB gilt bei § 340 nicht. –

*Stellungnahme zur Problematik »Züchtigungsrecht des Lehrers«:*

Die Antwort auf die Frage:
»gibt es ein Züchtigungsrecht des Lehrers – und zwar in den oben genannten Grenzen –?«,

hängt von der Klärung einer Reihe intrikater Probleme ab. Diese *Klärung* kann hier nicht versucht werden, da sie den Rahmen des Lehrbuches sprengen würde; doch seien die fraglichen Probleme immerhin *genannt:*

(1) Genügt das von der bisher h. M. angenommene – vorkonstitutionelle – Gewohnheitsrecht überhaupt dem *Gesetzesvorbehalt des Art. 2 II S. 3 GG?*

> Verneinend *Jescheck, Jung* und Vormbaum aaO; bejahend *BGH* St 11, 241, 250; *Roxin-Schünemann-Haffke* aaO.
>
> Dazu sei darauf hingewiesen, daß das *BVerfG* in ständiger Rechtsprechung – zu Art. 12 GG – davon ausgeht, vorkonstitutionelles Gewohnheitsrecht könne dem Vorbehalt des Gesetzes für hoheitliche Eingriffe genügen (vgl. nur *BVerfG* E 34, 293, 303).

(2) Aber auch unabhängig von dem Problem, ob vorkonstitutionelles Gewohnheitsrecht hoheitliche Eingriffe decken kann, stellt sich die Frage, ob nicht das *Demokratieprinzip* einer gewohnheitsrechtlichen Stützung des Züchtigungsrechtes entgegensteht. Denn dieses Verfassungsprinzip gebietet, daß die Ordnung wichtiger Lebensbereiche zumindest in ihren Grundzügen vom demokratisch legitimierten *Gesetzgeber* selbst gestaltet wird.

> Dazu m.w.N. *BVerfGE* 49, 89, 126f.

Daraus wird im *Schulrecht* die Forderung abgeleitet, der *Gesetzgeber* habe die »wesentlichen Entscheidungen im Schulwesen« selbst zu treffen.

> *BVerfG*, NJW 1978, 807, 810 m.w.N.

Zu diesen »wesentlichen Entscheidungen« dürfte auch die Problematik der Züchtigungsbefugnis gehören, so daß sich die Frage stellt, ob noch Raum für jenes (angebliche) vorkonstitutionelle Gewohnheitsrecht bleibt.

> Verneinend offenbar *Jung* aaO, S. 49ff.

(3) Verstößt das von der bisher h. M. in engen Grenzen (dazu oben) angenommene Züchtigungsrecht gegen Art. 1 I GG?

> Bejahend *Eser, Maunz-Dürig-Herzog-Scholz, Thomas* und *Vormbaum* aaO.
> Verneinend – m. E. zu Recht – *BGH* St 11 aaO, 247ff; *Roxin-Schünemann-Haffke* aaO.
> Siehe auch *Europäische Kommission für Menschenrechte* v. 14. 12. 1976, NJW 1978, 475: Die auf der Insel Man gesetzlich zugelassene Prügelstrafe gegenüber männlichen Jugendlichen als Kriminalstrafe sei eine »erniedrigende Behandlung oder Strafe« i. S. des Art. 3 der Konvention zum Schutze der Menschenrechte und Grundfreiheiten (MRK).

(4) Ist das fragliche vorkonstitutionelle Gewohnheitsrecht durch *Landes*gesetze, die ein Verbot der körperlichen Züchtigung enthalten

> (solche Gesetze sind u. a. in *Rheinland-Pfalz* und *Nordrhein-Westfalen* ergangen; Nachweise bei *Jung* aaO, S. 37),

mit *strafbegründender Wirkung* aufgehoben worden oder bedürfte es dafür einer *bundes*gesetzlichen Regelung

> – und zwar im Hinblick auf Art. 74 Nr. 1 (»Strafrecht«) GG –?
> Vgl. dazu etwa *Jung* aaO, S. 27ff.

(5) Stimmt die von Gegnern der bisher h. M. aufgestellte These: »durch einen ›Anschauungswandel‹ sei jenes Gewohnheitsrecht inzwischen *entfallen*«?

> So u. a. *Schall* und *Vormbaum* aaO.

Reicht dafür bereits *wachsende Kritik* an der bisherigen herrschenden Rechtsüberzeugung oder müßte positiv eine inzwischen *herrschend gewordene entgegengesetzte Rechtsüberzeugung* in der Bevölkerung festzustellen sein?

(6) Abschließend sei noch *kriminalpolitisch* gefragt: Genügt angesichts der Natur des Strafrechts als »ultima ratio im System staatlicher Sozialkontrolle«

– dazu mein BT 2. Bd, Fall 26 b –

in solchen Fällen, in denen der Lehrer bei hinreichendem Anlaß dafür aus pädagogischen Gründen zu einer *maßvollen* Züchtigung greift, die Möglichkeit *disziplinarischer* Maßnahmen gegen ihn, oder muß man unbedingt ein solches Verhalten *kriminalisieren?*

Vergegenwärtigt man sich die Situation an vielen großstädtischen Schulen, so sprechen m. E. gute Gründe *gegen eine solche Kriminalisierung.*

Daher neige ich im Anschluß an *Günther*

(Strafrechtswidrigkeit und Strafunrechtsausschluß, Trierer Habilitationsschrift, 1981, § 3, §§ 16–18, § 20, III 4 d)

zu folgender Konzeption:

(a) Ob es ein Züchtigungsrecht des Lehrers i. S. eines *Erlaubnissatzes* gibt, der *mit Wirkung für alle Rechtsgebiete* die körperliche Züchtigung von Schülern rechtfertigen kann, erscheint äußerst zweifelhaft. Doch ist dies keine genuin *strafrechtliche* Frage. Und offenbar ging es den oben genannten Entscheidungen des *BGH* (im 11. Bd.), des *OLG Zweibrücken* und des *BayOblG* auch gar nicht um die Beantwortung jener Frage.

(b) Vielmehr betrafen diese Gerichtsentscheidungen *der Sache nach* eine andere, engere, *genuin strafrechtliche* Problematik, nämlich die: Gibt es ein »Züchtigungsrecht des Lehrers« in dem Sinne, daß die tatbestandsmäßige Körperverletzung

– dazu *BayObLG* aaO –

jedenfalls nicht *strafrechtswidrig* ist, also kein *Strafunrecht* darstellt? Die Bejahung dieser Frage in den erwähnten Entscheidungen des *BGH*, des *OLG Zweibrücken* und des *BayObLG* bedeutet also nicht die Anerkennung eines *als Erlaubnissatz zu verstehenden allgemeinen Rechtfertigungsgrundes*, sondern der Sache nach allein die Annahme eines bloßen *Strafunrechts*ausschließungsgrundes: Es ging den Gerichten nicht um die Frage, unter welchen Voraussetzungen der Lehrer körperlich züchtigen *darf*, sondern darum, unter welchen Voraussetzungen ihm die Züchtigung *bei Strafe* verboten ist und wann nicht. Versteht man so das von den genannten Obergerichten akzeptierte »Züchtigungsrecht« lediglich als (gewohnheitsrechtlichen) *Strafunrechts*ausschließungsgrund, so erscheint diese Judikatur billigenswert.

b) Strafbarkeit der S:

Nach allgemeinen Akzessorietätsgrundsätzen wäre sie wegen Anstiftung zu § 340 I StGB strafbar. Doch handelt es sich bei diesem Amtsdelikt um ein *uneigentliches*, so daß für den Teilnehmer § 28 II StGB eingreift (vgl. oben, 1). Die S ist daher nur aus *§§ 223, 26 StGB* strafbar.

– *Hinweis:* Nach herrschender und zutreffender Ansicht ist § 28 II StGB nicht nur für die *Strafe* bedeutsam, sondern auch für den *Schuldspruch;* demgemäß wird die S nur wegen Anstiftung zu § 223 StGB schuldig gesprochen und nicht etwa wegen Anstiftung zu § 340 StGB verurteilt (vgl. u. a. *Cramer* in: *Schönke-Schröder,* § 28 Rdnr. 28; a. A. etwa *Jescheck,* LK Rdnr. 12 vor § 331). –

Für die Verfolgbarkeit der S ist § 232 StGB zu beachten.

191

## b) Katalog der uneigentlichen Amtsdelikte

(1) Aus dem *28. Abschnitt des StGB* (§§ 331–358) sind hier zu nennen (der zugehörige Grundtatbestand ist jeweils in Klammern genannt):

§§ 340 (223, 224);

§§ 354 II (soweit zugleich 133, 202 oder § 274 I Nr. 1 erfüllt ist; sonst liegt ein eigentliches Amtsdelikt vor; vgl. *Lackner*, § 354 Anm. 4; *Dreher-Tröndle*, Rdnr. 1, 19); – gegen *Dreher-Tröndle* (Rdnr. 19) *und Lackner* (aaO) meint *Lenckner* (in: *Schönke-Schröder*, Rdnr. 41), § 28 StGB sei hier nicht einschlägig, was aber m. E. nicht überzeugt –.

(2) Die übrigen uneigentlichen Amtsdelikte sind *außerhalb* des 28. Abschnittes geregelt; nämlich in:

§§ 120 II; 133 III; 201 III; 258 a StGB.

## II. Eigentliche Amtsdelikte

### 1. Bestechungstatbestände (§§ 331–335 a StGB)

– Das EGStGB vom 2. 3. 1974 hat das Bestechungsrecht neu geregelt: Die Verordnung gegen Bestechung und Geheimnisverrat nichtbeamteter Personen i. d. F. vom 22. 5. 1943 wurde aufgehoben;

§§ 331 ff StGB wurden neu gefaßt.

Zur Neuregelung vgl. BT-Drucksache 7/550, S. 269 ff; *Blei*, JA 1974, StR 73 ff, 91 ff, 115 ff. –

### a) Zur Gesetzessystematik der geltenden Bestechungstatbestände

(1) *§§ 331, 332 StGB betreffen die sogen.* »passive« *Bestechung* (»Vorteilsannahme«; »Bestechlichkeit«).

Dabei erfassen §§ 331 I, 332 I die »Vorteilsannahme« bzw. »Bestechlichkeit« hinsichtlich *Diensthandlungen*, dagegen §§ 331 II, 332 II die »Vorteilsannahme« bzw. »Bestechlichkeit« hinsichtlich *richterlicher Handlungen.*

§§ 331 I, II einerseits und 332 I, II StGB andererseits *unterscheiden* sich nur dadurch, daß die »Bestechlichkeit« (§ 332) sich auf *pflichtwidrige* Diensthandlungen (richterliche Handlungen) bezieht, während die »Vorteilsannahme« (§ 331) nur solche Diensthandlungen (richterliche Handlungen) meint, die *nicht pflichtwidrig* sind.

BT-Drucksache aaO; *Dreher-Tröndle*, § 331 Rdnr. 1, 8; *Wessels*, BT 1 S. 176.

§ 331 StGB greift aber nicht nur dann ein, wenn *feststeht*, d. h. erwiesen ist, daß die Diensthandlung (richterliche Handlung) *pflichtgemäß* war, sondern auch dann, *wenn § 332 StGB nach dem Grundsatz* »in dubio pro reo« *entfällt, weil die Diensthandlung (richterliche Handlung) nicht nachweislich pflichtwidrig war* (ebenso *Cramer* in: *Schönke-Schröder*, § 331 Rdnr. 7; *Wessels* aaO); insoweit dient § 331 als Auffangtatbestand. Diese Deutung des § 331 StGB ist mit seinem Wortlaut vereinbar und entspricht kriminalpolitischen Bedürfnissen.

Ist der *obj.* Tatbestand des § 332 I bzw. II StGB erfüllt, fehlt es aber am Vorsatz bezüglich der Pflichtwidrigkeit der Diensthandlung (richterlichen Handlung) so ist – nach § 16 II StGB – § 331 anwendbar.

(2) *§§ 333, 334 StGB betreffen die sogen. »aktive« Bestechung* (»Vorteilsgewährung«; »Bestechung«).

Dabei erfassen §§ 333 I, 334 I die »Vorteilsgewährung« bzw. »Bestechung« hinsichtlich *Diensthandlungen,* dagegen §§ 333 II, 334 II die »Vorteilsgewährung« bzw. »Bestechung« bezüglich *richterlicher Handlungen.*

*Die »Vorteilsgewährung« (§ 333) ist das Gegenstück zu § 331*

> (doch ist § 333 gegenüber der korrespondierenden Vorschrift des § 331 in seinem Anwendungsbereich verkürzt: Jene Norm bezieht sich nur auf *künftige* Diensthandlungen bzw. richterliche Handlungen; zudem erfaßt sie in Abs. 1 nur *Ermessenshandlungen);*

*die »Bestechung« (§ 334 StGB) ist das Gegenstück zu § 332 StGB:* Die Diensthandlung bzw. richterliche Handlung, auf die sich § 334 StGB bezieht, muß *pflichtwidrig* sein – während die Anwendbarkeit des § 333 StGB erfordert, daß die Diensthandlung bzw. richterliche Handlung *pflichtgemäß* ist.

> § 333 StGB greift aber auch ein, *wenn § 334 nach dem Grundsatz in dubio pro reo mangels Nachweises, daß die »künftig vorzunehmende« Diensthandlung (richterliche Handlung) pflichtwidrig war, entfällt;* insoweit ist § 333 ein Auffangtatbestand. Diese Deutung des § 333 ist mit seinem Wortlaut vereinbar und entspricht kriminalpolitischen Bedürfnissen (*Cramer* aaO, § 333 Rdnr. 4; *Lackner,* § 333 Anm. 3 b).

(3) *Geschütztes Rechtsgut bei §§ 331–334 StGB* ist einmal die *Lauterkeit des öffentlichen Dienstes*

> (BT-Drucksache aaO, S. 269; *Dreher-Tröndle,* § 331 Rdnr. 3; *Jescheck,* LK Rdnr. 17 vor § 331; *Wessels,* BT 1 S. 177; ähnlich *Lackner,* § 331 Anm. 1, *Cramer* in: *Schönke-Schröder,* § 331 Rdnr. 5),

zum anderen das *Vertrauen der Allgemeinheit in diese Lauterkeit*

> (*Dreher-Tröndle, Jescheck* und *Wessels* aaO; *Geppert,* Jura 1981, 46; ähnlich *Lackner* aaO m.w.N.; *Cramer* aaO; str.; dahingestellt BT-Drucksache aaO).
> *Loos* (Welzel-Festschrift, 1974 S. 879 ff, 890) versteht Bestechung als Angriff auf die Funktionsbedingungen der Verwaltung »Amtsethos« und »Abnahmebereitschaft des Publikums«.

Zum Schutz dieser Rechtsgüter sollen §§ 331 ff StGB die *»Käuflichkeit von Diensthandlungen verhindern«*

> (BT-Drucksache aaO).

### b) Vorteilsannahme und Vorteilsgewährung (§§ 331, 333; 335 f StGB)

*Fall 72:* Im Abgangszeugnis seines Schülers Fleiß (F) hat Studienrat Dr. Streng (S) diesem in Mathematik die – nach den Leistungen des F verdiente – Note »sehr gut« gegeben. Als der Vater des F (V) auf dem Zeugnis seines Sohnes die »1« in Mathematik sieht, ist er über die Urteilskraft des S begeistert und schickt diesem eine Kiste Sekt im Werte von rund 200 DM. S hat Bedenken, das Geschenk anzunehmen, wird aber von seiner Ehefrau (E) dazu überredet.
Strafbarkeit von S, V und E?

*1. Strafbarkeit des S?*

a) § 332 I StGB kommt nicht in Betracht, da die Benotung der Leistungen des F in Mathematik durch S *pflichtgemäß* erfolgte; auch für § 332 I i. V. m. III fehlt jeder Anhaltspunkt.

b) *§ 331 StGB?*
*(1) Taugliche Täter* nach § 331 I können nur »*Amtsträger*« und »*für den öffentlichen Dienst besonders Verpflichtete*« sein.

### (a) Zum Begriff des Amtsträgers (§ 11 I Nr. 2 StGB):

Er erfaßt zunächst denjenigen, der nach deutschem Recht Beamter oder Richter ist (§ 11 I Nr. 2a).

> Der Begriff des *Beamten* ist dabei im *staatsrechtlichen* Sinne zu verstehen.
> *Richter* sind sowohl Berufsrichter als auch ehrenamtliche Richter (§ 11 I Nr. 3 StGB); zu letzteren zählen die »Schöffen« (Strafverfahren) und die »Handelsrichter« (Kammer für Handelssachen, §§ 93 ff GVG); sonstige ehrenamtliche Richter (§ 45 a DRiG) gibt es u. a. in der Arbeits-, Sozial-, Finanz- und Verwaltungsgerichtsbarkeit.

*Richter* fallen unter § 331 II StGB, soweit die »Vorteilsannahme« sich auf *richterliche Handlungen bezieht*, d. h. auf Handlungen, die durch die richterliche Unabhängigkeit gedeckt und nach Rechtsgrundsätzen vorgenommen werden

> (BT-Drucksache 7/550, S. 271; *Dreher-Tröndle*, § 331 Rdnr. 6; *Jescheck*, LK § 331 Rdnr. 22; *Rudolphi* in SK, § 331 Rdnr. 13 f; abweichend *Cramer* aaO, Rdnr. 13);

dagegen gilt auch für Richter § 331 I StGB, soweit sie *Diensthandlungen* vornehmen, die keine *richterlichen* Handlungen sind, nämlich insbesondere Diensthandlungen im Rahmen der *Justizverwaltungstätigkeit*.

> BT-Drucksache aaO; *Dreher-Tröndle, Jescheck* und *Rudolphi* aaO; a. A. *Cramer* aaO.

Amtsträger ist weiterhin, »wer in einem *sonstigen öffentlich-rechtlichen Amtsverhältnis* steht« (§ 11 I Nr. 2 StGB).

> Hierher gehören Minister (vgl. § 1 BundesministerG); Notare und Notarassessoren (§§ 1, 7 III Bundesnotarordnung); der Wehrbeauftragte; *nicht* aber Rechtsanwälte. Vgl. näher BT-Drucksache aaO, S. 209; *Dreher-Tröndle*, § 11 Rdnr. 18; *Lackner*, § 11 Anm. 3 b.

Schließlich ist Amtsträger, »wer sonst dazu bestellt ist, bei einer Behörde oder bei einer sonstigen Stelle oder in deren Auftrag Aufgaben der öffentlichen Verwaltung wahrzunehmen« (§ 11 I Nr. 2 c StGB).
Ebenso wie die »*Behörden*«

> (= ständige Organe der Staatsgewalt, z. B.: »Der Minister des Inneren«; »Der Polizeipräsident«; die Staatsanwaltschaft beim LG X; Dienststellen von Gemeinden; Fakultäten von Universitäten; Strafvollzugsanstalten; nach § 11 I Nr. 7 StGB auch Gerichte)

müssen auch die »*sonstigen Stellen*«

> (z. B. Körperschaften und Anstalten des öffentlichen Rechts; Ausschüsse; Beiräte; vgl. BT-Drucksache aaO; *Lackner*, § 11 Anm. 3 c, cc)

zur Erfüllung öffentlicher Aufgaben berufen sein.
Für die »*Bestellung*« i. S. des § 11 I Nr. 2 c bedarf es keiner besonderen Form; es genügt ein *privatrechtliches* Anstellungsverhältnis (z. B. als *Angestellter im öffentlichen Dienst*) bzw. Auftragsverhältnis.

> BT-Drucksache aaO; *Preisendanz*, § 11 Anm. II 1 c; *Lackner*, § 11 Anm. 3 c, aa.

Der Begriff »*Aufgaben der öffentlichen Verwaltung*« umfaßt:

> 1. Alle *obrigkeitlichen* Maßnahmen (Eingriffsverwaltung).
> 2. Den Bereich der *Leistungsverwaltung*, insbesondere der *Daseinsvorsorge* durch die öffentliche Hand (Versorgung mit Strom, Wasser, Gas u. ä.).

– Vgl. BT-Drucksache aaO; *Dreher-Tröndle*, § 11 Rdnr. 22; *Lackner,* § 11 Anm. 3 c, dd; *Preisendanz* aaO. – Dabei ist die Durchführung der Aufgaben der Leistungsverwaltung mit öffentlich-rechtlichen Mitteln nicht unbedingt erforderlich, sondern sie kann auch – wie bei der Bundesbahn – zivilrechtlich erfolgen (*Eser* in: *Schönke-Schröder*, § 11 Rdnr. 23).

3. Nach h. M. soll zu den »Aufgaben der öffentlichen Verwaltung« auch die *erwerbswirtschaftlich-fiskalische* Betätigung des Staates und anderer Körperschaften des öffentlichen Rechts zählen (so BT-Drucksache aaO; *Lackner* und *Preisendanz* aaO; *Tröndle,* LK § 11 Rdnr. 25); dagegen bestehen Bedenken: Von einer *Aufgabe der öffentlichen Verwaltung* kann man bei wirtschaftlichen Unternehmungen der öffentlichen Hand wohl nur dann sprechen, wenn sie unmittelbar der Daseinsvorsorge dienen (so auch *Samson* in SK, § 11 Rdnr. 15; vgl. ebenso – zu § 359 StGB a. F. – *BGH* St 12, 89, 90; *Dreher,* 34. Aufl., § 359 Anm. 1 A b, aa).

4. Zu den »*Aufgaben der öffentlichen Verwaltung*« zählen *nicht:*
a) Die Rechtsprechung (zu ihr beachte § 11 I Nr. 2 a, Nr. 3 StGB).
b) Die Gesetzgebung. Daher sind *Abgeordnete* des Bundestages bzw. der Landtage keine Amtsträger (*Eser* in: *Schönke-Schröder*, § 11 Rdnr. 24).
Auch Gemeinderäte, Stadträte u. ä. sind grundsätzlich keine Amtsträger, es sei denn, sie übernehmen *Verwaltungs*aufgaben (*Eser* aaO; *Tröndle,* LK § 11 Rdnr. 27).

*Beispiele* für Amtsträger nach § 11 I Nr. 2 c StGB:

Schaffner eines städtischen Verkehrsbetriebes; Angestellte kommunaler Versorgungsbetriebe; Bahnarbeiter bei der Überwachung von Verladungen; Postarbeiter, der Post im Kfz befördert; AOK-Angestellte; Sparkassenangestellte.
Vgl. näher *Dreher-Tröndle*, § 11 Rdnr. 24; *Lackner,* § 11 Anm. 3 c dd; *Tröndle,* LK § 11 Rdnr. 33 ff.
*Rspr. und Lehre zu § 359 StGB a. F.* bleiben insoweit relevant, als § 11 I Nr. 2 StGB im wesentlichen den in *jener* Vorschrift erfaßten Personenkreis übernehmen sollte (BT-Drucksache aaO, S. 208; *Dreher-Tröndle* aaO).

## (b) Zum Begriff des »für den öffentlichen Dienst besonders Verpflichteten« (§ 11 I Nr. 4 StGB):

Erfaßt werden nur solche Personen, die zwar bei einer mit Aufgaben der öffentlichen Verwaltung befaßten Stelle beschäftigt sind, »*die jedoch selbst keine öffentlichen Aufgaben wahrnehmen*«.
Beispiele: Schreibkräfte, Boten, Putzfrauen u. ä. (vgl. BT-Drucksache aaO, S. 210; *Dreher-Tröndle*, § 11 Rdnr. 29 ff).

Im vorliegenden Fall war S tauglicher Täter des § 331 I StGB; denn als Studienrat, d. h. Beamter, war er gemäß § 11 I Nr. 2 a StGB »*Amtsträger*«.

(2) Das Merkmal der *Annahme eines Vorteils* (hier: des Sektes) ist erfüllt.

Vorteil ist jede – von der Diensthandlung als »Gegenleistung« abgesehen – *unentgeltliche* Zuwendung, auf die der Täter keinen Rechtsanspruch hat und die ihn *materiell oder immateriell besser stellt* (*Dreher-Tröndle*, § 331 Rdnr. 11; *Jescheck,* LK Rdnr. 7).
Beispiele für immaterielle Vorteile (die nach h. M. genügen): Gewährung des Beischlafs (*RG* St 64, 291; 71, 390, 396); auch die Befriedigung des Ehrgeizes und der Eitelkeit können ausreichen (*BGH* St 14, 124, 128; a. A. *Rudolphi* in SK, § 331 Rdnr. 21).

(3) Der Täter muß den *Vorteil als Gegenleistung für die Diensthandlung* fordern, sich versprechen lassen oder annehmen. »Damit wird zum Ausdruck gebracht, daß das Gesetz nicht jeden Kausalzusammenhang als genügend ansieht, sondern auf das Verhältnis von Leistung und Gegenleistung, auf das ›do ut des‹ abstellt«.

BT-Drucksache aaO, S. 271.

*Kennzeichnend* für § 331 – und entsprechend für die anderen Bestechungstatbestände – ist danach die *Übereinkunft der Beteiligten* darüber, daß der Vorteil als Gegenleistung *für* die Diensthandlung gedacht ist (sogen. *»Unrechtsvereinbarung«*): Diese Unrechtsvereinbarung wird vom Täter des § 331 beim *Fordern* angestrebt; beim *Versprechenlassen* geschlossen; bei der *Annahme* realisiert. Vgl. *Dreher-Tröndle*, § 331 Rdnr. 15; *Lackner*, Anm. 3 d; grundlegend *BGH* St 15, 217, 222 f.

An jenem Charakter des Vorteils als *Gegenleistung für eine bestimmte Diensthandlung* fehlt es etwa, »wenn sich der Vorteilsgeber mit dem Geschenk lediglich allgemeines Wohlwollen und Geneigtheit des Beamten sichern will«

(*BGH* aaO; *Dreher-Tröndle*, § 331 Rdnr. 17; *Lackner* aaO; kritisch *Cramer* in: *Schönke-Schröder*, § 331 Rdnr. 31),

oder wenn »kleinere Aufmerksamkeiten« nicht *für* eine Diensthandlung, sondern nur *»aus Anlaß oder bei Gelegenheit einer Diensthandlung«* gewährt werden, und zwar wegen der »Regeln des sozialen Verkehrs und der Höflichkeit«.

So *BGH* St 15, 239, 251 f (für Einladungen zum Essen, Abholen mit dem Kfz u. ä.); näher *Lackner* aaO; *Preisendanz*, § 331 Anm. 3 f.
– Zum Erfordernis der *Diensthandlung* vgl. ergänzend *BGH* St 29, 300: Die Tatbestände der §§ 331 und 332 StGB seien nicht erfüllt, wenn der Amtsträger lediglich *vorspiegele*, die Diensthandlung erbracht zu haben, für die er einen Vorteil annimmt; a. A. *Jescheck*, LK § 331 Rdnr. 14 m.w.N. –

Im vorliegenden Fall ist jenes Gegenleistungsmoment erfüllt.

(4) *Ergebnis:* S hat den Tatbestand des § 331 I StGB verwirklicht.

(5) § 331 III StGB kommt hier nicht in Frage.


– *Zur dogmatischen Einordnung und Verdeutlichung des § 331 III StGB:*

(a) Nach h. A. hat die vorherige Genehmigung rechtfertigende Wirkung.

Vgl. u. a. *Cramer* aaO, Rdnr. 47, 48.

(b) Bei *fehlender vorheriger Genehmigung* gilt folgendes:

(a 1) Erfolgt das »Sich-Versprechen-Lassen« oder die »Annahme« *unter dem erklärten Vorbehalt der Erteilung der Genehmigung,* so ist der Tatbestand des § 331 I noch nicht erfüllt. Wird dann die Genehmigung erteilt und erfolgt *daraufhin* die Annahme des »versprochenen« bzw. das Behalten des unter Vorbehalt »angenommenen« Vorteils, so liegt sachlich ein Fall der »vorherigen Genehmigung« vor, d. h. der Amtsträger handelt rechtmäßig. Wird dagegen die Genehmigung versagt, so darf er den versprochenen Vorteil nicht annehmen und den unter Vorbehalt angenommenen nicht behalten; anderenfalls macht er sich nach § 331 I strafbar.

Vgl. *Lackner*, Anm. 6 c; *Cramer* aaO, Rdnr. 27, 50.

(a 2) Ist eine Annahme unter Vorbehalt nicht möglich (etwa bei überraschender Einladung zu einem opulenten Mahl) oder untunlich (etwa mit Rücksicht auf diplomatische Gepflogenheiten), so ist die Vorteilsannahme nach h. M. gerechtfertigt, wenn *objektiv* der Vorteil *genehmigungsfähig* war und *subjektiv* der Amtsträger auch davon ausging sowie in der *Absicht* handelte, die nachträgliche Genehmigung unverzüglich einzuholen.

*Cramer* aaO, Rdnr. 51; *Eser*, Strafrecht 3, S. 228 A 50 f; *Jescheck*, LK § 331 Rdnr. 16; *Maurach-Schroeder* Bd. 2, S. 205; *Rudolphi* in SK, Rdnr. 49 f; *Maiwald*, JuS 1977, 356 f (der aber auf jene Absicht verzichtet).

Ob dann die Genehmigung später erteilt wird oder – zu Unrecht – nicht, ist dabei unerheblich.

*Cramer, Eser, Jescheck, Maurach-Schroeder, Rudolphi* und *Maiwald* aaO; a. A. *Dreher-Tröndle*, Rdnr. 22.

(a 3) Fehlt es an den oben (a 1) bzw. (a 2) genannten Voraussetzungen, erfolgt aber gleichwohl eine nachträgliche Genehmigung, so soll diese ein Strafaufhebungsgrund sein.

*Cramer* aaO, Rdnr. 52; *Dreher-Tröndle, Eser, Lackner* und *Rudolphi* aaO.

*Zur Vertiefung:*
Auch bei Fehlen der Genehmigung nach § 331 III kann eine Strafbarkeit aus § 331 StGB *ausnahmsweise* entfallen, und zwar unter dem Gesichtspunkt der *Sozialadäquanz* (Beispiel: Die Annahme üblicher Neujahrsgeschenke durch Briefträger); vgl. etwa *Cramer* aaO, Rdnr. 55; *Dreher-Tröndle*, Rdnr. 18; *Rudolphi* in SK, Rdnr. 23, 33; a. A. etwa *Maurach-Schroeder* aaO. Doch mangelt es in solchen Fällen i. d. R. schon an dem Merkmal: »als Gegenleistung«. –

S ist also aus § 331 I StGB strafbar.

## 2. *Strafbarkeit des V?*

a) *Anstiftung zu § 331 I StGB kommt nicht in Frage; denn § 333 StGB bedeutet eine abschließende Regelung: Im Falle des § 331 StGB ist der Vorteilsgeber (d. h. der aktiv Bestechende) nur strafbar, wenn § 333 StGB eingreift.*

Vgl. BT-Drucksache aaO, S. 274 f; *Lackner*, § 331 Anm. 7; *Cramer* aaO, § 334 Rdnr. 14.

b) *§ 333 I StGB liegt nicht vor;* V ist also straflos.

Kritisch zu dieser Norm *Dornseifer*, JZ 1973, 267 ff.

## 3. *Strafbarkeit der E?*

Nach früher h. M. ist sie wegen *Anstiftung zu § 331 I StGB* strafbar; doch greift zu ihren Gunsten § 28 I StGB ein.

*Dreher-Tröndle*, § 331 Rdnr. 24; *Preisendanz*, § 331 Anm. 7.
Zu §§ 331 ff StGB a. F. hatten in derartigen Fällen *strafbare* Anstiftung zu § 331 angenommen: *RG* St 42, 383, 384; *Kohlrausch-Lange*, § 331 Anm. VIII.

*Kritik: Die Sonderregelung des § 333 StGB hat m. E. auch Auswirkungen auf dritte Beteiligte:* Soweit der aktiv Bestechende straffrei bleibt – wie es hier der Fall ist – kann ein außenstehender Dritter, der den Amtsträger zur Annahme des Vorteils (§ 331 StGB) bewegt, nicht aus den an sich erfüllten §§ *331, 26 (28 I) StGB* bestraft werden, sondern muß ebenfalls *straflos* bleiben.

So *Cramer* in: *Schönke-Schröder*, § 334 Rdnr. 14. Ebenso *Bell*, MDR 1979, 719; *Jescheck*, LK § 333 Rdnr. 12 m. w. N.; *Rudolphi* in SK, § 333 Rdnr. 17.

Denn die Anstiftung des Dritten, den angebotenen Vorteil anzunehmen, *wiegt grundsätzlich nicht schwerer, sondern eher leichter als die Tat des Vorteilsgebers. Daher ist zur Vermeidung von Wertungswidersprüchen die Teilnahme Dritter an § 331 StGB allenfalls insoweit strafbar, als es um eine Diensthandlung geht, die in § 331 I (bzw. II) StGB erfaßt wird.*

*Ergebnis:* Die E bleibt straflos.

## c) Bestechlichkeit und Bestechung (§§ 332, 334; 335 f StGB)

*Fall 73: – Abwandlung von Fall 72 –*

S hat dem F die Note »sehr gut« entgegen seiner – durch dessen Leistungen gewonnenen – pädagogischen Überzeugung gegeben; er empfindet daher das Geschenk des V als »gerechte Belohnung« für seine »Schiebung«. Strafbarkeit von S sowie von V und E (die wissen, daß die Benotung nicht gerechtfertigt war)?

a) S ist aus § 332 I StGB (»Annahme«) schuldig; denn die fragliche Diensthandlung, die »Benotung«, war *pflichtwidrig:* Eine *Verletzung der Dienspflichten* liegt vor, wenn der Täter gegen *Rechtsnormen* (seien es geschriebene, seien es gewohnheitsrechtliche), *Dienstvorschriften* oder verbindliche *Einzelanordnungen von Vorgesetzten* verstoßen hat.

> *Cramer* in: *Schönke-Schröder,* § 332 Rdnr. 7; *Dreher-Tröndle,* Rdnr. 4.

Nach geltendem *Schulrecht* hat die Benotung nach dem Maßstab der Leistungen des Schülers zu erfolgen und muß der pädagogischen Überzeugung des Lehrers

> – der sich dabei im Rahmen anerkannter Bewertungsmaßstäbe (gegebenenfalls auch im Rahmen einschlägiger Richtlinien des Kultusministers) zu halten hat –

entsprechen. Hiergegen hat S verstoßen; bei der Benotung hat er also seine Dienstpflichten verletzt.

b) V hat sich nach § 334 I (Gewährung eines Vorteils für die pflichtwidrige Diensthandlung) strafbar gemacht.

c) Strafbarkeit der E?

Sie ist wegen Anstiftung zu § 332 StGB strafbar, wobei zu ihren Gunsten § 28 I StGB eingreift.

> Hinweis: *Bei der Teilnahme Dritter an § 332 sollte zur Vermeidung von Wertungswidersprüchen der Strafrahmen des § 334 StGB nicht überschritten werden* (wichtig bei Anstiftung zu § 332 II StGB); denn die *Tat nach § 334 erscheint gegenüber der Anstiftung zu § 332 durch einen Außenstehenden* als nicht leichter, sondern eher schwerer wiegend.
> So auch *Jescheck,* LK § 334 Rdnr. 8 m.w.N.

*Fall 74: – Weitere Abwandlung von Fall 72 –*

Studienrat Dr. S schwankt, ob er dem F in Mathematik ein »gut« oder ein »sehr gut« geben soll; beide Noten erscheinen ihm nach den Leistungen des F in gleicher Weise vertretbar. In dieser Lage gibt ihm V »Entscheidungshilfe«: Er verspricht dem S die Kiste Sekt, um ihn dadurch bei der Benotung zu beeinflussen. Daraufhin erhält F die Note »sehr gut«. Strafbarkeit von S und V?

a) S ist nach § 332 I i. V. m. III Nr. 2 StGB schuldig.

> § 332 III Nr. 2 *stellt gesetzlich klar,* daß der Ermessensbeamte auch dann pflichtwidrig handelt, wenn seine Ermessensentscheidung zwar an sich *im Rahmen des ihm eingeräumten Ermessensspielraums* liegt, aber durch den Vorteil beeinflußt wurde. M. a. W.: Wählt der Ermessensbeamte unter den *rechtlich in gleicher Weise zulässigen Alternativen* a und b *wegen eines Vorteils i. S. des § 332 StGB* die Alternative a (bzw. b), so liegt eine Beeinflussung i. S. des § 332 III Nr. 2 StGB vor.
> Vgl. u. a. *Dreher-Tröndle,* § 332 Rdnr. 5; *Jescheck,* LK § 332 Rdnr. 8.

*»Im Ermessen«* des Amtsträgers steht dabei eine Diensthandlung nach Sinn und Zweck des § 332 StGB nicht nur dort, wo es um das sogen. *»Handlungsermessen auf der Rechtsfolgenseite«* geht, sondern auch dort, wo ein *»Beurteilungsspielraum«* anerkannt ist.

Näher zum Problem »Ermessen«/»Beurteilungsspielraum« *Bachof,* JZ 1955, 97 ff; 1972, 641 ff; *Herzog,* JA 1969 ÖR S. 163 ff.

Ein solcher Beurteilungsspielraum (= »Ermessen« i. S. des § 332 III Nr. 2 StGB) besteht insbesondere bei der Beurteilung von Schulleistungen und bei Prüfungsentscheidungen.

Vgl. u. a. *Herzog* aaO; *BVerwGE* 23, 194, 200.

b) V ist nach § 334 I i. V. m. III Nr. 2 StGB strafbar.

**2. Weitere eigentliche Amtsdelikte sind u. a.:**

a) § 336 StGB

– Dazu *Krey,* Jura 1979, 316 ff. –

b) § 348 StGB

– Siehe unten, Fall 85. –

c) § 353 b StGB

d) § 355 StGB

e) § 357 StGB

# Kapitel 2: Sonstige Straftaten gegen die Allgemeinheit

## § 10 Delikte gegen die Sicherheit des Rechtsverkehrs

### I. Urkundendelikte (§§ 267–282; 348 StGB)

#### 1. Urkundenfälschung (§ 267 StGB)

*Fall 76:* Schluck sitzt beim Bier. Als die Polizeistunde naht, stimmt ihn der Anblick der vielen Striche auf seinem Bierdeckel traurig; er radiert einige der Striche aus, um Geld zu sparen. Bei der Abrechnung fällt dem Wirt nichts auf. Schluck geht zufrieden nach Hause. Strafbarkeit des Schluck (S)?

a) § 267 StGB (*Verfälschen* einer echten Urkunde)

(1) *Zum Begriff der Urkunde:*
Urkunde ist die *Verkörperung einer* allgemein oder wenigstens für die Beteiligten verständlichen *Gedankenerklärung*

  (sogen. »Perpetuierungsfunktion«),

die *geeignet und bestimmt* ist, eine außerhalb ihrer selbst liegende Tatsache im Rechtsverkehr zu *beweisen*

  (sogen. »Beweisfunktion«)

und die *einen bestimmten Aussteller benennt* oder doch wenigstens für die Beteiligten erkennen läßt

  (sogen. »Garantiefunktion« der Urkunde).
  Vgl. etwa *BayObLG* JZ 1979, 818; *Cramer* in: *Schönke-Schröder*, § 267 Rdnr. 2; *Dreher-Tröndle*, Rdnr. 2; *Haft*, S. 223 ff; *Lackner*, Anm. 1, 2; *Tröndle*, LK § 267 Rdnr. 1 ff, 4.

Gegen diesen »*dreigliedrigen* Urkundenbegriff« wendet sich *Kienapfel*, der meint, das Erfordernis der Beweiseignung und Beweisbestimmung sei überflüssig; es genüge die »Verkörperung einer Gedankenerklärung, die ihren Aussteller erkennen lasse« (JZ 1972, 394 ff m.w.N. seiner Schriften zum Urkundenbegriff; ebenso *Otto*, S. 336 f); damit vertritt *Kienapfel* einen »zweigliedrigen« Begriff der Urkunde.

Am Erfordernis der *»Gedankenerklärung«* fehlt es insbesondere bei den *Augenscheinsobjekten* (z. B. Fingerabdrücken, Blutflecken) und den *technischen Aufzeichnungen* i. S. des § 268 StGB.

  *Lackner*, § 267 Anm. 2 a, aa; *Tröndle*, LK § 267 Rdnr. 5, 6.

Für das Merkmal der *»Verkörperung«* der Gedankenerklärung ist nach h. M. Schriftform nicht nötig: *Urkunden i. S. der §§ 267 ff sind nicht nur Schriftstücke;* vielmehr kann die Verkörperung auch durch Zeichen oder Symbole erfolgen, wenn nur eine feste Verbindung mit einem körperlichen Gegenstand besteht. *Damit fallen auch die sogen. »Beweiszeichen« unter den strafrechtlichen Urkundenbegriff.*

  Ständige Rspr., u. a. *RG* St 34, 436, 439; 64, 48; *BGH* St 9, 235; 16, 94. Zustimmend die h. L., *Blei*, S. 273; *Cramer* aaO, § 267 Rdnr. 7, 20 ff; *Dreher-Tröndle*, Rdnr. 4; *Lackner*, Anm. 2 b; *Puppe*, Jura 1980, 20; *Tröndle*, LK § 267 Rdnr. 69 ff.
  Dagegen verlangen Schriftform: *Binding*, II S. 170, 184 f; *Maurach*, S. 476 f, 478; *Welzel*, S. 403 f; vgl. weiter *Samson*, Urkunde und Beweiszeichen, 1968, S. 94 ff; ders. JuS 1970, 372. Auch nach *Kienapfel* (Urkunden im Strafrecht, 1967, S. 361 ff; JZ aaO) sind

Urkunden nur »schriftlich verkörperte« Gedankenerklärungen; ebenso *Maurach-Schroeder* Bd. 2, S. 99 f; *Schmidhäuser*, BT 14/10.

*Beweiszeichen* (= Urkunden im strafrechtlichen Sinne) sind dabei solche verkörperten Gedankenerklärungen, die kein Schriftstück darstellen; sie müssen aber ebenso wie sonstige Urkunden dazu geeignet und bestimmt sein, über etwas Rechtserhebliches Beweis zu erbringen, und sie müssen ihren Aussteller erkennen lassen.

D. h. für sie gilt derselbe Urkundenbegriff wie für Schriftstücke.

Insbesondere mittels des Kriteriums der *Beweiseignung und Beweisbestimmung* hat sich die Rechtsprechung in jahrzehntelanger, kaum mehr überschaubarer Kasuistik um eine *Abgrenzung der Beweiszeichen von den bloßen »Kennzeichen«* (Identitätszeichen) bemüht.

(dazu Nachweise bei *Tröndle*, LK § 267 Rdnr. 71 ff, 77, 117):

Bei den Kennzeichen erschöpfe sich der Zweck darin, die bezeichnete Sache von Gegenständen gleicher Art zu unterscheiden. Ihnen fehle die *Beweisfunktion*, die Beweiszeichen zukomme; denn das Kennzeichen sei als bloßes »Erkennungsmerkmal« (Unterscheidungszeichen) nicht dazu geeignet und bestimmt, »einen über sein Dasein hinausgehenden Beweis zu erbringen«.

Vgl. etwa *RG* St 34, 439.

Diese Unterscheidung »Beweiszeichen«/»Kennzeichen« wird im Schrifttum weitgehend als *praktisch undurchführbar* kritisiert; so u. a. *Cramer* in: *Schönke-Schröder*, § 267 Rdnr. 22; *Maurach-Schroeder* Bd. 2, S. 101 f; *Tröndle*, LK § 267 Rdnr. 69, 77.

*Beispiele für die Annahme von Beweiszeichen in der Rechtsprechung:*

Die datierte Durchlochung einer Eisenbahnfahrkarte (*RG* St 29, 118; dazu *Binding* aaO, S. 184: »Das Loch als Urkunde ist wohl der tiefste Punkt, zu dem deren Verkennung herabsinken kann«). Der sogen. »Waldhammerschlag«, falls er den Eigentumsübergang am Holz dokumentieren soll (*BGH* bei *Dallinger*, MDR 1958, 140; *BGH* St 9, 235, 238 [a. E.]f). Korkaufdruck »Originalabfüllung Weingut X« i.V.m. der von dem Korken verschlossenen Weinflasche (*RG* St 76, 186; *BGH* aaO, S. 238). Künstlerzeichen des Malers (*OLG Frankfurt*, NJW 1970, 673). Preisauszeichnungen bei Waren, sofern eine feste Verbindung gegeben ist (*OLG Köln*, NJW 1973, 1807); Plomben an Stromzählern (*RG* St 50, 191). *Bei einem Pkw:* Fabriknummer am Fahrgestell, am Motor; Nummernschild am Auto; die TÜV-Plakette am Nummernschild (Nachweise bei *Tröndle*, LK § 267 Rdnr. 109); bei einem *Moped* bzw. *Mofa* das daran befestigte Versicherungskennzeichen (*BayObLG* JR 1977, 467).

*Beispiele für die Annahme bloßer Kennzeichen* (keine Urkunde) in der Judikatur:

Verschlußplomben, *wenn sie allein der Sicherung dienen;* Garderobenmarken; Biermarken; Firmenaufdruck auf Kopierstiften; Spielmarken; Dienststempel auf dienstlichem Inventar (Nachweise bei *Cramer* aaO, Rdnr. 24; *Dreher-Tröndle*, Rdnr. 5).

– Außer den Kennzeichen sind auch *Wertzeichen* wie Rabattmarken, Post-, Beitrags- und Steuermarken keine Urkunden (*Dreher-Tröndle*, Rdnr. 6; *BayObLG* JZ 1979, 818). –

Im vorliegenden Fall hatte S Striche auf dem Bierdeckel ausradiert. Bei den Strichen des Wirtes auf Bierdeckeln handelt es sich um Beweiszeichen, also um Urkunden

(*RG* DStR 1916, 77; *Dreher-Tröndle*, § 267 Rdnr. 7; *Haft*, S. 227; *Preisendanz*, Anm. I 4; kritisch *Puppe*, Jura 1980, 19 Anm. 4):

Jeder Strich enthält die *verkörperte Gedankenerklärung* des Wirtes: »Ich habe Dir, Gast, ein Bier gebracht«; die Striche sind auch *beweisgeeignet* und *-bestimmt* und lassen für die Beteiligten den *Aussteller* (Wirt) erkennen.

Bezüglich dieser Urkunden liegt aber § 267 StGB nicht vor: S hat diese Urkunden durch das Ausradieren vernichtet; ein *»Herstellen unechter«* oder ein *»Verfälschen echter Urkunden«* bezüglich der einzelnen Striche ist nicht gegeben.

Doch könnte die *Verfälschung einer Gesamturkunde* vorliegen; dann müßte der mit den Strichen versehene Bierdeckel eine Gesamturkunde dargestellt haben.

*(2) Zum Begriff der Gesamturkunde:*

Eine Gesamturkunde liegt vor, »wenn mehrere Einzelurkunden so zu einem sinnvollen und geordneten Ganzen zusammengefaßt sind, daß gerade diese Zusammenfassung einen über den gedanklichen Inhalt der Einzelteile hinausgehenden eigenen Erklärungs- und Beweisinhalt hat«.

> *Blei,* S. 277; *Cramer* in: *Schönke-Schröder,* § 267 Rdnr. 30 ff; *Lackner,* Anm. 2 a, bb; *Otto,* S. 342; *Tröndle,* LK § 267 Rdnr. 80; *RG* St 60, 17, 19.
> Kritisch zur Figur der Gesamturkunde *Lampe,* GA 1964, 321 ff; *Puppe,* Jura 1980, 22; *Samson,* JuS 1970, 376.

Dabei müssen Herstellung und Führung der Gesamturkunde auf Gesetz, Geschäftsgebrauch oder Vereinbarung der Beteiligten beruhen; eine *einseitige* Bestimmung genügt also nicht. Zudem muß eine »gewisse *Festigkeit der Verbindung«* gegeben sein.

> *Blei* und *Cramer* aaO; a. A. *Greiser,* NJW 1978, 927 f.
> Beispiele für Gesamturkunden: Kaufmännische Handelsbücher; Sparkassenbücher (Nachweise bei *Cramer* aaO, Rdnr. 36); auch Klassenbücher.

Nach diesen Kriterien ist m. E. der mit mehreren Strichen des Wirts versehene Bierfilz als Gesamturkunde zu werten:

> Die *Zusammenfassung fest verbundener Einzelurkunden* erfolgte aufgrund *Geschäftsgebrauchs* und war nach der Verkehrssitte dazu geeignet und bestimmt, über rechtliche Beziehungen der Beteiligten, »die sich aus einer Reihe von Einzelakten« (Bierbestellung) ergaben, »eine vollständige Auskunft zu geben«.
> Vgl. *Dreher-Tröndle,* Rdnr. 13.

Diese Gesamturkunde – Bierdeckel als Abrechnungsgrundlage, Beleg für die Gesamtzeche – hat S *verfälscht,* als er einzelne Striche ausradierte; *verfälscht* wird eine echte Urkunde nämlich, wenn sie durch unbefugte nachträgliche Änderungen etwas anderes aussagt, als der Aussteller erklärt hatte.

> *Lackner,* Anm. 4.
> Allgemein zum Merkmal »Verfälschen« einer echten Urkunde: Nach *h. M.* kann auch der *Aussteller* der Urkunde diese i. S. des § 267 StGB verfälschen, nämlich dann, wenn er die Dispositionsbefugnis über die Urkunde verloren hat (vgl. *Lackner* aaO; *Maurach-Schroeder* Bd. 2, S. 110 f; *Tröndle,* LK Rdnr. 153 ff m.w.N.; *OLG Stuttgart,* NJW 1978, 715 f; a. A. *Cramer* aaO, Rdnr. 68, *Puppe,* JR 1978, 206 f, *Samson* in SK, Rdnr. 70 ff und *Schilling,* Reform der Urkundenverbrechen, 1971, S. 19 ff, m.w.N.).
> – Insoweit ist das »Verfälschen« gegenüber dem »Herstellen« von selbständiger Bedeutung (*Maurach-Schroeder* aaO). Von jenem Fall, daß der *Aussteller* der Urkunde sie verfälscht, abgesehen, ist das »Verfälschen« nichts anderes als das »*Herstellen«* einer neuen, »unechten Urkunde« (vgl. nur *Lackner* aaO; *BGH* bei *Dallinger,* MDR 1975, 23). –

Der objektive Tatbestand des § 267 StGB ist also erfüllt.

(3) Auch der subjektive Tatbestand ist gegeben: S hat vorsätzlich und *zur Täuschung im Rechtsverkehr* gehandelt.

»Zur Täuschung im Rechtsverkehr« handelt, wer durch die Vortäuschung der Echtheit (bzw. Unverfälschtheit) der Urkunde einen anderen zu einem *rechtserheblichen* Handeln oder Unterlassen bringen will. Dabei ist der Begriff des »rechtserheblichen« Verhaltens *negativ* dahin zu umschreiben, daß er lediglich den »rein gesellschaftlichen Verkehr« oder »bloße zwischenmenschliche Beziehungen« *nicht* mitumfaßt (*Hassemer*, JuS 1977, 197).

## b) *»Gebrauchmachen« der verfälschten Urkunde?*

Auch diese Tatbestandsalternative ist hier m. E. erfüllt. Denn Gebrauchmachen heißt »*Zugänglichmachen* zur sinnlichen Wahrnehmung«

(*Tröndle*, LK § 267 Rdnr. 171 m.w.N.),

wobei es genügt, wenn dem zu Täuschenden die Möglichkeit der Kenntnisnahme vermittelt wird.

*Maurach-Schroeder* Bd. 2, S. 111.

Hier sind Wirt und Gast bei der Abrechnung von dem Bierdeckel als Abrechnungsunterlage ausgegangen, wobei nach der Verkehrsanschauung beide *(konkludent)* den Bierdeckel als zutreffende Aufstellung der Zeche bezeichnen, diesen also einander »präsentieren«; das muß als »Zugänglichmachen«, d. h. für den *Gebrauch* i. S. des § 267, ausreichen.

## c) *Verhältnis von »Verfälschen« und »Gebrauchmachen«*

Nach der Judikatur können die Alternativen »Herstellen« bzw. »Verfälschen« einerseits und »Gebrauchmachen« andererseits nur unter dem Gesichtspunkt der *fortgesetzten Handlung*

(zu deren – hier erfüllten – Voraussetzungen vgl. oben, Fall 56)

zusammengefaßt werden; anderenfalls soll Realkonkurrenz (§ 53 StGB) vorliegen.

*BGH* St 17, 97.
Zu der Vielfalt abweichender Ansichten im Schrifttum vgl. *Tröndle* aaO, Rdnr. 210–215 m.w.N.

Folgt man dieser (m. E. sachgerechten) Judikatur, so ist S eines fortgesetzten Vergehens nach § 267 StGB schuldig.

## d) *§ 274 I Nr. 1 StGB*

Der objektive Tatbestand dieser Vorschrift ist erfüllt, und zwar durch *Vernichtung von Urkunden* (Ausradieren der Bierstriche) und *Beschädigung* der Gesamturkunde.

»Beschädigt« wird eine Urkunde, »wenn sie derart verändert wird, daß sie in ihrem Wert als Beweismittel beeinträchtigt ist« (*Cramer* in: *Schönke-Schröder*, § 274 Rdnr. 8). – Zum Begriff des »*Gehörens*« i. S. des § 274 StGB vgl. unten, Fall 78, a. E. –

Auch der subjektive Tatbestand liegt vor.

»*Absicht*« i. S. des § 274 bedeutet nach h. M. dolus directus (*Tröndle*, LK § 274 Rdnr. 21 f m.w.N.).
*Nachteil ist nicht nur der Vermögensschaden (bzw. die Vermögensgefährdung), sondern jede Beeinträchtigung, die mit der Verwendbarkeit der Urkunde zusammenhängt,* wobei m. E. die Verwendbarkeit als *Beweismittel* betroffen sein muß (ebenso *Maurach-Schroeder* Bd. 2, S. 118; *Tröndle*, LK § 274 Rdnr. 24; *Welzel*, S. 418; str.).

S ist daher auch aus § 274 I Nr. 1 StGB schuldig.

e) § 303 StGB wird von § 274 I Nr. 1 (»Vernichten«, »Beschädigen«) konsumiert.
Vgl. *Cramer* aaO, § 274 Rdnr. 22.

f) Zudem hat S einen Betrug (§ 263) begangen
(Täuschung durch konkludentes Verhalten bei der Abrechnung; vgl. oben, b).

g) *Konkurrenzen:*

(1) §§ 267, 274 StGB:
*Geschütztes Rechtsgut bei § 267* ist die Sicherheit und Zuverlässigkeit des Rechtsverkehrs mit Urkunden
(*Lackner,* § 267 Anm. 1);

*bei § 274 I Nr. 1* wird neben dem Rechtsverkehr auch die »Beweisposition des an der Urkunde Berechtigten« geschützt
(*Tröndle,* LK § 274 Rdnr. 2 m.w.N.).

Daher ist m. E. zwischen §§ 267 und 274 Idealkonkurrenz gegeben.
(Dagegen nehmen *Cramer* in: *Schönke-Schröder,* § 274 Rdnr. 22, und *Tröndle* aaO, Rdnr. 27, Subsidiarität des § 274 an.)

(2) §§ 263 und 267 stehen in Idealkonkurrenz.

h) *Ergebnis:* S ist aus §§ 263, 267, 274 I Nr. 1/52 StGB strafbar.


## Fall 77: – Zusammengesetzte Urkunde –

Dem Plisch, der in angetrunkenem Zustand einen Verkehrsunfall verursacht hatte, wurde durch den Oberarzt Dr. X eine Blutprobe entnommen. Auf die Venüle, die das entnommene Blut enthielt, war ein Stück Papier geklebt; auf dieses schrieb X in Druckbuchstaben den Namen »Plisch«. Dann steckte X die Venüle in eine Metallhülse, wickelte diese in seinen Bericht, schob beides in ein Holzkästchen, steckte dieses in einen Briefumschlag mit der vorgedruckten Anschrift des gerichtsmedizinischen Instituts und übergab den Umschlag dem Polizeibeamten Plumm (P).
Dieser war mit Plisch befreundet. Da er ihm helfen wollte, vertauschte er die Venüle mit dem Blut des Plisch gegen eine andere mit dem Blut eines Dritten, der erheblich weniger getrunken hatte als Plisch. Dadurch verhinderte P die Bestrafung des Plisch aus § 315c I Nr. 1 a, III Nr. 1 StGB.
Strafbarkeit des P?


a) *§ 267 StGB* (»Verfälschen«)
Durch das Zusammenfügen des Berichtes mit der Venüle, auf der »Plisch« stand, könnte eine *»zusammengesetzte Urkunde«* entstanden sein.
Wäre das der Fall, so läge ein Verfälschen dieser Urkunde vor (zum *»Verfälschen«* bei zusammengesetzten Urkunden vgl. *Cramer* in: *Schönke-Schröder,* § 267 Rdnr. 65 a; *Tröndle,* LK Rdnr. 148, 150 ff m.w.N.).
Eine zusammengesetzte Urkunde liegt vor, »wenn eine verkörperte Gedankenerklärung mit dem Augenscheinsobjekt, auf das sich ihr Erklärungsinhalt bezieht (Bezugsobjekt), *räumlich* fest zu einer ›*Beweiseinheit*‹ verbunden ist.«

*Cramer* in: *Schönke-Schröder,* § 267 Rdnr. 36 a; *Tröndle,* LK Rdnr. 87. Eingehend zur »zusammengesetzten Urkunde«, *Lampe,* NJW 1965, 1746; *Samson,* GA 1969, 353. *Beispiele* für zusammengesetzte Urkunden: Der Personalausweis mit eingeklammertem Lichtbild (*Cramer* aaO); die *beglaubigte* Abschrift bzw. Kopie (*Lackner,* § 267 Anm. 2 b); Preisschilder mit fester Verbindung zu einem Kleidungsstück (K. *Peters,* NJW 1968, 1894; *Wessels,* BT 1 S. 134; *OLG Köln,* NJW 1973, 1807; NJW 1979, 729 f. Daher begeht § 267 StGB in der Altern. des Verfälschens, wer von einem billigen Kleidungsstück ein solches Preisschild ablöst und es an einem teureren Artikel anbringt, um diesen billiger zu erwerben; *Peters* aaO; a. A. *Otto,* S. 341 m.w.N.; nicht erkannt von *OLG Hamm,* NJW 1968, 1894).

Der *BGH* hat hier die Annahme einer zusammengesetzten Urkunde zu Recht abgelehnt, da es an der erforderlichen *Verbindung* der Einzelteile *»mit einiger Festigkeit«* gefehlt habe. Im übrigen seien die Teile – wie das Gericht meint – auch nicht zu dem Zweck zusammengefügt worden, »zusammen eine Erklärung zu bilden«, sondern allein zur Vereinfachung der Versendung.

*BGH* St 5, 75; zustimmend *Cramer* aaO; *Otto,* S. 356; *Tröndle,* LK § 267 Rndr. 88.

Ein *Verfälschen des Berichtes* (der eine Urkunde ist) durch das Vertauschen der Venülen kommt nicht in Betracht: Es ist kein Verfälschen, »wenn jemand einen außerhalb der Urkunde liegenden Gegenstand ändert, auf den sich die Urkunde bezieht«.

*Frank,* § 267 Anm. V 1 a; *BGH* aaO, S. 80.

**b) § 274 I Nr. 1** (Unterdrücken einer Urkunde) bezüglich der Venüle mit der Aufschrift »Plisch«?

Venüle und Zettel mit dem Namen »Plisch« könnten eine *zusammengesetzte Urkunde* sein. Der Zettel enthielt in Verbindung mit der Venüle die Gedankenerklärung: »In der Venüle ist das Blut des Plisch«; auch die erforderliche feste Verbindung sowie die Beweiseignung und -bestimmung liegen vor.

Doch fragt sich, ob die »Urkunde« *einen bestimmten Aussteller erkennen ließ.* Dies könnte schon wegen der Verwendung von *Druckbuchstaben* zweifelhaft sein, da als Aussteller außer dem Arzt z. B. eine med.-techn. Assistentin, eine Krankenschwester oder P in Betracht kommen. Nicht ausreichend wäre, wenn der Aussteller sich nicht aufgrund der Erklärung selbst, sondern erst durch *weitere Beweise* feststellen ließe.

(*BGH* aaO, S. 78 f).

**c) § 133 I, III StGB**

Doch ist P nach § 133 I, III StGB schuldig

(er hat die Venüle mit der Aufschrift »Plisch« der »dienstlichen Verfügung entzogen«).

**d) Zudem liegen** §§ 258 I, 258 a StGB vor – und zwar in Idealkonkurrenz zu § 133 I, III StGB –.

*Fall 78: – Beweisbestimmung –*

Neuhaus (N) hat seit längerem eine Liebschaft mit Rosi, was zur Zerrüttung seiner Ehe geführt hat; seine Ehefrau betreibt deswegen die Scheidung (§ 1565 II BGB). Zum Beweis für die Beziehungen des N zu Rosi beruft sie sich u. a. auf Briefe ihres Mannes, in denen er sie um Verständnis für sein Verhältnis bittet; sie erklärt, sie werde die Briefe in der nächsten mündlichen Verhandlung vorlegen. N nimmt seiner Ehefrau heimlich die Briefe weg und verbrennt sie.
Strafbarkeit des N aus § 274 I Nr. 1 StGB?

## a) Objektiver Tatbestand des § 274 I Nr. 1 StGB:

(1) *Als N die Briefe verbrannte,* waren diese Urkunden:
Es handelte sich um »verkörperte Gedankenerklärungen«, die ihren Aussteller erkennen ließen. Auch die erforderliche Beweisfunktion lag vor; denn *zu jenem Zeitpunkt* waren die Briefe geeignet und bestimmt, eine rechtserhebliche Tatsache (die ehezerrüttenden Beziehungen des N zu Rosi) zu beweisen.

(a) Zwar handelte es sich *ursprünglich* bei den Briefen nicht um Urkunden, da sie bei der Ausstellung nicht dazu bestimmt waren, Beweis im Rechtsverkehr zu erbringen. *Die für den Urkundenbegriff nötige Beweisbestimmung kann aber noch nachträglich erfolgen, und zwar selbst durch Dritte.*

Wird die Beweisbestimmung der Gedankenerklärung bereits bei der Ausstellung gegeben, spricht man von »Absichtsurkunden«.

> Vgl. *Lackner,* Anm. 2 d, bb; *Cramer* in: *Schönke-Schröder,* Rdnr. 14 f; *Tröndle,* LK Rdnr. 50 ff.
> Besser erscheint die Benennung: »originäre Urkunden« (*Tröndle* aaO, Rdnr. 51).

Erfolgt die Beweisbestimmung dagegen erst durch einen *späteren* Umstand, spricht man von »Zufallsurkunden«.

> Vgl. *Lackner, Cramer* und *Tröndle* aaO.
> Diese Bezeichnung ist aber verfehlt: »Vor der Beweisbestimmung hat die Erklärung überhaupt keine Urkundenqualität; die Beweisbestimmung selbst ist aber alles andere als zufällig« (*Tröndle* aaO, Rdnr. 53); treffender erscheint daher die Benennung: »nachträgliche Urkunden« (*Tröndle* aaO).
> Die Rechtsfigur der Zufallsurkunde (*nachträgliche* Urkunde) lehnen ab: u. a. *Puppe,* Jura 1979, 633 ff m.w.N.; *Schilling,* Reform der Urkundenverbrechen, 1971, S. 53 ff.

(b) Eine solche *nachträgliche* Beweisbestimmung von Privatbriefen ist etwa anzunehmen, wenn ihre Beschlagnahme im Strafverfahren erfolgt

> (*Tröndle,* LK § 267 Rdnr. 53; *Cramer* aaO, Rdnr. 15)

oder bei Vorlegung als Beweismittel im Zivilprozeß

> (*BGH* St 13, 235, 238; *Cramer* aaO, Rdnr. 14).

Aber auch die *Ankündigung* im Rechtsstreit, die Briefe in der nächsten mündlichen Verhandlung vorlegen zu wollen, muß für die Beweisbestimmung bereits ausreichen. Dies gebieten – wie der vorliegende Fall zeigt – schon kriminalpolitische Erwägungen (Schutz des § 274 I Nr. 1 StGB).

> Ebenso offenbar *Tröndle* aaO, Rdnr. 54: Es genüge, *wenn der »Beweisinteressent« auf den Brief im Zivilprozeß »Bezug nehme«.*

Danach ist hier eine nachträgliche Beweisbestimmung gegeben.

(2) Die Briefe (= Urkunden) *»gehörten«* dem N nicht, jedenfalls nicht ausschließlich

> (für das »Gehören« i. S. des § 274 I Nr. 1 kommt es nicht auf Eigentum (oder sonstige dingliche Rechte) an; vielmehr *»gehört«* die Urkunde dem Täter ausschließlich, wenn er das *alleinige Verfügungsrecht* im Hinblick auf die Funktion der Urkunde als Beweismittel hat, wenn *allein ihm* das Recht zur Benutzung der Urkunde als Beweismittel zusteht; h. M., vgl. *Maurach-Schroeder* Bd. 2, S. 117; *Blei,* S. 286; *Cramer* in: *Schönke-Schröder,* § 274 Rdnr. 5; *Welzel,* S. 418).

(3) Diese Urkunden hat N *»vernichtet«.*

b) Auch der subj. Tatbestand des § 274 I Nr. 1 ist erfüllt.

c) *Ergebnis:* N ist aus dieser Vorschrift strafbar.

*Fall 78 a: »Deliktsurkunden« –*

Adolf Anarcho (A) schreibt an Rudi Ratlos einen beleidigenden Brief, unterzeichnet diesen aber zwecks Vermeidung von Scherereien mit Klaus König. Strafbarkeit des A aus § 267 StGB?

In Betracht kommt nur das »Herstellen einer unechten Urkunde«. Problem: War der Brief eine *Urkunde?* Dies erscheint wegen des Erfordernisses der *Beweisbestimmung* als fraglich. Eine verbreitete Ansicht zählt aber beleidigende Briefe (und in gleicher Weise nötigende oder erpresserische Schreiben) als sogen. *»Deliktsurkunden«* zu den Absichtsurkunden.

> *Cramer* in: *Schönke-Schröder,* § 267 Rdnr. 14; *Tröndle,* LK Rdnr. 52.

> *Begründung:* Die Beweisbestimmung bei den Absichtsurkunden erfordere kein zweckgerichtetes Handeln; es genüge das Bewußtsein, der Empfänger werde an die Mitteilung (möglicherweise) eine rechtliche Reaktion knüpfen (z. B. Strafanzeige erstatten, Strafantrag stellen, auf die Nötigung bzw. Erpressung eingehen u. ä.); *Cramer* und *Tröndle* aaO.

Folgt man dieser – m. E. fragwürdigen – Ansicht, so hat A sich der »Herstellung einer unechten Urkunde«

– dazu näher Fall 79 –

schuldig gemacht.


*Fall 79: – Echtheit/Unechtheit von Urkunden –*

Ostagent James Blond (J) steigt in einem Hotel ab; um sein Inkognito zu wahren, trägt er sich im Anmeldeformular unter dem Namen Klaus König ein. Strafbarkeit des J aus § 267 StGB?

Durch die Ausfüllung des Anmeldeformulars hat J eine Urkunde hergestellt:

> Das ausgefüllte Formular verkörpert seine Gedankenerklärung: »Ich heiße Klaus König, übernachte hier am…, wohne in…«; sie ist – zugunsten des Hoteliers – beweisgeeignet und -bestimmt und läßt den Aussteller erkennen.

Durch die Unterzeichnung *mit einem falschen Namen* könnte J eine *unechte* Urkunde hergestellt haben.

a) *Unecht* ist eine Urkunde, wenn sie nicht von dem stammt, der als ihr Aussteller bezeichnet ist; entscheidend ist also für das Merkmal unecht die *Identitätstäuschung,* während eine bloße *»schriftliche Lüge«* noch keine unechte Urkunde ist.

> *Cramer* in: *Schönke-Schröder,* § 267 Rdnr. 48.

b) Es fragt sich, ob J wegen des Gebrauchs eines fremden Namens eine solche Identitätstäuschung begangen hat. J hat nicht darüber getäuscht, *wer* Aussteller der Urkunde ist, sondern *wie* dieser Aussteller *heißt.*

Ob eine solche *schlichte Namenstäuschung* als Identitätstäuschung über den Aussteller zu behandeln sei, ist streitig.

*Cramer* bejaht diese Frage mit der Begründung, das entscheidende Identitätsmerkmal einer Person im Rechtsverkehr sei ihr *Name;* daher täusche über seine Identität auch, wer ausschließlich über seinen Namen täusche, auch wenn eine Täuschung über seine Person nicht vorliege.

> In: *Schönke-Schröder,* § 267 Rdnr. 49, 51; ebenso *Samson* in SK, Rdnr. 44.

Anders demgegenüber *Rechtsprechung* und *h. L.*, die meinen, trotz Verwendung eines ihm nicht zustehenden Namens begehe *keine* Urkundenfälschung, »wer nicht den Anschein der Identität mit einem anderen erweckt, *sondern nur seinen Namen ungenannt lassen* will (wer nicht *als ein anderer*, sondern nur unter einem anderen Namen handelt)«
– wie es bei J der Fall ist.

> *Welzel*, S. 409; ebenso *Blei*, S. 279; *Dreher-Tröndle*, § 267 Rdnr. 21, 26; *Lackner*, Anm. 3 a; *Maurach-Schroeder* Bd. 2, S. 109; *Wessels*, BT 1 S. 135 f; *RG* JW 1934, 3064; *BGH* St 1, 117.

*Stellungnahme:* Der h. A. gebührt, wie ich meine, nach dem *Normzweck* der Urkundsdelikte – Schutz des Rechtsverkehrs – der Vorzug; die Meinung *Cramers* dehnt den Bereich des Strafbaren unnötig weit aus:
Wenn z. B. eine Ledige einen Mietvertrag als Ehefrau des Mieters unterzeichnet, um zu verdecken, daß sie in »wilder Ehe« mit ihm lebt, oder wenn ein Liebespaar »inkognito« in einem Hotel absteigt, wird die Sicherheit des Rechtsverkehrs nicht (ins Gewicht fallend) beeinträchtigt; daß ein solches Verhalten strafwürdig sein soll, vermag ich nicht einzusehen. Die h. M. führt auch nicht zu bedenklichen *Strafbarkeitslücken;* denn bei Namenstäuschung mit betrügerischer Intention greift § 263 StGB ein.

*Ergebnis:* J ist nicht nach § 267 StGB strafbar.

Ergänzende Hinweise:

(1) Wie die Unterzeichnung mit *falschem* Namen nicht notwendig Herstellung einer *unechten* Urkunde bedeutet, ist umgekehrt eine Urkunde nicht notwendig deswegen *echt*, weil der Aussteller mit richtigem Namen unterzeichnet: Auch in der *Unterzeichnung mit richtigem Namen* kann eine Täuschung über die Identität des Ausstellers liegen; so bei Unterzeichnung eines Wechsels »durch den vermögenslosen Kaufmann XY, der auf eine Verwechslung mit seinem solventen Namensvetter spekuliert«.

> *Maurach-Schroeder* aaO; *Lackner*, Anm. 3 b; *Cramer* aaO, Rdnr. 52; a. A. *Otto*, S. 344.

(2) Zur Unterzeichnung von Briefen, Anzeigen u. ä. Schreiben mit einem sogen. »*Allerweltsnamen*« (Meier, Müller, Schulze u. ä.): Unterschreibt der Täter, *um seine Identität zu verbergen*, mit »Müller« (»Meier« o. ä.), so ist zu unterscheiden: Will der Täter vortäuschen, *eine bestimmte* – wenn auch vielleicht nicht auffindbare – *Person namens »Müller«* (»Meier«) sei Aussteller, so ist eine unechte Urkunde anzunehmen.

> *RG* St 46, 297, 300 f; *Tröndle* aaO, Rdnr. 42.

Ist dagegen ohne weiteres klar, daß der Aussteller durch die Verwendung des Allerweltsnamens seine Identität verbergen will, *ohne vorzutäuschen, jemand anders als er sei der Aussteller*, so fehlt es mangels Angabe des Ausstellers (der ja anonym bleiben soll) an einer Urkunde.

> *Tröndle* aaO; *Cramer* aaO, Rdnr. 18 (Problem der sogen. »versteckten Anonymität«).

*Fall 80:* — »*Geistigkeitstheorie*« –

Prokurist Flott, dessen Prokura durch seinen Prinzipal (eine Großbank) gemäß § 50 III HGB wirksam auf den Betrieb einer Zweigniederlassung beschränkt ist, akzeptiert in der Hauptniederlassung einen Wechsel und setzt den Firmenstempel der Hauptniederlassung neben seine Unterschrift.
Strafbarkeit des Flott (F) aus § 267 StGB?

Problem: Hat F eine *unechte* Urkunde hergestellt, d. h. den Anschein erweckt, die Urkunde rühre von einer anderen Person als dem wirklichen Aussteller her?

Bei der Frage, wer Aussteller einer Urkunde ist, kommt es grundsätzlich nicht darauf an, wer die Unterschrift vollzogen hat

(anders noch die u. a. von *Frank*, § 267 Anm. I, vertretene, überholte »Körperlichkeitstheorie«);

vielmehr ist entscheidend, »von wem die Urkunde geistig herrührt« (sogen. »Geistigkeitstheorie«).

*Maurach-Schroeder* Bd. 2, S. 107 f; *Blei*, S. 279; *Cramer* in: *Schönke-Schröder*, § 267 Rdnr. 55; *Welzel*, S. 408; *BGH* St 13, 382, 385.

Funktion und Schranken der Geistigkeitstheorie verdeutlicht trefflich ein Urteil des *BayObLG*, das entschied:

»Wer in einer Juristischen Staatsprüfung die geistige Leistung eines anderen sich zu eigen macht, indem er den *von einem Dritten* gefertigten und geschriebenen Lösungsvorschlag mit seiner Platznummer versieht und als *seine* Arbeit dem aufsichtsführenden Beamten vorlegt, stellt ... *nicht* eine unechte Urkunde her"

(JZ 1981, 201 ff mit zustimmender Anm. *Geppert*, Jura-Kartei § 267/4):

Nach der *Körperlichkeitstheorie* kam als *Aussteller* der beim Aufsichtsführer abgegebenen Examensklausur (Urkunde) nur jener »Dritte« in Frage. Auf den ersten Blick könnte man meinen, auch nach der *Geistigkeitstheorie* sei die Beurteilung nicht anders, da es sich bei der Klausur um die geistige Leistung des »Dritten« handelte. Indes ist der Prüfungskandidat, der die Klausur als *seine* Prüfungsleistung vorlegte, im Rechtssinne Aussteller der Urkunde; dazu führt das Gericht treffend aus:

Der Prüfungskandidat habe den von einem Dritten geschriebenen Lösungsvorschlag *gebilligt und sich »zu eigen gemacht«*, indem er ihn als *seine* Klausur, versehen mit seiner Platznummer, abgab.

Damit hat der Prüfungskandidat zwar vorgetäuscht, selbst die Lösung erarbeitet zu haben; er hat aber nicht über den Aussteller der Urkunde (Examensklausur) getäuscht: »Die vorangegangene unbefugte Übernahme der geistigen Leistung anderer ist für die Frage des Ausstellers und damit der Echtheit der Urkunde rechtlich ohne Belang«.

*BayObLG* aaO.

Gemäß der Geistigkeitstheorie ist z. B. das *Ankunftstelegramm* eine vom Telegrammaufgeber hergestellte Urkunde, nicht lediglich *eine Abschrift* des Aufgabetelegramms *ohne Urkundenqualität*

*Tröndle*, LK § 267 Rdnr. 18.

Auf dem Boden der Geistigkeitstheorie ist ferner das *Zeichnen mit fremdem Namen*

(Vertreter zeichnet mit dem Namen des Vertretenen)

keine Täuschung über die Identität des Ausstellers, wenn

a) der Vertreter den anderen vertreten will,

b) er diesen – und zwar auch in der Unterschrift (!) – vertreten darf und

c) keine *Eigenhändigkeit* der Unterschrift rechtlich vorgeschrieben ist (wie es etwa beim Testament, § 2247 I BGB, bei Revisionsbegründungen, § 345 II StPO, beim Unterzeichnen von Examensarbeiten der Fall ist). Vgl. *Maurach-Schroeder* und *Welzel* aaO; *Tröndle* aaO, Rdnr. 19 ff; *Wessels*, BT 1 S. 136; *Otto*, S. 339.

– Strittig ist der Fall der unbefugten Unterzeichnung mit fremdem Namen dann, wenn *durch Zusätze wie* »*i. A.*« u. ä. erkennbar ist, daß der Namensträger nicht selbst unterzeichnet hat; dazu *OLG Hamm,* NJW 1973, 634 mit kritischer Besprechung *Puppe,* NJW 1973, 1870. –

Aussteller einer Urkunde können nach der Geistigkeitstheorie nicht nur natürliche Personen, sondern auch Behörden, Kreditinstitute u. ä. sein.

Bei *behördlichen Urkunden* gilt nach der Verkehrsauffassung regelmäßig die Behörde, die sich aus (dem Briefkopf und insbesondere) dem *Dienstsiegel* ergibt, als Aussteller, während der (»i. A.«; »i. V.«) unterzeichnende Beamte bzw. Angestellte für den Rechtsverkehr zurücktritt. Demgemäß stellt eine unechte Urkunde her, wer der Unterschrift mit eigenem Namen unbefugt den Stempel einer Behörde beifügt und dadurch den Schein einer *Erklärung dieser Behörde selbst* hervorruft.

> *BGH* St 7, 149, 152; *Lackner,* Anm. 3 b; *Cramer* aaO, Rdnr. 52; *Tröndle,* LK Rdnr. 131; *Otto,* S. 343; ablehnend *Samson,* JuS 1970, 374 f.

Diese für Behörden dargelegten Grundsätze hat der *BGH* auch auf *Handelsgesellschaften* ausgedehnt:

Nach der Verkehrsauffassung gelte eine Erklärung, bei der neben die Unterschrift der *Firmenstempel* z. B. einer Bank gesetzt sei, regelmäßig als Erklärung der Bank, nicht des »p. p.«, »i. V.« oder »i. A.« Unterzeichnenden.

> *BGH* St 9, 44; 17, 11; ebenso *Lackner, Cramer* und *Tröndle* aaO; ablehnend *Samson* aaO.

F hat daher nicht etwa lediglich über den Umfang seiner Prokura getäuscht (schriftliche Lüge), sondern den Anschein erweckt, die Hauptniederlassung sei Aussteller des Akzeptes. Er hat damit eine unechte Urkunde hergestellt.

## Fall 81: – Blankettfälschung –

Josef übergibt seinem Geschäftsfreund Eugen Maria (E) einen Blankowechsel (Art. 10 Wechselgesetz, WG), auf dem E als Remittent (Art. 1 Nr. 6 WG) angegeben ist; E soll befugt sein, die Wechselsumme nach Abwicklung des nächsten Geschäfts auf dem Wechsel einzutragen. Dabei darf er aber vereinbarungsgemäß den Betrag von 5000,–DM nicht überschreiten. E trägt jedoch als Wechselsumme 10000,–DM ein und läßt den Wechsel durch seine Bank diskontieren.

Strafbarkeit des E aus § 267 StGB?

a) E hat durch das vereinbarungswidrige Ausfüllen des Blankowechsels eine *unechte Urkunde hergestellt* (sogen. »Blankettfälschung«).

> *Maurach-Schroeder* Bd. 2, S. 109; *Cramer* in: *Schönke-Schröder,* § 267 Rdnr. 62; *Tröndle,* LK Rdnr. 137 ff, 140.

Denn als Aussteller der Urkunde erscheint Josef, während sie in Wirklichkeit *in dieser Form*

> (10000 statt 5000 DM)

von E herrührt, so daß eine Täuschung über die Person des Ausstellers als dem geistigen Urheber der Erklärung vorliegt. Auch der subj. Tatbestand des § 267 StGB ist erfüllt.

b) Zudem ist § 267 in der Alternative des *Gebrauchmachens* gegeben.

c) E ist daher *eines fortgesetzten Vergehens nach § 267 StGB* schuldig.

> Dazu oben, Fall 76, c.

*Fall 81 a: – Herstellen einer unechten Urkunde bei Nötigung zur Unterschrift? –*

Max zwingt Moritz mit der Drohung, ihn anderenfalls »umzulegen«, zur Ausstellung eines Schecks, den er (Max) anschließend bei seiner Bank einlösen will. Strafbarkeit des Max aus § 267 StGB?

*Max könnte eine unechte Urkunde hergestellt haben; dann müßte er (gemäß der »Geistigkeitstheorie«) der wirkliche Aussteller der Urkunde (Scheck) sein.* Hierfür könnte sprechen, daß Max den Moritz zu der Ausstellung des Schecks *genötigt* hat. Die Behandlung derartiger Fälle ist streitig:

Einigkeit besteht nur darüber, daß eine unechte Urkunde herstellt, wer mit *vis absoluta* eine Unterschrift erzwingt, indem er dem Unterzeichnenden gewaltsam die Hand führt.

> *Maurach*, S. 485; *Cramer* aaO, Rdnr. 55; *Lackner*, Anm. 3 b.

Dagegen ist umstritten, ob § 267 StGB auch dann eingreift, wenn die Herstellung einer Urkunde durch *vis compulsiva* oder *Drohung* abgenötigt wird:

Hierzu wird von einigen Autoren die Meinung vertreten: Sei die Nötigung mit einer *Gefahr i. S. des § 35 StGB* verbunden, so sei geistiger Urheber der Urkunde der Nötigende, so daß dieser eine unechte Urkunde herstelle.

> *Maurach* aaO und *Tröndle*, LK § 267 Rdnr. 134 (die auf § 52 StGB a. F. bzw. § 35 StGB n. F. abstellen).
> Abweichend u. a. *Cramer* in: *Schönke-Schröder*, Rdnr. 55, *Otto*, S. 338, und *Samson*, JuS 1970, 375: Werde jemand mittels *Drohung* zur Herstellung einer Urkunde genötigt, so sei der *Genötigte* als Aussteller der Urkunde anzusehen; »Herstellung einer unechten Urkunde« sei solch ein Verhalten nicht (a. A. *Blei*, S. 258); denselben Standpunkt vertritt *Cramer* aaO für die vis compulsiva.

Folgt man der Ansicht von *Maurach* und *Tröndle*, so ist § 267 StGB hier erfüllt; dagegen ist Max nicht nach dieser Vorschrift strafbar, wenn man die Meinung *Cramers, Ottos* und *Samsons* für richtig hält.

> – Zum Problem »Herbeiführung einer Unterschrift durch Täuschung oder Zwang« vgl. Fr.-Chr. *Schroeder*, GA 1974, 225 (kritisch zu ihm *Blei*, JA 1974, StR 173 f): Da die Willensbeeinflussung durch den Täter nur zur *Anfechtbarkeit* (§ 123 BGB) der Urkunde führe, *diese also – ohne Anfechtung – wirksam* sei, sei es nicht angängig, eine Urkundenfälschung anzunehmen.
> Danach würde hier § 267 StGB entfallen.

*Fall 82: – Durchschriften, Abschriften und Fotokopien von Urkunden als Urkunden? –*

Securius (S) hat einen von seinem Schuldner ausgestellten Schuldschein über eine Forderung in Höhe von 5000,– DM verloren; er besitzt aber noch eine Durchschrift, eine Fotokopie und eine Abschrift des Schuldscheins. In diesen drei Papieren radiert S die Schuldsumme aus und trägt statt dessen den Betrag von 10000,– DM ein. S will durch Vorzeigen dieser Papiere bei seinen Gläubigern kreditwürdiger erscheinen. Strafbarkeit des S aus § 267 StGB?

a) *Abschriften*

Unbeglaubigte Abschriften von Urkunden sind grundsätzlich selbst keine Urkunden.

> BGH St 2, 50, 51; *Kienapfel*, NJW 1971, 1781; *Maurach-Schroeder* Bd. 2, S. 105; *Cramer* in: *Schönke-Schröder*, Rdnr. 40; *Tröndle*, LK Rdnr. 92.

*Begründung:* Sie enthalten nicht selbst die verkörperte Erklärung, sondern sind nur deren Wiedergabe. Zudem lassen sie keine bestimmte Person als Aussteller (der Abschrift) erkennen.

> *Beglaubigte* Abschriften sind zusammengesetzte Urkunden: Der Beglaubigungsvermerk ist die Gedankenerklärung, deren Bezugsobjekt ist die Abschrift. Vgl. *Lackner*, § 267 Anm. 2 b; *Tröndle* aaO, Rdnr. 94.

b) Dagegen sind *Durchschriften von Urkunden* nach h. A. grundsätzlich selbst Urkunden.

> *RG* JW 1938, 1161; *OLG Hamm*, NJW 1973, 1809, 1810; *Lackner*, Anm. 2 f; *Cramer* aaO, Rdnr. 41; *Tröndle* aaO, Rdnr. 96.

Dem ist zu folgen, da Durchschriften gerade zu dem Zweck angefertigt werden, mehrere Stücke einer Urkunde als Beweismittel zur Verfügung zu haben, und nach der Verkehrsanschauung wie das Original die Erklärung des Ausstellers enthalten.

c) Streitig ist demgegenüber, ob *Fotokopien* (Xerokopien, Mikrofilme, Mikrofiches) *von Urkunden* selbst Urkunden sind.

Nach Rechtsprechung und h. L. sollen solche Kopien *ebensowenig wie Abschriften von Urkunden* selbst Urkunden sein.

> *BGH* St 24, 140; *Kienapfel* aaO; ders. JZ 1971, 165; *Arzt/Weber,* BT LH 4 (1980), Rdnr. 357; *Maurach-Schroeder* aaO; *Otto*, S. 340; *Samson* in SK, § 267 Rdnr. 36; *Tröndle*, LK § 267 Rdnr. 99 ff.

Dagegen werden Fotokopien von einzelnen Autoren den Durchschriften gleichgestellt, da sie »volle schriftgetreue Nachbildungen des Originals« und wie dieses schutzwürdig seien.

> *Schröder*, JR 1965, 232; *Welzel*, S. 407 (*Schröder* hat diese Ansicht aber später aufgegeben, vgl. *Schönke-Schröder*, 17. Aufl. 1974, § 267 Rdnr. 42).

*Stellungnahme:* Mir scheint die Einbeziehung der Fotokopien von Urkunden in den Urkundenbegriff nicht sachgerecht zu sein, und zwar aus begrifflichen wie aus kriminalpolitischen Gründen:
(1) Fotokopien lassen (in aller Regel) *ihren* Aussteller nicht erkennen; im übrigen enthalten sie nicht selbst die verkörperte Gedankenerklärung, sondern sind nur deren *Abbild.*

> (*Kienapfel*, NJW aaO).

Sie werden also vom Urkundenbegriff (oben, Fall 76) nicht erfaßt.
(2) Zudem sprechen keine erheblichen *kriminalpolitischen Gründe* für eine Ausdehnung des Schutzes des § 267 StGB auf Fotokopien.

> Vgl. näher *Kienapfel* aaO, S. 1784.

Denn die Verfälschung *beglaubigter* Fotokopien fällt unter § 267 StGB

> (beglaubigte Fotokopien sind – wie beglaubigte Abschriften – Urkunden);

*niemand aber braucht sich mit der Vorlage unbeglaubigter Ablichtungen von Zeugnissen u. a. Urkunden zufriedenzugeben.*

> – Hinweis: § 267 StGB in der Alternative des *Gebrauchmachens* ist nach h. M. erfüllt, wenn der Täter die Kopie einer unechten oder verfälschten Urkunde vorlegt; *BGH* St 5, 291; *Tröndle*, Rdnr. 169 m.w.N. –

## 2. Fälschung technischer Aufzeichnungen (§ 268 StGB)

Vorbemerkung: – *Zur Funktion des § 268 StGB* –

§ 268 StGB ergänzt § 267 StGB: Diese Norm schützt die Sicherheit des *Beweisverkehrs mit Urkunden*, jene die Sicherheit des *Beweisverkehrs mit technischen Aufzeichnungen*.

Auch der Tatbestandsaufbau des § 268 entspricht im Kern dem des § 267 StGB: Wie dieser, erfaßt jener als Tathandlung das *»Herstellen«*, *»Verfälschen«* und *»Gebrauchmachen«*.

§ 268 ist in das StGB eingefügt worden, »weil die technische Entwicklung immer mehr dazu führt, daß im Rechtsverkehr beweiserhebliche Aufzeichnungen verwendet werden, *die ganz oder teilweise automatisch durch Apparate hergestellt werden und keine Urkunden sind*«

(*Dreher-Tröndle*, § 268 Rdnr. 1),

– und zwar deswegen nicht, weil »Urkunden« eine menschliche *Gedankenerklärung* erfordern.

Die praktische Bedeutung des § 268 wird im Schrifttum allgemein als gering bezeichnet.

Dazu eingehend *Tröndle*, LK § 268 Rdnr. 7–8 a.

Vielfach wird auch seine Existenzberechtigung in Frage gestellt.

*Lackner*, § 268 Anm. 1; *Tröndle* aaO; beide m.w.N.


*Zu Fall 82: – Fotokopien als technische Aufzeichnungen? –*

Hat sich S im Fall 82 wegen der *Verfälschung der Fotokopie* aus § 268 I Nr. 1 StGB strafbar gemacht?

*Problem:* War die Fotokopie eine *technische Aufzeichnung?*

a) Nach Ansicht einiger Autoren sind *Fotokopien* (Xerokopien) – sowie Filme und Tonbandaufnahmen – technische Aufzeichnungen (§ 268 II StGB), soweit sie i. S. dieser Norm Beweisbestimmung besitzen.

*Cramer* in: Schönke-Schröder, § 268 Rdnr. 17; *Samson* in SK, § 268 Rdnr. 9; *Schilling*, Fälschung technischer Aufzeichnungen, 1970 S. 16 ff, 72 ff; *Schneider*, Jur A 1970, 243, 248.

Danach läge hier § 268 I Nr. 1 (»Verfälschen«) vor.

b) Dagegen erfüllen nach h. M. Fotokopien, Tonbandaufnahmen und Filme nicht die Voraussetzungen des § 268 II StGB; zur Begründung wird geltend gemacht, es fehle an dem Erfordernis, daß die »Darstellung durch ein technisches Gerät ganz oder zum Teil selbsttätig bewirkt« werde (§ 268 II StGB).

*BGH* St 24, 140, 142; *Arzt/Weber*, LH 4 aaO, Rdnr. 389; *Blei*, Henkel-Festschrift 1974, S. 118–121; *Kienapfel*, JZ 1971, 165 f; ders. NJW 1971, 1783 f; *Lackner*, § 268 Anm. 3 b; *Maurach-Schroeder* Bd. 2, S. 115, *Otto*, S. 359; *Puppe*, Die Fälschung technischer Aufzeichnungen, 1972, S. 463; *Schmidhäuser*, BT 14/29; *Tröndle*, LK § 268 Rdnr. 23 ff; *Wessels*, BT 1 S. 144.
– *Tröndle* aaO hält aber *Infrarot*-Fotografien und *Mikrofiches* für technische Aufzeichnungen. –

*Stellungnahme:* Die h. M. verdient den Vorzug. Einmal dürfte es dem Wortsinn des § 268 II StGB nicht gerecht werden, simple Ablichtungen als solche schon als durch ein technisches Gerät »*selbsttätig*« bewirkt, also gewissermaßen als »*eigene Darstellungsleistung*« eines technischen Geräts, zu werten.

Zum anderen sprechen Sinn und Zweck des § 268 gegen eine Einbeziehung von Fotokopien in den *Schutzbereich dieser Norm.* Wie dargelegt dient § 268 StGB dem Schutz des Beweisverkehrs; dabei schützt diese Norm einen »eigenständigen Gewährschaftsträger«, eben die technischen Aufzeichnungen. Fotokopien nun verdienen diesen Schutz des – § 267 StGB ergänzenden – § 268 StGB nicht

(dazu eingehend *Kienapfel* aaO).

Wer so leichtfertig und nachlässig ist, sich auf *unbeglaubigte* Fotokopien zu verlassen, »soll anschließend nicht laut schreien und zum Kadi laufen und behaupten, ihm sei strafbares Fälschungsunrecht geschehen«.

*Kienapfel,* NJW aaO, S. 1784.

§§ 267 *und* 268 StGB sind zum Schutz der als Beweismittel praktisch wertlosen Ablichtungen nicht gedacht.

*Beispiele für technische Aufzeichnungen:*

*Elektrokardiogramm, Tachographenscheibe, vom Computer errechnete Daten wie etwa Gebührenabrechnungen, Belege von Registrierkassen (bei Addition), Röntgenaufnahmen, Fotos bei automatischen, mit einer Meßvorrichtung versehenen Kameras, Abrechnungsbelege beim Selbsttanken von Benzin.*

Vgl. *Cramer* in: *Schönke-Schröder,* § 268 Rdnr. 8–16; *Dreher-Tröndle,* Rdnr. 2 ff; *Lackner,* Anm. 3 a, b; *Wessels,* BT 1 S. 143 ff.

– *Zur Vertiefung:*

(1) Zwar ist die *Tachographenscheibe* (Fahrtenschreiberaufzeichnung) in ihrem Diagrammteil keine Urkunde, sondern eine *technische Aufzeichnung;* doch wird sie als Ganzes zur *Urkunde,* wenn sie mit dem Namen eines Fahrers versehen wird (*OLG Stuttgart,* NJW 1978, 715 f = JZ 1977, 724).

(2) Die von einem *Computer erstellte Abrechnung* ist zwar als solche eine *technische Aufzeichnung;* sie wird aber zur *Urkunde,* wenn eine Behörde, juristische oder natürliche Person sich die per EDV gefertigte Abrechnung als eigene Erklärung zu eigen macht: D. h. die *Rechnung eines Kaufmanns an seinen Kunden* oder der *Gebührenbescheid einer Behörde* sind grundsätzlich Urkunden, mögen sie auch mit Hilfe der EDV erstellt sein (*Sieber,* JZ 1977, 412 m.w.N.; *Lackner,* § 267 Anm. 2 a, aa; *Cramer* aaO, § 268 Rdnr. 28). –

*Fall 83: – Der Zählerstand am Kilometerzähler als technische Aufzeichnung? –*

Rosi hat einen »Leihwagen« gemietet. Sie klemmt die Tachometerwelle ab, so daß der Kilometerzähler die von ihr gefahrene Strecke nicht registriert; sie will auf diese Weise das Entgelt für die Wagenmiete senken. Noch bevor sie den Wagen zurückgeben kann, kommt alles heraus.

Die R könnte sich nach § 268 I Nr. 1 i. V. m. III StGB (»störende Einwirkung«) strafbar gemacht haben. Dann müßte a) der Zählerstand am Kilometerzähler eine *technische Aufzeichnung* i. S. des § 268 II StGB sein und b) das »zeitweilige Abschalten« des Kilometerzählers (durch Abklemmen der Tachometerwelle) eine »*störende Einwirkung*« i. S. des § 268 III StGB darstellen.

a) Nach h. M. kommt der technischen Aufzeichnung in gleicher Weise wie der Urkunde eine *Perpetuierungsfunktion* zu; demgemäß ist die bloße »*Anzeige*« von Meßwerten, die nicht »*aufgezeichnet*« werden

– z. B. bei der Flüssigkeitssäule eines Thermometers oder beim Zeigerstand einer Waage –,

keine technische Aufzeichnung.

*Lackner,* § 268 Anm. 3 a; *Tröndle,* LK Rdnr. 10, 11.

Vielmehr soll nach h. A. für die »technische Aufzeichnung« eine *dauerhafte Verkörperung* erforderlich sein

(*Kienapfel,* JZ 1971, 164; *Lackner* und *Tröndle* aaO; *Cramer* aaO, Rdnr. 9).

Dafür sei nötig, daß die Darstellung »für eine gewisse Zeit fixiert und vom produzierenden Gerät abgetrennt, also verselbständigt« sei

(*BGH* St 29, 204 ff m.w.N.; *Kienapfel* und *Lackner* aaO; a. A. *Cramer* aaO);

daran fehle es bei den sich fortlaufend ändernden Meßwerten von Kilometerzählern, Wasseruhren, Gas- und Stromzählern; diese seien daher keine technischen Aufzeichnungen.

So mit eingehender Begründung *BGH* aaO; *OLG Düsseldorf,* Verkehrsrechtliche Mitteilungen 1975, 54; *Lackner* aaO; *Maurach-Schroeder* Bd. 2, S. 114; *Tröndle,* LK § 268 Rdnr. 10, 11; *Kienapfel,* JZ aaO; ders. JZ 1973, 225; *T. Schneider,* JurA 1970, 247; *Puppe,* Die Fälschung technischer Aufzeichnungen, 1972, S. 79 ff, 232; *Hirsch,* ZStW 1973, 715 f; *Wessels,* BT 1 S. 143 f; *Otto,* S. 359; vgl. auch Armin *Kaufmann* ZStW 1959, 423, 427 f.

Andere sehen dagegen in solchen Meßwerten technische Aufzeichnungen, da sie »die Summe der bisher gemessenen Einheiten bewahren« (perpetuieren) und der Zählstand bei ruhendem Gerät konstant bleibt.

*LG Marburg,* MDR 1973, 65 f; *OLG Frankfurt,* NJW 1979, 118 f; *Blei,* JA 1971, 725 f; 1973, 176 f; *Preisendanz,* Anm. 3 b; *Schilling,* Fälschung technischer Aufzeichnungen (1970), S. 10 f; *Cramer* aaO; *Samson* in SK, § 268 Rdnr. 12.

Mir scheint für die h. M. die *Parallelität der §§ 267/268 StGB*

– dazu u. a. *Lampe,* NJW 1970, 1099 –

zu sprechen: Für Urkunden und technische Aufzeichnungen ist die Perpetuierung der menschlichen Erklärung (§ 267) bzw. der »maschinellen Aussage« (§ 268) durch *Verkörperung, d. h. stoffliche Fixierung,* unentbehrlich. An einer solchen Verkörperung fehlt es aber bei den von Gas-, Strom- und Kilometerzählern angezeigten Meßwerten, *da diese sich fortlaufend verändern (können); solche Meßwerte erscheinen als in geringerem Maße schutzwürdig:* Bei ihnen mag es mit dem Strafrechtsschutz aus §§ 263 (22 f) StGB sein Bewenden haben.

*Kienapfel,* JZ 1973 aaO.

Folglich fehlt es hier bereits an einer technischen Aufzeichnung.

b) § 268 StGB entfällt hier aber auch dann, wenn man entgegen der h. M. in dem Meßwert des Kilometerzählers eine technische Aufzeichnung sieht:
Denn nach ganz h. A. liegt das Merkmal der »*störenden Einwirkung auf den Aufzeichnungsvorgang*« (§ 268 III)

– dazu näher unten, Fall 84 –

beim bloßen zeitweiligen »*Abschalten*« des aufzeichnenden Geräts nicht vor.

*BayObLG* NJW 1974, 325; *Cramer* in: *Schönke-Schröder*, Rdnr. 48; *Preisendanz*, Anm. 6; *Samson* in SK, Rdnr. 24; *Schneider* aaO, S. 251; differenzierend *Tröndle*, LK Rdnr. 33 d; a. A. *LG Marburg* aaO; *Lackner* aaO; *Maurach-Schroeder* Bd. 2, S. 116; *Puppe*, NJW 1974, 1174 f; *Wessels*, BT 1 S. 146.

Wer also durch Manipulationen am fraglichen Gerät lediglich (zeitweilig) *verhindert*, daß das Gerät eine technische Aufzeichnung vornimmt, erfüllt nicht den Tatbestand des § 268 I Nr. 1, III StGB, *mag er auch eine kontinuierliche Aufzeichnung vortäuschen wollen*.

*BayObLG* aaO (für den Fall kurzfristigen »Abschaltens« des *Fahrtenschreibers* im Lkw während der Fahrt).

Danach ist das hier gegebene »Abschalten« des Kilometerzählers keine »störende Einwirkung auf den Aufzeichnungsvorgang« i. S. des § 268 III StGB.

*Cramer* und *Samson* aaO; vgl. auch unten, Fall 84, b; a. A. etwa *Wessels* aaO.

*Fall 84: – »Unechtheit« der technischen Aufzeichnung; »störende Einwirkung auf den Aufzeichnungsvorgang« (§ 268 III StGB) –*

Arbeiter Müd kommt zwei Stunden zu spät zur Arbeit. Wegen einer Störung der Stechuhr, von der ein Kollege ihn informiert, und die Müd bewußt ausnutzt, kann er aber seine Verspätung verdecken.
Strafbarkeit des Müd aus § 268 StGB?

a) § 268 I Nr. 1 (»Herstellen einer unechten technischen Aufzeichnung«):

*Unecht* ist eine technische Aufzeichnung (t. A.), *»wenn sie überhaupt nicht oder nicht in ihrer konkreten Gestalt aus einem in seinem automatischen Ablauf unberührten Herstellungsvorgang stammt, obwohl sie diesen Eindruck erweckt«.*

*Lackner*, Anm. 4 a; *Cramer* in: *Schönke-Schröder*, Rdnr. 33.

Unecht sind danach einmal *nachgeahmte Aufzeichnungen*, bei denen der Täter entweder *manuell*

(vgl. *Tröndle*, LK Rdnr. 29 b m. w. N. (h. A.); a. A. aber *Lampe*, NJW 1970, 1101)

oder *mittels technischer Hilfsmittel* vortäuscht, die fragliche Aufzeichnung sei das Produkt einer i. S. des § 268 II *selbsttätigen Aufzeichnung des entsprechenden technischen Gerätes*.

*Lackner* und *Tröndle* aaO; siehe auch *BGH* St 28, 300, 303.

Unecht sind weiterhin t. A., wenn der Täter den vom Gerät fixierten Inhalt *nachträglich verändert;* denn auch dann ist ein Fall mangelnder Authentizität gegeben. Das bedeutet: Das »Verfälschen einer t. A.« ist lediglich ein Unterfall des »Herstellens einer unechten t. A.«.

*Tröndle*, LK Rdnr. 29, 31; *Cramer* aaO, Rdnr. 29, 40; *Lampe*, NJW 1970, 1102.

Unecht ist eine t. A. schließlich auch dann, wenn der selbsttätige automatische Herstellungsvorgang ordnungswidrig beeinflußt wird: Da der Echtheitsbegriff in § 268 StGB »auf die Herkunft aus einem ordnungsgemäß und selbsttätig arbeitenden Gerät bezogen (ist), wird die Aufzeichnung durch eine Störung dieses Herstellungsvorganges unecht i. S. dieser Vorschrift«; damit ist die »störende Einwirkung auf den Aufzeichnungsvorgang« (§ 268 III) sachlich ein Unterfall des Herstellens einer unechten t. A.

*Tröndle* aaO, Rdnr. 29, 32; *Cramer* aaO, Rdnr. 33; *Lackner*, Anm. 4 a, b.

Unechtheit der t. A. bedeutet also mangelnde Authentizität im dargelegten Sinne.

*Cramer* aaO, Rdnr. 31; *Kunz*, JuS 1977, 604, 606.

Dagegen begründet die bloße *inhaltliche Unrichtigkeit* der t. A. noch nicht ihre Unechtheit – ebenso wie bei Urkunden ihre inhaltliche Unrichtigkeit (»schriftliche Lüge«) sie noch nicht unecht macht.

*Cramer* aaO, Rdnr. 30; *Kunz* aaO.

Doch ist die inhaltliche Richtigkeit der t. A. letztlich *(mittelbarer) Schutzzweck des* § 268 StGB: Mit dem »Echtheitsschutz« soll durch diese Norm zugleich jene inhaltliche Richtigkeit gewährleistet werden.

*Tröndle* aaO, Rdnr. 29, 32; *Lackner*, Anm. 2: Die Echtheit der technischen Aufzeichnung sei ja »eine besonders wichtige Voraussetzung« für jene Richtigkeit.
(Gleichwohl soll die »Unrichtigkeit« der t. A. nach h. M. keine *notwendige* Voraussetzung für das Merkmal »unecht« sein; *Lackner*, aaO und Anm. 4a; *Cramer* aaO, Rdnr. 44a; *Samson* in SK, § 268 Rdnr. 17; a. A. T. *Schneider*, JurA 1970, 249.)

Nach der dargelegten Deutung des Begriffs der Unechtheit wird der Tatbestand des § 268 I Nr. 1 StGB nicht erfüllt, wenn – wie hier – ein technisch nicht ordnungsgemäß arbeitendes Gerät zur Herstellung einer *unrichtigen* t. A. verwandt wird.

Dies gilt jedenfalls dann, wenn der technische Defekt *nicht auf menschlicher Manipulation* (»störende Einwirkung« i. S. des § 268 III StGB) beruht; *BGH* St 28, 300, 303 ff; *LG Stade*, JZ 1974, 651 ff; *Lackner*, Anm. 4c; *Tröndle*, LK Rdnr. 36–36b; str.
– Dagegen soll § 268 I Nr. 1 (»Herstellen«) durch *aktives Tun* anzunehmen sein, wenn jemand vorsätzlich ein *infolge menschlicher Manipulation* defektes Gerät zur Herbeiführung unrichtiger technischer Aufzeichnungen benutzt; so *BGH* aaO; *Maurach-Schroeder* Bd. 2, S. 116; *Wessels*, BT 1 S. 146; a. A. etwa *Tröndle* aaO. –

## b) § 268 III StGB?

Die »störende Einwirkung auf den Aufzeichnungsvorgang« ist nur ein *Unterfall des* »*Herstellens unechter t. A.*« (vgl. oben). Die Einwirkung muß den *selbsttätigen Funktionsablauf als solchen* beeinflussen; es genügt nicht, wenn der Täter das Gerät »täuschend beschickt«, d. h. z. B. einen Computer mit falschen Daten »füttert«, da es in solchen Fällen an einer störenden Einwirkung *auf den Aufzeichnungsvorgang selbst* fehlt.

*Cramer* aaO, Rdnr. 48; *Tröndle*, LK Rdnr. 33, 33c.

Da der Aufzeichnungsvorgang als solcher manipuliert werden muß, liegt § 268 III auch nicht vor, wenn der Täter das Gerät zeitweilig funktionsunfähig macht, »damit die Aufzeichnung zwischenzeitliche Vorgänge nicht enthalte«.

*Cramer* aaO; vgl. oben, Fall 83, b (m.w.N.).

An einer »störenden Einwirkung« fehlt es hier, so daß § 268 III StGB entfällt.

Vereinzelt wird freilich angenommen, § 268 III StGB könne auch durch *Unterlassen* erfüllt werden: So meint *Cramer*, diese Norm erfasse den Fall, daß jemand »den Störungszustand zur Herstellung inhaltlich unrichtiger Aufzeichnungen ausnütze, obwohl er rechtlich zur Beseitigung der Störung verpflichtet sei«; das folge aus den Grundsätzen unechten Unterlassens.

In: *Schönke-Schröder*, Rdnr. 54; so auch *LG Stade* aaO; *OLG Hamm* MDR 1977, 425; wohl auch *Samson* in SK, § 268 Rdnr. 28; ablehnend u. a. *Kienapfel*, JZ 1974, 653; *Puppe*, Die Fälschung technischer Aufzeichnungen, 1972, S. 261 ff; *Schilling* aaO (Fall 83), S. 58; *Schmidhäuser*, BT 14/29.
– Differenzierend nehmen *Tröndle*, LK Rdnr. 36b, *Arzt/Weber*, BT LH 4 (1980), Rdnr. 393, und *BGH* aaO an: § 263 III könne dann durch Unterlassen erfüllt werden, wenn eine Rechtspflicht zum Entstören bestehe *und die Störung auf menschlichem Eingriff beruhe;* ähnlich *Lackner* und *Maurach-Schroeder* aaO. –

Noch weitergehend sieht T. *Schneider* (aaO, S. 252) in jeder bloßen Benutzung eines gestörten Gerätes schon eine Verwirklichung des § 268 III StGB.

*Kritik:* § 268 III StGB verlangt eine *störende Einwirkung,* so daß – was *Schneider* einräumt – diese Vorschrift nach ihrem Wortlaut ausscheidet, wenn der Täter den Aufzeichnungsvorgang selbst nicht stört, sondern lediglich eine vorhandene Störung ausnutzt. Wenn aber eine Norm nach ihrem Wortsinn eindeutig ein aktives Tun erfordert, kann sie durch Unterlassen nicht verwirklicht werden. Kriminalpolitische Erwägungen, die für eine Einbeziehung (unechten) Unterlassens sprechen mögen, finden hier ihre Grenze (Art. 103 II GG).
§ 268 III scheidet also mangels »störender Einwirkung« aus.

> *Cramer* (aaO) käme hier wegen des Fehlens einer *Entstörungspflicht* des Müd zu demselben Ergebnis.

c) § 268 I Nr. 2 StGB?

Das *Gebrauchmachen einer inhaltlich unrichtigen t. A.* wird von dieser Vorschrift nur erfaßt, wenn die Unrichtigkeit auf einem vorsätzlichen menschlichen Manipulieren beruht, das die t. A. als unechte (bzw. verfälschte) i. S. des § 268 I Nr. 1, III erscheinen läßt.

> *Lackner,* Anm. 4 c; *LG Stade* aaO; *Kienapfel* aaO, S. 653, 654; *Puppe* aaO, S. 260 ff; *Schilling* aaO, S. 58; *Tröndle,* LK Rdnr. 38 m.w.N.; a. A. anscheinend *Otto,* S. 359.

d) *Ergebnis:* Müd ist nicht nach § 268 StGB strafbar.


### 3. Urkundenunterdrückung; Veränderung einer Grenzbezeichnung (§ 274 StGB)

> – Zu § 274 I Nr. 1 StGB vgl. oben, Fall 76, d, und Fall 78.


### 4. Falschbeurkundung im Amt/Mittelbare Falschbeurkundung (§§ 348/271; 272, 273 StGB)

*Vorbemerkung:* Anders als § 267 StGB sollen §§ 348, 271 den Rechtsverkehr vor *inhaltlich unwahren Urkunden* schützen; das Gesetz will das Vertrauen in die Beweiskraft öffentlicher Urkunden sichern.

> *Cramer* in: *Schönke-Schröder,* § 271 Rdnr. 1.


*Fall 85:* Petersen (P) ist Geschäftsführer einer GmbH, die eine Autolackiererei betreibt. Er schloß mit einem Malermeister (M) einen schriftlichen, aber von beiden nicht ernst gemeinten Dienstvertrag über dessen Einstellung als Betriebsleiter. P reichte diesen Vertrag bei der Handwerkskammer ein und bewirkte dadurch die Eintragung der GmbH in die Handwerksrolle.
Strafbarkeit des P aus § 271 StGB?

(1) *Funktion des § 271 StGB:*

Der *Amtsträger,* der *vorsätzlich* eine Falschbeurkundung i. S. der §§ 348 (271) vornimmt, ist aus § 348 I StGB schuldig; wer an dieser Tat *vorsätzlich als Anstifter (Gehilfe) teilgenommen hat,* ist nach §§ 348 I, 26, 28 I (bzw. 348 I, 27, 28 I) strafbar.

Die Anwendbarkeit des § 28 I StGB auf den Teilnehmer resultiert aus dem Charakter des § 348 als *eigentlichem Amtsdelikt* (zu diesen vgl. oben, Kapitel 1, § 9 I 1).

§ 271 StGB ist für den *Teilnehmer an § 348* nicht einschlägig.

Ist der beurkundende *Amtsträger* gutgläubig und wird er von einem Hintermann, *der diese Gutgläubigkeit kennt,* als Werkzeug mißbraucht, so ist an sich ein Fall *mittelbarer Täterschaft* gegeben; doch ist diese (in aller Regel) bei § 348 StGB ausgeschlossen, da dem Hintermann die in dieser Norm vorausgesetzte *Täterqualität* fehlt.

> *Maurach-Schroeder* Bd. 2, S. 122 f; *Tröndle,* LK § 271 Rdnr. 1.

In einem solchen Fall greift § 271 StGB ein.

Doch ist diese Norm nicht auf die Funktion beschränkt, Auffangtatbestand für solche Fälle »mittelbarer Täterschaft« zu sein. Vielmehr soll § 271 StGB nach ganz h. M.

> (*RG* St 13, 56; *Hruschka,* JZ 1967, 212; *Lackner,* Anm. 2; *Maurach,* S. 496; *Tröndle,* LK Rdnr. 61; *Welzel,* S. 416; *Wessels,* BT 1 S. 150; *Otto,* S. 350)

auch anwendbar sein, *wenn der beurkundende Amtsträger entgegen der Vorstellung des Hintermannes gutgläubig ist*

> (insoweit erfaßt diese Norm also auch den Fall der – gemäß § 30 StGB an sich nicht strafbaren – *versuchten Anstiftung* zu dem Vergehen nach § 348 StGB; a. A. aber *Cramer* in: *Schönke-Schröder,* § 271 Rdnr. 30, und *Samson* in SK, Rdnr. 21, die für Straflosigkeit eintreten)

*bzw. (umgekehrt) der beurkundende Amtsträger entgegen der Vorstellung des Hintermannes bösgläubig ist*

> (Fall der »versuchten mittelbaren Täterschaft«. Entgegen der h. A. wollen *Maurach-Schroeder* und *Samson* aaO demgemäß nur Versuch des § 271 StGB annehmen).

Danach ist § 271 StGB für alle Fälle des vorsätzlichen Bewirkens einer Falschbeurkundung i. S. dieser Norm einschlägig, *die nicht als Teilnahme zu § 348 I StGB strafbar sind.* Folglich läßt sich der »langatmig und verwirrend« formulierte Text des § 271 StGB

> (*Maurach,* S. 494)

dahin verdeutlichen, daß *den obj. Tatbestand dieser Norm erfüllt, wer verursacht, daß der beurkundende Amtsträger den obj. Tatbestand des § 348 I StGB verwirklicht*

– sofern der Verursacher nicht als Teilnehmer zu § 348 strafbar ist –.

Es fragt sich also, ob P durch Vorlage des fingierten Vertrages mit M bewirkte, daß bei Eintragung der GmbH in die Handwerksrolle (§§ 6 ff HandwerksO; Sartorius Nr. 815) der objektive Tatbestand des § 348 I erfüllt wurde.

Der Mitarbeiter der Handwerkskammer (Körperschaft des öffentlichen Rechts, § 90 I HandwerksO), der für die Eintragung zuständig war, ist *»Amtsträger«* gemäß § 11 I Nr. 2 c StGB.

Zum Begriff des »Amtsträgers« vgl. oben, Fall 72, 1 b (1) (a).

Er hat auch innerhalb seiner Zuständigkeit *eine rechtlich erhebliche Tatsache* (§§ 1, 7 IV HandwerksO) *falsch* beurkundet, da das Beurkundete (§ 7 IV HandwerksO) mit der Wirklichkeit nicht übereinstimmte.

**(2)** *»Öffentliche Urkunden, Register oder Bücher«*

§§ 271, 348 beziehen sich aber allein auf *»öffentliche Urkunden«*

– die öffentlichen Bücher und Register sind dabei nichts anderes als »gesetzlich besonders hervorgehobene Unterfälle öffentlicher Urkunden« (*Tröndle*, LK § 271 Rdnr. 39) –.

Es fragt sich, ob hier eine »öffentliche Urkunde« hergestellt wurde.
Für diesen Begriff ist § 415 ZPO maßgeblich.

Ganz h. A., *Tröndle* aaO, Rdnr. 4 m.w.N.; *OLG Hamm*, NJW 1977, 592 f.

Demnach ist für die Annahme einer öffentlichen Urkunde erforderlich, daß sie

1. von einer öffentlichen Behörde innerhalb der Grenzen ihrer Amtsbefugnis oder von einer mit öffentlichem Glauben versehenen Person (z.B. Notar) innerhalb des ihr zugewiesenen Geschäftskreises in der vorgeschriebenen Form aufgenommen und
2. *zum öffentlichen Glauben ausgestellt ist, d.h. Beweis für und gegen jedermann erbringt.*

Vgl. *Lackner*, § 271 Anm. 3; *Cramer* in: *Schönke-Schröder*, Rdnr. 8; *BGH* St 6, 380.

*Beispiele für öffentliche Urkunden:*

*Paß* und *Personalausweis* beweisen u. a. den Namen der abgebildeten Person, zudem das Recht, einen bestimmten Titel (Dr.) zu führen; dagegen beweisen der *Kfz-Schein* und der *Führerschein* nicht die Richtigkeit des vom Inhaber geführten Namens; der *Führerschein* beweist die Erteilung der Fahrerlaubnis nach Ablegung der Prüfung, der *Kfz-Schein* die Zulassung des in ihm beschriebenen Kfz.
– Vgl. *Tröndle* aaO, Rdnr. 41, 44 m.w.N. Zum Kfz-Schein vgl. auch *BGH* St 26, 9: Die Eintragung des nächsten Hauptuntersuchungstermins durch den zuständigen Beamten der Kfz-Zulassungsstelle sei eine öffentliche Urkunde. –
Erbschein (§ 2366 BGB).
Eintragungen im Heirats-, Geburten- und Sterbebuch bzgl. der angemeldeten Heiraten, Geburten und Sterbefälle (*Dreher-Tröndle*, § 271 Rdnr. 12).
Zur *Postanweisung* siehe *OLG Köln*, NJW 1967, 742: »Legt der Täter einen Postanweisungsvordruck, dessen *Einzahlungsschein* einen höheren Betragsvermerk als Haupt- und Empfängerabschnitt aufweist, unter Einzahlung des niedrigen Betrages dem zuständigen Postbeamten vor, der die unterschiedlichen Angaben nicht bemerkt und deshalb den höheren Betrag quittiert, so bewirkt er eine unwahre Beurkundung i. S. des § 271 StGB«.
Sehr strittig ist, wieweit bei *gerichtlichen Verhandlungsprotokollen* eine öffentliche Urkunde anzunehmen ist. Die Judikatur ist hier zu Recht äußerst zurückhaltend: Das Verhandlungsprotokoll beweise nur die Beachtung der vorgeschriebenen Förmlichkeiten, nicht aber die Angaben zur Person (Nachweise bei: *OLG Hamm* aaO; *Cramer* in: *Schönke-Schröder*, § 271 Rdnr. 23).
Zum Begriff der öffentlichen Urkunde vgl. weiter *BGH* St 26, 47: Mit der Unterzeichnung des Protokolls über ein Rechtsgeschäft beurkunde der mitwirkende *Notar* auch sein *Zugegensein bei der Verlesung der Niederschrift;* auch insoweit liege eine öffentliche Urkunde vor. Diese rechtserhebliche Tatsache sei falsch beurkundet, wenn der Notar »die Vorlesung mit dem Gesichtssinn nicht wahrgenommen habe«.
Zur Rechtsnatur von Übungsscheinen im rechtswissenschaftlichen Studium (z. B. »Großer Strafrechtsschein«) als öffentliche Urkunde i. S. der §§ 271, 348 StGB vgl. *Bürsch*, JuS 1975, 721 ff.
Die Beurkundung muß *materiell unrichtig* sein (*Cramer* aaO, Rdnr. 24; *Tröndle*, LK Rdnr. 57), was § 348 klarer formuliert als 271 StGB. Bei der Frage, ob (und wieweit) die öffentliche Urkunde falsch ist, muß auch der Urkundenzweck berücksichtigt werden (*Tröndle*, LK Rdnr. 59); hierzu führt das *OLG Köln*, JR 1979, 255 (mit Anm. *Puppe*) aus:

»Nach § 418 ZPO haben vollen Beweis für die Richtigkeit einer Tatsache nur solche öffentlichen Urkunden, die eine eigene Wahrnehmung oder Handlung der Behörde bezeugen (so z. B. der Stempel ›trichinenfrei‹ des Fleischbeschauers). Öffentliche Urkunden, die lediglich eine amtliche Anordnung, Verfügung oder Entscheidung enthalten, haben Beweiskraft nur dafür, daß die Anordnung ergangen ist; die Beweiskraft richtet sich nicht auch darauf, daß die Entscheidung richtig sei (Beispiel: die Aufenthaltserlaubnis für einen Ausländer).«

Eintragungen in öffentliche Bücher und Register sind danach öffentliche Urkunden, soweit solche Eintragungen die Wahrheit des darin Bezeugten für und wider jedermann beweisen (z. B. § 892 BGB).

Die Eintragungen in der Handwerksrolle sind nicht mit öffentlichem Glauben ausgestattet; denn eine ausdrückliche gesetzliche Anordnung (wie für das Grundbuch in §§ 892, 1138 BGB) fehlt und auch gewohnheitsrechtlich hat sich ein Gutglaubensschutz für diese Eintragungen nicht herausgebildet.

*BayObLG* NJW 1971, 634; zustimmend *Lackner*, Anm. 3; *Tröndle*, LK § 271 Rdnr. 50.

*Ergebnis:* Der objektive Tatbestand des § 271 StGB ist nicht erfüllt.

*Hätte P irrig angenommen, die fragliche Eintragung sei eine öffentliche Urkunde,* so würde dies grundsätzlich keinen untauglichen Versuch des § 271 StGB begründen, sondern nur ein »*Wahndelikt*«:

Die irrige Annahme, etwas sei eine »Urkunde« (bzw. eine »öffentliche Urkunde«), vermag nur dann die Annahme eines untauglichen Versuchs zu begründen, wenn der Täter sich *Tatsachen* vorstellt, bei deren Vorliegen jenes Merkmal erfüllt wäre. Dagegen liegt ein strafloses »Wahndelikt« vor, wenn der Täter trotz Tatsachenkenntnis *im Wege irriger Subsumtion* einer Sache die Qualität einer Urkunde (bzw. öffentlichen Urkunde) beilegt.

Zur Problematik: »*Wahndelikt*« oder Versuch bei irriger Annahme normativer Tatbestandsmerkmale, vgl. bereits oben, Fall 55 a m.w.N.

## II. Geld- und Wertzeichenfälschung (§§ 146–152 StGB)

Hinweise: (1) *Geschütztes Rechtsgut* bei der Geldfälschung (§ 146), dem Inverkehrbringen von Falschgeld (§ 147) und der Vorbereitung der Fälschung von Geld (§ 149) ist das Allgemeininteresse an der Sicherheit des Geldverkehrs, bei der Wertzeichenfälschung (§ 148) und deren Vorbereitung (§ 149) das Interesse der Allgemeinheit an der Sicherheit des Rechtsverkehrs mit Wertzeichen.

*Lackner*, § 146 Anm. 1, § 148 Anm. 1.

(2) Soweit zugleich mit einem der Tatbestände der §§ 146 ff der Tatbestand des *§ 267 StGB* erfüllt ist, geht ersterer als lex specialis der Urkundenfälschung vor.

(3) Problematisch und strittig ist das Verhältnis von §§ 146 I Nr. 3, 147 und 148 I Nr. 3, II *zu § 263 StGB*. Hier ist m. E. *Gesetzeskonkurrenz* (Konsumtion des § 263) anzunehmen.

Ebenso für § 146 I Nr. 3: *Rudolphi* in SK, § 146 Rdnr. 19; a. A. *Dreher-Tröndle*, § 146 Rdnr. 12; *Lackner*, § 146 Anm. 7b; *Stree* in: Schönke-Schröder, § 146 Rdnr. 29.
Ebenso für § 147: *Rudolphi* aaO, § 147 Rdnr. 8; a. A. *Dreher-Tröndle*, § 147 Rdnr. 6; *Lackner*, § 147 Anm. 4; *Stree* aaO, § 147 Rdnr. 14.
Ebenso für § 148 I Nr. 3, II: *Rudolphi* aaO, § 148 Rdnr. 11; *Dreher-Tröndle*, § 148 Rdnr. 10; zustimmend für § 148 II, aber ablehnend für § 148 I Nr. 3: *Lackner*, § 148 Anm. 5, und *Stree* aaO, § 148 Rdnr. 26.

## § 11 Gemeingefährliche Straftaten (§§ 306–323 c StGB)

*Vorbemerkung:* Die Bezeichnung des 27. Abschnitts des StGB (»Gemeingefährliche Straftaten«) ist insoweit irreführend, als eine *Gemeingefahr für Menschenleben oder Sachen*

> (eine Gemeingefahr liegt vor bei »Gefährdung einer größeren Anzahl von Menschenleben oder erheblicher Sachwerte«; *Cramer* in: *Schönke-Schröder*, Rdnr. 19 vor § 306; str.)

nur bei wenigen Delikten dieses Abschnitts *Tatbestandsmerkmal* ist

> (nämlich bei §§ 312–314, zudem bei §§ 311 a II, 311 b).

Bei den übrigen Delikten war der *Gesichtspunkt möglicher Gemeingefährlichkeit der Tat* nur das gesetzgeberische Motiv für ihre Normierung.

> Vgl. *Cramer* in: *Schönke-Schröder*, Rdnr. 1 vor § 306.
> Treffend *Horn* in SK, Rdnr. 1a vor § 306: Die im 27. Abschnitt des StGB zusammengefaßten Verhaltensweisen seien deswegen verboten, weil sie »häufig das *Leben und die Gesundheit vieler Menschen* oder auch *bedeutende Sachwerte* vernichten«.

### I. Brandstiftung (§§ 306–310 a StGB)

*Fall 86: – §§ 306 Nr. 2, 307 Nr. 1 StGB –*

Frau Schäl goß vorsätzlich brennendes Benzin gegen die Wohnungstür des Tünnes, um ihn durch einen Brand zu erschrecken. Ein Freund des Tünnes verließ soeben dessen Wohnung und eilte bestürzt davon. Frau Schäl, hierüber erschrocken, goß das restliche brennende Benzin mit Schwung durch die offene Tür in die Wohnung des Tünnes und traf diesen, womit sie nicht gerechnet hatte; Tünnes erlag seinen dabei erlittenen Brandwunden. Strafbarkeit der Schäl (S)?

*a) Versuch des § 306 Nr. 2 StGB*

Das »Inbrandsetzen« einer Sache ist *vollendet,* wenn diese selbst (oder ein wesentlicher Teil von ihr) derart vom Feuer erfaßt wird, daß sie (bzw. der wesentliche Teil) auch bei Entfernen des Zünders selbständig weiterbrennen kann. Danach ist ein Gebäude in Brand gesetzt, »wenn es vom Feuer in einer Weise erfaßt ist, die ein Fortbrennen aus eigener Kraft ermöglicht«.

> *BGH* St 18, 363, 364.

Daß das ganze Gebäude niederbrennen kann, ist dabei nicht erforderlich; es genügt, daß ein *Gebäudeteil* vom Feuer erfaßt ist und weiterbrennen kann, der für den bestimmungsgemäßen Gebrauch des Gebäudes von wesentlicher Bedeutung ist (Treppe, Wohnungstür und -fenster, Fußboden; nicht dagegen die Lattentür eines Kellerraumes oder die Zimmertapete).

> *BGH* St 18, 363; *BGH* NStZ 1981, 220f; *Horn* aaO, § 306 Rdnr. 10; *Cramer* in: *Schönke-Schröder*, § 306 Rdnr. 10.
> Dagegen verlangen *Otto* (S. 372) und R. *Schmitt* (JZ 1964, 189ff) auch beim selbständigen Brennen solcher wesentlichen Teile eines *Gebäudes* für *dessen* Inbrandsetzen (§ 306 StGB), daß der Brand »auf das Gebäude im übrigen« übergreifen könne.

Das bloße Brennen von *Wohnungsinventar* (Schränke, Wandregale) reicht dagegen zur Annahme des § 306 StGB noch nicht aus.

*BGH* St 16, 109; *Dreher-Tröndle,* § 306 Rdnr. 6.

Diese Vorschrift ist ebenfalls nicht erfüllt, wenn das Gebäude, statt zu brennen, durch Explosion des Zündstoffs (Benzin) zerstört wird.

*BGH* St 20, 230; *Dreher-Tröndle* aaO.
§ 306 liegt auch nicht vor, wenn ein Gebäude deswegen einstürzt, weil beim *Brand von Inventar* sich wegen zu großer Hitze z. B. infolge Benzins Wände verbiegen (*Horn* aaO).

Mangels Inbrandsetzens eines Gebäudes scheidet § 306 Nr. 2 StGB hier aus; doch hat die S *versucht,* die Wohnungstür in Brand zu setzen; sie hat sich daher der versuchten schweren Brandstiftung (§§ 306 Nr. 2, 22 f StGB) schuldig gemacht.

b) Zudem hat sie eine fahrlässige Tötung (§ 222 StGB) begangen.

c) *Versuch des § 307 Nr. 1 StGB?*

Ein vollendetes Verbrechen nach § 307 Nr. 1 entfällt; denn diese Norm verlangt das Vorliegen einer *vollendeten* Tat nach § 306 StGB.

Doch könnten §§ 307 Nr. 1, 22 f StGB eingreifen (sog. »Versuch des erfolgsqualifizierten Deliktes«).

*Exkurs: Allgemein zum »Versuch des erfolgsqualifizierten Deliktes«*
Der Versuch eines *erfolgsqualifizierten Deliktes i. S. des § 18 StGB* – um ein solches Delikt handelt es sich bei § 307 Nr. 1 – ist nach h. M. in zwei Erscheinungsformen möglich: 1. Schon der *Versuch des Grunddelikts* (z. B. § 249) verursacht die schwere Folge (§ 251). 2. Der Täter verursacht die schwere Folge nicht, hatte sie aber in seinen Vorsatz aufgenommen.
– Vgl. eingehend *Ulsenheimer,* GA 1966, 257 ff; weitere Nachweise bei *Cramer* in: *Schönke-Schröder,* § 18 Rdnr. 8 ff; *Jescheck,* S. 424 f; *Schroeder,* LK § 18 Rdnr. 37 ff. –
*Zur 1. Erscheinungsform* vgl. bereits oben, Fall 23 a; zudem unten im Text. *(Beispiel* hierfür: Bei einem *Raubüberfall* verursacht der Täter durch die tatbestandsmäßige »Gewalt gegen eine Person« leichtfertig den Tod des Opfers; der Raub selbst aber bleibt mangels Wegnahme – das Opfer hat nichts Stehlenswertes bei sich – unvollendet. Hier entfällt § 251, da es am vollendeten Grunddelikt, § 249, fehlt; doch greifen §§ 251, 22 f StGB ein).
*Zur 2. Erscheinungsform:* Sie kommt nur bei solchen erfolgsqualifizierten Delikten in Frage, bei denen gemäß § 18 StGB außer der fahrlässigen *auch die vorsätzliche Erfolgsherbeiführung erfaßt wird;* dagegen kommt sie nicht in Betracht bei solchen erfolgsqualifizierten Delikten, *die nur bei fahrlässiger Erfolgsverursachung eingreifen* – so § 226 StGB – *bzw. nur bei leichtfertiger (= grob fahrlässiger)* – so u. a. §§ 177 III, 239 a II, 251 StGB –; zu dieser Unterscheidung bei den erfolgsqualifizierten Delikten vgl. oben, § 3, VII, vor Fall 23.
*(Beispiel* für die 2. Erscheinungsform: Bei einer Freiheitsberaubung nimmt der Täter billigend in Kauf – dolus eventualis –, daß das herzkranke Opfer die strapaziöse Haft in einer feuchtkalten Höhle nicht überlebt; der Tod tritt jedoch nicht ein. Hier liegt Versuch des § 239 III StGB vor, und zwar in Idealkonkurrenz mit Mord- bzw. Totschlagsversuch).

Der *BGH* hat in einem Fall wie dem vorliegenden Versuch des § 307 Nr. 1 angenommen: Ein solcher Versuch sei gegeben, wenn beim *Versuch des Inbrandsetzens* ein Mensch vom brennenden Zündstoff tödlich verletzt werde.

*BGH* St 7, 37, 39 (der Leitsatz ist falsch formuliert, da dort vollendeter § 307 Nr. 1 bejaht wird); zustimmend *Baumann,* S. 514 f Anm. 23; *Horn* in SK, § 307 Rdnr. 3, 6; *Otto,*

S. 376; *Kohlrausch-Lange*, § 307 Anm. III; *Cramer* in: *Schönke-Schröder*, Rdnr. 8; *Dreher-Tröndle*, § 307 Rdnr. 3; *Wolff*, LK Rdnr. 3.
Ablehnend *RG* St 40, 321; *Jescheck*, S. 425; *Lackner*, § 18 Anm. 5a; *Maurach-Schroeder* Bd. 2, S. 16; *Rudolphi* in SK, § 18 Rdnr. 7; *Schroeder*, LK § 18 Rdnr. 21, 38.

*Stellungnahme:* Nach h. L. kommt ein Versuch des erfolgsqualifizierten Deliktes in der Erscheinungsform, daß der *Versuch des Grundtatbestandes* den qualifizierenden Erfolg verursacht, nur dann in Betracht, wenn das Gesetz nach seiner ratio legis diesen Erfolg bereits an die Tatbestands*handlung* des Grunddeliktes anknüpft, nicht erst an den *Erfolg* des Grunddelikts.

So – zu Recht – u. a. *Dreher-Tröndle*, § 18 Rdnr. 5; *Jescheck* aaO (m.w.N.); *Lackner* aaO; *Rudolphi* aaO; *Schroeder*, LK aaO; anders offenbar *Baumann*, S. 514f.

Bei § 307 Nr. 1 StGB nun dürften Sinn und Zweck des Gesetzes dafür sprechen, daß dieses allein die *Verknüpfung der vollendeten Brandstiftung mit dem Todeserfolg* als qualifizierenden Umstand bewertet: Erfahrungsgemäß führen Brandstiftungen i. S. des § 306 StGB für die in den brennenden Räumlichkeiten befindlichen Personen häufig zu konkreter Lebensgefahr; diese Gefährlichkeit hatte der Gesetzgeber bei der Schaffung des § 307 Nr. 1 StGB im Auge. Dafür, daß diese Norm (i.V.m. §§ 22f StGB) auch den ganz atypischen Fall erfassen sollte, daß bereits der fehlgeschlagene *Versuch des Inbrandsetzens* tödliche Folgen zeitigt, ist nichts ersichtlich. Die Entscheidung des *BGH* St 7 aaO ist daher verfehlt.

Vgl. auch *BGH* St 20, 230, 231: Kommt es deswegen nur zu einem *Versuch des § 306 StGB,* weil das Gebäude, anstatt zu brennen, durch Explosion des Zündstoffs zerstört wird, und wird durch die Explosion ein Mensch getötet, so liegt kein Versuch des § 307 Nr. 1 vor (zustimmend u. a. *Dreher-Tröndle*, § 307 Rdnr. 3; a. A. *Cramer* und *Horn* aaO).

Damit dürfte *BGH* St 7 aaO der Sache nach aufgegeben sein, obwohl jenes Urteil dahinstehen läßt, ob dieses haltbar sei.

*Ergebnis:* Die S ist nicht aus §§ 307 Nr. 1, 22f StGB strafbar, sondern nur aus §§ 306 Nr. 2, 22f/222/52 StGB.


*Fall 87:* – §§ 306 Nr. 2, 308; 265 StGB –

Kumpel Anton war Eigentümer eines kleinen Hauses, das er alleine bewohnte. Da er das Revier verlassen wollte und das Haus versichert war, setzte er es in Brand. Etwa 20 m entfernt von seinem Haus stand eine Scheune; wegen der Windrichtung bestand aber keine Gefahr, daß der Brand auf die Scheune übergreifen konnte.
Anton meldete den Brandschaden seiner Versicherung, die ihm den Versicherungsbetrag auszahlte.
Strafbarkeit des Anton (A)?


a) *§ 306 Nr. 2 StGB*

Diese Norm entfällt nicht schon deswegen, weil das Haus für A keine fremde Sache war; § 306 StGB als *abstraktes Gefährdungsdelikt* bezweckt den Schutz von Menschen vor Gefährdung durch Brände und kann daher auch von dem Eigentümer des Gebäudes begangen werden.

*Dreher-Tröndle*, § 306 Rdnr. 1.

Ein Gebäude »dient zur Wohnung von Menschen«, wenn es *tatsächlich* als Wohnung benutzt wird; dabei ist unerheblich, ob das Gebäude auch zum Wohnen *bestimmt* und geeignet ist. D. h. das »Dienen zur Wohnung« bezeichnet allein ein *tatsächliches Verhältnis.*

> *BGH* St 23, 114; 16, 394; *Dreher-Tröndle,* Rdnr. 4.
>
> – Auch bei § 306 Nr. 3 ist der Begriff des »*Dienens*« lediglich *im rein tatsächlichen Sinne* zu verstehen; der Raum braucht nicht zum Aufenthalt von Menschen *bestimmt* zu sein. –

Eine vorübergehende Abwesenheit der Bewohner ist dabei bedeutungslos, mag sie auch monatelang dauern.

> *BGH* St 23 und *Dreher-Tröndle* aaO; *BGH* St 26, 121, 122.

Wird ein Wohnhaus dagegen (nicht nur vorübergehend) *verlassen* oder aus anderen Gründen nicht mehr bewohnt, so dient es nicht länger i. S. des § 306 Nr. 2 Menschen zur Wohnung

> (*BGH* aaO; *Cramer* in: *Schönke-Schröder,* Rdnr. 6);

das ist der Fall, wenn der einzige Bewohner gestorben ist und das Haus seitdem leersteht, oder wenn – wie hier – ein Gebäude *als Wohnung aufgegeben* wird, wobei der Wille, es nicht mehr zu bewohnen, von dem letzten Bewohner auch durch Inbrandsetzen kundgegeben werden kann.

> (*BGH* St 16 aaO; *BGH* St 26, 121, 122; *LG Düsseldorf,* NStZ 1981, 224; *Cramer* und *Dreher-Tröndle* aaO; a. A. *RG* St 60, 136.
>
> – Dies soll nach Ansicht des *LG Düsseldorf* aaO auch dann gelten, wenn jener letzte Bewohner nur *Mieter* war. –)

§ 306 Nr. 2 StGB entfällt also.

b) *§ 308 StGB* (2. Alternative):

§ 308 enthält zwei Tatbestände: Der 1. verlangt das Inbrandsetzen *fremder* Sachen und ist damit ein Eigentumsdelikt (qualifizierter Fall der Sachbeschädigung).

> *Maurach-Schroeder* Bd. 2, S. 13.

Der 2. erfaßt Sachen, die »*Eigentum des Täters*« sind, sofern ihr Brand zur Gefährdung von Räumlichkeiten i. S. des § 306 oder einer der in § 308 angeführten fremden Sachen geeignet ist.

> – Diese 2. Alternative des § 308 soll nach h. A. auch bei *herrenlosen* Sachen (sowie beim Inbrandsetzen *fremder Sachen mit Einwilligung des Eigentümers*) anwendbar sein, obwohl das Gesetz von »Eigentum des Täters« spricht; vgl. etwa *Cramer* in: *Schönke-Schröder,* § 308 Rdnr. 13, 14; *Maurach-Schroeder* Bd. 2, S. 17 (»berichtigende Auslegung«); *Schmidhäuser,* BT 15/7; *Wolff,* LK § 308 Rdnr. 18 m. w. N.;
>
> ob diese Meinung mit dem Analogieverbot (Art. 103 II GG) vereinbar ist, erscheint zweifelhaft (gegen die h. A. daher *Horn* in SK, § 308 Rdnr. 6). –

Es fragt sich, ob das in Brand gesetzte Haus nach seiner »Beschaffenheit und Lage dazu geeignet« war, das Feuer einem fremden Gebäude – der Scheune – »mitzuteilen«.

Dem könnte entgegenstehen, daß die *Windrichtung* trotz der Nähe der Scheune eine *konkrete* Gefahr des Übergreifens des Feuers ausschloß.

§ 308 StGB 2. Alternative ist jedoch ein *abstraktes Gefährdungsdelikt;* genügend ist eine abstrakte Gefahr, die sich aus Beschaffenheit *und* Lage ergibt, während andere Umstände (z. B. Wind und Wetter) unerheblich sind.

> *BGH* NJW 1951, 726; *Lackner,* § 308 Anm. 3 b; *Maurach-Schroeder* aaO; *Wolff,* LK § 308 Rdnr. 19.

*Schröder* (in: *Schönke-Schröder,* 17. Aufl. 1974, § 308 Rdnr. 13 a, 13 b) verlangt die Berücksichtigung der »Umstände des *konkreten Falles*«, wobei aber andere Umstände als Beschaffenheit und Lage des in Brand gesetzten *und des gefährdeten* Objektes unbeachtlich seien; ähnlich *Horn* aaO, Rdnr. 7 (dagegen soll es nach *BGH* aaO allein auf die Beschaffenheit und Lage *der in Brand gesetzten Sache, nicht der benachbarten,* ankommen).

Folgt man der h. M., so steht die Tatsache, daß sich *wegen der Windrichtung* die nach Lage und Beschaffenheit des Hauses bestehende *abstrakte* Gefahr eines Übergreifens des Feuers auf die Scheune nicht zu einer *konkreten* Gefahr verdichtete, der Anwendung des § 308 nicht entgegen; danach wäre A aus dieser Vorschrift strafbar.

c) A ist zudem aus § 265 sowie

d) § 263 StGB schuldig.

e) *Konkurrenzen*

(1) §§ 265 und 308 StGB stehen in Idealkonkurrenz (§ 52).

> *Dreher-Tröndle,* § 308 Rdnr. 12; *Lackner,* § 308 Anm. 4.

(2) Zwischen §§ 265 und 263 ist Realkonkurrenz (§ 53) anzunehmen.

> *BGH* St 11, 398; *Lackner,* LK § 265 Rdnr. 11 m.w.N.
> Demgegenüber nimmt *Lenckner* (in: *Schönke-Schröder,* § 265 Rdnr. 16) eine »rechtliche Handlungseinheit« und damit Idealkonkurrenz an.
> *Maurach-Schroeder* (Bd. 1, S. 435) und *Blei* (S. 215) meinen, § 265 konsumiere § 263; dagegen spricht aber, daß dann im Urteilstenor der zusätzliche Unwertgehalt des Betrugs nicht deutlich würde (vgl. *Lackner* und *Lenckner* aaO).

*Fall 87 a: – § 306 StGB als abstraktes Gefährdungsdelikt –*

Florian (F) wurde von Zündel (Z) angeworben, gegen Entgelt das Einfamilienhaus des Z in Brand zu setzen; Z hatte das Haus zwar an die Eheleute Minimax vermietet; diese waren aber zur Tatzeit in Urlaub, was F und Z wußten. Bevor F das Haus anzündete, vergewisserte er sich noch durch einen Rundgang durch alle Räume, daß sich niemand in dem Haus aufhielt. Das Haus brannte völlig aus. Bei den Löschversuchen wurde Feuerwehrmann Maximin schwer verletzt.
Strafbarkeit von F und Z?

*1. Strafbarkeit des F*

a) § 306 Nr. 2 StGB

(1) F hat sich nach dieser Vorschrift strafbar gemacht: Daß der Eigentümer des Hauses mit der Tat einverstanden war, ist unerheblich; denn § 306 StGB ist kein Eigentumsdelikt, sondern ein Lebensgefährdungsdelikt.
Unerheblich ist weiterhin, daß sich zur Tatzeit kein Bewohner in dem Haus aufhielt. § 306 Nr. 2 ist nämlich ein *abstraktes* Lebensgefährdungsdelikt

> (*BGH* St 26, 121, 123 ff; *Dreher-Tröndle,* Rdnr. 1; *Lackner,* Anm. 1; *Otto,* S. 372),

was besagen will: Der Tatbestand dieser Norm verlangt keine konkrete Gefährdung des Lebens von Bewohnern; *er greift vielmehr auch ein, wenn eine solche Gefährdung nach den Umständen ausgeschlossen war.*

226

h. M.; vgl. u. a. *Dreher-Tröndle*, Rdnr. 1; *Lackner*, Anm. 1; *Maurach*, S. 528; *Welzel*, S. 453; *Wolff*, LK § 306 Rdnr. 3; vgl. auch *Blei*, JA 1975, 589, 590 (a. E.); 1976, 99.

Danach hilft es F nicht, daß er sich vor der Tat vergewissert hat, daß sich kein Bewohner in dem Haus befand.

(2) Im Schrifttum mehren sich allerdings die Stimmen, die für Fälle wie den vorliegenden annehmen, der Täter sei *nicht* aus § 306 Nr. 2 StGB strafbar:

(a) *Schröder* meint, »zur Vermeidung ungerechter Ergebnisse« sei bei § 306 StGB der *»Gegenbeweis der Ungefährlichkeit«* zuzulassen.

> In: *Schönke-Schröder*, 17. Aufl. 1974, Rdnr. 3 a vor § 306.

Hiergegen ist mit *Schünemann* (JA 1975, 797) einmal einzuwenden, daß man den Satz »in dubio pro reo« verletzt, *wenn man dem Angeklagten einen solchen Gegenbeweis aufbürdet.*

Zum anderen wird die Ansicht *Schröders* den vom Gesetzgeber mit der Schaffung *abstrakter* Gefährdungsdelikte verfolgten Intentionen nicht gerecht: Bei den *konkreten* Gefährdungsdelikten

> (z. B. §§ 315–315 c StGB)

hat der Gesetzgeber den Eintritt einer konkreten Gefährdung von Leib, Leben (bzw. sonstigen Rechtsgütern) als Tatbestandsmerkmal normiert; dagegen sollte die Frage der *Gefährlichkeit der Tat im konkreten Einzelfall* bei den *abstrakten* Gefährdungsdelikten

> (vgl. insbesondere § 316 StGB)

gerade *nicht* tatbestandsrelevant sein. Dies ist im *Normtext* der §§ 316, 306 u. a. abstrakter Gefährdungsdelikte *auch deutlich genug zum Ausdruck gekommen;* denn diese Tatbestände verlangen keine Gefährlichkeit der konkreten Tat.

Und schließlich läßt sich für *Schröders* Meinung auch nicht geltend machen, die – oben dargelegte – h. M. sei mit dem Schuldprinzip oder mit dem Verhältnismäßigkeitsgrundsatz unvereinbar. *Wer Gebäude, die anderen zur Wohnung dienen, niederbrennt,* begeht nach herrschendem Sozialethos eine außerordentlich sozialschädliche und verwerfliche Tat, und zwar selbst dann, wenn ihm das Gebäude gehört. Für eine solche Tat ist der Strafrahmen des § 306 StGB auch dann nicht unverhältnismäßig hoch, wenn keinerlei Gefahr für Bewohner bestand.

> Diese Argumentation verfehlt auch nicht etwa den *Schutzzweck des § 306 Nr. 2 StGB:* Zwar handelt es sich bei solchen Verbrechen einerseits um abstrakte Lebensgefährdungsdelikte; doch werden durch jene Norm andererseits zugleich *»menschliche Wohnstätten als solche geschützt«* (*Cramer* in: *Schönke-Schröder*, § 306 Rdnr. 4; ebenso offenbar *OGH* St 1, 244, 245).

*Blei* (aaO) weist zur Verteidigung der h. A. noch auf die *mögliche Gefährdung von Feuerwehrleuten* (o. a. Helfern bei der Brandbekämpfung) hin und meint: »Insofern könne es einen recht guten und mit dem Schuldprinzip vereinbaren Sinn ergeben, wenn man in § 306 bei der überkommenen Auslegung bleibe...«; denn diese Gefährdung sei beim Brand der in dieser Norm genannten Objekte i. d. R. besonders groß.

(b) *Cramer* will in Fällen wie dem vorliegenden die Anwendbarkeit des § 306 dadurch ausschließen, daß er unter Berufung auf den Schuldgrundsatz die »*Wahrscheinlichkeit* einer konkreten Gefahr« verlangt

> (*Cramer*, Der Vollrauschtatbestand als abstraktes Gefährdungsdelikt, 1962, S. 50 ff, 67 ff; kritisch dazu Arthur *Kaufmann*, JZ 1963, 433).

Auch gegen diese Ansicht sprechen die mit der Normierung abstrakter Gefährdungsdelikte verfolgten *legislatorischen Intentionen* (vgl. oben [a]). Zudem ist auch *Cramers* Meinung entgegenzuhalten, daß die h. A. keineswegs mit dem Verhältnismäßigkeits- oder dem Schuldprinzip kollidiert: Eine Bestrafung aus § 306 StGB ist in Fällen wie dem vorliegenden *alles andere als dem Gewicht von Unrecht und Schuld unangemessen.*

(c) Andere Autoren meinen, § 306 StGB scheide aus, wenn der Täter (wie hier) »bewußt und unter Anwendung der erforderlichen Sorgfalt jede Gefährdung des geschützten Rechtsguts vermeide«.

> So *Rudolphi*, Maurach-Festschrift 1972, 51, 59f m.w.N.; *Horn* in SK, § 306 Rdnr. 14; *Haft*, S. 251; *Eser*, Strafrecht 3, S. 236 A 22; *Wessels*, BT 1 S. 160; *Backmann*, JuS 1977, 447 m.w.N.; dahingestellt in *BGH* St 26, 121, 124f.
> Ähnlich *Brehm*, JuS 1976, 22ff; *Schünemann*, JA 1975, 798; *Maurach-Schroeder* Bd. 2, S. 12; *Schmidhäuser*, BT 15/11.

Auch diese Ansicht begegnet den oben – (b) – genannten Bedenken.

> Wenn *Rudolphi* meint, bei einer Tat wie der des F würde man bei Anwendung des § 306 StGB »ohne jeden materialen Unwertgehalt strafen«, so entspricht dies schwerlich der sozialethischen Bewertung des Niederbrennens eines Gebäudes, das anderen als Wohnung dient.
> Seine Ansicht läßt sich auch nicht auf *§ 326 V StGB n. F.* stützen (anders aber etwa *Maurach-Schroeder* und *Wessels* aaO): diese *Spezialvorschrift* gibt für § 306 StGB nichts her; sie kann eine *Verwässerung* der *klaren gesetzlichen Konzeption des § 306 als abstrakten Gefährdungsdelikts* nicht legitimieren.

(3) Als Ergebnis ist also festzuhalten: § 306 Nr. 2 StGB ist – *wie es sein Wortlaut fordert* – unabhängig davon anwendbar, ob es *im konkreten Einzelfall* zu einer Lebensgefährdung von Bewohnern kommen konnte oder nicht.

b) Zudem ist F aus § 303 StGB (Möbel und andere Sachen der Bewohner) sowie

c) aus § 230 StGB (Feuerwehrmann) schuldig.

*2. Strafbarkeit des Z*

a) Mittäterschaft (§ 25 II) zu § 306 Nr. 2 StGB?

Folgt man wie Verf. der Tatherrschaftslehre, so scheidet Mittäterschaft aus, da Z nicht *Mitinhaber der Tatherrschaft* war.

b) Doch ist Z nach §§ 306 Nr. 2, 26 StGB strafbar.

c) Zudem ist er aus §§ 303, 26 StGB sowie

d) aus § 230 StGB schuldig.

*Ergänzende Hinweise zu §§ 306, 308 StGB:*

(1) Das »Inbrandsetzen« kann nach h. A. auch durch *Unterlassen* erfüllt werden, nämlich dann, wenn eine Garantenpflicht zur Erfolgsabwendung besteht.

> *Lackner*, § 306 Anm. 2b; *Wolff*, LK § 306 Rdnr. 2.

(2) Ein bereits in Brand gesetztes Gebäude kann Objekt einer weiteren täterschaftlichen Brandstiftung durch einen Dritten sein, soweit dieser einen neuen selbständigen Brandherd schafft.

> *OLG Hamm*, JZ 1961, 94 (mit Anm. *Stratenwerth*).

(3) Verhältnis §§ 306/303 StGB: Hier ist Idealkonkurrenz anzunehmen, da § 306 anders als § 303 kein Eigentumsdelikt ist (vgl. oben, Fall 88, a).

> *Wolff*, LK § 306 Rdnr. 17.

(4) Verhältnis §§ 306/308 StGB: Soweit es um § 308 1. Altern. geht, ist Idealkonkurrenz gegeben, da jene Altern. ein Eigentumsdelikt ist.

> *Wolff*, LK § 308 Rdnr. 1, 25.

Ebenfalls Idealkonkurrenz ist anzunehmen, wenn es um § 308 *2. Altern.* in der *Erscheinungsform Gefährdung »einer der vorstehend bezeichneten fremden Gegenstände«* geht; denn diese ist ein *Eigentums*gefährdungsdelikt.

> *Cramer* in: *Schönke-Schröder*, § 308 Rdnr. 1; *Wolff*, LK § 308 Rdnr. 26.

Dagegen wird § 308 *2. Altern.*, soweit es sich um die *Gefährdung »einer der in § 306 bezeichneten Räumlichkeiten«* handelt, als Gefährdungsdelikt von § 306 als Verletzungsdelikt verdrängt (Gesetzeskonkurrenz).

> *Cramer* und *Wolff* aaO.

## II. Verkehrsstraftaten (§§ 315–316 StGB)

### 1. § 315b StGB

*Fall 88:* Zuhälter Loddel (L) entzog sich einer allgemeinen Verkehrskontrolle dadurch, daß er mit seinem Pkw auf den Polizeibeamten (P), der auf der Fahrbahn Haltezeichen gab, zufuhr und ihn so zum Beiseitespringen zwang; P enging dabei nur mit knapper Not dem Tode. Dies tat L, weil er im Fahndungsbuch stand; L vertraute bei seinem Verhalten darauf, P werde schnell genug reagieren und nicht von dem Pkw erfaßt werden. Strafbarkeit des L?

a) Ein versuchtes Tötungsdelikt liegt mangels Vorsatzes nicht vor, da L auf das Ausbleiben des Erfolges vertraute.

b) § 113 StGB

(1) Der Tatbestand des § 113 I StGB ist erfüllt:

> Das Verhalten des P stellte die Vornahme einer »Vollstreckungshandlung« dar (vgl. oben, Fall 46, a). Die Tat des L war auch als »Widerstand mit Gewalt« zu werten (*OLG Hamm*, NJW 1973, 1240; vgl. bereits oben, »Ergänzende Hinweise« nach Fall 46).

*(2) Besonders schwerer Fall (§ 113 II StGB)*

(a) Regelbeispiel nach § 113 II Nr. 1:
Dies Regelbeispiel ist hier erfüllt (Kfz als Waffe).

> Vgl. näher *BGH* St 26, 176, 179f.

(b) Regelbeispiel nach § 113 II Nr. 2:
Das Verhalten des L war »Gewalttätigkeit« i. S. dieser Norm.

> *OLG Koblenz*, DAR 1973, 219; *Dreher-Tröndle*, § 113 Rdnr. 29.
> »Gewalttätigkeit« erfordert den Einsatz physischer Kraft durch aggressives Tun (*Dreher-Tröndle* aaO).

Hier bestand eine *konkrete* Gefahr des Todes und der schweren Körperverletzung (§ 224 StGB) für P.

Ob L hinsichtlich einer solchen konkreten Gefahr *vorsätzlich* gehandelt hat, sagt der Sachverhalt nicht.

Ein solcher Vorsatz ist für das Regelbeispiel des § 113 II Nr. 2 StGB aber nötig; vgl. *BGH* aaO, S. 180 ff; *Küper,* NJW 1976, 543 ff.

Doch dürfte bei lebensnaher Sachverhaltsauslegung anzunehmen sein, daß L zumindest die konkrete *Gefahr* einer schweren Körperverletzung billigend in Kauf genommen hat.

Damit ist das Regelbeispiel des § 113 II Nr. 2 StGB erfüllt.

c) § 240 StGB tritt hinter § 113 (lex specialis) zurück.

d) *§ 315 b I Nr. 3 StGB:*

(1) § 315 b bedarf – insbesondere was das »Hindernisbereiten« (I Nr. 2) und den »ähnlichen, ebenso gefährlichen Eingriff« (I Nr. 3) angeht – im Hinblick auf § 315 c StGB einschränkender Auslegung: Verkehrsvorgänge des *fließenden oder ruhenden Verkehrs* werden von § 315 b grundsätzlich nicht erfaßt; bei vorschriftswidrigem Verkehrsverhalten kommt grundsätzlich nur § 315 c StGB in Betracht. § 315 b StGB bezieht sich danach nur auf den sog. *»verkehrsfremden Eingriff«.*

*Dreher-Tröndle,* § 315 b Rdnr. 5; *Lackner,* Anm. 3; *Cramer* in: Schönke-Schröder, Rdnr. 6 ff; *Horn* in SK, Rdnr. 3, 8, 11; *OLG Karlsruhe,* NJW 1978, 1391.

Solche verkehrsfremden Eingriffe sind vornehmlich gegeben, wenn der Täter *von außen* auf den Verkehr einwirkt.

*BGH* St 23, 4, 6; *Lackner* aaO.
*Beispiele:* Zu § 315 b I Nr. 1: Steinwürfe auf ein Kfz.
Zu 315 b I Nr. 2: Bereiten von Hindernissen durch *aktives Tun* liegt z. B. vor, wenn der Täter Baumstämme, Kisten, große Steine u. ä. auf die Fahrbahn legt oder ein Seil spannt; nach h. A. kommt zudem *unechtes Unterlassen* in Betracht, etwa wenn der Täter Sachen auf der Fahrbahn liegen läßt, obwohl er eine Garantenpflicht zur Beseitigung hat.
Zu § 315 b I Nr. 3: Geben falscher Zeichen oder Signale; Abgabe eines Schusses in Richtung auf ein fahrendes Fahrzeug; Griff ins Steuer durch den Mitfahrer, um einen Unfall herbeizuführen; Abziehen des Zündschlüssels *während der Fahrt* durch den Mitfahrer, der dadurch eine völlige Steuerungslosigkeit des Kfz bewirkt.
– Nachweise bei *Dreher-Tröndle,* Rdnr. 4–4 c; *Lackner* aaO; *Preisendanz,* Anm. 3; *OLG Karlsruhe* aaO. –
Zum Problem: *unordentliche Reparatur eines Kfz* als »gefährlicher Eingriff« i. S. des § 315 b I Nr. 3 StGB vgl. *Bay ObLG,* JR 1975, 28 (mit Anm. *Rüth;* vgl. auch *Blei,* JA 1975, 171 ff): Nach Ansicht des Gerichts kommt ein solcher Eingriff nur bei Handeln (bzw. pflichtwidrigem Unterlassen) in »Sabotageabsicht« in Frage.

Der verkehrsfremde Eingriff muß indes nicht notwendig von außen erfolgen; *vielmehr genügen ausnahmsweise auch »verkehrsfeindliche« Beeinträchtigungen im Rahmen des fließenden Verkehrs,* nämlich dann, wenn der Täter *in bewußter Zweckentfremdung seines Fahrzeuges* dieses als Mittel zur Begehung einer der in § 315 b I Nr. 1, 2 StGB bezeichneten Handlungen oder eines »ähnlichen, ebenso gefährlichen Eingriffs« einsetzt.

*BGH* St 21, 301; 22, 6; 23, 4, 6 f; 28, 87 ff.

Danach ist § 315 b I Nr. 2 StGB z. B. einschlägig, wenn jemand »im fließenden Verkehr mit seinem Kfz einem anderen Verkehrsteilnehmer absichtlich den Weg abschneidet, um ihm die Weiterfahrt unmöglich zu machen«. Ein Eingriff i. S. des § 315 b I *Nr. 3* liegt z. B. vor, wenn ein Kraftfahrer mit Vollgas auf den Bürgersteig fährt, um gegenüber einer Gruppe von Fußgängern einen Durchbruchsversuch zu unternehmen; wenn ein Fahrzeugführer einen

Menschen bei hoher Geschwindigkeit und schlechten Festhaltemöglichkeiten für das Opfer auf der Kühlerhaube mitnimmt; wenn jemand sein Fahrzeug abrupt abbremst, um einen Auffahrunfall zu verursachen.

*BGH* St 21, 301; 22, 365 ff; 23, 4, 6 f; 26, 51; 28, 87 ff; *Cramer* in: *Schönke-Schröder,* § 315 b Rdnr. 8 ff.

Im vorliegenden Fall ist *»ein ähnlicher, ebenso gefährlicher Eingriff«* i. S. des § 315 b I Nr. 3 StGB anzunehmen.

*BGH* St 22 und 23 aaO; *BGH* St 26, 176; 28, 87, 88 f; *OLG Koblenz* aaO; *Lackner* aaO; *Rüth,* LK Rdnr. 24; kritisch *Solbach-Kugler,* JR 1970, 121.

Denn in derartigen Fällen »handelt es sich um ein nicht nur verkehrswidriges, sondern verkehrsfeindliches Verhalten im fließenden Verkehr; unter dem Schein eines Verkehrsverhaltens verbirgt sich in Wirklichkeit ein *verkehrsfremdes* Verhalten«

*(BGH* St 23 aaO, S. 7. Das gilt auch dann, »wenn der Täter nicht beabsichtigt, den Bedrohten zu überfahren, sondern diesem im letzten Augenblick ausweichen will«; *BGH* St 26 und 28 aaO).

Auch das Merkmal der »Beeinträchtigung der Sicherheit des Straßenverkehrs«

(für das die *generelle Eignung* zur Gefährdung des etwaigen Verkehrs genügt; *Rüth,* LK Rdnr. 4; *Cramer* in: *Schönke-Schröder,* Rdnr. 3; str.)

ist erfüllt.

Zudem lag eine *konkrete* »Gefahr für Leib und Leben eines anderen« (P) vor.

§ 315 b ist ein *konkretes* Gefährdungsdelikt.

Der obj. Tatbestand des § 315 b I Nr. 3 ist also erfüllt.

(2) L hat bezüglich der *Tathandlung* und der *konkreten Gefährung des P* vorsätzlich gehandelt.

Zu diesem Gefährdungsvorsatz siehe oben, b (2).

Er ist daher nach § 315 b I StGB strafbar.

– Wollte man den Gefährdungsvorsatz verneinen, käme man zur Anwendbarkeit des § 315 b IV StGB. –

*Ergänzende Hinweise zu § 315 b StGB:*

(1) »Verkehrsfeindliche« Beeinträchtigungen im Rahmen des fließenden Verkehrs kommen als *»ähnlicher, ebenso gefährlicher Eingriff« i. S. des § 315 b I Nr. 3 StGB* nur dann in Betracht, wenn sie als *schwerwiegend* erscheinen; *»Verstöße geringeren Gewichts«* wie das langsame Zufahren auf einen Fußgänger, der ohne Schwierigkeit und ohne Gefahr ausweichen kann, genügen dagegen nicht.

*BGH* St 28, 87, 90 m.w.N.

(2) *»Geisterfahrer«:*
Umstritten ist, ob (und unter welchen Voraussetzungen) Kraftfahrer, die Autobahnen oder Kraftfahrstraßen in gegenläufiger Fahrtrichtung befahren (sog. »Geisterfahrer«), sich nach § 315 b StGB strafbar machen.

– § 315 c StGB ist grundsätzlich nicht erfüllt; dazu u. a. *Dvorak,* DAR 1979, 32, 34 ff. –

(a) Jedenfalls dann, wenn es der Täter von vornherein *darauf angelegt hat,* die Autobahn in entgegengesetzter Richtung zu benutzen, um z. B. *mutwillig* schwere Verkehrsgefährdungen zu verursachen, ist ein *gefährlicher Eingriff* in den Straßenverkehr i. S. des § 315 b I Nr. 3 ohne weiteres zu bejahen; denn hier liegt ein verkehrsfeindlicher, verkehrsfremder Eingriff vor.

> Dazu u. a. *Cramer* in: *Schönke-Schröder*, § 315 b Rdnr. 10; *Dreher-Tröndle*, Rdnr. 5 d.

(b) Dem wird man den ungleich häufigeren Fall gleichzustellen haben, daß ein Kraftfahrer zunächst unvorsätzlich in die falsche Richtung einbiegt, dann aber *nach Erkennen der Situation* vorsätzlich »kilometerweit« als »Geisterfahrer« weiterfährt, um eine Wendemöglichkeit zu finden. Kommt es dabei zu einer *konkreten Gefahr* i. S. des § 315 b, so ist aus Abs. 1 Nr. 3 dieser Vorschrift (bzw. aus Abs. 1 i. V. m. Abs. 4) zu bestrafen.

> So u. a. *Cramer* und *Dreher-Tröndle* aaO m.w.N.; *Wolff*, LK § 315 b Rdnr. 24; *OLG Stuttgart*, NJW 1976, 2223.
> Ablehnend u. a. *Lackner*, Anm. 3; *OLG Stuttgart*, JR 1980, 470 mit zustimmender Anm. von *Kürschner*.

Denn die zwar unvorsätzlich begonnene, aber *wissentlich fortgesetzte* »Geisterfahrt« ist in gleicher Weise ein *»verkehrsfeindlicher«* Eingriff in den Straßenverkehr wie die mutwillig angefangene, und in gleicher Weise lebensgefährdend.

## 2. §§ 315 c, 316 StGB

### a) § 315 c StGB

*Fall 89:* Schluck (S) und Specht haben gemeinsam gezecht. Beide schätzen, daß S mindestens 1,5‰ »Alkohol im Blut« habe. Gleichwohl will S mit dem Pkw seiner Verlobten nach Hause fahren. Auf seinen (S) Vorschlag fährt Specht trotz erheblicher Bedenken mit. Obwohl S sehr langsam fährt, steuert er den Wagen so ungeschickt, daß er nur mit knapper Not vermeidet, einen Chausseebaum zu rammen.
Strafbarkeit des S, der zur Tatzeit 1,3‰ Alkoholkonzentration im Blut hatte, aus §§ 315 c, 316 StGB?

### a) § 315 c I Nr. 1 a

S hat »im Straßenverkehr ein Fahrzeug geführt, obwohl er infolge des Alkoholgenusses nicht in der Lage war, das Fahrzeug sicher zu führen«: Bei einer Blutalkoholkonzentration (BAK) von 1,3‰ oder mehr ist beim Kraftfahrer *stets* Fahruntüchtigkeit i. S. der §§ 315 c I Nr. 1 a, 316 StGB anzunehmen; ein Gegenbeweis ist nicht möglich.

> Sog. »absolute Fahruntüchtigkeit« (*BGH* St 21, 157; *Lackner*, § 315 c Anm. 4 a, aa m.w.N.).

Darüberhinaus hat der *BGH* absolute Fahruntüchtigkeit auch bei einem Kraftfahrer bejaht, der zur Tatzeit zwar noch keine BAK von 1,3 Promille aufweist, aber bereits eine solche Alkoholmenge im Körper hat, *»die zu einer Blutalkoholkonzentration von 1,3 Promille führt«.*

> *BGH* St 25, 246 ff.
> Zur Begründung stellt das Gericht auf die starke Alkoholwirkung in der sog. »Anflutungsphase« ab.

Hat der Kraftfahrer zur Tatzeit weder eine *BAK von 1,3 Promille (oder mehr)* noch eine Alkoholmenge im Körper, *die zu einer BAK von 1,3 Promille führt,* so scheidet *absolute* Fahruntüchtigkeit aus. Doch kann gleichwohl Fahruntüchtigkeit i. S. der §§ 316, 315 c I Nr. 1 a StGB vorliegen, nämlich dann, wenn sie sich aus den Umständen des Einzelfalles, namentlich aus alkoholtypischem Fahrverhalten, ergibt (*»relative Fahruntüchtigkeit«*).

> *Lackner* aaO, bb (m.w.N.).

Der 1,3-Promille-Grenzwert gilt für alle Kraftfahrer, auch für den Fahrer eines sog. *Mofa* (führerscheinfreies Fahrrad mit Hilfsmotor i. S. von § 4 I Nr. 1 StVZO).

> *BGH* St 30, 251; anders noch *BGH* St 25, 360.

– *Ergänzender Hinweis:* Ein Kraftfahrer, der nach den dargelegten Maßstäben *nicht* i. S. der §§ 316, 315 c I Nr. 1 a StGB fahruntüchtig ist, aber eine BAK von *0,8 Promille* (oder mehr) aufweist,

bzw. eine Alkoholmenge im Körper hat, die zu einer solchen BAK führt,

begeht eine Ordnungswidrigkeit.

> § 24 a StVG. –

Es fragt sich, ob S dadurch i. S. des § 315 c I *Leib oder Leben eines anderen oder fremde Sachen von bedeutendem Wert* gefährdet hat, wobei eine *konkrete* Gefahr erforderlich ist.

> – Bei § 315 c I Nr. 1 a muß die konkrete Gefahr gerade *Folge der Fahruntüchtigkeit* sein (*Dreher-Tröndle*, Rdnr. 15; *Cramer* in: *Schönke-Schröder*, Rdnr. 30). –

*(1) Gefährdung des Specht*

Daß für Specht eine *konkrete Leibesgefahr* bestand, ist offensichtlich. Dagegen läßt sich eine konkrete Lebensgefahr dem Sachverhalt nicht entnehmen (S fuhr sehr langsam). Es fragt sich, ob jene Gefährdung des Specht für § 315 c ausreicht.

(a) Diese Norm verlangt keine »Gemeingefahr«.

> (Zu diesem Begriff oben, Vorbem. vor Fall 87).
> Sie kommt daher auch bei vorsätzlicher Gefährdung einer bestimmten Person in Betracht; *Cramer* in: *Schönke-Schröder*, Rdnr. 7 ff vor § 306.

Folglich greift sie grundsätzlich auch ein, wenn *Insassen* des benutzten Fahrzeugs (mit Ausnahme des Täters) gefährdet werden

> (*Cramer* in: *Schönke-Schröder*, § 315 c Rdnr. 33 a);

doch soll die Gefährdung *tatbeteiligter* Insassen nach h. A. nicht genügen.

> *OLG Karlsruhe*, NJW 1967, 2321; *Dreher-Tröndle*, Rdnr. 17; *Lackner*, Anm. 5 a, bb; *Maurach*, S. 537; *Rüth*, LK § 315 c Rdnr. 12, i. V. m. § 315 b Rdnr. 7; *Cramer* aaO, Rdnr. 12 vor § 306; *Geilen*, Jura 1979, 206 f; a. A. *OLG Stuttgart*, NJW 1976, 1904; *Hillenkamp*, JuS 1977, 169 f; *Horn* in SK, Rdnr. 9 vor § 306; *Maurach-Schroeder* Bd. 2, S. 9.

Specht war nicht Tatbeteiligter.

(b) § 315 c könnte hier indes unter dem Gesichtspunkt der *Einwilligung* in die Leibesgefährdung entfallen.

Nach der *Judikatur* ist die Einwilligung des Mitfahrers in eine Gefährdung seiner körperlichen Unversehrtheit für § 315 c unbeachtlich.

Dies wird damit begründet, § 315 c schütze zwar auch Leib und Leben (sowie das Vermögen) des einzelnen, in erster Linie aber die Sicherheit des Straßenverkehrs und damit der Allgemeinheit.

*BGH* St 23, 261; *OLG Karlsruhe* aaO; *OLG Stuttgart* aaO; zustimmend *Otto*, S. 380; *Wessels*, BT 1 S. 166; *Lackner*, Anm. 7; ders. in: Das konkrete Gefährdungsdelikt im Straßenverkehr (1967), S. 12; *Rüth*, LK Rdnr. 61; *Jescheck*, S. 306; *Schaffstein*, Welzel-Festschrift, 1974, S. 574.

Anders dagegen die h. L.

(*Bickelhaupt*, NJW 1967, 713 f; *Horn* aaO, § 315 c Rdnr. 22; *Hillenkamp* aaO, S. 170 f; *Eser*, Strafrecht 3, S. 136 A 27; *Dreher-Tröndle*, § 315 c Rdnr. 17; *Maurach-Schroeder* Bd. 2, S. 5; *Oellers*, NJW 1970, 2121; *Schünemann*, JA 1975, 723; *Cramer* in: *Schönke-Schröder*, Rdnr. 33; *Welzel*, S. 453):

§ 315 c scheide *bei wirksamer Einwilligung in die fragliche Gefährdung* aus.

– *Die Frage der Wirksamkeit der Einwilligung in die Gefährdung ist bei Lebensgefährdungen strittig.* Richtiger Ansicht nach ist auch bei *solchen Gefährdungen* eine Rechtfertigung durch Einwilligung möglich (so u. a. *Baumann*, S. 331; *Hillenkamp* aaO; *Berz*, GA 1969, 145; *Cramer* aaO; *Hirsch*, LK 9. Aufl. Rdnr. 101, 118 vor § 51; *Maurach-Schroeder* aaO; *Rudolphi*, Jura 1980, 262 f m.w.N.; *a. A.* aber *BGH* aaO, S. 265; *Bickelhaupt* und *Welzel* aaO; *Jescheck*, S. 304; *Roxin*, JuS 1964, 379; *Rüth* aaO); § 216 StGB steht dem nicht entgegen, da er bloße Lebens*gefährdungen* (ohne Tötungsvorsatz) nicht betrifft. –
*Klarstellender Hinweis zur »Einwilligung in lebensgefährende Risiken«:*
Zwar kommt die *Einwilligung als Rechtfertigungsgrund* bei *Tötungsdelikten* nicht in Frage (vgl. oben, Fall 12).
Doch kann sie dort, wo eine Lebensgefährdung – die sich aber nicht realisiert hat – vorliegt, den Erfolgsunwert ausschließen und damit eine Tat nach § 315 c auch bei Verursachung einer konkreten Lebensgefahr *rechtfertigen*.

*Stellungnahme:* Ich neige der h. L. zu, und zwar aus folgenden Gründen:
Wie ich an anderer Stelle ausgeführt habe, liegt der *Unrechtsschwerpunkt* bei § 315 c nicht bei der Tathandlung (Abs. 1 Nr. 1 und 2), sondern bei der schuldhaften Verursachung der *konkreten Gefahr.*

*Krey/Schneider*, NJW 1970, 641 (str.).

Die Tathandlung ist nämlich grundsätzlich (Ausnahme: §§ 315 c I Nr. 1a i.V.m. 316) straflos; erst die vorsätzliche oder fahrlässige Herbeiführung der in § 315 c näher umschriebenen konkreten Gefährdung hebt also das grundsätzlich straflose Verhalten über die Grenze der Strafbarkeit. *Wenn aber die konkrete Gefährdung den Unrechtsschwerpunkt bildet, muß diese als solche rechtswidrig sein, um für § 315 c auszureichen.* Anderenfalls bleibt nur die Ahndungsmöglichkeit der Tat aus § 316 bzw. als Ordnungswidrigkeit. Die Einwilligung des Gefährdeten schließt also eine Strafbarkeit aus § 315 c grundsätzlich aus. Eine solche Einwilligung hatte Specht durch sein Verhalten *schlüssig erklärt.* Folglich genügte die *Gefährdung seiner Gesundheit* für die Annahme einer i. S. des § 315 c StGB tatbestandsmäßigen konkreten Gefahr nicht.

*(2) Gefährdung des Pkw der Verlobten des S*
Der Pkw war eine »fremde Sache von bedeutendem Wert«

(die Wertgrenze sollte man bei 1000 DM ziehen; so *Dreher-Tröndle*, § 315 c Rdnr. 15, i.V.m. § 315 Rdnr. 16; enger z. T. die Rspr. – Nachweise bei *Dreher-Tröndle* aaO –; dabei ist maßgeblich der »rein wirtschaftliche Verkehrswert« der Sache – *Hillenkamp* aaO, S. 167 –; im übrigen muß nicht nur der Wert der Sache als solcher, sondern auch der ihr drohende Schaden bedeutend sein – *Lackner*, § 315 c Anm. 5 a, cc –);

diese war konkret gefährdet. *Doch scheidet das vom Täter geführte Fahrzeug – auch wenn es einem anderen gehört – aus dem Schutzbereich des § 315 c aus.*

h. M. in Rechtspr. und Lehre, vgl. *Cramer* in: *Schönke-Schröder*, Rdnr. 11 vor § 306 m.w.N.; *BGH*, NJW 1977, 1109 f.

*Ergebnis:* § 315 c StGB entfällt.

b) Doch ist S aus § 316 I StGB strafbar.

*Fall 90: – Zur »Vorsatz-Fahrlässigkeits-Kombination« des § 315 c III Nr. 1 StGB –*

Rasch (R) fuhr vorsätzlich im Zustand einer durch Übermüdung bedingten Fahruntüchtigkeit. Schnell (S) hatte ihn dazu angestiftet. Beide vertrauten darauf, es werde alles gutgehen. Doch überfuhr R, da ihm die Augen zufielen, mit seinem Pkw »um ein Haar« einen Radfahrer.
Strafbarkeit von R und S?

a) R hat den obj. Tatbestand des § 315 c I Nr. 1 b erfüllt

(Übermüdung als »körperlicher Mangel«).

Bezüglich der *Tathandlung* fällt ihm Vorsatz zur Last; dagegen hat er die *konkrete Gefährdung* des Radfahrers nur fahrlässig verursacht. In einem solchen Fall greift § 315 c III Nr. 1 StGB ein. R ist also aus § 315 c I Nr. 1 b i.V.m. III Nr. 1 strafbar.

Diese Tat ist eine sog. *»eigentliche Vorsatz-Fahrlässigkeits-Kombination«* – *»e.V-F-K«* – (vgl. *Krey/Schneider*, NJW 1970, 640; *Jescheck*, S. 462; *Maurach*, AT 4. Aufl. 1971, S. 542; *Eser* in: *Schönke-Schröder*, § 11 Rdnr. 85; *Tröndle*, LK § 11 Rdnr. 94; kritisch aber *Schroeder*, LK § 18 Rdnr. 5; *Gössel*, R. Lange-Festschrift, 1976, S. 221):
Bezüglich der *Tathandlung* (§ 315 c I Nr. 1 b) hat R *vorsätzlich* gehandelt, bezüglich der *konkreten Gefahr fahrlässig* (§ 315 c III Nr. 1). Der Vorsatzteil ist dabei als solcher straflos, erst die Kombination mit dem *Fahrlässigkeitsteil* ist strafbegründend; letzterer bildet auch den Unrechtsschwerpunkt der *»e.V-F-K«* (*Krey/Schneider* und *Maurach* aaO; ebenso der Sache nach *Maurach-Gössel*, AT 2, 5. Aufl. 1978, S. 95; *Schroeder* aaO; a. A. etwa *Lackner*, § 11 Anm. 11; *Tröndle*, LK § 11 Rdnr. 95 ff.).
Doch hat der Gesetzgeber in § 11 II StGB n. F. die *»e.V-F-K«* den Vorsatztaten gleichgestellt; dies ist eine zwar *sachlich nicht überzeugende*, aber *als noch verfassungskonform* zu respektierende Regelung.

b) Strafbarkeit des S?

Er ist wegen Anstiftung zu der Tat des R strafbar:
Zwar war vor Inkrafttreten des § 11 II n. F. problematisch und strittig, ob solche *Teilnahme an der »e.V-F-K«* des § 315 c III Nr. 1 möglich sei.

Bedenken ergaben sich daraus, daß Haupttat und Teilnahme *vorsätzlich* begangen sein müssen, daß aber in Fällen wie dem vorliegenden sowohl der Haupttäter als auch der Teilnehmer bezüglich der konkreten Gefährdung *fahrlässig* handeln (vgl. näher *Krey/Schneider* aaO m.w.N.; gegen sie insbes. *Lackner*, 8. Aufl., § 315 c Anm. 6 b).

Diese Bedenken sind aber jetzt durch § 11 II StGB n. F. ausgeräumt.

Vgl. nur *Dreher-Tröndle*, § 11 Rdnr. 38; *Lackner*, § 11 Anm. 11; *OLG Stuttgart*, MDR 1976, 335; *Rudolphi* in SK, § 11 Rdnr. 34, 35; a. A. aber *Gössel*, Lange-Festschrift aaO, S. 219 ff, 238 f; *Maurach-Gössel* aaO.

## b) Trunkenheit im Verkehr (§ 316 StGB)

Es handelt sich um ein *abstraktes Gefährdungsdelikt*, das gegenüber dem konkreten Gefährdungsdelikt des § 315 c I Nr. 1 a subsidiär ist (Gesetzeskonkurrenz).
Zur alkoholbedingten Fahruntüchtigkeit vgl. oben, Fall 89, a.

## III. Vollrausch (§ 323 a StGB)

*Fall 91:* Sepp (S) trinkt sich vorsätzlich einen Vollrausch (§ 20 StGB) an. In diesem Zustand verprügelt er den Schandelhuber.

a) Sepp hatte sich für diese Tat, die er von vornherein vorhatte, Mut antrinken wollen.

b) Sepp hatte schon wiederholt im Vollrausch Tätlichkeiten begangen; er hatte aber angenommen, diesmal werde er sich besser zusammennehmen können und niemanden verprügeln.

c) Sepp ist ein friedfertiger Privatdozent, dem Gewalttätigkeiten zutiefst zuwider sind und der noch nie jemanden geschlagen hat. Er läßt sich dahin ein, er habe weder erkannt noch erkennen können, daß er im Rausch irgendwelche Straftaten begehen könne.

*Zu Fall 91 a:*

(1) § 223 StGB

(a) S hat den objektiven Tatbestand (»körperliche Mißhandlung«) erfüllt. Er hat auch vorsätzlich gehandelt; denn der Vollrausch ändert nichts daran, daß er mit Wissen und Wollen auf Schandelhuber eingeschlagen hat.
(b) Die Tat ist auch rechtswidrig.
(c) Doch könnte S ohne *Schuld* gehandelt haben.
Bei Begehung der Tat war S gemäß § 20 StGB schuldunfähig.

> (Der Vollrausch ist ein Fall der »krankhaften seelischen Störung«; *Dreher-Tröndle,* § 20 Rdnr. 7, 9; *Lackner,* § 20 Anm. 2 a, aa.)

Doch ist er unter dem Gesichtspunkt der *actio libera in causa* strafrechtlich verantwortlich:
Wer eine *rechtswidrige Tat* (§ 11 I Nr. 5 StGB) im Zustand der Schuldunfähigkeit begeht, diesen Zustand aber vorsätzlich herbeiführt und dabei jene Tat in seinen Vorsatz aufgenommen hat, ist wegen vorsätzlicher *und schuldhafter* Begehung der fraglichen rechtswidrigen Tat verantwortlich

> – Fall der sog. vorsätzlichen *actio libera in causa* –.
> Vgl. u. a. *Dreher-Tröndle,* § 20 Rdnr. 19; *Lackner,* § 20 Anm. 8 a; *Lenckner* in: *Schönke-Schröder,* § 20 Rdnr. 33 ff (jeweils m.w.N.); kritisch zur Figur der actio libera in causa *Horn,* GA 1969, 289.

Das Verschulden wird hier also auf den Zeitpunkt bezogen, in dem der Täter noch schuldfähig war, aber bereits den Vorsatz gefaßt hatte, im Zustand der Schuldunfähigkeit die fragliche mit Strafe bedrohte Handlung (hier: § 223) zu begehen. S ist also nach § 223 StGB strafbar.

(2) § 323 a StGB
Diese Norm greift schon *tatbestandlich* nicht ein; es fehlt nämlich an der Voraussetzung, *daß der Täter wegen der im Vollrausch begangenen »rechtswidrigen Tat«* – sog. »Rauschtat« – *nicht bestraft werden kann.*

> Dieses Tatbestandsmerkmal hat zur Folge, daß § 323 a im Fall vorsätzlicher actio libera in causa *tatbestandlich subsidiär* ist.

*Zu Fall 91 b:*

(1) § 223 StGB
Der Tatbestand dieser Norm ist erfüllt (vgl. oben, zu Fall 91 a); die Tat war auch rechtswidrig. Doch entfällt § 223 mangels Verschulden (§ 20 StGB).

Der Gesichtspunkt der actio libera in causa ändert daran nichts. Denn er kann die Verantwortlichkeit für *Vorsatztaten*

– »vorsätzliche actio libera in causa« –

nur begründen, wenn der Täter (a) den Zustand der Schuldunfähigkeit vorsätzlich herbeiführt und (b) dabei mit Vorsatz bezüglich der später in diesem Zustand begangenen rechtswidrigen Tat handelt. Am zweiten Erfordernis fehlt es hier.

(2) Doch ist S nach § 230 StGB strafbar, und zwar unter dem Gesichtspunkt *fahrlässiger actio libera in causa:* Diese greift ein, wenn jemand im Zustand der Schuldunfähigkeit eine rechtswidrige Tat begeht, der (a) diesen Zustand vorsätzlich oder fahrlässig herbeigeführt hat und (b) dabei fahrlässig nicht erkannt hat, er könne in diesem Zustand jene Tat begehen, bzw. fahrlässig im Vertrauen darauf gehandelt hat, er werde eine solche Tat nicht begehen.

> *Dreher-Tröndle* aaO; *Lackner,* § 20 Anm. 8 b; *Lenckner* aaO, Rdnr. 37.

Diese Voraussetzungen sind hier erfüllt: S hat den Vollrausch vorsätzlich herbeigeführt, obwohl für ihn vorhersehbar war, er könne wieder einmal in diesem Zustand tätlich werden.

(3) Auch der Tatbestand des vorsätzlichen Vollrausches (§ 323 a StGB) ist verwirklicht.

> Die Subsidiaritätsklausel (»und ihretwegen nicht bestraft werden kann«) steht dem nicht entgegen: Die »rechtswidrige Tat« war ja die *vorsätzliche* Körperverletzung; und aus *§ 223 StGB* ist S im Fall 91 b nicht strafbar.

(4) Konkurrenz §§ 230, 323 a:

Zwischen dem Vergehen nach § 323 a (»Vollrausch«) und der nach den Grundsätzen *fahrlässiger* actio libera in causa strafbaren Fahrlässigkeitstat des S ist Idealkonkurrenz anzunehmen.

> *BGH* St 2, 14, 17 ff; *Lackner,* § 323 a Anm. 7 b.

*Zu Fall 91 c:*

(1) §§ 223, 230 StGB scheiden aus, da weder eine vorsätzliche noch eine fahrlässige actio libera in causa anzunehmen ist.

S hatte ja mit dem Erfolg (Körperverletzung) weder gerechnet, noch mußte er mit ihm rechnen.

(2) *§ 323 a StGB*

Bei dieser Vorschrift handelt es sich um ein *abstraktes Gefährdungsdelikt;* die im Rausch begangene »rechtswidrige Tat« (Rauschtat) ist nur *objektive Strafbarkeitsbedingung.* Das hat zur Folge, daß unerheblich ist, ob der Täter wußte oder hätte erkennen müssen, er könne im Rausch irgendwelche rechtswidrigen Taten begehen.

> h. M., *BGH* St 16, 124 ff; *OLG Hamburg,* JZ 1982, 160 f; *Dreher-Tröndle,* Rdnr. 9; *Lackner,* Anm. 1, 4 b; ders. JuS 1968, 215; *Lay,* LK Rdnr. 11–18; *Blei,* S. 318; *Wessels,* BT 1 S. 172; *Schmidhäuser,* BT 15/19, 27; *Puppe,* GA 1974, 98.
>
> Einige Autoren sehen dagegen in dieser Norm ein konkretes Gefährdungsdelikt und verlangen, daß Vorsatz bzw. Fahrlässigkeit des Täters sich auch auf die »eigene kriminelle Gefährlichkeit in diesem Zustand« beziehen (*Heinitz,* JR 1957, 126, 347; *Kohlrausch-Lange,* Anm. V; *Welzel,* S. 474).
>
> Vermittelnd *BGH* St 10, 247: Vorsatz bzw. Fahrlässigkeit des Täters müßten sich auch darauf erstrecken, er könne im Rausch *irgendwelche* Taten strafbarer Art begehen; diese Voraussicht bzw. Voraussehbarkeit verstehe sich aber von selbst, so daß grundsätzlich

keine besonderen Feststellungen erforderlich seien (ähnlich *Cramer*, Der Vollrauschtatbestand als abstraktes Gefährdungsdelikt, 1962, S. 93ff; wie *BGH* St 10 aaO u. a. auch *Bay ObLG*, NJW 1974, 1520ff; *Otto*, S. 385; *Montenbruck*, GA 1978, 240; *Maurach-Schroeder* Bd. 2, S. 304; einschränkend *Horn* in SK, § 323a Rdnr. 2, 7; ablehnend *OLG Hamburg* aaO).

*Gollner* (MDR 1976, 182ff, 188f) will die »objektive Bedingung der Strafbarkeit« *Rauschtat* »restriktiv auslegen«:

*Zufällige* Rauschtaten, d. h. solche, mit denen niemand zu rechnen brauchte (etwa wegen getroffener Sicherheitsvorkehrungen), begründeten keine Haftung aus § 323a StGB; so auch *Backmann*, JuS 1977, 447f; *Maurach-Schroeder* aaO; a. A. *OLG Hamburg* aaO.

Die h. M. hat den Normtext und *kriminalpolitische Gründe* für sich.

Die Ansicht des *BGH* St 10 aaO, insbesondere aber die von *Heinitz, Lange* und *Welzel*, würde Schutzbehauptungen Tür und Tor öffnen (*Lay* aaO, Rdnr. 18).

Sie ist auch mit dem *Schuldprinzip* vereinbar: »Der Rausch ist seit jeher als Quelle von Rechtsbrüchen bekannt«

(*BGH* St 16 aaO, 125);

daher läßt sich sagen, daß bereits der schuldhafte Vollrausch »materielles Unrecht« darstellt. Daß das Gesetz dies Unrecht nur dann als Straftat erfaßt, wenn es zu einer Rauschtat gekommen ist, erscheint als sachgerechte Einschränkung des Bereichs des Strafbaren unter den Gesichtspunkten »Strafbedürfnis« bzw. »Strafwürdigkeit«.

(Auch bei den fahrlässigen Erfolgsdelikten ist ja selbst der sträflichste Leichtsinn nur strafbar, *»wenn etwas passiert«*.)

*Ergebnis:* S ist aus § 323a StGB strafbar.


*Fall 92:* Schluck macht in der Wirtschaft »Zum blauen Bock« eine Zeche von 100,– DM, hat aber nur 50,– DM bei sich. Infolge Vollrausches glaubt Schluck bei seinen Bestellungen aber, noch zahlen zu können.

*Fall 92a:* Schluck hat sich einen Vollrausch angetrunken; infolgedessen verwechselt er beim Verlassen der Schänke den Mantel des X mit seinem und nimmt den fremden Mantel mit.

*Fall 92b:* Schluck verführt im Vollrausch die 15jährige Lolita, die er infolge seiner Betrunkenheit für wesentlich älter hält.

Strafbarkeit des Schluck (S) in den Fällen 92–92b?

*Zu Fall 92:*

(1) § 263 StGB (»Zechprellerei«; vgl. dazu Bd. 2, Fall 45) liegt zumindest wegen § 20 StGB nicht vor.

(2) *§ 323a entfällt mangels Vorliegens einer »rechtswidrigen Tat«*

(*BGH* St 18, 235; *Lackner*, Anm. 3b, cc):

Für die Annahme einer »rechtswidrigen Tat«, d. h. einer mit Strafe bedrohten Handlung (§ 11 I Nr. 5 StGB) ist erforderlich, daß der objektive *und* der subjektive Tatbestand erfüllt sind; eine »rechtswidrige Tat« ist daher bei Betrug als Rauschtat nur gegeben, wenn der Täter *vorsätzlich und in Bereicherungsabsicht* gehandelt hat (h. M.).

Hier fehlte dem Täter der Täuschungsvorsatz, da er glaubte, zahlen zu können;

auch die Absicht, sich einen rechtswidrigen Vermögensvorteil zu verschaffen, liegt nicht vor. Damit mangelt es an einer Rauschtat.

Indes wird von vielen die Ansicht vertreten, *rauschbedingte Irrtümer,* d. h. solche Irrtümer, die allein in der Volltrunkenheit ihre Ursache haben, seien unbeachtlich: Handele der Täter einer »Rauschtat« wegen eines derartigen Irrtums unvorsätzlich, so sei dieser Vorsatzmangel für die Anwendbarkeit des § 323 a StGB ohne Bedeutung.

So u. a. *RG* St 73, 11; *BGH* NJW 1953, 1442; vgl. auch *Lackner* aaO.

*BGH* St 18 aaO hält zwar verbal an dieser Ansicht fest, gibt sie aber praktisch auf, da er Irrtümer wie den bei S vorliegenden für beachtlich hält.

Jener Ansicht ist indes entschieden zu widersprechen: Zum Tatbestand einer »rechtswidrigen Tat« (§ 11 I Nr. 5 StGB) gehören unstreitig subjektive Tatbestandsmerkmale wie *Absichten* (z. B. Zueignungsabsicht, Bereicherungsabsicht), *Handeln »wider besseres Wissen«* u. ä.; dann wird man aber auch den *Vorsatz* zum Tatbestand zählen müssen – zumal der Vorsatz beim *Versuch* unstreitig Tatbestandsmerkmal ist. Fehlt es nun wegen eines Irrtums des Täters an einem Merkmal des *subj.* Tatbestandes eines Deliktes, so ist dessen Tatbestand nicht erfüllt, *so daß dieses Delikt als Rauschtat i. S. des § 323 a nicht in Frage kommt.* Ob der fragliche Irrtum dabei rauschbedingt war oder nicht, kann keine Rolle spielen; denn der klare Wortlaut des § 323 a (i. V. m. § 11 I Nr. 5 StGB) verlangt eine mit *Strafe bedrohte Handlung,* und diese ist nicht gegeben, wenn es wegen eines Tatbestandsirrtums – mag dieser auch rauschbedingt sein – an einem Straftatbestand fehlt.

Im Ergebnis wie hier: *Cramer* in: *Schönke-Schröder,* § 323 a Rdnr. 18; *Dreher-Tröndle,* Rdnr. 13 (a. E.); *Wessels,* BT 1 S. 172 f; *Dencker,* NJW 1980, 2164; *Otto,* S. 387; *Horn* in SK, Rdnr. 12; *Lay,* LK Rdnr. 54 ff (m. w. N. Rdnr. 55); *Welzel,* S. 475; *Bruns,* JZ 1964, 479.

Ebenso im Grundsatz *Blei,* S. 321 f; er will aber für den rauschbedingten *Erlaubnistatbestandsirrtum* (Irrtum über die tatsächlichen Voraussetzungen eines Rechtfertigungsgrundes; dazu oben, Fall 45 a – 1 b (2) –) eine Ausnahme machen.

*Zu Fall 92 a:* Auch hier entfällt § 323 a StGB mangels *»rechtswidriger Tat« nach § 242 StGB:* Dem S fehlten der Fremdheitsvorsatz und damit zugleich die Zueignungsabsicht

(vgl. zu letzterem *Krey,* JuS 1970, 291 Erl. 2);

daß sein Irrtum *rauschbedingt* war, ändert an dem Mangel eines mit Strafe bedrohten Diebstahls und damit einer »rechtswidrigen Tat« nichts.

*Zu Fall 92 b:* Auch hier scheidet § 323 a StGB aus; denn gemäß § 16 I StGB lag eine mit Strafe bedrohte Handlung nach § 182 I StGB nicht vor, so daß es an einer »Rauschtat« fehlt. Daß der Tatbestandsirrtum des S rauschbedingt war, ist irrelevant

(abweichend *BGH* NJW aaO, a. E.).

*Ergänzende Hinweise zu § 323 a:*

(1) Ob und wieweit als Rauschtat auch *Unterlassungsdelikte* in Frage kommen, ist strittig.

(a) Für *unechte* Unterlassungsdelikte (§ 13 StGB) wird ganz überwiegend angenommen, ihre Verwirklichung im Vollrausch könne zur Haftung aus § 323 a StGB führen.

*Backmann,* JuS 1975, 698, 702 f; *Blei,* JA 1974, 465; 1975, 173; 1976, 29; *Lenckner,* JR 1975, 31.

(b) Dagegen kommen nach h. L. *echte* Unterlassungsdelikte, namentlich § 323 c StGB, als Rauschtat nicht in Betracht.

> *Backmann, Blei* und *Lenckner* aaO; *Cramer* in: *Schönke-Schröder*, § 323 a Rdnr. 14; *Lackner,* § 323 a Anm. 3 b; a. A. *Dencker,* JuS 1980, 214; *Horn* in SK, § 323 a Rdnr. 14; *BayObLG,* NJW 1974, 1520, 1522 f, mit kritischer Anm. *Kurbjuhn,* NJW 1974, 2059.

(2) Soweit es um die Verwirklichung der Rauschtat (»rechtswidrige Tat«, § 11 I Nr. 5 StGB) durch aktives Tun geht, muß eine *Handlung* vorliegen (d. h. ein »willkürliches Verhalten«, das im natürlichen Sinne gewollt ist), so daß Krampfanfälle, Torkeln und Erbrechen nicht genügen

> – *Lackner* aaO; *OLG Hamm,* NJW 1975, 2252, 2253; str. (weitere Nachweise pro und contra bei *Cramer* aaO) –.

(3) Voraussetzung für die Anwendbarkeit des § 323 a StGB ist, daß

(a) entweder nachgewiesen wird, der Täter sei infolge des Rausches *schuldunfähig (§ 20 StGB)* gewesen, oder

(b) nach dem Satz »in dubio pro reo« eine solche Schuldunfähigkeit nicht ausgeschlossen werden kann.

Im letzteren Falle – (b) – soll nach h. M. im Hinblick auf den erforderlichen Schweregrad des Merkmals »Rausch« der Nachweis nötig sein, der Rausch habe die Schuldfähigkeit des Täters wenigstens *»erheblich vermindert« (§ 21 StGB);* daher entfalle § 323 a, *wenn sich nicht ausschließen lasse, daß der Täter zur Tatzeit weder »schuldunfähig« noch »erheblich vermindert schuldfähig« war, sondern voll schuldfähig.*

> *BayObLG* NJW 1978, 957; *OLG Hamm,* NJW 1977, 344; *OLG Schleswig,* MDR 1977, 247; *Cramer* in: *Schönke-Schröder,* § 323 a Rdnr. 8; *Dencker,* NJW 1980, 2159 ff m. w. N.; abweichend *Montenbruck,* GA 1978, 225 ff.

(4) Der Täter muß den »Rausch« *vorsätzlich oder fahrlässig* herbeigeführt haben. Dazu führt das *OLG Hamburg* zutreffend aus:

*»Wer Alkohol mit Medikamenten kombiniert,* muß grundsätzlich damit rechnen, daß die Wirkung des genossenen Alkohols durch das Medikament erheblich gesteigert werden kann«.

> JZ 1982, 160 f.

## IV. Unterlassene Hilfeleistung (§ 323 c StGB)

§ 323 c ist ein sog. echtes Unterlassungsdelikt, für das – anders als bei den unechten Unterlassungsdelikten (§ 13 StGB) – eine Garantenpflicht nicht nötig ist; § 323 c begründet aber auch keine Garantenpflicht des Unterlassenden.

Gegenüber unechten Unterlassungsdelikten (z. B. Totschlag durch Unterlassen) ist jene Norm subsidiär. Ebenfalls subsidiär ist sie gegenüber der den Unglücksfall vorsätzlich herbeiführenden Begehungsstraftat.

> – Zur Anwendbarkeit des § 323 c bei unterlassener Selbstmordhinderung vgl. oben, Fall 9, b. –

Zur Hilfe *»bei«* einem *Unglücksfall* ist auch verpflichtet, wer zwar nicht unmittelbar anwesend, »aber der annehmbar *nächste* ist, der infolge besonderer Kenntnisse und Mittel helfen kann«.

> *OLG Köln,* NJW 1957, 1609 f.

Wird ein Schwerverletzter zum *nächsten Krankenhaus* gebracht, so erfordert die Hilfspflicht aus § 323 c, »daß der diensthabende Arzt ihn dahin untersucht, ob er sofortiger Hilfe bedarf... Dies gilt auch, wenn ein Bett nicht verfügbar ist«.

*OLG Köln* aaO.

*»Erforderlich«* ist die Hilfeleistung, wenn die »Gefahr weiterer Schäden« besteht, wobei als »weiterer Schaden« auch die Vermehrung bzw. Verlängerung von *Schmerzen* genügt. Demgemäß schließt der Umstand, daß der Verletzte nicht mehr zu retten ist, die Erforderlichkeit einer (ärztlichen) Hilfeleistung nicht notwendig aus.

*Cramer* in: *Schönke-Schröder,* § 323 c Rdnr. 14 m.w.N.; *BGH* St 14, 213, 216 f.

## § 12 Straftaten gegen die Umwelt (§§ 324–330 d StGB)

*Fall 93:* Bernd Bio (BB) nimmt die an seinem Pkw erforderlichen Ölwechsel regelmäßig selbst vor. Mit ebenso ausgeprägter Regelmäßigkeit gießt er dabei aus Bequemlichkeit das Altöl, jeweils 4 Liter, in den Abwasserkanal. Dieser mündet, wie er weiß, ca. 100 m weiter in einen Bach.
Strafbarkeit des BB?

*Vorbemerkungen* zu §§ 324–330 d StGB:

1. Diese Vorschriften i.d.F. des Gesetzes zur Bekämpfung der Umweltkriminalität sind am 1.7.1980 in Kraft getreten. Dem Gesetzgeber ging es dabei darum, die wesentlichsten Vorschriften des Umweltstrafrechts aus den *Spezialgesetzen des Umweltverwaltungsrechts*

– namentlich dem Wasserhaushaltsgesetz, dem Bundes-Immissionsschutzgesetz, dem Abfallbeseitigungsgesetz und dem Atomgesetz –

herauszulösen und in das StGB einzufügen. Hierbei sind jene ehemals im Nebenstrafrecht beheimateten Umweltstrafbestimmungen vereinheitlicht und z. T. verschärft worden. Durch den *Einbau der wesentlichsten Umweltstrafgesetze in das StGB* sollte die Sozialschädlichkeit der Umweltkriminalität verstärkt in das Bewußtsein der Öffentlichkeit gerufen werden.

BT-Drucksache 8/2382 S. 9 ff; 8/3633 S. 19.

2. §§ 324–330 d StGB enthalten keine abschließende Kodifikation der Straftaten gegen die Umwelt:
So betreffen §§ 311 d und 311 e StGB n. F. ebenfalls die Umwelt. Im übrigen befinden sich eine Reihe von umweltstrafrechtlichen Normen weiterhin im *Nebenstrafrecht*

(Beispiele bei *Lackner,* Anm. 1 a vor § 324).

3. Geschützte Rechtsgüter des Umweltstrafrechts:

a) Geschützte Rechtsgüter sind die Umweltmedien *Wasser*

(vgl. §§ 324, 326 I Nr. 3, 329 II, 330 StGB),

*Luft*

(siehe §§ 325, 326 I Nr. 3, 329 I, 330 StGB)

und *Boden*

(vgl. §§ 326 I Nr. 3, 330 II Nr. 1 StGB);

zudem die (sonstigen) Erscheinungsformen der Umwelt, nämlich die *Tierwelt*

(§§ 325 I Nr. 1, 326 I Nr. 1 StGB)

die *Pflanzenwelt*

(§ 325 I Nr. 1 StGB)

sowie *Naturschutzgebiete* und *Nationalparks*

(§ 329 III StGB).

Schließlich sind noch die *»Bestandteile des Naturhaushalts von erheblicher ökologischer Bedeutung«* zu nennen

(§ 330 II Nr. 2 StGB).

– Dies Tatbestandsmerkmal dürfte mit dem Bestimmtheitsgebot des Art. 103 II GG unvereinbar sein; so m.w.N. *Cramer* in: *Schönke-Schröder,* § 330 Rdnr. 29; *Dreher-Tröndle,* Rdnr. 9; *Tiedemann,* die Neuordnung des Umweltstrafrechts, 1980, S. 39 f. –

b) §§ 324–330 d StGB dienen aber nicht nur dem Schutz jener »*ökologischen* Rechtsgüter«

(*Maurach-Schroeder* Bd. 2, S. 48).

Vielmehr finden sich unter jenen Vorschriften auch *Straftaten* gegen das *Leben* bzw. die *körperliche Unversehrtheit,*und zwar *konkrete Gefährdungsdelikte*

(§§ 330, 330 a StGB)

sowie *abstrakte Gefährdungsdelikte*

(so u. a. § 325 StGB; dazu *Cramer* aaO, Rdnr. 1; – *Dreher-Tröndle,* Rdnr. 1 spricht hier von einem »potentiellen Gefährdungsdelikt«, *Tiedemann* aaO, S. 31, von einem »abstrakt-konkreten« –).

Abstrakte Gesundheitsgefährdungsdelikte stellen auch die Strafvorschriften der §§ 325 I Nr. 2 und 329 I gegen *Lärm* dar.

c) Nach h. M. wird die Umwelt nicht nur *in solchen Strafbestimmungen, die als Leib- oder Lebensgefährdungsdelikte normiert sind,* sondern *ganz allgemein in allen Strafnormen des Abschnitts über Umweltdelikte* nicht etwa um ihrer selbst willen, sondern um des Menschen willen geschützt: Es gehe um die »Erhaltung humaner Lebensbedingungen für die gegenwärtigen und zukünftigen Generationen«.

*Cramer* aaO, Rdnr. 8 vor § 324; *Lackner,* Anm. 3 vor § 324.

Diese anthropozentrische, utilitaristische Betrachtungsweise erscheint aber zu *einseitig;* vielmehr ist *Horn* zu folgen, wenn er feststellt: Man könne das Umweltstrafrecht auch so sehen: »Der Mensch fühlt seine Verantwortung auch für die Welt, in der er lebt«

(in SK, Rdnr. 2 a. E. vor § 324).

*Lösung von Fall 93:*

1. Strafbarkeit des BB aus § 324 I StGB?

a) Tatbestand
Der Bach stellt ein »*Gewässer*« i. S. des § 324 StGB dar.

Vgl. § 330 d Nr. 1 StGB.
– Hinweis: Der Abwasserkanal selbst fällt nicht unter jenen Begriff; *Cramer* in: *Schönke-Schröder,* § 324 Rdnr. 4. –

Dieses hat BB jeweils durch das Einleiten des Altöls »*verunreinigt*«. Hierfür ist zwar eine *nicht unerhebliche* Beeinträchtigung nötig

(*Lackner,* § 324 Anm. 3 a);

sie ist im vorliegenden Fall aber ohne weiteres zu bejahen.
Der Umstand, daß BB das Öl nicht *unmittelbar* in den Bach gegossen, sondern ihm das Öl *mittelbar* über die Kanalisation zugeführt hat, ist unerheblich.

*Dreher-Tröndle,* § 324 Rdnr. 5; *Horn* in SK, Rdnr. 5.

Der objektive Tatbestand des § 324 I StGB ist damit erfüllt. BB hat auch vorsätzlich gehandelt.

b) Rechtswidrigkeit

Das Merkmal »unbefugt« ist kein Tatbestandsmerkmal, sondern bezeichnet das allgemeine Verbrechenselement der Rechtswidrigkeit.

> h. M., so u. a. *Cramer* aaO, Rdnr. 14 vor § 324 m.w.N.

Da kein Rechtfertigungsgrund eingreift, war die Tat auch unbefugt.

c) BB hat zudem *schuldhaft* gehandelt. Er ist also aus § 324 I StGB strafbar.

### 2. § 326 I Nr. 1, Nr. 3 StGB

a) Tatbestand

Bei dem Altöl handelt es sich um »Abfall«.

> (Vgl. § 1 I Abfallbeseitigungsgesetz.
> § 1 III dieses Gesetzes ist für das StGB unerheblich, so daß Altöl erfaßt wird; *Dreher-Tröndle*, § 324 Rdnr. 2; *Lackner*, § 324 Anm. 2 a)

Doch stellt es *kein »Gift«* i. S. des § 326 I *Nr. 1* StGB dar

> (»Gift« bedeutet hier dasselbe wie im Rahmen des § 229 StGB; h. M., vgl. *Cramer* aaO, § 326 Rdnr. 4 m.w.N.):

Denn Altöl ist kein Stoff, der geeignet ist, die Gesundheit zu *zerstören*.

Indes handelte es sich hier um Abfall, der i. S. des § 326 I *Nr. 3* StGB geeignet war, »nachhaltig ein Gewässer (den Bach) zu verunreinigen«.

BB hat das Altöl jeweils »außerhalb einer dafür zugelassenen Anlage abgelassen«. Er hat also den objektiven Tatbestand des § 326 I Nr. 3 StGB erfüllt.

Er hat auch vorsätzlich gehandelt.

b) Rechtswidrigkeit

> (zum Merkmal »unbefugt« siehe oben) und

c) Schuld liegen vor.

d) § 326 V greift hier nicht ein.

### 3. § 330 I Nr. 1 StGB?

Für die Annahme einer *konkreten* Gefahr für »Leib oder Leben eines anderen« bzw. für »die *öffentliche Wasserversorgung*« bietet der Sachverhalt wohl zu wenig Anhaltspunkte.

### 4. Konkurrenzen:

a) BB hat bei *jedem* Einlassen des Altöls den Tatbestand des § 324 I und des § 326 I StGB erfüllt. Die jeweiligen Einzeltaten stehen in *Fortsetzungszusammenhang*, wenn sie von einem Gesamtvorsatz, d. h. einheitlichen Tatentschluß, getragen waren

> (dazu m.w.N. *Lackner*, Anm. IV 3, a, aa–cc vor § 52. Zum Fortsetzungszusammenhang vgl. bereits oben, Fall 56 – a, (2) (b) –).

b) Zwischen dem (fortgesetzten) Vergehen aus § 324 I und dem (fortgesetzten) Vergehen aus § 326 I besteht Idealkonkurrenz.

> (*Cramer* in: *Schönke-Schröder*, § 324 Rdnr. 18; *Dreher-Tröndle*, § 324 Rdnr. 11).

# Aufbaumuster

Die nachstehenden Aufbaumuster

(siehe ergänzend die Aufbaumuster in Bd. 2, S. 197 ff)

wollen und können nicht mehr sein als *Empfehlungen* in dem Sinne: Wer so aufbaut, macht jedenfalls nichts falsch.

## A / Vorsätzliche Begehungsdelikte

### Beispiel I: Körperverletzung, § 223 I StGB

1. Tatbestand
a) Objektiver Tatbestand:
Erste Alternative: *körperliche Mißhandlung* eines anderen;
zweite Alternative: *Gesundheitsbeschädigung*

b) Subjektiver Tatbestand:
Vorsatz bzgl. der Merkmale des objektiven Tatbestandes

2. Rechtswidrigkeit

(Sie liegt vor, wenn kein Rechtfertigungsgrund eingreift.)

3. Schuld

(Sie ist gegeben, wenn kein Schuldausschließungsgrund – §§ 19, 20 sowie 17 S. 1 StGB – bzw. Entschuldigungsgrund – namentlich § 35 StGB – vorliegt.)

4. § 232 StGB

### Beispiel II: Gefährliche Körperverletzung, § 223 a StGB

1. Tatbestand
a) § 223 StGB
(1) Objektiver Tatbestand (siehe Beispiel I)
(2) Subjektiver Tatbestand (siehe Beispiel I)
b) Qualifizierende Tatbestandsmerkmale des § 223 a StGB
(1) Objektiver Tatbestand:
Erste Alternative: Mittels einer Waffe ... oder sonst eines anderen *gefährlichen Werkzeugs;*
zweite Alternative: mittels eines *hinterlistigen Überfalls;*
dritte Alternative: von mehreren *gemeinschaftlich;*
vierte Alternative: mittels einer *das Leben gefährdenden Behandlung.*

Hinweis: Von diesen Alternativen sind nur die zu prüfen, die vorliegen oder doch ernstlich in Betracht kommen.

(2) Subjektiver Tatbestand:
Vorsatz bzgl. der Merkmale des objektiven Tatbestandes

2. Rechtswidrigkeit

3. Schuld

### Beispiel III: Vergiftung, § 229 I StGB

1. Tatbestand
a) Objektiver Tatbestand:
Tatobjekt: Ein anderer Mensch. Tathandlung: *Beibringen* von »Gift oder anderen
Stoffen, welche die Gesundheit zu zerstören geeignet sind«.
b) Subjektiver Tatbestand:
(1) Vorsatz bzgl. der Merkmale des objektiven Tatbestandes
(2) Absicht, die Gesundheit des anderen zu beschädigen

– Zu diesem Merkmal siehe oben, Fall 20 (b). –

2. Rechtswidrigkeit

3. Schuld

### Beispiel IV: Schwere Körperverletzung, § 224 StGB

1. Tatbestand
a) § 223 StGB
(1) Objektiver Tatbestand (siehe Beispiel I)
(2) Subjektiver Tatbestand (siehe Beispiel I)
b) Qualifizierende Tatbestandsmerkmale des § 224 StGB
(1) *Verursachung einer der in § 224 StGB genannten Folgen* beim Verletzten durch
die Körperverletzung, nämlich

  (a) Verlust eines wichtigen Gliedes des Körpers ... oder der Zeugungsfähigkeit;
  (b) dauernde Entstellung in erheblicher Weise; *oder*
  (c) Verfallen in Siechtum ... oder Geisteskrankheit.

(2) *Unmittelbarkeit* der Erfolgsverursachung

– vgl. *Dreher-Tröndle*, § 224 Rdnr. 1. –

(3) Vorsatz oder Fahrlässigkeit bzgl. der Verursachung jener Folge (*§ 18 StGB*)

– Hinweise:
Bei dolus directus greift § 225 StGB ein (vgl. oben, § 3, VI 4).
Kommt lediglich *fahrlässige* Erfolgsverursachung in Frage, so ist im Tatbestand nur die
sog. *objektive Fahrlässigkeit (Verletzung der objektiv gebotenen Sorgfalt / objektive
Vorhersehbarkeit des Erfolges)* zu prüfen;
dagegen ist die sog. subjektive Fahrlässigkeit (zu ihr oben, Fall 12) erst im Rahmen der
Schuld zu erörtern. –

2. Rechtswidrigkeit

3. Schuld

### Beispiel V: Körperverletzung mit Todesfolge, § 226 StGB

1. Tatbestand
a) § 223 (siehe Beispiel IV)
b) Qualifizierende Tatbestandsmerkmale des § 226 StGB
(1) *Verursachung* des Todes des Verletzten durch die Körperverletzung
(2) *Unmittelbarkeit* der Erfolgsverursachung

– dazu oben, Fall 23 b. –

(3) Fahrlässigkeit bzgl. der Todesverursachung (§ 18 StGB)

– Bei *vorsätzlicher* Tötung entfällt der Tatbestand des § 226 StGB; vgl. oben, § 3, VII, vor Fall 23. –

2. Rechtswidrigkeit

3. Schuld

### Beispiel VI: Mord, § 211 StGB

1. Tatbestand
a) Vorsätzliche Tötung eines anderen Menschen
(1) Verursachung des Todes
(2) Vorsatz
b) Mordmerkmale (§ 211 II StGB)
(1) Vorliegen eines der in dieser Vorschrift genannten Mordmerkmale

Darzulegen sind *alle* Mordmerkmale, die erfüllt sind oder doch ernstlich in Betracht kommen.

(2) Vorsatz bzgl. der Verwirklichung des fraglichen Mordmerkmals

2. Rechtswidrigkeit

3. Schuld

Zur Erläuterung: *Daß der Tötungsvorsatz vor den Mordmerkmalen zu prüfen ist,* ergibt sich aus dem Wesen des § 211 StGB: Mord ist nämlich die durch Mordmerkmale qualifizierte vorsätzliche Tötung. Zudem wäre die Prüfung von Mordmerkmalen *bei nur fahrlässiger Tötung* sinnlos.

## B / Versuchtes Begehungsdelikt

### Beispiel VII: Versuchte Urkundenfälschung, §§ 267, 22 f StGB
(in der Alternative: Herstellen einer unechten Urkunde)

1. Feststellung der *fehlenden Vollendung* und

2. der *Strafbarkeit des Versuchs* (§§ 23 I, 267 II StGB)

247

3. Tatbestand
a) Subjektiver Tatbestand *(Tatentschluß)*
(1) Vorsatz, die Merkmale des objektiven Tatbestandes
   – hier: Herstellen einer unechten Urkunde –
zu erfüllen;
(2) »Zur Täuschung im Rechtsverkehr«
b) Objektiver Tatbestand des Versuchs: *»Unmittelbares Ansetzen«* i. S. des § 22 StGB

4. Rechtswidrigkeit

5. Schuld

6. Rücktritt, § 24 StGB
   (falls der Sachverhalt Anlaß zu dieser Prüfung gibt).

## C / Fahrlässiges Begehungsdelikt

**Beispiel VIII: Fahrlässige Tötung, § 222 StGB**

1. Tatbestand
a) Verursachung des Todes eines anderen
b) Objektive Fahrlässigkeit:
(1) Verletzung der objektiv gebotenen Sorgfalt;
(2) objektive Vorhersehbarkeit des Erfolges
   – Hinweis: Ein etwaiges *Sonderwissen* des Täters ist dabei zu berücksichtigen; h. M. –
c) Pflichtwidrigkeitszusammenhang

   Er fehlt, wenn der Erfolg auch bei pflichtgemäßem Verhalten eingetreten wäre; vgl. m.w.N. *Wessels,* AT S. 154ff.

2. Rechtswidrigkeit

3. Schuld

   Hier ist (neben der Frage nach Schuldausschließungs- oder Entschuldigungsgründen) die sog. *»subjektive Fahrlässigkeit« nach dem Maßstab der individuellen Fähigkeiten und Kenntnisse des Täters*
   – die ja hinter denen eines Normalbürgers zurückbleiben können –
   zu prüfen.

## D / Vorsätzliches unechtes Unterlassungsdelikt

**Beispiel IX: Totschlag durch Unterlassen, §§ 212, 13 StGB**

1. Tatbestand
Vorprüfung – falls nach dem Sachverhalt geboten –: Liegt nach dem sozialen

Sinngehalt des Geschehens dessen Schwerpunkt in einem Tun oder in einem *Unterlassen?*

a) Objektiver Tatbestand

(1) Eintritt des Erfolges (Tod eines anderen Menschen)

(2) *Nichtvornahme* der zur Erfolgsabwendung objektiv gebotenen Handlung durch den Täter trotz

*Möglichkeit der Erfolgsabwendung* mittels dieser Handlung für den Täter.

(3) Die objektiv gebotene und dem Täter mögliche Rettungshandlung darf nicht hinzugedacht werden können, ohne daß der Erfolg mit an Sicherheit grenzender Wahrscheinlichkeit entfiele (»hypothetische Kausalität«)

(4) Garantenstellung des Unterlassenden (§ 13 I StGB)

(5) Entsprechensklausel (§ 13 I a. E.)

> Diese Klausel ist nach herrschender und zutreffender Ansicht aber nur für solche Tatbestände von Bedeutung, in denen nicht schon die Erfolgsherbeiführung als solche, »sondern nur die Herbeiführung *auf bestimmte Art und Weise*« tatbestandsmäßig ist (dazu m.w.N. Bd. 2, S. 112). Damit ist jene Entsprechensklausel bei §§ 212, 13 StGB nicht einschlägig.

b) Subjektiver Tatbestand (Vorsatz)

2. Rechtswidrigkeit

3. Schuld

> – Hinweis: Der Gesichtspunkt der *Unzumutbarkeit,* der von vielen erst im Rahmen der Schuld berücksichtigt wird, kann bereits die Garantenposition des Täters und damit den Tatbestand entfallen lassen, ist also bereits dort zu prüfen (so zu Recht *Stree* in: *Schönke-Schröder,* Rdnr. 155 vor § 13 m.w.N.). –

# Kombiniertes Gesetzes- und Sachregister

Das Register gliedert sich nach den Paragraphen des StGB (Besonderer Teil). Zu jedem Tatbestand sind die wichtigsten Stichworte in alphabetischer Reihenfolge aufgeführt. Die Zahlenangaben beziehen sich auf die Seiten des Buches; bei mehreren Angaben sind die Hauptfundstellen durch Hervorhebung kenntlich gemacht.
Dieses Register wird am Ende durch einen Anhang ergänzt.

# Anhang:

# Kohlhammer

# Strafverfahrensrecht

von Karl Heinz Gössel

**Strafverfahrensrecht I**
1977. 356 Seiten. Kart. DM 29,80
ISBN 3-17-002615-1
Studienbücher Rechtswissenschaft

Dieses Studienbuch richtet sich an den Alltagsbedürfnissen von
Studium, Examen und insbesondere der Praxis aus. Kernpunkte
der Darstellung sind einmal das Vorverfahren und, in vermehrtem
Umfang, das Hauptverfahren erster Instanz, vor allem im Hauptverfahren alle unter Prüfungsgesichtspunkten wesentlichen und
auch praktisch relevanten Probleme und Fragestellungen zu
behandeln, insbesondere im Hinblick auf Revisionsmöglichkeiten
und sonstige Anfechtbarkeit. Die Rechtsmittelverfahren wurden
unter Zugrundelegung der in Examen wie Praxis üblichen Unterscheidung zwischen Zulässigkeits- und Begründetheitsprüfung
behandelt; einige besondere Verfahrensarten geringerer prakti-
scher Relevanz *und* Prüfungsbedeutung wurden im Überblick
erörtert.

**Strafverfahrensrecht II**
Repetitionskurs mit Übungsklausuren und Kontrollfragen
1979. 168 Seiten. Kart. DM 24,80
ISBN 3-17-004560-1
Studienbücher Rechtswissenschaft

Band 1 und 2 zusammen DM 49,–
ISBN 3-17-005285-3

Das mit diesem Band »Strafverfahrensrecht II« vorgelegte Exami-
natorium lehnt sich eng an das Studienbuch »Strafverfahrensrecht« an, auf dessen umfassendere Darstellungen durch *Kursiv-
druck* verwiesen ist. Beide Bücher sind in sich abgeschlossen
und können unabhängig voneinander benutzt werden, ergänzen
sich aber insoweit, als der im Studienbuch vermittelte Stoff im
Band »Strafverfahrensrecht II« in seiner Anwendung auf konkrete
Fallgestaltungen prüfungsgerecht aufbereitet wurde.

**Verlag W. Kohlhammer**
**Stuttgart · Berlin · Köln · Mainz**

# Kohlhammer

# Die Beurteilung psychiatrischer Gutachten im Strafprozeß

von Martin Gschwind / Franz Petersohn / Erardo C. Rautenberg
1982. 112 Seiten. Kart. DM 26,–
ISBN 3-17-007763-5

Die Erstellung und Beurteilung psychiatrischer Gutachten gewinnt in der Praxis des Strafprozesses immer größere Bedeutung.

Der Richter, der sich des psychiatrischen Sachverständigen bedient, wird mit empirischen Erkenntnissen konfrontiert, die er mit seinem normativen Ordnungssystem in Einklang zu bringen versucht. Will er nicht Gefahr laufen, seinen Platz einem »Richter im weißen Kittel« zu räumen, muß er in der Lage sein, psychiatrische Gutachten einigermaßen sachgerecht zu beurteilen. Auch Staatsanwälte und Verteidiger sind zur Wahrnehmung ihrer Positionen auf die Herstellung von Beurteilbarkeit angewiesen. Die Juristen stehen damit nicht nur vor der schwierigen Aufgabe, als Laien Fachleute zu beurteilen, sondern sie sind dafür auch nicht ausgebildet.

Das vorliegende Buch will Hilfsmittel und Anleitung bei der kritischen Verarbeitung gutachterlicher Informationen sein. Neben dem vielschichtigen Problembereich des psychiatrischen Gutachtens werden auch dessen interdisziplinäre Grundlagen dargestellt. Widersprüche zwischen psychiatrischem Erfahrungswissen und juristisch-dogmatischen Prämissen und die Gefahr ihrer Verschleierung sollen bewußt, Erkenntnisgrenzen und Erkenntnislücken sichtbar gemacht werden.

Verlag W. Kohlhammer
Stuttgart · Berlin · Köln · Mainz

wk